신용협동조합 선거론

신우용

박영사

신용협동조합의 어머니
메리 가브리엘라 뮬헤린 수녀님의 뜻을 기리며

책을 내면서

신용협동조합은 1960년 5월 메리 가브리엘라 수녀님께서 성가신용협동조합을 창설된 이래 서민과 영세상공인 등 사회·경제적 약자들에게 금융서비스를 제공하고 그들의 사회적 지위 향상에 기여하면서 서민·중산층의 따뜻한 이웃이자 서민경제의 든든한 버팀목으로서 묵묵히 그 기능과 역할을 수행하여 왔다.

2021년을 기준으로 신용협동조합이 124조 원이 넘는 자산을 운용하면서 873개 조합에 656만여 명의 조합원을 가족으로 받아들여 지역사회에서 다양한 공헌사업을 펼치고 있는 것은 신용협동조합에 대한 한결같은 믿음과 사랑의 증거이다.

최근 신용협동조합은 신자유주의 경쟁원리가 지배하는 냉혹한 자본주의 체제에서 인간의 존엄을 보호하고 공동체의 가치를 되살리며 위기에 처한 약자를 보듬기 위하여 사람 중심의 서민금융기관으로서 더불어 사는 따뜻한 지역사회 건설을 추구하고 있다.

그러나 일부 신용협동조합의 불법대출과 회계사고 등 불미스런 사례는 조합원뿐만 아니라 지역사회 전체의 신뢰를 훼손하고 있다. 그 근본 원인으로는 이사장 등 소수 임원의 결탁과 담합에 따른 부실경영이 주된 요인으로 꼽히고 있다.

기득권 카르텔의 고착으로 인한 부실경영과 기울어진 운동장에서 치러지는 불공정한 선거는 동전의 양면이다. 이렇게 구조적인 문제를 근원적으로 해결하기 위해서는 책임 있는 리더십이 긴요하다. 그 리더십은 바로 대표자 선출의 정당성에서 나오고, 이는 자유롭고 정의로운 선거를 통해서만 확보할 수 있다.

이에 따라 2019년 3월 신용협동조합법의 개정으로 임원선거의 관리를 관할 선거관리위원회에 위탁할 수 있도록 임의적 위탁제도를 열어 두었음에도 불구하고 실제 선거관리위원회에 대한 임원선거의 위탁관리는 전혀 이루어지지 않았다.

반면 신협의 이사장선거에서 사전선거운동과 공정성 시비 등 부정선거 논란이 끊이지 않아 사회적 부담으로 작용하자 입법권자가 제시한 해법은 지역신협 이사장선거의 의무적 위탁이었다.

이제 2023년 10월 19일 시행된 개정 신용협동조합법에 따라 1천억원 이상의 자산을 보유한 지역신협은 그 이사장 선거의 관리를 의무적으로 관할 선거관리위원회에 위탁해야 한다. 아울러 이사장선거의 위탁관리에 합리와 효율을 기하기 위하여 개정 법률의 부칙에 특례를 두고 이사장의 임기를 조정함으로써 그 이사장선거를 동시에 실시하도록 하였다.

이에 따라 개정 법률의 시행일인 2023년 10월 19일부터 같은 해 11월 21일까지의 기간 중 이사장의 임기가 시작된 지역신협은 해당 이사장의 임기를 2년 정도 단축한 2025년 11월 20일까지로 하고 같은 해 11월 12일에 제1회 동시이사장선거를 실시한다.

반면, 2019년 11월 22일부터 개정법률의 시행 전날인 2023년 10월 18일 사이에 이사장의 임기가 개시된 지역신협은 해당 이사장의 통상적인 임기가 만료된 후 그 후임으로 선출하는 이사장의 임기를 연장하거나 단축하여 2029년 11월 20일에 임기가 모두 만료되도록 함으로써 같은 해 11월 14일 동시선거를 실시한다.

비록 2025년 11월 12일에 실시하는 제1회 동시이사장선거에 참여하는 지역신협의 수가 제한적이지만, 그 의미는 결코 작지 않다. 각 지역신협마다 최초로 참여하는 동시이사장선거부터 그 선거의 관리를 의무적으로 위탁해야 하므로, 개정 법률의 시행일 이후 새로이 선출되는 이사장의 임기개시와 더불어 순차적으로 모든 지역신협에 위탁선거법의 벌칙이 적용되기 때문이다.

자율관리에 익숙하였던 이사장선거에서 생경한 위탁선거법이 적용되고 외부 전문기관이 주도권을 행사한다는 사실은 낯섦과 함께 두려운 것일 수도 있다. 그 낯섦과 두려움을 보듬고 새로이 적용되는 법령의 해석에 관한 의문에 답하고자 이 책을 세상에 내놓는다. 이사장선거에 위탁선거법이 적용되는 주요 법률효과는 다음과 같다.

첫째, 선거운동 목적의 매수행위와 인격권 침해행위, 즉 매수죄와 허위사실 공표죄 및 후보자비방죄가 상시 적용된다.

둘째, 조합의 임직원에게는 일종의 선거중립 의무가 부과되어 지위를 이용한 일체의 선거운동이 금지되고, 선거운동에 이르지 않더라도 선거운동의 기획에 참여하는 행위가 금지된다.

셋째, 후보자 등으로부터 금품이나 이익을 제공받아 매수죄 또는 기부행위 위반죄로 처벌될 수 있는 사람이 자수한 경우에는 특례를 적용하여 그 형을 필요적으로 감면하고, 위탁선거 위반행위 신고자에게 포상금을 지급하는 한편 그 신원을 보호한다.

넷째, 신용협동조합법의 선거 관련 규정 위반행위는 물론이고 정관과 선거규약 등 내부규범 위반행위에 대하여도 관할 선거관리위원회의 조사권이 인정되어 위법행위를 억제할 수 있다.

다섯째, 위탁선거에 관하여는 다른 법률에 우선하여 위탁선거법이 적용되므로, 이와 상충되는 범위에서 신용협동조합법과 신협 내부규범의 관련 규정은 그 효력을 잃게 된다.

이제 이사장선거의 총체적인 모습을 조망하려면 신용협동조합 관계 법령과 자치법규를 기초로 하여 위탁선거법의 실체규정과 절차규정은 물론 공직선거법 전반에 관한 이해도 필요하다.

이와 같이 신협의 이사장선거에는 다양한 규범들이 중층적으로 적용되므로, 이 책에서는 이를 알기 쉽게 설명하기 위하여 각 규범과 조문체계를 완전히 분해한 후 분야별·주제별로 재구성하는 방식을 취하되, 그 문법은 독자들의 눈높이에 맞추고자 하였다.

이 책을 집필하면서 신협중앙연수원 전임교수를 역임하고 중앙대학교 행정대학원 객원교수로 계신 박교순 고문에게 가브리엘라 수녀님의 축복과 같은 은혜를 입었다. 그는 애틋한 정으로 신협의 과거와 현재에 관하여 깊은 조언을 하며 미래를 보여주셨다.

또한 중앙선거관리위원회 사무총장과 상임위원을 역임한 문상부 고문은 저자가 지식과 논리에 갇힌 채 법리의 바다에서 길을 잃었을 때 통찰력이 충만한 지혜의 땅으로 저자를 견인하여 법리의 배후에 있는 정의를 발견할 수 있도록 일깨워 주셨다.

두 분 모두 법무법인 대륙아주의 고문으로 초빙되어 해당 법인의 선거그룹에서 중책을 맡고 계시니, 결과적으로 필자는 법무법인 대륙아주에도 빚을 진 셈이다.

아무쪼록 이 책이 지역신협 이사장선거의 위탁관리라는 낯선 바다를 항해하는 분들에게 등대가 되고, 신협발전을 위하여 고민하는 분들에게 친절한 길잡이가 되기를 희망한다.

2024. 1.

이 책의 어머니이자 헌신적인 독자인

사랑하는 아내에게 감사드리며

목 차

제1장 임원선거의 출마자격: 피선거권

제2장 허용된 선거운동과 금지된 선거운동

제3장 기부행위 제한과 50배 과태료

제5장 이사장선거의 절차와 참여방법

제6장 미위탁 임원선거의 선거범죄

제1절 선거범죄의 적용대상과 적용시기　263

제2절 미위탁 임원선거의 매수죄　266

제7장 의무위탁 이사장선거의 선거범죄

제7절 각종 제한규정 위반죄　337

제8장 위탁선거의 선거범죄 신고와 조사

제1절 위탁선거범죄 조사권　341

제9장 위탁선거의 특별 형사제도와 과태료

부 록

일러두기

■ 줄임말 표기

○ 신용협동조합법은 '신협법'으로, 신용협동조합법 시행령은 '시행령'으로, 신용협동조합법 시행규칙은 '시행규칙'으로 줄였다.

○ 공공단체등 위탁선거에 관한 법률은 '위탁선거법'으로, 공공단체등 위탁선거에 관한 규칙은 '위탁선거규칙'으로 줄였다.

○ 신용협동조합 표준정관은 '표준정관'으로, 정관부속서임원선거규약은 '선거규약'으로 줄였다.

○ 선거관리위원회법에 따른 관할 구·시·군선거관리위원회는 '관할 선거관리위원회'로 줄였다.

○ 신용협동조합은 '신협'으로, 신용협동조합 이사장선거는 '이사장선거'로, 신용협동조합중앙회는 '중앙회'로 줄였다.

■ 규범의 적용과 표기방법

○ 법규범은 2023. 11. 1. 현재 시행 중인 내용을 기준으로 하되, 위탁선거법은 2024. 2. 9. 시행 예정인 부분을 함께 반영하였다.

○ 같은 문장에서 규범의 명칭이 언급된 경우에는 후미의 괄호 안에 해당 규범의 명칭기재를 생략하고 조항만을 표시하였다.

○ 이사장선거에 원용할 수 있는 공직선거와 위탁선거의 법리는 해당 분야에서 관련 판례와 함께 소개하였다.

○ 부록에는 관계 법령과 자치규범 중 이사장선거에 적용되는 조항을 발췌하여 실었다.

제1장

임원선거의 출마자격
: 피선거권

선거에 출마하여 당선될 수 있는 권리를 피선거권이라 한다. 피선거권은 해당 기관 또는 단체가 추구하는 가치의 실현과 목적달성을 위하여 선거권보다 가중요건을 두는 것이 일반적이다.

　기관이나 단체의 특성에 따라 피선거권에 청렴성, 도덕성, 준법성에 관하여 높은 수준의 윤리적 기준을 요구할 수도 있고, 해당 단체의 발전에 기여한 실적이나 성과를 요구하기도 한다.

　이 장에서는 신협법령과 자치법규에서 이사장선거 등 신협 임원선거의 후보자에게 요구하는 자격요건에 관하여 살펴보기로 한다.

1. 피선거권 규정형식

선거에 출마하려면 선출될 수 있는 자격, 소위 피선거권이 있어야 한다. 일반적으로 피선거권이란 일정한 공동체의 선거에 입후보하여 당선될 수 있는 권리를 말한다.

입법기술적으로 이를 정하는 방식은 피선거권의 적극적 요건을 두어 일정한 자격을 갖춘 사람에게만 출마자격을 부여하거나, 소극적 요건으로서 일정한 결격사유를 열거하여 이에 해당하는 사람에게는 출마자격을 제한하거나, 적극적 요건과 소극적 요건 양자를 함께 적용하는 것이 일반적이다.

2. 피선거권에 관한 규범

신협의 조직법인 신협법은 형식적 측면에서 피선거권의 적극적 요건을 따로 규정하지는 않고 있으나, 그 소극적 요건으로서 11가지의 임원 결격사유를 직접 열거하는[1] 한편, 추가적으로 신협의 정관으로 정하는

---

1) 비교법적으로 살펴보면, 새마을금고의 경우 새마을금고법 제21조제1항에서 임원의 결격 사유로 무려 20여 가지를 직접 열거하고 있다.

사유에 해당하는 사람도 임원이 될 수 없도록 법에 근거를 두고 있다 (§28①).

각 단위 신협의 정관 제정에 준칙이 되는 표준정관[2])에서는 신협법에 열거된 임원의 결격사유를 다시 확인하면서, 조합원 탈퇴대상에 해당되나 대출금·예탁금 등에 관한 계약관계가 종료되지 않아 잠정적으로 조합원의 자격을 부여받은 사람, 해당 신협의 직원 및 다른 신협의 임·직원, 임원의 직계존비속 및 그 배우자를 임원의 결격사유로 직접 열거하는 한편, 선거규약에서 정하는 자격제한자도 임원이 될 수 없도록 근거를 두고 있다(표준정관 §54①).

특히 표준정관에서는 이사장에게 일정한 기간의 금융분야 전문경력을 요구하면서 상임이사장에게는 비상임이사장에 비하여 더욱 가중된 자격요건을 규정하고 있다(§45⑤·⑥).

선거규약에서는 미성년자, 외국인, 조합원으로 가입한 지 3년이 경과되지 않은 사람, 3개월을 초과하여 채무를 이행하지 않은 사람, 신협의 신용사업 이용실적 미달자, 당선이 무효로 되거나 취소된 후 5년이 경과되지 않은 사람 등을 임원의 결격사유로 적시하고 있다(§8①).

참고적으로 지역신협 이사장선거의 관리를 의무적으로 관할 선거관리위원회에 위탁하는 때에 적용되는 위탁선거법은 후보자의 피선거권에 관해서 사적자치私的自治를 존중하여 해당 단체의 조직법규 또는 정관이나 선거규약 등 자치규범에서 정한 바에 따르도록 규정하고 있다(§12).

---

2) 표준정관이란 조합의 설립 및 운영에 필요한 사항을 규정하여 모든 조합에 공통적으로 적용하기 위하여 중앙회가 정하는 정관을 말한다. 신협법 제2조제6호 참조.

1. 금융분야 전문경력 보유

가. 비상임이사장

지역신협과 단체신협의 비상임이사장이 되려는 사람은 다음 중 어느 하나에 해당하는 금융분야의 전문경력을 갖추고 있어야 한다. 다만, 교회·사찰 등 종교단체를 공동유대로 하는 단체신협의 비상임이사장 선거에는 이를 적용하지 않는다(표준정관 §45⑤).

① 신협의 임원으로 2년 이상 재임한 경력이 있는 사람

② 금융위원회의 설치 등에 관한 법률 제38조에 따른 검사대상기관3)에서 금융 관련 업무에 상근직으로 10년 이상 근무한 경력이 있는 사람

③ 금융 관련 연구기관에서 연구위원으로 5년 이상 근무한 경력이 있는 사람

④ 금융감독기관 또는 금융 관련 국가직 공무원으로서 금융 관련 업

---

3) 금융위원회의 검사대상기관은 시중은행, 금융투자업자, 증권금융회사, 종합금융회사 및 명의개서대행회사名義改書代行會社, 보험회사, 상호저축은행, 신용협동조합, 여신전문금융회사 및 겸영여신업자兼營與信業者, 농협은행, 수협은행 그 밖에 다른 법령에서 금융감독원이 검사를 하도록 규정한 기관도 이에 해당한다.

무에 10년 이상 근무한 경력이 있는 사람

나. 상임이사장

상임이사장은 비상임이사장의 자격요건과 달리 교회·사찰 등의 종교단체를 공동유대로 하는 단체신협에게도 금융분야 전문경력을 요구하면서 신협의 임원으로 재임한 기간을 4년 이상으로 그 자격요건을 강화하고 있다(표준정관 §45⑥). 그 밖에 상임이사장의 자격요건은 비상임이사장의 자격요건과 같다.

이사장과 이사의 상임에 관한 기준을 살펴보면, 직전 사업연도 평균잔액으로 계산한 총자산이 3백억 원 이상인 지역신협 또는 단체신협은 이사장 또는 이사장이 아닌 이사 중에서 1명만을 상임으로 하고, 직전 사업연도 평균잔액으로 계산한 총자산이 1천 5백억 원 이상인 지역신협 또는 단체신협은 이사장과 이사장이 아닌 이사 1명까지 상임으로 할 수 있다(시행령 §14①).

2. 3년 이상 조합원 신분 유지

가. 조합원 신분요건

이사장 등 임원으로 선임될 수 있는 사람은 대한민국 국민으로서 선거공고일 전일 현재 해당 신협의 조합원으로 가입한 지 3년을 경과해야 한다(선거규약 §8① 2.). 다만, 설립 후 3년이 경과되지 않은 신협과 종교단체 신협에서 지역신협으로 공동유대 종류를 전환한 후 3년이 경과되지 않은 신협의 경우에는 사실상 선거규약이 요구하는 요건을 갖출 수 없으므로 이를 적용하지 않는다(선거규약 §8② 2.·3.).

한편, 신협의 신설 여부 또는 공동유대 변경 여부를 불문하고 상임임원[4]과 전문임원[5]도 전문성을 요구하는 그 직위의 성질상 해당 규정을 적용하지 않는다(선거규약 §7).

조합원은 해당 신협의 공동유대에 소속된 사람으로서 제1회 출자금
을[6] 납입한 사람으로 한다(신협법 §11①). 공동유대가 변경된 경우 변경
전 규정에 따른 조합원은 공동유대의 변경에도 불구하고 그 자격을 유
지할 수 있도록 조합원 자격에 특례를 두고 있다(표준정관 §19).

나. 신협별 가입자격

신협의 공동유대는 행정구역·경제권·생활권 또는 직장·단체 등을
중심으로 하여 정관에서 정하고(신협법 §9①), 공동유대의 범위에 따라
지역신협, 직장신협, 단체신협으로 구분한다(시행령 §12①). 여기에서 공
동유대란 신협의 설립과 구성원의 자격을 결정하는 단위를 말한다(신협
법 §2 4.).

지역신협의 공동유대 범위는 원칙적으로 같은 시·군 또는 구에 속하
는 읍·면·동으로 한다. 다만, 생활권 또는 경제권이 밀접하고 행정구
역이 인접하고 있어 공동유대의 범위 안에 있다고 인정되는 경우로서
일정한 요건을 충족하여 금융위원회가 승인한 때에는 예외적으로 다른
시·군 또는 구에 속하는 읍·면·동을 포함할 수 있다(시행령 §12① 1.).

이에 따라 신협의 주사무소가 소재하는 시·군 또는 구에 인접하는
시·군 또는 구에 속하는 3개 이내의 동 또는 2개 이내의 읍·면을 공동
유대에 포함할 수 있다. 다만, 공동유대로 포함하려는 읍·면·동에 타
신협의 공동유대가 아닌 읍·면·동이 포함되어 있는 경우에는 5개 이

---

4) 상임이사와 상임감사를 상임임원이라 한다. 상임이사장을 두지 않는 조합은 상임이사를
   두어야 한다. 신협법 제27조 참조.
5) 전문임원은 임원정수의 3분의 1 이내에서 법률·금융·세무·회계 전문가를 총회에서
   선출한다. 표준정관 제45조제8항 참조.
6) 최근 신협의 출자금 기준이 종전 4만원에서 10만원으로 인상된 것으로 보인다. 필자도
   용인 수지신용협동조합에 조합원으로 가입하면서 10만원을 출자금으로 납부하였다. 참
   고적으로 용인지역 새마을금고의 입회비는 3만원 정도이다.

내의 동 또는 3개 이내의 읍·면으로 확대할 수 있다(상호금융업감독규정 §4의3① 1.).

이 경우 신협의 공동유대에 포함하려는 전체 읍·면·동의 외부 경계는 현재의 공동유대에 접하여야 한다. 아울러 신협의 주사무소가 소재하는 시·군 또는 구에 인접하는 하나의 시·군 또는 구에 속하는 모든 읍·면·동을 공동유대에 포함할 수도 있다(상호금융업감독규정 §4의3① 2.).

지역신협이 행정구역의 변경으로 인하여 공동유대가 변경된 경우에는 종전의 공동유대를 해당 지역신협의 공동유대로 본다(시행령 §12⑤).

지역신협의 조합원은 공동유대 안에 주소나 거소가 있는 사람과 공동유대 안에서 생업에 종사하는 사람이 될 수 있다. 이 경우 단체와 법인을 포함한다(시행령 §13① 1.).

지역신협 중 대통령령으로 정하는 규모 이상, 즉 직전 사업연도 평균잔액으로 계산한 총자산이 1천억원 이상의 자산을 보유한 신협은 그 이사장 선거의 관리를 의무적으로 관할 선거관리위원회에 위탁해야 한다는 점에 큰 의의가 있다(신협법 §27의3② 단서, 시행령 §14의5).

직장신협은 같은 직장을 공동유대의 범위로 하되, 해당 직장의 지점·자회사·계열회사와 산하기관을 포함할 수 있고, 단체신협은 교회·사찰 등의 종교단체, 시장상인단체, 구성원간에 상호 밀접한 협력관계가 있는 사단법인, 그 밖에 국가로부터 공인된 자격 또는 면허 등을 취득한 사람으로 구성된 같은 직종단체로서 법령에 따라 인가를 받은 단체를 공동유대로 한다(시행령 §12① 2.·3.).

직장신협과 단체신협은 자산의 규모나 조합원수에도 불구하고 그 이사장을 선출하는 선거를 관할 선거관리위원회에 위탁할 의무가 없다는 점에서 지역신협과 차이가 있다.

다. 조합원 가입과 탈퇴 절차

조합원은 공동유대에 소속된 사람을 원칙으로 하지만(신협법 §11①), 신협의 설립 목적 및 효율적인 운영을 저해하지 않는 범위에서 해당 공동유대에 소속되지 않은 사람 중 대통령령으로 정하는 사람을 조합원에 포함시킬 수 있다(신협법 §11②).

이에 따라 시행령에서는 조합원의 가족,[7] 신협의 합병 또는 분할, 부실신협 사업의 계약이전, 신협의 공동유대의 범위 조정 또는 종류 전환에 따라 해당 신협의 공동유대에 해당하지 않게 된 사람, 단체 사무소의 직원과 그 가족, 신협의 직원과 그 가족 등을 그 대상으로 열거하고 있다(§13②).

조합원으로 가입하려는 사람은 성명, 주소, 출자금액, 다른 신협에 가입하고 있는 경우에는 그 신협의 명칭 등을 기재한 가입신청서를 제출하고 승인을 얻어야 한다. 가입신청서를 접수한 신협은 자격유무를 확인하고 지체없이 가입여부를 신청사에게 알려야 한다. 자격이 인정된 가입신청자는 1좌 금액 이상의 출자금을 납입함으로써 조합원의 자격을 취득한다(표준정관 §9).

조합원은 가입신청서의 기재사항에 변경이 있는 때 또는 조합원 자격의 탈퇴사유가 발생하였을 때에는 지체없이 이를 해당 신협에 신고하여야 한다(표준정관 §12).

조합원이 자격을 상실하거나, 사망하거나, 파산하거나, 제명되거나, 피성년후견인이 된 때에는 탈퇴한 것으로 본다. 법인이 조합원인 경우 그 법인이 해산된 때에도 또한 같다(표준정관 §15②).

이 경우 조합원의 자격상실은 공동유대에 속하지 않게 되거나, 3년

---

7) 조합원의 가족이란 배우자 및 세대를 같이하는 직계존·비속을 말한다. 시행령 제13조제 2항제1호 참조.

이상 해당 신협의 신용사업을 이용하지 않은 조합원이 그 대상이며, 이 사회의 결의를 거쳐야만 조합원 자격상실의 효력이 발생한다(표준정관 §15③).

3. 2년 이상 일정액 이상의 출자금 보유

지역신협과 단체신협의 이사장선거에서 후보자가 되려는 사람은 선거공고일 전일 현재까지 조합원으로서 2년 이상 계속하여 해당 신협에 500좌 이상의 납입출자금을 보유하고 있어야 한다. 반면 일반 임원선거에서 후보자가 되려는 사람은 300좌 이상의 납입출자금을 보유하고 있으면 된다(선거규약 §8① 4.).

신협마다 1좌의 납입출자금에 차이가 있으므로, 1좌의 금액은 1만원으로 환산하여 계산한다(선거규약 §8① 4.). 피선거권의 요건으로 거액의 출자금을 요구하지 않도록 배려한 취지로 보인다.

한편, 교회·사찰 등 종교단체가 설립한 단체신협의 경우 출자금 요건이 완화되어 상임이사장선거의 후보자에게는 300좌 이상의 납입출자금을, 일반 임원선거의 후보자에게는 100좌 이상의 납입출자금을 요구하고 있다(선거규약 §8① 4.).

만일 종교단체가 설립한 단체신협이 지역신협으로 공동유대의 종류를 전환한 후 3년이 경과하지 않은 경우 해당 신협의 상임이사장선거에서 입후보자는 선거공고일 전일 현재 종전 단체신협의 예와 같이 조합원으로서 300좌 이상을, 그 밖의 임원선거의 후보자는 100좌 이상의 납입출자금을 2년 이상 계속하여 보유하고 있어야 한다(선거규약 §8① 4의 3.).

다만, 교회·사찰 등 종교단체가 설립한 단체신협에서 지역신협으로 공동유대의 종류를 전환한 후 3년이 경과하지 않은 신협의 조합원에게

는 2년 이상 계속하여 납입출자금을 보유해야 하는 규정을 적용하지 않는다(선거규약 §8② 2.).[8]

한편, 설립 후 3년이 지나지 않은 신협과 직장신협에서 지역신협으로 공동유대의 종류를 전환한 후 3년이 경과되지 않은 신협의 조합원에게는 2년 이상 계속하여 납입출자금을 보유해야 하는 피선거권 자격 규정을 적용하지 않는다(선거규약 §8② 3.).

4. 신용사업 이용실적 보유

지역신협과 단체신협의 이사장 등 임원이 되려는 사람은 선거공고일 전일의 2년 전부터 선거공고일 전일 현재까지의 기간 동안 해당 신협의 예탁금과 적금의 합산 평균잔액을 300만원 이상으로 유지하고, 대출 합산 평균잔액 또한 300만원 이상을 유지하는 등 신용사업 이용실적이 있어야 한다(선거규약 §8① 4의2.).

다만, 교회·사찰 등 종교단체가 설립한 단체신협에서 지역신협으로 공동유대의 종류를 전환한 후 3년이 경과하지 않은 신협의 조합원에 대하여는 피선거권의 요건으로서 신용사업 이용실적을 적용하지 않는다(선거규약 §8② 2.).

또한 교회·사찰 등 종교단체가 설립한 단체신협, 지역신협이라도 설립 후 3년이 지나지 않은 신협, 직장신협에서 지역신협으로 공동유대의 종류를 전환한 후 3년이 경과하지 않은 신협의 조합원에게도 신용사업 이용실적 요건을 적용하지 않는다(선거규약 §8① 4의2.·§8② 3.).

---

8) 이 부분은 선거규약 제8조제1항제4의3호와 같은 조 제2항제2호의 내용이 상충되어 의미가 명확하지 않다. 입법의도를 추정하기 어려우나 제8조제2항제2호에서 적용을 배제하려는 규정을 같은 조 제1항제4호 중 '2년 이상 계속 보유'로 해석한다면 조문간 모순을 해소할 수 있는 것으로 보인다. 공동유대의 변경에 따라 조합의 동질성이 상실되어 '2년 이상 계속하여 보유'할 조건을 갖출 수 없기 때문이다.

1. 입후보 결격사유 개요

가. 입후보 결격사유 주요내용

신협은 공동유대를 바탕으로 조직의 건전한 육성을 통하여 그 구성원의 경제적·사회적 지위를 향상시키고 지역주민에게 금융편의를 제공함으로써 지역경제의 발전에 이바지할 것을 목적으로 설립된 비영리법인이다(신협법 §1·§2 1.).

따라서 신협은 다른 협동조합에 비하여 다수의 일반 국민을 대상으로 금융업을 하는 금융기관과 유사한 지위에 있다는 특성이 강하게 나타나므로 임원에 대한 높은 수준의 윤리의식과 준법의식을 가질 필요가 있다.[9]

아울러 금융기관 임원의 불법행위는 단지 해당 금융기관 또는 그 기관의 구성원들에게만 영향을 미치는 것이 아니라 금융기관을 신뢰하여 거래를 하는 수많은 사람들에게도 악영향을 미치기 때문에 그 경영을 책임지는 임원에 대한 국민의 신뢰를 보호할 필요성이 크다.[10]

이러한 측면에서 신협의 임원이 될 수 있는 사람의 자격을 입법적으

---

9) 헌법재판소 2018. 7. 26. 2017헌마452 결정
10) 헌법재판소 2014. 9. 25. 2013헌바208 결정

로 엄격히 제한할 필요가 있다. 따라서 금융업의 특성상 대한민국 국민
이 아닌 사람, 외국인·미성년자·피성년후견인·피한정후견인은 물론
이고 파산선고를 받고 복권되지 않은 사람도 당연히 이사장선거.등 신
협의 임원선거에 출마할 수 없다.

　이사장 등 신협 임원의 결격사유는 신협법 제28조와 선거규약 제8조
에서 구체적으로 열거하고 있는데, 그 결격사유가 바로 피선거권의 소
극적 요건이므로 그중 어느 하나라도 해당되면 이사장선거 등 신협의
임원선거에 출마할 수 없다.

　이사장 등 신협의 임원이 될 수 없는 결격사유의 주요 내용을 유형별
로 범주화하면 다음과 같다.

　첫째, 유죄판결을 받고 그 집행이 끝나거나 면제된 후 일정 기간이
지나지 않은 사람이다. 이 경우 범죄전과는 신협법 등 금융 관련 범죄
와 일반범죄로 차등을 두어 형의 종류에 따라 피선거권 제한기간을 각
각 다르게 정하고 있다.

　둘째, 신협법 등 금융 관계 법령을 위반하여 징계 또는 제재조치를
받고 일정 기간이 지나지 않은 사람도 이사장선거 등 신협의 임원선거
에 출마할 수 없다. 징계 또는 제재조치에 따른 피선거권 제한기간은
해임·징계면직, 직무정지·정직·업무집행정지 등 징계의 종류와 제제
조치의 경중에 따라 차등을 둔다.

　셋째, 신협법 또는 금융관계법령에 따라 영업의 허가·인가 또는 등
록이 취소된 법인 또는 회사의 임직원이었던 사람으로서 그 사유의 발
생에 직접적 책임이 있거나 이에 상응하는 책임이 있는 사람도 5년간
신협의 임원선거에 출마할 수 없다.

　넷째, 금융기관에 채무를 연체하거나 세금을 체납하는 등 신용이 불
량한 사람도 신협의 임원선거에 출마할 수 없다.

　다섯째, 다른 신협의 임직원을 맡고 있거나, 경업관계를 해소하지 않

고 있거나, 해당 신협에 재임 중인 임직원의 가족은 이사장선거 등 신협의 임원선거에 출마할 수 없다.

여섯째, 법원의 판결이나 다른 법률에 따라 자격을 잃거나 정지된 사람도 신협의 임원선거에 피선거권이 없다.

만일 후보자로 등록한 후에 결격사유가 발견되면 등록이 무효로 되고, 임기개시 후에 그 사실이 발견되면 즉시 면직된다.11)

나. 입후보 결격사유 판단시점

이사장 등 임원의 자격제한을 규정하고 있는 신협법 제28조제1항은 범죄전과와 징계 및 제재조치에 따라 각각 피선거권 제한기간을 달리 정하면서 정작 그 판단시점에 관하여는 명시적인 규정이 없다.

또한 표준정관 제54조는 임원자격의 제한을 규정하면서 신협법 제28조제1항에 따라 자격이 제한된 사람을 다시 확인하는 한편, 추가적으로 신협의 직원, 임원의 직계존비속과 배우자, 그 밖에 선거규약으로 정하는 자격제한자를 열거하면서도 범죄전과나 징계 또는 제제조치의 피선거권 자격에 대한 판단시점에 대하여는 아무런 언급이 없다.

아울러 선거규약 제8조에서도 임원선거의 피선거권 제한을 규정하면서 납입출자금 보유, 채무불이행, 신용사업 이용실적 등에 관한 판단기준일 대부분을 선거공고일 전일 현재로 명시하고 있으나, 신협법령 및 표준정관과 마찬가지로 범죄전과나 징계 또는 제제조치에 따른 피선거권 자격 보유 여부에 관한 판단시점에 대하여는 규정하지 않고 있다.

이에 따라 피선거권 자격의 보유 여부에 관한 판단시점이 선거일 공고일 전일인지, 후보자등록신청 개시일인지, 선거일 또는 당선인 결정 시점인지, 아니면 당선자의 임기개시일인지 여부에 관하여 다툼의 여지가 있다.

---

11) 표준정관 제54조제2항, 선거규약 제24조제1항 참조.

예컨대, 상해죄로 2021년 11월 8일 금고 1년형이 확정되어 복역 후 2022년 11월 7일 만기출소한 사람이 과연 2025년 11월 12일에 실시되는 제1회 동시이사장선거에 출마할 수 있는지 여부가 쟁점이 될 수 있기 때문이다. 공직선거에서 자주 발생하는 사례이기도 하다.

이 경우 판단시점을 선거일이나 임기개시일로 할 경우 피선거권이 인정될 수 있겠지만, 그 기준일을 후보자등록신청개시일이나 선거공고일 전일로 판단할 경우 피선거권이 회복되지 않아 해당 선거에 출마할 수 없게 된다.

사견으로는 신협 임원선거의 피선거권에 관한 규범체계에서 대부분 그 기준일을 선거공고일 전일 현재로 판단하고 있는 점,[12] 조합원의 선거권 보유여부의 판단기준일도[13] 총회개최 공고일 전일로 하여 사실상 피선거권 판단기준일과 다를 바가 없다는 점, 선거의 표준이 되는 공직선거법에서도 선거권과 피선거권 판단기준일을 서로 일치시키고 있다는 점,[14] 새마을금고법 등 유사법제에서도 피선거권의 자격기준 기산일은 선거공고일 전일을 현재로 하고 있다는 점[15] 등을 고려하면, 신협 임원선거의 피선거권 판단시점도 선거공고일 전일로 해석함이 타당할 것으로 보인다.

그러나 분쟁의 씨앗을 근원적으로 제거하기 위해서는 표준정관의 관련 규정을 보완하여 명확하게 규정할 필요가 있다.[16] 이제 신협법과 표준정관 및 선거규약에서 정한 임원선거의 피선거권 결격사유를 구체적 유형별로 살펴보기로 한다.

---

12) 선거규약 제8조 제1호부터 제9호까지의 규정 참조. 반면에 겸직금지에 해당하는 사람의 피선거권에 관하여는 후보자등록일 전일까지 그 겸직을 해소한 경우 피선거권을 인정하여 기준일을 달리 정하고 있다.
13) 표준정관 제14조제2항 참조.
14) 공직선거법 제17조부터 제19조까지의 규정 참조.
15) 새마을금고 임원선거규약(제2안) 제18조제2항 참조.
16) 입법기술적으로는 표준정관 제54조에 제3항을 신설하여 "제1항에 따른 자격제한 기산일은 선거공고일 전일 현재로 한다."라고 규정하는 방안이 적절해 보인다.

2. 입후보할 수 없는 사람

가. 유죄확정 후 일정기간이 지나지 않은 사람

(1) 비금융범죄

금융 관련 범죄가 아닌 죄를 범하여 다음 중 어느 하나에 해당하는 사람은 임원의 자격이 제한되므로 이사장선거 등 임원선거에 출마할 수 없다(신협법 §28① 2.~4.).

① 금고 이상의 실형을 선고받고 그 집행이 끝나거나 집행이 면제된 날부터 3년이 지나지 않은 사람. 이 경우 집행이 끝난 것으로 보는 사람이[17] 포함된다.

② 형의 집행유예를 선고받고 그 유예기간 중에 있는 사람

③ 금고 이상의 형의 선고유예를 받고 그 유예기간 중에 있는 사람

(2) 신협법 등 금융 관련 범죄

신협법 또는 금융관계법령을[18] 위반한 죄로 벌금 이상의 형을 선고받고 그 집행이 끝나거나 집행이 면제된 날부터 5년이 지나지 않은 사람도 임원선거의 피선거권이 없다. 이 경우에도 집행이 끝난 것으로 보는 사람이 포함된다(신협법 §28① 5.).

여기에서 주의할 점은 금융기관의 임원에게 요구하는 염결性廉潔性 등 고도의 윤리적 기준으로 인하여 신협법 등 금융 관련 범죄로는 소액의 벌금형만으로도 입후보가 제한된다는 점이다. 물론 재직 중 판결이

---

17) 형법 제76조제1항 참조. 가석방의 처분을 받은 후 그 처분이 실효 또는 취소되지 않고 가석방기간을 경과한 때에는 형의 집행을 종료한 것으로 본다.

18) 금융관계법령이란 금융산업의 구조개선에 관한 법률, 은행법, 장기신용은행법, 자본시장과 금융투자업에 관한 법률, 금융소비자 보호에 관한 법률, 보험업법, 상호저축은행법, 여신전문금융업법, 신용정보의 이용 및 보호에 관한 법률, 농업협동조합법, 수산업협동조합법, 산림조합법, 새마을금고법, 한국주택금융공사법 등 총 14개 법률을 말한다. 신용협동조합법 시행령 제15조제1항 참조.

확정되어 이에 해당할 경우에는 즉시 면직된다.

따라서 죄질의 경중을 막론하고 금융관계법령을 경미하게 위반하였
더라도 일단 기소가 되고 유죄가 인정된다면 선고유예의 판결이 아닌
한 신협의 임원직을 유지할 방법이 없다.

이러한 문제는 신협법의 선거운동 제한규정을 위반한 경우 더욱 도
드라진다.

예컨대, 신협법은 일체의 사전선거운동을 금지하고 있으므로, 선거운
동기간 전에 SNS를 활용하여 선거운동을 한 경우 신협법 제27조의2에
위반되고 같은 법 벌칙 제99조제3항이 적용되어 1년 이하의 징역 또는
1천만원 이하의 벌금에 처하게 되므로, 이때 10만원의 벌금형만 선고받
아도 5년간 임원선거의 피선거권이 제한되는 것이다.

선거에 관해서는 가장 엄격한 규범인 공직선거법이 적용될 경우에도
경험칙상 이러한 행위들은 특별한 사정이 없는 한 100만원 이상의 벌
금형이 선고되는 예는 흔하지 않다. 이 경우 선거권과 피선거권은 물론
당선의 효력에도 영향이 없다. 유사법제인 새마을금고법도 선거범죄로
100만원 이상의 벌금형이 선고되어야만 피선거권이 제한된다(새마을금
고법 §21① 8.).

실제 이러한 문제가 쟁점이 되어 2017년 4월 벌금에 하한을 두지 않
은 신협법의 해당 조항이 직업선택의 자유를 침해하고, 농업협동조합
법, 새마을금고법 등 유사법제와 달리 합리적인 이유 없이 신협의 임원
을 차별하여 평등권을 침해한다는 점을 이유로 들어 헌법소원을 제기
하였으나, 그 이듬해 7월에 기각된 바 있다.[19]

비록 해당 사건의 청구인은 헌법재판소의 문턱을 넘지 못하였지만,

---

19) 헌법재판소 2018. 7. 26. 2017헌마452 결정 참조. 해당 사건은 2016. 2. 27. 실시한
대전 모 신협 이사장선거에 당선된 사람이 선거운동기간 전인 2016. 1. 21. 해당 신협
2층 하모니카 강습장에서 조합원 3명을 대상으로 지지를 호소한 행위로 기소되어 1심
과 2심에서 30만 원의 벌금형을 선고받자 헌법소원을 청구한 사안이다.

심판대상 조항에 대한 헌법재판관 3인의 위헌의견의 논거가 탄탄하고 그 설득력도 상당해 보인다.[20]

따라서 향후 유사한 위기에 처한 피고인의 입장이라면 우선 법원의 재판부에 위헌법률심판제청신청을 하고, 그 신청이 기각될 경우에는 헌법소원을 청구하는 등 지속적으로 헌법재판소의 문을 두드릴 필요가 있다고 본다. 인디언이 기우제를 지내면 반드시 비가 내리는 이치와 같다.

참고적으로 2005년 12월 헌법재판소는 새마을금고 운영과 관련하여 횡령 또는 배임 등의 범죄를 범한 경우 벌금액의 다과를 묻지 않고 소액의 벌금형만으로 임원선거의 피선거권을 제한하는 새마을금고법 관련 조항[21]에 대한 헌법소원심판에서도 이를 합헌으로 판단한 사례가 있다[22].

나. 금융관계법령에 따른 징계를 받았거나 받았을 사람

(1) 재임 중 징계 또는 제재조치를 받은 사람

재임 중 신협법 또는 금융관계법령에 따라 징계 또는 제재조치를 받은 사람으로서 다음 중 어느 하나에 해당하는 사람은 임원의 자격이 제한되므로 이사장선거 등 임원선거에 출마할 수 없다.

① 해임되거나 징계면직된 사람으로서 그 후 5년이 지나지 않은 사람. 여기에서 해임의 범위에는 임원에 대한 개선改選을[23] 포함한

---

20) 해당 사건에서 다수의견에 반대한 위헌의견의 주요논거는 신용협동조합, 농업협동조합, 새마을금고는 모두 상호금융기관에 속하는바, 임원 지위의 공공성, 청렴성, 선거의 공정성이라는 입법목적과의 관계에서 새마을금고는 신용협동조합과 본질적인 차이가 없다고 보았다. 따라서 같은 대상을 다르게 취급하고 있는 신협법의 심판대상 조항이 청구인의 평등권을 침해한다며 소수의견을 밝혔다.

21) 새마을금고법 제21조제1항 제6호 참조.

22) 헌법재판소 2005. 12. 22. 2005헌마263 결정

23) 개선改選이란 신협 또는 중앙회의 임원이 신협법 또는 이에 따른 명령·정관·규정에

다(신협법 §28① 7.).

② 직무의 정지, 정직 또는 업무집행정지의 제재조치를 받은 사람으로서 4년이 지나지 않은 사람(신협법 §28① 9., 시행령 §15③).

(2) 재임 중이었다면 징계 또는 제재조치를 받았을 사람

재임 또는 재직 중이었다면 신협법 또는 금융관계법령에 따라 징계 또는 제재조치를 받았을 사람으로서 다음 중 어느 하나에 해당하는 사람도 임원의 자격이 제한되므로 이사장선거 등 임원선거에 출마할 수 없다.

① 해임요구 또는 징계면직의 조치를 받았을 것으로 통보된 퇴임한 임원 또는 퇴직한 직원으로서 그 통보가 있었던 날부터 5년이 지나지 않은 사람(신협법 §28① 10.). 다만, 통보가 있었던 날부터 5년이 퇴임 또는 퇴직한 날부터 7년을 초과한 경우에는 퇴임 또는 퇴직한 날부터 7년으로 한다. 이 경우에도 해임의 범위에는 임원에 대한 개선改選을 포함한다(신협법 §28① 7.).

② 직무의 정지, 정직 또는 업무집행정지의 제재조치를 요구받았을 것으로 통보된 퇴임한 임원 또는 퇴직한 직원으로서 그 통보가 있었던 날부터 4년이 지나지 않은 사람(신협법 §28① 11., 시행령 §15④). 다만, 통보가 있었던 날부터 4년이 퇴임 또는 퇴직한 날부터 6년을 초과한 경우에는 퇴임 또는 퇴직한 날부터 6년으로 한다.

이와 같이 신협법 또는 금융관계법령을 위반한 행위로 징계를 받았거나 받았을 사람에게도 피선거권을 제한하는 규정은 2012년 12월 11일 시행된 신협법에 도입된 이후 현재에 이르고 있다. 유사법제인 새마을금고법에서도 이와 비슷한 규정을 두고 있다.24)

___

서 정한 절차·의무를 이행하지 않은 경우 금융위원회가 신협 또는 중앙회로 하여금 관련 임원에 대하여 조치하는 처분 중 하나이다. 신협법 제84조제1항 참조.

다. 과거 금융기관 부실에 책임이 있는 사람

신협법 또는 금융관계법령에 따라 과거 영업의 허가·인가 또는 등록이 취소된 법인 또는 회사의 임직원이었던 사람으로서 그 법인이나 회사에 대한 취소 등의 처분이 있었던 날부터 5년이 지나지 않은 사람도 임원의 자격이 제한되므로 이사장선거 등 임원선거에 출마할 수 없다(신협법 §28① 8.).

여기에서 임원선거에 출마할 수 없는 임직원의 범위는 영업허가가 취소되는 등의 사유발생에 직접적 책임이 있거나 이에 상응하는 책임이 있는 사람을 말한다. 대통령령에서는 다음 중 어느 하나에 해당하는 사람을 그 책임이 있는 사람으로 규정하고 있다.

① 감사 또는 감사위원회의 위원(시행령 §15② 1.)

② 임원으로서 허가·인가 또는 등록취소의 원인이 되는 사유의 발생과 관련하여 위법·부당한 행위로 신협법 또는 금융관련법령에 의하여 주의·경고·문책·직무정지·해임요구 기타의 조치를 받은 사람(시행령 §15② 2.). 이 경우 제재대상자로서 그 제재를 받기 전에 사임한 사람을 포함한다(시행령 §15② 4.).

③ 직원으로서 허가·인가 또는 등록 취소의 원인이 되는 사유의 발생과 관련하여 위법·부당한 행위로 신협법 또는 금융관련법령에 따라 직무정지요구 이상에 해당하는 조치를 받은 사람(시행령 §15② 3.). 이 경우에도 제재대상자로서 그 제재를 받기 전에 사직한 사람을 포함한다(시행령 §15② 4.).

이와 같이 과거 재직 또는 재임하였던 금융기관의 부실에 책임이 있는 사람에게 장래의 임원자격을 제한하는 규정은 2000년 1월 28일 신협법의 개정에 따라 최초로 도입된 이후 현재에 이르고 있다.

---

24) 새마을금고법 제21조제1항제13호 및 제13호의2 참조.

라. 신용이 불량한 사람과 잠정적 조합원

선거공고일 전일 현재 3개월을 초과하여 신협에 대한 채무를 이행하지 않은 사람은 피선거권이 없다(선거규약 §8① 3.). 다만, 여기에서 채무의 범위에 보증채무는 제외한다. 신협에 대한 채무를 연체하여 즉시 면직된 경우 그 날부터 1년이 경과되지 않은 사람도 피선거권이 없다(선거규약 §8① 10.).

또한 선거공고일 전일 현재 신용정보관리규약에 따른 연체정보, 금융질서문란정보, 또는 공공정보에 등재된 사람도 피선거권이 없다. 다만, 여기에서도 연체정보의 범위에 보증채무는 제외한다(선거규약 §8① 8.).

한편, 자격상실, 피성년후견인 등 조합원 탈퇴사유에 해당하지만, 해당 신협으로부터 대출금이 있거나 기한이 도래하지 않은 예탁금 또는 적금이 있어 그 계약관계를 종료할 때까지 잠정적으로 조합원의 자격을 부여받은 사람도[25) 이사장 등 임원선거의 피선거권이 없다(표준정관 §54① 5.).

마. 임직원의 친족

다음 중 어느 하나의 가족관계에 해당하는 사람은 신협의 임원자격이 제한되므로 이사장 등 신협의 임원선거에 출마할 수 없다. 친족경영에 따른 폐단을 방지하기 위한 규정으로 보인다.

① 재임중인 임원의 직계존비속과 그 배우자(표준정관 §54① 7.)
② 재임중인 임원 및 임원후보자로 입후보한 사람의 직계존비속과 그 배우자, 4촌 이내 혈족 또는 3촌 이내 인척관계에 있는 사람(선거규약 §8① 5.)
③ 선거공고일 전일 현재 직원으로 재직중인 사람의 직계존비속과

---

25) 표준정관 제15조제2항 및 제4항 참조.

그 배우자, 4촌 이내 혈족 또는 3촌 이내 인척관계에 있는 사람
(선거규약 §8① 9.)

바. 겸직자

다음 중 어느 하나의 직을 겸직하고 있는 사람은 신협의 임원자격이
제한되므로 그 선거에 출마할 수 없다.

① 선거공고일 전일 현재 해당 신협의 직원과 다른 신협의 임·직원.
특히 해당 신협의 직원이 이사장으로 출마하려는 경우에는 선거
일 직전 사업연도 종료일 1월전까지 그 직을 사직해야[26] 한다(표
준정관 §54① 6., 선거규약 §8① 6.)

② 이사장과 임기가 서로 다른 상임임원이 이사장으로 출마하려는
경우 선거공고일 전일 현재 상임임원직을 사임하지 않은 사람(선
거규약 §8① 6의2.)

③ 이사장 보궐선거의 경우 선거공고일 전일 현재 해당 신협의 임·
직원직을 사임하지 않은 사람(선거규약 §8① 7.)

사. 경업자

후보자등록일 전일까지 신협의 사업과 경쟁관계에 있는 다음 중 어
느 하나의 직을 가지고 있는 사람은 신협의 임원자격이 제한되므로 이
사장선거 등 임원선거에 출마할 수 없다. 다만, 경쟁관계에 있는 법인
이 해당 법인 내에 설립한 직장신협의 경우에는 그렇지 않다(표준정관
§58②, 선거규약 §8① 12.). 신협 임원의 직무전념을 보장하고 이해충돌을
방지하기 위한 취지로 보인다.

---

26) 본 조항은 전무, 상무 등이 해당 신협의 이사장선거에 출마하는 경우에 적용되는 규정
으로 보인다. 그러나 지역신협의 이사장동시선거는 11월에 실시되므로, 선거일 직전 사
업연도 종료일 1월전까지 사직하게 되면 장기간의 공백이 불가피하여 피선거권에 대한
과도한 제한이 될 우려가 있다.

① 농업협동조합법에 따라 설립된 지역 농업협동조합과 지역 축산업협동조합, 품목별·업종별 협동조합 및 농업협동조합중앙회(표준정관 §58② 1.)

② 수산업협동조합법에 따라 설립된 지구별 수산업협동조합, 업종별 수산업협동조합, 수산물가공 수산업협동조합 및 수산업협동조합중앙회(표준정관 §58② 2.)

③ 산림조합법에 의하여 설립된 지역 산림조합, 품목별·업종별 산림조합 및 산림조합중앙회(표준정관 §58② 4.)

④ 새마을금고법에 따라 설립된 새마을금고와 그 중앙회(표준정관 §58② 6.)

⑤ 금융위원회의 설치등에 관한 법률 제38조에[27) 따른 검사대상기관(표준정관 §58② 7.)

⑥ 보험업법에 의한 보험사업자·보험모집인·보험대리인 및 보험중개인(표준정관 §58② 8.)

⑦ 파이낸스, 투자금융, 투자개발 등의 사설금융회사(표준정관 §58② 9.)

⑧ 대부업 종사자(표준정관 §58② 10.)

⑨ 우체국예금·보험에관한법률에 따른 체신관서(표준정관 §58② 11.)

---

27) 제38조(검사 대상 기관) 금융감독원의 검사를 받는 기관은 다음 각 호와 같다.
   1. 「은행법」에 따른 인가를 받아 설립된 은행
   2. 「자본시장과 금융투자업에 관한 법률」에 따른 금융투자업자, 증권금융회사, 종합금융회사 및 명의개서대행회사名義改書代行會社
   3. 「보험업법」에 따른 보험회사
   4. 「상호저축은행법」에 따른 상호저축은행과 그 중앙회
   5. 「신용협동조합법」에 따른 신용협동조합 및 그 중앙회
   6. 「여신전문금융업법」에 따른 여신전문금융회사 및 겸영여신업자兼營與信業者
   7. 「농업협동조합법」에 따른 농협은행
   8. 「수산업협동조합법」에 따른 수협은행
   9. 다른 법령에서 금융감독원이 검사를 하도록 규정한 기관
   10. 그 밖에 금융업 및 금융 관련 업무를 하는 자로서 대통령령으로 정하는 자

아. 자격정지 판결을 받은 사람

법원의 판결로 자격정지형이 확정된 사람은 신협의 임원자격이 제한되므로 이사장선거 등 신협의 임원선거에 출마할 수 없다(신협법 §28① 6.). 형법의 일반원칙상 유기징역 또는 유기금고에 자격정지형이 병과(併科)된 때에는 징역형 또는 금고형의 집행을 종료하거나 그 집행이 면제된 날로부터 자격정지형의 기간을 기산한다(형법 §44②).

따라서 법원의 판결로 징역형이나 금고형에 자격정지형을 병과 받은 사람에게는 징역형이나 금고형의 집행이 종료되더라도 별도의 사면과 복권이 이루어지지 않는 한, 자격정지 기간 중 이사장선거 등 신협 임원선거의 피선거권이 제한된다.

자. 타법률에 따라 자격이 없는 사람

신협법은 다른 법률에 따라 자격이 상실되거나 정지된 사람은 신협의 임원이 될 수 없도록 규정하고 있다(§28① 6.) 다른 법률에 따라 이사장선거 등 신협 임원선거의 피선거권이 제한되는 사례로는 특정경제범죄 가중처벌 등에 관한 법률이 있다.

이 법은 건전한 국민경제 윤리에 반하는 특정 경제범죄에 대한 가중처벌과 그 범죄행위자에 대한 취업제한을 규정함으로써 경제질서를 확립하고 나아가 국민경제 발전에 이바지함을 목적으로 1983년에 제정된 법률이다.[28]

특정경제범죄 가중 처벌 등에 관한 법률에 따라 아래의 죄를 범하여 징역형의 집행이 종료되거나 집행을 받지 않기로 확정된 날부터 5년간, 징역형의 집행유예기간이 종료된 날부터 2년간 신협과 그 중앙회, 시중은행, 농업협동조합, 새마을금고 등 금융기관에 취업할 수 없다(§14).

---

28) 특정경제범죄 가중 처벌 등에 관한 법률 제1조.

① 가액이 5억원을 넘는 사기·횡령·배임 등의 죄를 범한 사람

② 가액 5억 이상의 재산을 해외로 도피하여 재산국외도피의 죄를 범한 사람과 그 미수범

③ 금융회사등의[29] 임직원으로서 그 직무에 관하여 3,000만원 이상의 금품을 요구·약속·수수하여 수재 등의 죄를 범한 사람

④ 금융회사등의 임직원으로서 사금융 알선 등의 죄를 지은 사람

신협 임원선거의 피선거권에 관해서 특정경제범죄 가중 처벌 등에 관한 법률이 중첩하여 적용됨에 따라 해당 범죄의 전과자에게는 이사장선거 등 신협 임원선거의 피선거권에 대한 특별제한 효과가 발생한다.

예컨대, 일반범죄로 금고형을 선고 받은 사람은 그 집행이 종료된 후 3년간, 집행유예를 선고받은 사람은 그 유예기간 중에만 피선거권이 제한되지만, 특정 경제범죄를 저지른 사람이 징역형 또는 징역형의 집행유예가 확정된 경우 일반범죄에 비하여 피선거권 제한기간이 각각 2년씩 더 연장되는 것이다.

참고적으로 공직선거법을 위반하여 100만원 이상의 벌금형이 확정된 경우 5년 동안 농업협동조합법·수산업협동조합법·산림조합법·엽연초생산협동조합법에 따라 설립된 조합의 조합장과 상근 임직원에 취임하거나 임용될 수 없다.[30]

그러나 신협은 조합이라는 명칭에 있어서만 농업협동조합·수산업협동조합 등 조합과의 유사성이 있을 뿐, 공직선거법의 선거범죄로 아무리 고액의 벌금형을 선고받더라도 신협의 이사장이나 임직원의 취임 또는 임용에 제한을 받지 않는다.

물론 공직선거법 위반으로 징역형이나 그 집행유예 또는 선고유예가

---

29) 여기에서 "금융회사등"이란 한국은행을 비롯한 시중은행, 신협, 농·수협, 상호저축은행, 새마을금고 등 대부분의 금융기관을 총 망라한 포괄적 개념이다. 특정경제범죄 가중 처벌 등에 관한 법률 제2조 참조.

30) 공직선거법 제266조제1항제1호 참조.

확정된 경우에는 신협법의 일반규정[31])에 따라 다른 범죄와 동일한 기간동안 피선거권이 제한된다.

신협은 농업협동조합·수산업협동조합 등 다른 조합들과 달리 특정 직업군의 지위 향상이나 산업의 경쟁력 강화보다 지역주민에게 금융서비스를 제공함으로써 지역경제의 발전에 이바지함을 목적으로 하는 신용사업이 주된 사업이기 때문이다.

그러므로 농업협동조합 등 다른 협동조합들이 신용사업을 함께 운영하더라도 이는 특정 산업에 대한 교육·지원 사업을 주된 목적으로 수행하는 것이어서 신협과 구별되고, 특정한 직업군에 속하지 않더라도 조합원이 될 수 있다는 개방성의 측면에서 신협은 다른 협동조합들과 차별성이 있다.

차. 당선무효자·연임제한자

임원선거에서 당선되었으나 자신의 귀책사유로 당선이 무효가 되거나 취소된 사람으로서 그 무효나 취소가 확정된 날로부터 5년이 경과하지 않은 사람은 피선거권이 없다(선거규약 §8① 11.).

당선무효는 판결에 따른 경우와 법률 자체에 규정된 요건이 있다. 위탁이 의무화된 이사장선거에서 당선인 본인의 위탁선거범죄로 징역형 또는 100만원 이상의 벌금형이 확정되거나, 당선인의 가족이 해당 선거에서 매수죄 또는 기부행위위반죄로 징역형 또는 300만원 이상의 벌금형이 확정된 경우 해당 당선인의 당선을 무효로 한다(위탁선거법 §70).

아울러 이사장 보궐선거의 경우 임기개시일 현재 이사장 2차 연임 임기만료 후 4년이 경과되지 않은 사람도 임원이 될 수 없으므로 이사장선거에 출마할 수 없다(선거규약 §8① 7의2.).

---

31) 신협법 제28조제1항제2호부터 제4호까지의 규정 참조.

3. 피선거권 제한규정 보완 검토

가. 벌금형 집행유예로 인한 피선거권 제한 보완

앞서 살펴본 바와 같이 가혹할 정도의 도덕적·윤리적 자격을 요구하는 입법취지와 달리 신협법의 피선거권 제한규정은 그 취지와 일부 조화되기 어려운 부분을 담고 있다.

우선 형의 집행유예를 선고받고 그 유예기간 중에 있는 사람에게 신협의 임원이 될 수 없도록 제한하는 규정을 들 수 있다.

과거 징역형보다 상대적으로 가벼운 형벌인 벌금형에는 집행유예가 인정되지 않아 합리적이지 않다는 비판이 제기되어 왔고, 경제력이 넉넉지 못한 사람의 입장에서는 벌금형을 납부하지 못할 경우 노역장에 유치되는 것을 우려하여 법원에 징역형의 집행유예 판결을 구하는 예가 자주 나타나는 등 형벌의 부조화 현상이 노출되었다.

이에 따라 2016년 1월 6일 형법을 개정하여 벌금형을 선고하는 경우에도 집행유예를 선고할 수 있도록 관련 제도를 보완하되, 고액 벌금형의 집행유예에 대한 국민들의 비판적인 법감정 등을 고려하여 그 대상을 500만원 이하의 벌금형으로 한정하였다.[32]

아울러, 형의 집행유예를 선고받은 경우 일정한 결격 사유로 정하고 있는 법률이 다수 존재하므로, 벌금형의 집행유예가 도입됨에 따라 그러한 법률 역시 정비가 필요한 점을 고려하여 해당 법률은 공포 후 2년이 경과한 2018년 1월 7일부터 시행하도록 하였다.

그러나 신협법의 피선거권 해당 조항이 아직 개정되지 않아서 일반 범죄로 500만원을 초과하는 벌금형이 확정된 사람에게는 집행유예 선고의 대상이 아니어서 피선거권이 유지되는 반면, 가벌성이 약하여 500만원 이하 소액의 벌금형이 선고되는 사람에게 법원이 은전을 베풀어

---

32) 형법 제62조제1항 개정규정 참조.

벌금형의 집행유예를 선고하게 되면 오히려 피선거권이 제한되는 모순된 결과를 초래할 수 있다.

이에, 현행 '형의 집행유예를 선고받고 그 유예기간 중에 있는 사람'을 '금고 이상의 형의 집행유예를 선고받고 그 유예기간 중에 있는 사람'으로 해당 규정을 개정하여 임원의 자격제한 사유를 보완하고 형벌 외의 제재에 형평을 기할 필요가 있다고 본다.[33]

다만, 이 경우에도 신협법이나 금융관계법령을 위반하여 소액 벌금형의 집행유예를 선고받은 사람을 임원의 결격사유에 해당하는 사람으로 볼 것인지 여부는 여전히 입법권자의 또 다른 고민거리로 남는다.

나. 상호금융간 피선거권 제한의 불균형 해소

신협과 새마을금고는 그 태생부터 현재에 이르기까지 유사한 설립목적과 조직특성을 보유하고 있으나, 새마을금고법과 신협법은 임원의 피선거권 제한에 관하여 각각 규제의 범위와 깊이를 서로 다르게 규정하고 있어 형평성의 문제가 있어 보인다.

대표적인 내용이 바로 새마을금고법에서 규정하고 있는 것으로서 임직원으로 재임 또는 재직 중 다른 임직원을 대상으로 소위 갑질을 하거나 성폭력 범죄를 범하여 일정 금액 이상의 벌금형을 선고받은 경우 3년간 임원선거의 피선거권을 제한하는 부분이다.

구체적인 내용을 살펴보면, 우선 새마을금고의 다른 임직원을 대상으로 폭행, 상해, 강요 등 직장 내 갑질의 죄를 범하여 300만원 이상의 벌금형을 선고받고 그 형이 확정된 후 3년이 지나지 않은 사람은 새마을금고 임원선거의 피선거권이 없다(새마을금고법 §21① 11의2.).

또한, 새마을금고의 다른 임직원을 대상으로 업무상 위력 등에 의한

---

33) 같은 취지의 신용협동조합법일부개정법률안(의안번호 제2118448호)이 2022년 11월 24일 윤준병의원의 대표발의로 국회 정무위원회에 계류되어 있다.

간음 또는 추행 등 직장 내 성폭력의 죄를 범하여 100만원 이상의 벌금형을 선고받고 그 형이 확정된 후 3년이 지나지 않은 사람도 새마을금고 임원선거의 피선거권이 없다(새마을금고법 §21① 11의3.).

새마을금고법에서 직장 내 갑질과 성폭력 범죄에 따른 피선거권 제한규정은 유사법제의 입법례를[34] 좇아 2023년 4월 11일 공포된 법률에 반영되어 같은 해 10월 12일부터 시행되고 있다.

그러나 최근 신협과 관련하여 직장내 갑질과 성희롱성 면접시험으로 사회적 논란이[35] 제기되었음에도, 아직까지는 입법권자가 신협법 개정에 관해서 상당한 자제력을 보이고 있다. 그 자제력이 너무 이례적이어서 오히려 기이할 정도이다.

신용협동조합은 농업협동조합·수산업협동조합 등 다른 협동조합에 비하여 다수의 일반 국민을 대상으로 금융업을 하는 금융기관과 유사한 지위에 있다는 특성이 강하게 나타나므로, 임원에 대한 높은 수준의 윤리·준법의식을 제고하고 직무수행의 청렴성과 공정성을 확보하기 위해서 법규위반행위에 대하여 형벌 외에도 엄격한 제재 규정을 둘 필요성은 인정된다.

그러나 신협과 새마을금고는 다른 협동조합과는 달리 특정 직업군의 지위 향상이나 특정 산업의 경쟁력 강화를 도모하기 위하여 설립된 것이 아니고, 일정한 직업군에 속하지 않더라도 조합원 또는 회원이 될 수 있는 개방성이라는 특징을 공유하고 있으므로, 신협과 새마을금고 임원의 피선거권 제한에 관하여 차등을 두는 것은 합리적 이유 없이 양자를 차별하는 것이 되어 평등권을 침해할 우려가 있다고 본다.

우리나라 국회의 운영이 상임위원회 중심주의를 채택하고 있어 신협법은 국회 정무위원회의 소관인 반면, 새마을금고법은 국회 행정안전위

---

34) 직장 내 성폭력 범죄로 임원의 결격사유를 규정한 법률로는 수산업협동조합법 제51조 제1항제8호의2와 산림조합법 제39조제1항제5호의2를 들 수 있다.
35) 세계일보 2023. 1. 12. 기사 등 참조.

원회 소관으로 서로 상임위원회가 달라 유사법제의 법체계에 통일성을 기하기 어려운 측면은 있다.

물론 이러한 문제는 정무위원회와 행정안전위원회의 연석회의를 통하여 조율하거나 법제사법위원회에서 체계심사를 통하여 바로잡을 수도 있겠지만 현실적으로는 쉽지 않은 방법이다. 그렇다고 국회에 특별위원회를 구성하여 처리해야 할 정도의 중대한 사안으로 보기에도 어려우므로 당분간 불협화음으로 공존의 시간을 보내야 할 것으로 보인다.

다. 선거범죄에 따른 피선거권 제한 규정 보완

(1) 법률간 선거범죄의 제재효과 불균형

2023년 10월 19일 개정 신협법의 시행에 따라 일부 신협은 2025년 11월 12일 제1회 동시이사장선거에 참여하고, 그 선거의 관리는 관할 선거관리위원회에 의무적으로 위탁해야 하며, 해당 선거에는 신협법의 선거 관련 규정뿐만 아니라 위탁선거법에 따른 각종 제한·금지규정과 벌칙도 함께 적용된다.

예컨대, 신협법에 따른 부정선거운동과 사전선거운동 금지규정에 더하여 위탁선거법에 따른 임직원의 지위를 이용한 선거운동죄, 허위사실공표죄, 후보자 비방죄가 상시 적용되고, 선거일전 180일부터는 기부행위위반죄도 함께 적용되는 것이다.

이 경우 신협법의 선거 관련 규정을 위반하여 소액이라도 벌금형이 확정되면 신협법 제28조제1항제5호에 따라 3년간 임원선거의 피선거권이 제한되지만, 위탁선거법에 규정된 선거범죄로 아무리 거액의 벌금형이 확정되어도 그 형의 종류가 벌금형인 한 신협 임원선거의 피선거권에는 아무런 영향을 주지 못한다.

다만, 100만원 이상의 벌금형이 확정된 사람이 당선인 신분이라면 위

탁선거법에 따라 그 당선이 무효로 되고, 선거규약에 따라 향후 5년간 피선거권이 제한될 뿐이다.[36]

구체적으로 살펴보면, 위탁선거법은 거짓의 방법으로 선거인명부에 오르게 한 사위등재죄(§63), 성명을 사칭하여 거짓으로 방법으로 투표한 사위투표죄(§64), 선거인에게 재산상의 이익을 제공하는 기부행위위반죄(§59), 선거관리 용품을 탈취하거나 투표소 또는 개표소를 소요·교란하는 선거관리침해죄(§65) 등을 범죄로 규정하고 있다.

위탁선거법에 규정된 이러한 범죄들은 신협법에만 고유하게 규정된 선거범죄,[37] 예컨대 선거운동 방법 위반에 따른 부정선거운동죄나 사전선거운동에 따른 선거운동기간위반죄에 비하여 그 가벌성과 법익침해의 정도가 결코 가볍다고 볼 수 없다.

특히 위탁선거법이 적용되는 이사장선거에서 당선된 사람이 위탁선거법 위반으로 100만원 이상의 벌금형이 확정되면 위탁선거법에 따라 당선이 무효가 되고 선거규약에 따라 5년간 피선거권이 제한되지만, 낙선한 사람은 아무리 고액의 벌금형이 확정되어도 피선거권이 전혀 제한받지 않는 행운을 누릴 수 있다.[38] 이러한 입법불비는 당선가능성이 희박한 후보자에게 불법행위의 용기를 북돋을 수 있다.

선거범죄로 유죄판결을 받은 사람은 공동체의 대표자 선출과정에 중대한 위해를 가하여 선거의 자유와 공정의 이념을 현저하게 침해한 사람이므로, 해당 공동체의 대표자가 될 수 있는 자격을 일정기간 박탈하기 위하여 각 개별 법률에서 선거범죄 전과자의 피선거권을 제한하는 규정을 두는 것이다.

---

36) 위탁선거법 제70조제1호 및 선거규약 제8조제1항제11호 참조.
37) 신협법은 제27조의2제2항 및 제3항에서 임원선거에서 선거운동의 방법과 시기를 제한하고 이를 위반한 때에는 같은 법 제99조제3항에서 처벌하는 벌칙을 두고 있으나, 위탁선거법은 농업협동조합 등 조합장선거와 새마을금고의 이사장선거를 제외하고는 선거운동 방법이나 시기 위반에 따른 벌칙이 없다.
38) 위탁선거법 제70조제1호 및 선거규약 제8조제1항제11호 참조.

그러나 신협법의 입법 불비는 공정선거를 위한 게임의 룰을 위반한 경우 자율관리 또는 위탁관리라는 선거관리 방식이나, 당선 또는 낙선이라는 선거결과의 우연한 사정에 따라 위반자에 대한 제재효과를 불합리하게 차별하는 문제를 초래한다.

이러한 문제는 입법권자가 신협법을 개정하여 이사장선거의 의무위탁을 신설하는 때에 다른 법률과의 관계를 깊이 살피지 않은 데에서 발생한 체계부조화의 문제로 평가할 수 있을 것이다.

다만, 신협법에 규정된 매수 관련 선거범죄는 위탁선거법에서도 모두 범죄로 규정하고 있어 양 법률간 상상적 경합39)이 성립될 것이므로, 이 범위에 한하여 100만원 이상의 벌금형을 선고받은 사람에 대한 피선거권의 제한효과는 동일한 것으로 보인다.

그러나 매수죄로 공소가 유지된 사안에서 100만원 미만의 벌금형을 선고받은 경우 형벌 외의 제재라는 측면에서 살펴보자면, 위탁선거법에 따라서는 아무런 불이익이 없는 반면 신협법에 따르면 사실상의 당선무효와 향후 5년간 임원선거의 피선거권이 제한되는 효과가 발생한다.

따라서 선거규범 위반에 따른 처벌의 형평성을 확보하기 위해서는 선거관리위원회가 위탁선거법과 신협법의 상상적 경합이 성립되는 선거범죄를 적발한 경우 그 고발장에는 위탁선거법의 범죄와 상상적 경합이 성립하는 신협법의 모든 죄를 빠짐없이 기재해야 할 것이다.

검찰이 해당 사안을 기소할 경우에도 적용법조에 면밀한 검토를 해야 하고, 경찰이 자체인지한 사건을 수사하여 검찰에 기소의견으로 송치하는 경우에도 마찬가지이며, 상대방 후보자의 매수혐의에 대하여 고소 또는 고발을 하는 경우에도 유념할 부분이다.

---

39) 상상적 경합이란 한 개의 행위가 여러 개의 죄에 해당하는 경우를 말한다. 이 경우에는 형법 제40조에 따라 가장 무거운 죄에 대하여 정한 형으로 처벌한다. 신협법의 매수죄 법정형은 1년 이하의 징역이나 1천만원 이하의 벌금형으로 규정되어 있고(§85③), 위탁선거법의 매수죄 법정형은 3년 이하의 징역 또는 3천만원 이하의 벌금에 처하도록 규정되어 있다(§58).

(2) 입법기술적 보완방안

위와 같은 모순을 입법기술적으로 해결하는 방안은 개별법인 신협법에서 관련 규정을 개정하는 방법으로도 가능은 할 것이다.[40] 다만, 신협법 또는 금융관계법령을 위반한 경우 소액의 벌금형으로 임원의 피선거권을 제한하는 조항은 신협의 임원에게 요구되는 고도의 윤리적기준을 상징하는 규정으로 보이므로, 이러한 기준을 변경할지 여부는 별론으로 한다.

실제 유사법제인 새마을금고법과 농업협동조합법에서는 이사장선거등을 선거관리위원회에 의무적으로 위탁하도록 제도를 신설하면서 피선거권 결격사유에 관한 조항을 보완하는 등 적절한 입법조치를 취하여[41] 이러한 모순을 해결한 바 있다.

그러나 이러한 방법은 대표자 등 임원의 선출에 있어 위탁선거법이 적용되는 수많은 법인·단체의 조직법규를 일일이 개정해야 하는 번거로움이 있고, 각 개별 법률의 개정시기가 다를 경우 피선거권에 관한 법체계의 혼란을 초래할 우려도 있다.

따라서 위탁선거법이 적용되는 선거라면 상당한 공공성을 갖춘 단체의 임원선거에 해당할 것이므로, 위탁선거법 제12조의 피선거권 규정을 개정하여 위탁선거범죄로 100만원 이상의 벌금형이나 징역형을 선고받은 사람의 피선거권을 제한하도록 보완함으로써 법체계의 통일성을 확보하는 방안이 타당할 것으로 보인다.

다만, 국회의 입법이 순조롭지 않을 경우에는 보충적 수단으로 자치법규인 정관을 개정하여 보완하는 방법도 적극 검토할 필요가 있다고 본다.

---

40) 신협법 제28조제1항에 제5호의 내용을 보완하여 위탁선거법의 선거범죄로 인한 벌금형을 병렬적으로 추가하면 해결될 것으로 보인다.
41) 새마을금고법 제21조제1항제8호, 농업협동조합법 제49조제1항제8호 및 제9호 참조.

구체적인 방법으로는 현행 임원자격의 결격사유를 정하고 있는 표준 정관 제54조제1항에 제2호를 신설하여 '공공단체등 위탁선거에 관한 법률을 위반하여 100만원 이상의 벌금형을 선고받고 그 형이 확정된 후 4년이 지나지 않은 사람'으로 규정하는 것이 적절해 보인다.

1. 후보자등록신청서

가. 의무위탁된 이사장선거

선거에 출마하려는 사람이 제출해야 할 가장 기본적인 서류가 바로 후보자등록신청서이다. 일반적으로 후보자등록신청서의 서식은 후보자가 되려는 사람을 특정할 수 있는 정보, 예컨대 성명, 주민등록번호, 등록기준지, 주소, 그리고 후보자로 등록하고자 하는 선거를 특정하기 위한 정보, 즉 선거명과 선거일, 그 밖에 후보자로 등록을 신청한다는 의사표시와 후보자의 자격을 증명하기 위하여 덧붙이는 첨부서류의 목록으로 구성된다.

관할 선거관리위원회의 의무적 위탁관리가 적용되는 지역신협의 이사장선거에서 후보자등록신청서의 서식은 위탁선거규칙 별지 제6호로 정하고 있다. 해당 서식은 중앙선거관리위원회의 인터넷 홈페이지나 법제처에서 운영하는 국가법령정보센터에서 '공공단체등 위탁선거에 관한 규칙'을 검색한 후 규칙의 맨 하단에 표시되어 있는 서식을 출력하여 활용하면 된다.

후보자등록신청서의 기재항목은 성명, 주민등록번호, 등록기준지, 주소, 전화번호, 직업, 학력, 경력뿐이다. 후보자등록신청서 작성요령은 서식의 하단에 자세히 설명되어 있다.

후보자등록신청서 등 후보자가 관할 선거관리위원회에 제출하는 서류의 대부분은 선거인에게 공개를 예정하고 있다. 따라서 제출서류의 내용이 사실과 다를 경우 허위사실공표죄가 성립될 수 있으니 정확하게 작성해야 한다.

나. 자율관리하는 임원선거

신협이 자율적으로 관리하는 이사장선거와 일반 임원선거에는 위탁선거법이 적용되지 않으므로, 후보자등록신청서의 서식은 신협법규나 자치규범인 정관 또는 선거규약에서 정할 수 밖에 없다.

중앙회 인터넷 홈페이지에는 관계법령 및 정관 매뉴란에 신협법, 시행령, 시행규칙, 표준정관, 선거규약이 게시되어 있고, 그 선거규약 제20조제2항에 따른 별표에서 후보자등록신청시 제출해야 하는 구비서류를 정하고 있는 것으로 추정되나, 홈페이지에는 선거규약의 본문만 게시되어 있을 뿐 정작 그 별표의 내용은 게시되어 있지 않다.

선거규약의 별표 또한 자치규범의 일부이므로,[42] 그 내용을 조합원들이 상시 확인할 수 있도록 공개하는 것이 정보의 민주적 공개원칙에 충실한 서비스이자 정보격차를 해소하여 선거의 공정을 확보하기 위한 최소한의 기본적 조치로 보인다.

신협법은 이사장에게 신협 운영에 관한 공개의무를 두어 해당 신협의 정관, 총회의 의사록, 이사회 의사록, 조합원 명부 및 결산보고서를 주된 사무소에 갖추어 두도록 하고, 조합원은 영업시간 내에 언제든지 해당 서류를 열람하거나 그 서류의 사본 발급을 청구할 수 있도록 규정하고 있다(§83의5).

한편, 표준정관에서도 이러한 공개원칙을 다시 확인하면서 공개된 자

---

42) 대법원 2015. 12. 23. 선고 2014다14320 판결

료를 악용하여 임원선거에서 허위사실로 상대방을 비방하거나, 경영기
밀을 누설하거나, 그 밖에 조합과 경합관계에 있는 사업을 수행하는 등
부당한 목적을 위하여 사용할 수 없도록 공개된 자료의 목적외 사용 금
지규정을 두고 있다(§60).

신협법과 표준정관의 해당 조항에 대한 입법취지를 고려한다면 공개
대상 서류에 선거규약을 제외할 이유가 없어 보인다. 그 서류에 선거규
약 별표의 내용이 포함됨은 당연한 이치이다.

선거에 관한 정보격차는 항시 선거의 공정을 위협해 왔다. 이러한 사
실은 우리의 선거사뿐만 아니라 인류의 선거사에서도 반복적으로 그리
고 되풀이하여 확인할 수 있다.

선거규약을 게시하면서 정작 후보자등록신청에 필요한 서류의 목록
과 그 양식을 함께 게시하지 않는 것은 로마시대 시라쿠사Siracusa의 독
재자[43]가 새로운 법률을 공포할 때 그 법률을 널빤지에 적어서 장대
끝에 높이 매달아 놓아 시민들이 읽지 못하게 한 것과 다를 바가 없는
것으로 보인다.

2. 피선거권 증명서류 등

앞서 우리는 신협의 임원선거에 출마하려면 적극적 요건으로서 일정
한 자격을 갖추고, 소극적 요건으로서 열거된 결격사유에 해당하지 않
아야 한다는 점을 확인한 바 있다. 이에 따라 이사장선거 등 신협의 임
원선거에 후보자로 등록하려는 사람은 그 등록을 신청하는 때에 선거
규약이 요구하는 피선거권에 관한 증명서류를 제출하여야 한다.

아울러 후보자등록을 신청하는 때에는 피선거권에 관한 증명서류 외

---

43) 디오니소스 1세(B.C. 431-367)를 말한다. 그가 법을 공포하였을 때 시민들은 장대 끝
을 올려다보고 자신들을 괴롭히는 법률이 또 제정되었다고 추측만 하였을 뿐, 정작 그
내용은 알지 못하였다고 한다.

에도 법령이나 자치법규에서 요구하는 서류도 함께 제출해야 한다. 이 점은 신협의 임원선거를 관할 선거관리위원회에 위탁하였는지 여부를 불문하고 공통적으로 적용되는 사항이다.

위탁선거법은 임원선거의 관리를 관할 선거관리위원회에 위탁한 경우에도 피선거권에 관한 증명서류나 후보자 등록신청에 필요한 서류에 관해서는 사적자치의 원칙에 따라 해당 위탁단체의 법률이나 정관 등에 따르도록 규정하고 있기 때문이다.[44]

앞서 살펴본 바와 같이 후보자 등록신청시 제출해야 하는 서류의 목록이 공개되지 않아 이를 명확하게 확인하기 어려우나, 임원 자격의 적극적 요건과 소극적 요건, 그리고 후보자등록신청에 필요한 서류를 정하고 있는 신협법령과 표준정관 및 선거규약에 따르면 아래의 서류는 후보자등록신청을 하는 때에 반드시 그 신청서에 첨부하여야 한다는 점을 어렵지 않게 알 수 있다.[45]

① 가족관계증명서

② 주민등록등본

③ 금융분야 경력증명서

④ 개인(신용)정보 제공·활용 동의서

⑤ 최종학력증명서[46]

⑥ 연체채무유무 확인서

---

44) 위탁선거법 제18조제2항 참조.
45) 우리나라 최초로 위탁선거법 해설서를 집필한 이용복은 신협 이사장선거의 후보자등록 신청 시 구비서류로 입후보 추천서, 확인서, 확약서, 최종학력증명서, 경력증명서, 경력 및 학력 조회 동의서, 개인신용정보의 제공·활용동의서를 들고 있다. 이용복 2022. 9. 『위탁선거법강의』 박영사. 230쪽 참조.
46) 신협법의 위임에 따라 선거운동 방법에 관한 세부 사항을 정하고 있는 시행규칙 제4조에 따른 별표 제1호 및 제2호에서 선전벽보와 선거공보의 작성 및 배부방법 등에 관한 사항을 정하면서 학력의 게재방법에 관하여는 공직선거법 제64조제1항에 따르도록 하였다. 공직선거법 제64조제1항은 학력증명서를 제출한 학력에 한하여 정규학력의 최종학력을 기재할 수 있도록 규정하고 있다.

⑦ 회원가입 및 출자금 확인서

⑧ 신용사업실적 확인서

⑨ 선거인 또는 전형위원회의 후보자 추천장[47]

제출해야 할 서류 중 ⑥의 연체채무유무 확인서는 ④의 개인(신용)정보 제공·활용 동의서를 첨부하여 해당 신협으로부터 발급받고, ⑦·⑧의 확인서도 해당 신협으로부터 발급받는다.

관할 선거관리위원회에 관리를 위탁한 임원선거에서는 피선거권에 관한 증명서류 중 어느 하나라도 제출하지 않으면 후보자등록신청이 수리되지 않고, 착오로 후보자등록신청이 수리되었더라도 나중에 해당 서류가 제출되지 않았음이 발견된 경우에는 그 등록을 무효로 한다(위탁선거법 §19①).

반면에 자율적으로 관리하는 신협의 임원선거에서 자격이 없는 사람에게는 그 사유를 명시하여 제출된 서류를 즉시 되돌려 주고, 이중추천 등으로 선거인의 추천 정족수에 미달하는 등 서류에 경미한 미비사항이 있을 때에는 후보자등록 마감일로부터 3일 이내에 이를 보완하는 조건으로 신청을 접수할 수 있도록 아량을 베풀고 있다.[48]

관할 선거관리위원회가 위탁하여 관리하는 임원선거에서 후보자등록신청서와 피선거권에 관한 증명서류 등 후보자등록에 필요한 서류는 후보자 등록신청기간이 도래하기 전에 미리 관할 선거관리위원회를 방문하여 사전검토를 받아 놓는 것이 바람직하다.

정당한 자격을 갖춘 사람이 서류미비로 등록이 무효로 되거나, 법을 몰라 선량한 후보자가 허위사실공표죄로 처벌되거나, 다수의 조합원이 참여하는 선거가 무효로 되는 비극을 사전에 방지하기 위함이다. 이러한 업무처리 방법은 헌법기관인 선거관리위원회가 오래전부터 국민에

---

47) 신협의 임원선거에 후보자가 되려면 이사회가 구성한 전형위원회의 추천을 받거나 일정 수 이상의 선거인 추천을 받아야 한다. 선거규약 제18조 및 제19조 참조.
48) 선거규약 제20조 참조.

게 봉사해 온 자연스러운 방식의 하나로 자리매김되었다.

2022년 3월 실시한 대통령선거의 사전투표소에 등장하였던 소쿠리에
는 결코 담을 수 없는 품격이다.

3. 기탁금

가. 기탁금 제도의 취지

기탁금 제도는 후보자의 난립을 방지하여 선거의 과열·혼탁을 예방
하고, 불법선거운동의 감시와 투·개표 등 선거관리를 용이하게 하며,
가급적 당선자가 다수표를 획득할 수 있도록 하여 선출된 대표자에게
민주적 정당성을 부여하기 위하여 도입된 것이다.

그러므로 후보자 난립 방지를 통하여 선거의 신뢰와 정당성을 확보
하는 것은 중대한 공익으로 평가될 수 있다. 그러나 과도한 기탁금은
경제력이 약한 후보자의 평등권과 피선거권이 침해될 우려가 있고, 유
권자의 입장에서는 후보자 선택의 자유가 제한될 가능성도 있다.

따라서 기탁금은 포말후보의 난립을 억제하기 위한 정도에 그쳐야지
진지하게 입후보하려는 사람의 피선거권을 실질적으로 제한하는 정도
에 이르러서는 안 될 것이다.[49]

위탁선거법은 후보자에게 기탁금 납부를 요구할지 여부는 물론이고
기탁금액과 그 반환요건을 전혀 규정하지 않고 있으므로,[50] 공공단체
의 선거에서 기탁금제도를 도입할지 여부, 이를 도입할 경우 적정한 기
탁금액과 합리적 반환요건 등에 관해서는 위탁단체의 개별 법규와 내
부규범이 정한 바에 따르게 된다.

---

49) 헌법재판소 2001. 7. 19. 2000헌마91·112·134(병합) 결정
50) 위탁선거법 제18조제2항 제3호 참조.

나. 기탁금액

신협의 임원선거에서 후보자 등록을 신청하는 사람이 납부해야 할 기탁금액은 이사장선거의 경우 1,000만원 이내에서, 부이사장과 이사 및 감사 선거의 경우에는 500만원 이내에서 신협 선거관리위원회가 정하는 금액으로 한다. 다만, 직장조합의 임원선거에서는 기탁금을 따로 납부하지 않는다(임원선거규약 §20의2①).

신협법에서 임원선거에 관하여는 이미 엄격한 피선거권 제한규정을 두고 있고, 후보자 등록에 전형위원회 추천 또는 일정 규모의 선거인 추천을 요구하고 있어 후보자 난립 방지효과가 상당할 것으로 추정되므로, 신협의 임원선거에서 굳이 고액의 기탁금 납부를 요구할 필요가 있는지 그 필요성에 의문이 든다.

향후 임원선거를 실시하면서 후보자 난립으로 인한 부작용을 충분히 감당할 만한 수준이라고 평가할 수 있다면 기탁금액을 낮추는 방안을 적극 검토힐 필요가 있다고 본다.

참고적으로 공직선거법에서는 여러 개의 읍·면·동을 하나의 지역구로 하는 기초의원선거에서 기탁금은 200만원에 불과하고, 시·도의원선거에서는 300만원, 기초단체장선거는 1,000만원으로 정하고 있다.[51]

공직선거에서 기탁금 적정 규모에 관하여는 주로 도시근로자의 통상적인 월평균 임금수준을 기준으로 위헌여부를 판단하여 왔다.[52] 그러나 신협 임원선거 등 위탁선거에서는 적절한 기탁금액의 규모에 관하여 논리필연적인 결론이 없는 것으로 보인다.

---

51) 우리나라 공직선거에서 기탁금은 과도한 측면이 있다. 미국·프랑스·독일·캐나다·스웨덴·스위스·오스트리아·핀란드는 아예 기탁금이 없고, 기탁금을 요구하는 국가도 통상 200만원 이하의 소액이다. 고액의 기탁금으로 두드러진 나라는 우리나라와 일본뿐이다. 중앙선거관리위원회 『2022년도 각국의 선거제도 비교연구』 325쪽 참조.
52) 헌법재판소 2016. 12. 29. 2015헌마509·1160(병합) 결정

다. 기탁금 반환요건

신협의 이사장선거 등 임원선거에서 당선 또는 사망한 사람, 선거공보 발송전 사퇴한 사람, 개표결과 유효투표 총수의 30% 이상을 득표한 사람에게는 기탁금 전액을 반환한다. 낙선된 사람이라도 유효투표 총수의 15% 이상 30% 미만을 득표한 후보자에게는 기탁금의 절반을 반환한다(선거규약 §20의2②).

재투표 또는 결선투표를 실시하는 경우라면 기탁금의 반환요건은 1차 투표결과에 따른다.

후보자가 납부한 기탁금은 선거일 후 30일 이내에 해당 후보자가 지정하는 금융기관의 계좌로 반환하고, 반환하지 않는 기탁금은 해당 신협에 귀속된다. 이사장선거의 기탁금제도는 고액의 기탁금과 엄격한 반환요건이[53] 결합하여 경제력이 약한 후보자를 선거관리위원회의 문 앞에서 제법 머뭇거리게 하는 효과는 거둘 수 있을 것으로 보인다.

그러나 경제력에 여유가 있는 후보자에게는 기탁금의 액수나 엄격한 반환요건은 아무런 장애가 될 수 없다. 고액의 기탁금과 엄격한 반환요건이 결합된 기탁금제도에 내재된 불편한 진실이 바로 여기에 있다.

일정 득표를 하지 못한 후보자의 기탁금을 반환하지 않고 귀속시키는 것은 기탁금 제도의 본질적 요소로 볼 수 있다. 그러나 엄격한 기탁금 반환요건은 고액의 기탁금액 못지않게 문제가 있다.[54] 실제 헌법재판소는 대통령선거에서 유효투표 총수의 7% 또는 5% 득표를 기탁금 반환요건으로 정한 조항은 합헌으로 판단한 반면, 유효투표의 1/3 이상 또는 20% 이상 득표 등 엄격한 반환요건을 정한 조항은 헌법에 위반된

---

53) 지방자치단체장 선거에서 유효투표 총수의 15% 이상을 득표하면 기탁금 전액을, 10% 이상 득표하면 기탁금의 절반을 돌려받는다. 장애인 또는 39세 이하인 청년 후보자의 경우 이보다 반환요건이 완화되어 10% 이상 득표하면 기탁금 전액을, 5% 이상 득표하면 기탁금 절반을 돌려받는다.

54) 헌법재판소 2011. 6. 30. 2010헌마542 결정

다고 결정한 바 있다.

따라서 신협의 이사장선거에서 기탁금제도의 정당성을 인정하더라도 그 엄격한 반환요건은 경제력의 차이에 따라 불공정을 초래할 수 있는 부작용, 농업협동조합·수산업협동조합 등 다른 위탁선거에서 완화되는 반환추세,55) 후보자등록에 전형위원회 또는 선거인의 추천을 요구함에 따라 포말후보의 난립을 억제할 수 있는 보충적 안전판의 존재, 그리고 기탁금제도의 내재적 한계 등을 고려하여 좀 더 완화된 기준을 적용할 필요가 있다고 본다.

실제 헌법재판소는 공직선거에서 고액의 기탁금과 엄격한 반환요건은 헌법에 위반될 수 있다고 수차례에 걸쳐 단호하게 판시한 바 있다.56) 신협 임원선거에서도 귓등으로 흘릴 내용이 아니다.

---

55) 농협·수협·산림조합의 조합장선거에서는 15% 이상을 득표한 경우 기탁금 전액을, 10% 이상 15% 미만을 득표한 경우 기탁금의 절반을 돌려받는다.
56) 헌법재판소 2004. 3. 25. 2002헌마383 결정. 헌법재판소 2003. 8. 21. 2001헌마687 결정 등 참조.

제2장

허용된 선거운동과
금지된 선거운동

신협법은 선거운동기간 전 일체의 선거운동을 금지하고 선거운동기간에도 법에 열거된 방법에 한정하여 선거운동을 허용하면서도 정작 선거운동의 개념에 대하여는 별도로 정의하지 않고 있다.

선거운동은 본래 표현의 자유의 일환이므로 원칙적으로 자유롭게 허용함이 마땅하다. 그러나 선거운동의 자유방임에 따른 부작용을 감당하기 어렵다면 선거운동에 대한 규제가 불가피할 것이다.

이 장에서는 선거의 핵심 개념인 선거운동의 정의를 알아보고 임원선거에서 허용된 선거운동과 금지된 선거운동을 살펴본다.

1. 선거운동의 정의와 표현의 자유

선거운동에 관한 정의는 공직선거법과 위탁선거법은 물론 선거에 관한 각 개별 법규에서 정한 선거제도 전체를 관철하는 중심 개념으로서 선거운동이 성립됨을 전제로 적용되는 주체·방법·시기 등 각종 제한·금지 행위의 기준이 되고 위반행위를 처벌하는 형벌의 구성요건 중에서도 가장 핵심 부분을 점유한다.

입법기술적으로 정의규정을 두는 이유는 법령문에 쓰이는 중요한 용어이거나, 해당 법률에서 언어의 통상적인 용법과는 다소 다른 의미로 쓰이는 용어이거나, 의미를 확실히 하여 적용과 해석상의 의문을 제거하기 위한 것이 주된 목적이다.

따라서 죄형법정주의에서 파생되는 명확성의 원칙에 따라 어떠한 행위가 선거운동에 해당되는지 여부를 수범자受範者가 쉽게 이해할 수 있도록 선거운동의 의미를 명확히 정의할 필요가 있다.

선거의 과열을 방지하고 후보자 간 기회균등을 확보하기 위해서는 선거운동에 대한 규제가 필연적이고, 각 선거법에서는 이를 위반한 행위에 대하여 벌칙을 둔다. 그 전제가 되는 부분이 바로 어떠한 행위가 선거운동에 해당하고 또 어떤 행위는 선거운동에 해당하지 않는지에 관한 판단이다.

　선거운동 규제의 핵심내용으로는 주체와 신분에 대한 규제, 방법에 대한 규제, 시기에 대한 규제, 장소에 관한 규제 및 비용에 관한 규제로 구분할 수 있을 것이다. 만일 일정한 의사표현 행위가 선거운동에 해당된다면, 임직원 등 선거 중립의무가 부과된 사람의 행위는 주체의 위반이 성립되고, 금지된 매체의 광고를 이용한 행위라면 방법의 위반이 성립되며, 선거운동기간 전에 한 행위라면 시기의 위반, 즉 사전선거운동이 성립될 것이다.

　아울러 선거운동이 금지된 장소인 투표소에서 선거운동이 이루어진 경우에는 장소 위반이 성립될 것이고, 선거비용제한액을 두고 있는 때에는 해당 선거운동에 소요되는 비용은 선거비용에 산입하여 그 비용의 상한을 제한하는 총량규제가 적용될 것이다.

　반대로 일정한 의사표현 행위가 선거운동에 해당되지 않는다면 다른 사람의 인격권을 침해하거나 공중의 안전을 위협하는 등 특별한 사정이 없는 한, 그러한 행위는 원칙적으로 누구든지 언제든지 그리고 어디에서나 허용되는 행위로서 국민의 기본권인 표현의 자유로 보장된다.

　따라서 선거운동의 개념을 포괄적으로 넓게 정의할수록 가벌성과 규제의 범위도 확장되어 표현의 자유는 위축되고, 선거운동의 개념을 엄격하고 협소하게 정의하면 가벌성과 규제의 범위도 축소되어 표현의 자유가 보장될 수 있을 것이다. 이러한 측면에서 선거운동에 관한 적확한 법률적 정의의 필요성이 인정된다.

　그러나 미국 연방대법원이 공인公人이나 음란淫亂에 대한 정의에서 그렇게 고민하였듯, 선거운동에 대한 정의도 해파리를 콘크리트 벽에 못 박아 걸어두는 것만큼이나 어렵다. 아무리 정치精緻하게 정의하더라도 항시 예외가 발생하기 때문이다.

2. 신협법 · 위탁선거법의 선거운동 정의

신협법에서는 선거운동에 대한 정의규정을 두지 않은 채 선거에 관한 단순한 의견개진과 의사표시, 입후보와 선거운동을 위한 준비행위 또는 통상적인 업무행위는 선거운동으로 보지 않도록 규정하고 있다 (§27의2②). 여기에서 우리는 맷돌의 손잡이가 사라진 경우를 본다. 예외가 없는 원칙도 그 완고함과 경직성 때문에 선뜻 인정하기 어렵거니와, 원칙 없는 예외는 공허하기 때문이다.

아마도 입법권자는 위탁선거법이나 공직선거법의 선거운동에 관한 정의를 원용한다면 신협법에 따른 임원선거의 관리집행에 어려움이 없을 것으로 판단한 듯하다.

한편, 표준정관에서도 선거운동에 대한 정의가 없고, 선거규약에서도 선거운동에 관한 정의를 두지 않아 신협의 임원선거에서 선거운동의 의미가 '무지의 베일'[1] 속에 가려져 있다. 특히 선거규약에서는 신협법에서 선거운동으로 보지 않는 행위로 열거한 조문의 형식과 내용을 그대로 앵무새처럼 되풀이하고 있을 뿐이다(선거규약 §25②).

그러나 정관이나 규약은 법인의 조직과 활동에 관하여 자율적으로 정한 자치규범으로서 대내적으로만 효력을 가질 뿐, 대외적으로 제3자를 구속하지는 않는 것이 원칙이고 법원의 재판규범도 될 수 없다는 점은 자명하다.

따라서 정관이나 규약에 형벌의 구성요건의 전부나 일부를 정하는 것은 개별 법률의 명시적 위임이 있더라도 죄형법정주의에 위반되어 그 효력이 인정될 수 없는데, 게다가 선거규약은 신협법 등 상위 법규명령에서 선거운동의 정의에 관하여 명시적으로 위임받은 근거조차 없

---

1) 무지의 베일은 미국의 정치철학자인 존 롤스(John Rawls, 1921~2002)가 정의론에서 사용한 개념이다. 마치 베일로 가려진 것처럼 구성원들이 서로의 신분과 사회 · 경제적 지위, 능력, 가치관, 목표 등을 알지 못하는 상황에 놓인 것을 뜻한다.

으므로 더더욱 그 효력을 인정받기 어렵다.

과거 헌법재판소는 신협법, 새마을금고법 등에서 형벌의 구성요건의 일부인 선거운동의 시기, 방법 등을 정관으로 정하도록 위임한 구법의 해당조항에 대한 헌법심판에서 이러한 점을 일관되게 그리고 분명하게 밝힌 바 있다.[2]

특히 임원의 선거운동 기간 및 선거운동에 필요한 사항을 정관에서 정할 수 있도록 규정하였던 구 신협법(2015. 1. 20. 법률 제13067호로 개정된 것) 제27조의2제2항부터 제4항까지의 규정이 죄형법정주의에 위반되는지 여부에 관한 헌법소원 심판에서 헌법재판소는 이를 더욱 명확히 확인하였다.[3]

그 핵심은 형사처벌과 관련되는 주요사항을 헌법이 위임입법의 형식으로 예정하고 있지도 않은 법인의 정관에 위임하는 것은 사실상 그 정관 작성권자에게 처벌법규의 내용을 형성할 권한을 준 것이나 다름없으므로 죄형법정주의에 위배된다는 것이다.

한편, 위탁선거법에서는 선거운동의 개념을 '당선되거나 되게 하거나 되지 못하게 하기 위한 행위'로 정의하면서, 선거에 관한 단순한 의견개진 및 의사표시, 입후보와 선거운동을 위한 준비행위는 선거운동으로 보지 않고 있다(§23). 공직선거법의 선거운동에 관한 정의와 크게 다르지 않다.

한편, 위탁선거법은 신협의 이사장선거와 같이 위탁이 의무화된 선거

---

2) 헌법재판소 2010. 7. 29. 2008헌바106 결정, 헌법재판소 2016. 11. 24. 2015헌가29 결정, 헌법재판소 2019. 5. 30. 2018헌가12 결정 등 참조.
3) 헌법재판소 2020. 6. 25. 2018헌바278 결정 참조. 해당 사안은 2016. 2. 27. 실시한 대전 모 신협 이사장선거에서 해당 신협의 정관이 정한 선거운동기간 전에 선거운동을 한 이유로 기소되어 2017년 1월 1심에서 벌금 30만 원을 선고받은 사건이다. 이에 당선무효의 위기에 처한 피고인이 항소하면서 법원에 위헌법률심판제청신청을 하였으나 법원이 이를 기각하자 2018. 7. 20. 헌법소원심판을 청구하였다. 헌법재판소는 2년간의 심리를 거쳐 심판대상 조항을 위헌으로 결정하였다. 피고인은 이를 근거로 재심을 청구하여 2023. 6. 14. 무죄를 선고받았다.

의 선거운동을 규율하는 법 제7장을 적용하도록 하면서 정작 제한·금지와 형벌 구성요건의 핵심요소인 선거운동의 정의규정은 그 적용 대상에서 제외하고 있다(§22·§23).

자구수정이 필요한 사소한 입법오류로 평가할 수도 있겠지만 시급히 바로잡을 필요가 있다. 예컨대, 위탁선거법의 지위를 이용한 선거운동을 금지하는 규정에서 선거운동의 개념은 당연히 해당 법률에서 정의한 선거운동 개념이 적용되어야 하기 때문이다.

다만, 공직선거법, 신협법, 위탁선거법 등 선거와 관련한 법령이나 표준정관, 선거규약 등 자치규범에서 선거운동의 의미에 관한 실질적인 차이는 보이지 않고, 대법원 판례도 이를 확인하고 있으므로4) 신협의 임원선거에서 선거운동 개념의 불명확성으로 인한 선거관리 집행의 혼란이나 어려움은 없을 것으로 예상된다.

3. 선거운동의 정의에 관한 법률과 판례의 차이

대법원은 위탁선거법의 선거운동 개념을 '선거에서의 당선 또는 낙선을 위하여 필요하고도 유리한 모든 행위로서 당선 또는 낙선을 도모한다는 목적의사가 객관적으로 인정될 수 있는 능동적·계획적인 행위'로 판시한 바 있다.

구체적으로 어떠한 행위가 실제 선거운동에 해당하는지 여부는 단순히 그 행위의 명목뿐만 아니라 행위의 태양, 즉 그 행위가 행하여지는 시기·장소·방법 등을 종합적으로 관찰하여 그것이 특정 후보자의 당선 또는 낙선을 도모하는 목적의지를 수반하는 행위인지 여부를 선거인의 관점에서 객관적으로 판단한다.5)

---

4) 대법원 2017. 3. 22. 선고 2016도16314 판결
5) 대법원 2017. 3. 22. 선고 2016도16314 판결

해당 판례는 공직선거법상 선거운동의 법리가 위탁선거법에도 동일하게 적용된다는 것을 명확하게 밝혔다는 점에 큰 의의가 있다. 다만, 공직선거에서 선거인은 불특정 다수임에 반하여 위탁선거법이 적용되는 공공단체의 선거인은 상대적으로 특정 소수인 점을 고려하여 선거인의 관점을 파악할 필요가 있다고 본다.

공직선거법의 선거운동 정의규정에 대한 대법원의 판단과 마찬가지로 위탁선거법의 선거운동 정의규정에 대한 대법원의 판단도 국민들의 표현의 자유 보장에 커다란 의미를 가진다.

법률상 선거운동은 '당선되거나 되게 하거나 되지 못하게 하기 위한 행위'이므로, 이렇듯 광범위하고 포괄적이며 모호한 정의에 따를 경우 국민의 일상활동이나 의례적 행위 심지어 생명유지 활동조차 선거운동의 개념에 포섭되어 규제대상이 될 수 있는 문제가 있기 때문이다.

대법원의 판결은 이러한 위험성을 제거하기 위해 선거운동에 대한 법률상 정의를 구체화하여 '당선 또는 낙선의 목적의사가 객관적으로 인정될 수 있는 능동적·계획적 행위'로 그 개념적 징표를 보완함으로써 각종 규제와 형벌이 적용되는 가벌성의 기준으로서 선거운동의 개념을 명확히 하고 있다.

아울러 당선 또는 낙선의 목적의사가 있었는지 여부는 행위 주체의 내부의사가 아니라 선거인의 관점에서 특정선거에서 당낙을 도모하는 행위임을 명백히 인식할 만한 객관적인 사정에 근거하여 판단하도록 함으로써 선거운동에 대한 판단기준을 엄격하게 제시한 점에도 큰 의의가 있다.

이는 선거운동의 개념을 당선되거나 되게 하거나 되지 못하게 하기 위한 행위에 당선 또는 낙선의 목적의사를 판단하기 위한 보다 객관화된 기준으로서 행위의 능동성과 계획성을 요구하고, 다시 그 목적의사의 판단에 선거인의 객관적 관점을 요구함으로써[6] 표현의 자유에서 강조하는 소위 '숨 쉴 공간'을 열어준 것으로 평가할 수 있다.

성문법규의 명시적 정의규정과 다소 그 결을 달리하는 판단이지만, 선거운동의 정의에 대한 이러한 해석은 대법원과 헌법재판소의 일치된 견해이고, 선거법을 집행하는 중앙선거관리위원회도 이를 원용하고 있다.

입법권자는 그동안 지속적으로 선거운동의 자유를 확대하는 방향으로 입법개선을 이루어 왔다. 그러나 현실적으로 확장된 표현의 자유의 영역은 선거운동의 정의에 관한 법원의 엄격한 해석에도 힘입은 바가 크다.

4. 선거운동으로 보지 않는 행위의 취지

신협법에서 선거에 관한 단순한 의견개진 및 의사표시, 입후보와 선거운동을 위한 준비행위 또는 통상적인 업무행위는 선거운동으로 보지 않는다(§27의2② 단서). 이러한 내용은 선거규약에서도 다시 확인하고 있다(§25② 단서).

위탁선거법에서도 선거에 관한 단순한 의견개진과 의사표시, 입후보와 선거운동을 위한 준비행위는 선거운동으로 보지 않는다(§23). 신협법과 위탁선거법 모두 공직선거법에서 선거운동으로 보지 않는 행위와[7] 내용이 유사하다.

여기에서 선거에 관한 단순한 의견개진과 의사표시, 입후보와 선거운동을 위한 준비행위는 문리해석상 선거운동의 정의에 포섭될 소지가 있으나, 그 행위의 성격상 선거운동으로 규제하는 것이 바람직하지 않으므로 입법정책적으로 이를 선거운동이 아닌 행위로 열거하여 선거운

---

6) 대법원 2016. 8. 26. 선고 2015도11812 전원합의체 판결
7) 공직선거법 제58조제1항 참조.

동의 규제대상에서 제외한 것으로 보인다.

한편, 의례적·사교적 행위와 직무상·업무상 행위는 해석상 당연히 선거운동의 개념에서 제외되므로 위탁선거법이든 공직선거법이든 선거 관계법에서 굳이 선거운동이 아닌 행위로 열거할 필요가 없다.[8] 다른 선거 관계법의 직무상·업무상 행위와 같은 의미로 평가될 수 있는 통 상적인 업무행위를 선거운동이 아닌 행위로 명시적으로 규정한 신협법 의 방식이 오히려 군더더기로 보인다.

선거운동으로 보지 않는 행위에 해당하는지는 그 행위자와 상대방의 사회적 지위, 그들 사이의 관계, 행위의 동기, 방법, 내용과 태양 등 제 반 사정을 종합하여 사회통념에 비추어 판단한다. 선거법 운용에 높은 수준의 법리적 무장과 더불어 지혜와 통찰력이 필요한 이유이다.

8) 대법원 2005. 8. 19. 선고 2005도2245 판결

1. 선거에 관한 단순한 의사표시

선거에 관한 단순한 의견개진이나 의사표시는 그 행위에 선거운동 성립의 핵심요소인 능동적·계획적 요소가 없어 선거운동으로 보지 않는다.

어떠한 행위가 선거에 관한 단순한 의견개진 또는 의사표시인지 아니면 선거운동에 해당하는지는 형식적으로 결정되는 것이 아니라 그 행위의 시기·장소·방법·대상 등의 태양을 실질적으로 평가하여 종합적으로 판단하여야 한다.

예컨대, 페이스북 사용자가 평소 관심이 있는 분야의 선거에 관한 게시물을 공유하거나 그 게시물에 본인의 짧은 글을 덧붙인 경우에는 선거에 관한 단순한 의견개진 또는 의사표시에 해당하여 선거운동으로 볼 수 없다.[9]

또한 특정 세력이 선거에 승리하면 반대진영을 탄압할 것이라는 내용의 글을 페이스북에 게재하였더라도 그 횟수가 단 1회에 불과하다면, 그러한 행위는 선거에 관한 단순한 의견개진 또는 의사표시에 해당한다.[10]

---

9) 서울고등법원 2019. 1. 25. 선고 2017노182 판결
10) 서울고등법원 2019. 1. 25. 선고 2017노182 판결

다만, 비슷한 내용의 게시물이라도 게시자가 단기간에 페이스북 계정을 만들고 페이스북 친구를 과다하게 추가하여 이례적인 정도로 연달아 게시하였다면, 이러한 행위는 능동적이고 계획적인 요소가 가미되었으므로 선거운동에 해당할 수 있을 것이다.

한편, 판례는 사교적인 모임에서 상대방의 격려말에 대한 답례로 자신의 출마사실을 공표한 행위와,[11] 지역신문의 인터뷰 요청에 소극적으로 응하여 현안에 대한 자신의 견해와 완곡한 출마의사를 밝힌 기사가 신문에 실린 경우에도 단순한 의사표시에 해당하여 선거운동으로 볼 수 없다고 판시하였다.[12]

2. 선거운동을 위한 준비행위

선거운동을 위한 준비행위는 비록 선거에 출마하여 당선되기 위한 목적이 명확한 행위이지만, 행위 시점에서는 특정 후보자의 당선을 직접 목적으로 투표를 얻기 위한 행위가 아니라 단순히 장래의 선거운동을 위한 내부적·절차적 준비행위에 불과하므로 이를 선거운동으로 보지 않는다.[13]

후보자가 되려는 사람이 선거공약 개발을 위한 의견수렴에 필요한 범위에서 주민간담회를 개최하는 행위도 선거운동을 위한 준비행위에 불과하여 선거운동으로 볼 수 없다.[14]

신협 임원선거의 예를 들면, 선거공보 제작행위, 합동연설회 연설문이나 공개토론회를 대비한 토론자료 작성행위, SNS 홍보 콘텐츠 제작행위 등이 이에 해당할 것이다.

---

11) 인천지방법원 1999. 10. 20. 선고 98고합181 판결
12) 대전지방법원 서산지원 1991. 10. 25. 선고 91고합58 판결
13) 헌법재판소 2005. 10. 27. 선고 2004헌바41 결정
14) 중앙선거관리위원회 2017. 9. 28. 질의회답

3. 의례적 · 일상적 · 사교적 행위

의례적 행위란 사람이 살아가는 도리에 따른 행위를 의미한다. 일상적 행위나 사교적 행위도 이에 준하는 행위로 판단된다. 의례적이거나 일상적이거나 사교적 행위는 비록 외형상 당선 또는 낙선의 목적이 있는 것으로 보이더라도 이를 선거운동으로 보아서는 안 된다는 것이 판례의 태도이다.

구체적으로는 어떠한 행위가 이에 해당하는지는 그 행위자와 상대방의 사회적 지위, 그들 사이의 관계, 행위의 동기와 방법, 내용과 태양 등 제반 사정을 종합하여 사회통념에 비추어 판단하여야 한다.[15]

예컨대, 후보자가 되려는 사람이 자신과 친분이 있는 작가의 출판물에 통상적인 내용의 추천사 또는 축하의 글을 게재하는 행위,[16] 또는 후보자가 되려는 사람이 각종 행사장을 방문하여 참석한 선거구민을 대상으로 악수를 하거나 인사를 나누는 것은 의례적 행위로서 선거운동이 아니다. 다만, 다가올 선거에서 지지를 호소하는 등 당선을 도모한다는 목적의사가 표시되었다고 평가할 수 있는 경우에는 선거운동에 해당할 수 있다.

명예퇴직을 앞둔 지방공무원교육원의 교관이 피교육생이자 고향 후배인 읍·면장들과의 회식자리에서 "명예퇴직원을 제출하였으니 도와달라"는 발언을 하거나,[17] 후보자가 되려는 사람의 배우자가 약을 사러 갔다가 약사가 "남편이 입후보한다는 소문을 들었다"는 말을 건내자 그 배우자가 이에 대한 응대로서 "잘 부탁한다"는 말을 한 경우도[18] 의례적 행위로서 선거운동이 아니다.

---

15) 대법원 1996. 4. 26. 선고 96도138 판결
16) 중앙선거관리위원회 2011. 11. 15. 질의회답
17) 대법원 1996. 4. 26. 선고 96도138 판결
18) 대법원 1992. 10. 13. 선고 92도1268 판결

다만, 선거운동의 요건으로서 당선 또는 낙선을 위한 목적의사는 특정한 선거에 출마할 의사를 밝히면서 그에 대한 지지를 부탁하는 등의 명시적인 방법뿐만 아니라, 행위 당시의 객관적 사정에 비추어 선거인의 관점에서 특정 선거에서 당선이나 낙선을 도모하려는 목적의사를 쉽게 추단할 수 있을 정도에 이른 경우에도 인정된다는 점에 유의해야 한다.[19]

4. 직무상 · 업무상 행위: 통상적인 업무행위

공직선거법이나 위탁선거법 등 선거 관계법에 명시적으로 열거되지는 않았더라도 관련 규정에 대한 해석과 판례를 통하여 직무상 행위나 업무상 행위도 선거운동으로 보지 않는다. 반면, 신협법은 법 자체에서 통상적인 업무행위를 선거운동으로 보지 않는 행위로 명시하고 있다(신협법 §27의2② 단서).

공직선거법이나 위탁선거법과 관련되어 형성된 판례에서 선거운동이 아닌 행위로 보는 '직무상 · 업무상 행위'와 신협법에서 선거운동이 아닌 행위로 적시된 '통상적 업무행위' 간 실질적인 의미의 차이는 없는 것으로 보인다. 따라서 이 책에서는 신협법에 적시된 '통상적 업무행위' 대신 판례로서 정립된 직무상 · 업무상 행위를 중심으로 설명하고자 한다.

직무상 행위란 법령 · 조례 또는 행정관행 · 관례에 따라 그 지위의 성질상 필요로 하는 정당한 행위 또는 활동을 말하고,[20] 업무상 행위란 영업행위 등 그 사회생활상의 지위에 있어서 계속 · 반복의 의사로서 종사하는 업무에 의한 행위를 말한다.[21]

따라서 후보자가 되려는 사람이라도 소속기관의 운영에 필요한 의견

19) 대법원 2017. 10. 31. 선고 2016도19447 판결
20) 대검찰청 2020. 3. 『공직선거법 벌칙해설』 제10개정판 89면 참조.
21) 대검찰청 앞의 책 90면 참조.

이나 자료수집의 목적으로 선거와 무관하게 간담회 또는 공청회를 개최하거나, 자신에 대한 선전이나 업적의 홍보가 부가됨이 없이 기관의 설립목적 달성을 위하여 의견을 청취하는 행위는 직무상·업무상 행위에 해당하여 선거운동으로 보지 않는다.[22]

아울러 후보자가 되려는 사람이라도 자신이 종사하는 소관업무에 관하여 취재에 응하거나, 언론사가 개최하는 대담·토론회에 참석하여 토론 주제의 범위에서 발언하는 행위는 직무상·업무상 행위로서 선거운동에 해당하지 않는다.

설사 이러한 행위로 후보자가 되려는 사람에게 사실상의 홍보 효과가 발생하더라도 이는 언론의 자유를 두텁게 보장한 결과 초래되는 반사적·부수적 효과에 불과하고, 언론의 취재보도의 자유를 보장한다는 측면에서도 이러한 행위를 규제대상인 선거운동으로 평가하는 것은 적절치 않다.

---

22) 중앙선거관리위원회 2013. 11. 26. 공직선거법 운용기준 참조.

1. 선거운동을 할 수 있는 사람

가. 선거운동이 허용된 사람의 범위

신협법은 선거운동 방법만을 제한하고 있을 뿐, 위탁선거법, 새마을금고법 등 유사법제와 달리 신협의 임원선거에서 선거운동을 할 수 있는 사람을 후보자 본인으로 한정하지는 않고 있다(신협법 §27의2①·②). 게다가 대통령령인 시행령에서는 선거운동에 관한 언급 자체가 없다.

그나마 국무총리령인 시행규칙에서는 선거운동의 주체를 후보자로 제한하려는 희미한 시도가 드러나 보인다.[23] 시행규칙에서 명시적으로 선거운동의 주체를 제한하는 규정을 둘 경우 선거운동 방법에 대한 세부적인 사항을 위임한 위임입법의 한계를 벗어날 위험성이 있기 때문으로 보인다.

따라서 신협의 임원선거에서는 누가 선거운동을 할 수 있는지, 또 누구에게 선거운동이 금지되어 있는지 법령에서 명확하게 규정하지 않고 있다. 외부의 일반인이나 신협의 고객은 물론, 신협과 경쟁관계에 있는

---

23) 신협법 제27조의2제4항의 위임에 따라 선거운동 방법 등에 관한 세부적인 사항을 정하고 있는 시행규칙 제4조와 이에 따른 별표는 허용된 선거운동 방법을 후보자의 행위를 중심으로 규정하고 있다. 다만, 시행규칙에도 후보자가 아닌 사람의 선거운동을 금지한다는 명시적 규정은 없다.

다른 상호금융기관의 임직원이 신협의 임원선거에서 선거운동을 할 수 있는지에 관하여도 법은 침묵하고 있을 뿐이다.

반면에 신협의 이사장선거보다 선거운동의 방법이 상대적으로 폭넓게 허용된[24] 농업협동조합 등 조합장선거와 새마을금고의 이사장선거에서는 선거운동을 할 수 있는 사람을 후보자 본인으로 한정하고 있고(위탁선거법 §24①), 조합장선거나 이사장선거가 아닌 일반 임원선거에서도 선거운동이 허용된 신분은 오로지 후보자뿐이다.[25]

위탁선거법은 농업협동조합 등 조합장선거와 새마을금고의 이사장선거를 제외하고는 비록 의무위탁 선거라 하더라도 선거운동에 대한 주체·시기·방법 등에 관한 규제를 각 개별 법률에 맡기고 있다. 당연히 신협 이사장선거에서도 선거운동의 주체나 시기·방법 등에 대해서는 관심을 두지 않는다.

한편, 신협의 자치법규인 표준정관에서는 해당 규범 전체에서 선거운동에 관한 언급이 전혀 없고, 선거규약에서만 신협의 임원선거에서 선거운동을 할 수 있는 사람을 후보자로 한정하고 있다(선거규약 §29). 그러나 선거규약은 일반 국민을 기속하는 법규명령이 아니라 신협의 자치법규에 불과한 이상, 선거운동에 대한 제한·금지의 효력은 내부의 조합원들에게만 미칠 뿐이다.

앞서 우리는 형벌의 구성요건 중 일부라도 정관에 위임한 경우 죄형법정주의 원칙에 반하여 헌법에 위배된다는 헌법재판소의 장엄한 음성을 확인한 바 있다. 결국 신협의 이사장선거에서는 미성년자, 외국인은 물론이고 심지어 경쟁업체 직원까지 신협법에서 허용된 방법으로 선거운동을 한다면 처벌할 수 없는 것으로 보인다.

---

24) 위탁선거법은 후보자에 한하여 선거공보, 선거벽보, 어깨띠, 소품, 전화, 명함, 정보통신망, 소견발표회를 이용한 선거운동을 허용하면서, 중앙회장선거에서는 선거기간개시일 전 30일부터 예비후보자제도를 도입하였다. 위탁선거법 제7장 참조.
25) 새마을금고법 제22조제3항, 협동조합 정관례 제75조의2제1항 참조.

나. 선거운동 주체의 범위에 관한 문제점

일반적으로 잘 만들어진 법이란 입법자의 의도가 정확하게 구현된 법을 말한다. 이러한 측면에서 신협법의 선거운동에 관한 규정은 후보자에게만 제한된 방법으로 선거운동을 허용하겠다는 입법권자의 추정적 의도를 반영하지 못하고 있는 것으로 보인다.

다른 한편으로는 신협의 임원선거에서는 선거의 과열이나 공정을 위협할 가능성이 없으므로 선거운동을 할 수 있는 사람의 범위를 굳이 제한하지 않겠다는 입법권자의 의도를 자치규범 제정권자들이 오독誤讀한 것으로 평가할 수도 있다.

입법자의 손을 떠난 법률은 항구를 떠난 배와 같아서 그 운명이 해석자에게 맡겨진다지만, 아무리 지혜로운 해석자라도 해당 조문에서 언어의 통상적인 용법과 가능한 의미의 범위를 넘어서는 입법자의 숨은 의도를 파악하기 어렵다.

게다가 법의 최종적 해석 권한을 보유한 법원의 입장에서는 입법권자의 무오류성에 대한 존중보다 죄형법정주의 원칙과 명확성의 원칙에 충실하여 국민의 기본권을 수호하는 것이 더 큰 헌법적 책무이기 때문에, 해당 규정에 대한 해석에서 후보자가 아닌 사람의 선거운동을 금지하는 의미로 판례를 형성하기는 어려울 것으로 보인다.

물론 신협법은 임원선거의 선거운동 방법을 선전벽보, 선거공보, 합동현설회 또는 공개토론회, 전화와 컴퓨터 통신, 공개장소에서 명함 배부와 지지 호소 등 5가지로 한정하여 선거운동 과열의 안전판으로 삼고 있기는 하다(§27의2②).

그러나 선거운동을 할 수 없는 사람을 신협법에서 직접 제한하지 않는 한, 전화, SNS, 그리고 말로 하는 선거운동 방법은 외부의 선거권이 없는 사람들이 악용할 개연성이 있다.

이러한 입법의 흠결은 이사장선거의 공정성은 물론이고 신협의 정체성과 독립성을 심각하게 침해할 우려가 있다고 본다. 신협법에서 선거운동 방법을 위탁선거법에 따른 조합장선거보다 더욱 엄격하게 제한하고 있음에도 불구하고 그 선거운동을 할 수 있는 사람의 범위에 제한을 두지 않은 것은 선거의 완결성을 훼손할 수 있는 심각한 위험이기 때문이다.

헌법재판소는 이러한 모순을 종종 선거법 체계의 전체적 조정에 유의하지 아니한 입법정책 내지 입법기술의 졸렬에서 기인한 체계부조화 내지 부적합의 문제라며 질타한다. 중대한 입법불비로 보이므로 시급한 보완이 필요하다.

실제 2022년 2월 실시한 광주의 모 신협 이사장선거에서 광주 구청장을 역임한 한전 상임감사가 선거일 전일에 신협의 이사장선거에 개입하여 SNS로 특정 후보의 홍보물을 주민자치위원장 등 28명에게 보내자 상대 후보측이 청와대 국민청원에 글을 올려 언론에 보도된 사례가[26] 있었다.

해당 사안에서는 국민청원에 글을 올린 후보자가 이사장에 당선되면서 선거 또는 당선의 효력에 대한 논란이 수면 아래로 가라앉았지만, 신협의 정체성과 자율성을 보호하기 위하여 이사장선거에서 선거운동을 할 수 있는 사람의 범위를 어디까지 허용할 것인지에 관하여 입법권자에게 진지한 고민을 남기고 말았다.

그나마 다행인 것은 이사장선거를 관할 선거관리위원회에 의무적으로 위탁하게 되면, 위탁선거법에 따른 제한·금지규정의 대부분이 적용됨에 따라 해당 신협의 임직원이 지위를 이용하여 선거운동을 하거나 선거운동의 기획에 참여하거나 그 기획의 실시에 참여하는 행위가 금지된다는 점이다.

---

26) 광주mbc, "한전 임원, 신협 이사장 후보 명함 돌려 ...'논란'", 2022년 2월 15일. https://kjmbc.co.kr/article/YjAP1VxqzvjQnAXLoQK

이를 위반할 경우 형벌이 적용되므로 공정한 선거의 안전판으로 삼을 수 있다(위탁선거법 §31, §66 8.). 아울러 신협의 임직원은 지위를 이용하는지를 불문하고 후보자나 입후보예정자에 대한 선거권자의 지지도를 조사하거나 이를 발표하는 행위도 금지된다(위탁선거법 §31).

그러나 신협의 임직원이 순수한 사적 지위에서 행하는 선거운동은 내부의 징계책임은 별론으로 하더라도 신협법이나 위탁선거법의 형벌적용 대상이 아니다. 더구나 외부인의 행위에는 징계책임도 물을 수 없으니 조심스럽게 형법상 업무방해죄의 적용 가능성만을 만지작거릴 수 있을 뿐이다.

벌칙의 적용에 있어서 어떠한 것도 죄형법정주의보다 우선시될 원칙은 없다. 이사장선거의 선거범죄에서도 마찬가지다.

다. 선거운동이 허용된 인적범위 보완방안

선거인 그리고 선거인이 아닌 제3자에게도 후보자와 동일한 방법의 선거운동을 허용하고 있는 현행 임원선거의 법체계에서 입법불비를 보완하기 위한 가장 확실한 방법은 신협법을 개정하여 명시적으로 선거권이 있는 조합원 또는 후보자에게만 선거운동을 허용하는 것이다.

이러한 입법개선의 진화경로는 아주 가까이에 있는 새마을금고법이 훌륭한 모범을 제시하고 있다. 구 새마을금고법도 선거운동을 할 수 있는 사람을 명시적으로 제한하지 않았으나, 2023년 4월 11일 개정에 따라 후보자만이 선거운동을 할 수 있도록 명확히 하였다(§22③).

그러나 이러한 조치도 선거에 관한 여러 규범 간 체계정합성을 확보하기 위한 근본적인 방안으로는 부족해 보인다. 신협의 동시이사장선거가 제도화된 이상 농업협동조합과 새마을금고의 입법례와 같이 위탁선거법에서 신협의 이사장선거를 전면적으로 수용하는 방안이 적절한 해결책이 되리라 생각한다.

2. 선거운동을 할 수 있는 기간

신협의 임원선거에서 선거운동은 후보자등록마감일의 다음 날부터 선거일 전날까지만 할 수 있도록 신협법에서 선거운동기간의 대원칙을 정하고 있다. 다만, 선거일에 총회의 방법으로 이사장을 선출하는 경우에는 당일에 합동연설회 또는 공개토론회에서 후보자가 자신의 소견을 발표하는 방법의 선거운동을 하는 것은 예외로 한다(신협법 §27의2③, 선거규약 §28).

따라서 후보자등록기간 중 첫날에 일찍 후보자등록을 마친다 하여 곧바로 선거운동을 할 수 있는 것이 아니고, 인터넷이나 SNS를 활용한 선거운동 방법이라도 공직선거의 예처럼 선거당일까지 허용된 것은 아니다.

누구든지 선거운동기간 전에 선거운동을 하거나, 후보자라 하더라도 선거 당일에 총회 현장에서 합동연설회 또는 공개토론회 외에 선거인을 대상으로 명함을 배부하거나 지지를 호소하는 행위는 신협법에 따라 1년 이하의 징역 또는 1천만원 이하의 벌금으로 처벌된다(§99③).

선거일 후의 선거운동도 안심하지 못한다. 다음 선거에 대한 사전선거운동이 성립될 수 있기 때문이다. 다만, 이 경우에는 선거일과의 인접성을 인정하기 어렵고, 상대적으로 선거 또는 후보자를 특정하기 어려워 선거운동의 성립 여부에 관하여 보다 엄격한 기준을 적용하여야 할 것이다.

3. 선거운동 방법 규제 개요

가. 선거운동을 제한하는 규범

신협의 임원선거에서 선거운동을 규제하는 규범은 크게 3단계의 층위로 구분할 수 있다.

첫째, 신협법에 의한 제한이 있다. 관할 선거관리위원회에 임원선거의 관리를 위탁하는지 여부를 불문하고 상시 적용되며, 위반시 해당 법률에 따른 형벌이 적용된다(§27의2② · §99③). 신협법 위반은 소액의 벌금형으로도 5년간 피선거권이 제한된다는 점에 특징이 있다(§28① 5.).

둘째, 자치규범인 선거규약에 따른 규제가 있다. 선거운동을 위한 각종집회를 제한하고, 호별방문을 제한하며, 허위사실 공표를 금지하는 한편, 후보자와 그 가족에 대한 비방을 금지한다(§35~§38). 다만, 선거규약의 이러한 제한 · 금지규정을 위반하더라도 형벌이 적용될 수 없고 선거결과에 미친 영향의 정도에 따라 선거무효 또는 당선무효의 사유가 될 수 있을 뿐이다.

셋째, 위탁선거법의 규제가 있다. 해당 규제는 지역신협의 이사장선거를 관할 선거관리위원회에 의무적으로 위탁하는 경우에만 적용된다. 임직원이 지위를 이용하여 선거운동을 하는 행위, 매수행위, 기부행위, 허위사실 공표, 후보자 비방 등의 행위를 무겁게 처벌한다(위탁선거법 §58~§66).

나. 신협별 위탁선거법의 선거규제 적용 시기

지역신협의 이사장선거에 위탁선거법이 적용되는 시기始期는 조합마다 다르다. 2023년 7월 18일 공포되어 3개월 후인 같은 해 10월 19일부터 시행된 개정 신협법 부칙 제4조 및 제5조[27)]의 규범력 때문이다.

우선 해당 법률의 시행일인 2023년 10월 19일부터 11월 21일까지 한

달이 조금 넘는 기간 동안 이사장의 임기가 시작된 신협은 그 이사장의 임기를 단축하여 2025년 11월 12일에 동시이사장선거를 실시한다. 이 경우 2023년 10월 19일부터 이사장의 임기 개시와 동시에 해당 신협에는 위탁선거법의 선거규제가 가장 먼저 적용되기 시작한다.

차기 선거가 동시이사장선거이고, 그 선거부터는 의무적으로 관할 선거관리위원회에 위탁해야 하며, 선거관리를 의무적으로 위탁해야 하는 선거에는 위탁선거법이 적용되기 때문이다.

한편, 2019년 11월 22일부터 2023년 10월 18일까지의 기간 중 임기가 개시되어 통상의 임기를 만료한 이사장의 후임으로 선출된 이사장은 그 임기를 연장하거나 단축하여 2029년 11월 14일에 동시선거를 실시한다. 여기에 해당하는 신협은 후임으로 선출된 이사장의 임기가 개시됨과 동시에 위탁선거법의 선거규제가 적용된다.

이 경우 2019년 11월 말에 임기가 개시된 이사장은 2023년 11월 말에 임기가 만료되고, 그 후임으로 선출된 이사장은 2023년 11월 말에 임기가 개시되어 2029년 11월 20일에 그 임기가 만료되므로 6년에 가까운 임기를 누리게 된다. 대신 2023년 11월말 임기개시와 동시에 일찍부터 위탁선거법에 따른 선거규제가 동행하게 된다.

반면, 2023년 10월 초에 임기가 개시된 이사장의 경우에는 통상의 임기에 따라 2027년 10월 초에 그 임기가 만료되고, 그 후임으로 선출된 이사장은 2027년 10월 초에 임기가 개시되어 2029년 11월 20일에 그 임기가 만료된다. 이 경우 2년여의 짧은 재임기간에 만족해야 하고, 그 아쉬움을 보상이라도 하듯 해당 신협에는 위탁선거법의 선거규제도 늦게야 적용된다.

---

27) 부칙 제5조(이사장 선거의 구·시·군선거관리위원회 위탁에 관한 경과조치) 이 법 시행 이후 부칙 제4조제3항 각 호에 따른 동시선거일 전까지 실시하는 이사장 선거에 관하여는 제27조의3제2항의 개정규정에도 불구하고 종전의 규정에 따른다.

다. 신협법의 선거운동 방법에 관한 규제

신협법에서는 임원선거의 선거운동을 법에서 직접 열거하여 허용하는 방법 외에는 일체의 선거운동을 금지하는 포괄적 금지원칙을 선언하고 있다(§27의2②).[28]

이에 따라 신협의 임원선거에서 할 수 있는 선거운동 방법은 다음 다섯 가지뿐이다. 이를 위반하면 당연히 신협법의 벌칙이 적용된다.[29] 신협법은 임원선거에서 선거운동 방법 등에 관한 세부적인 사항은 총리령으로 정하도록 하여 시행규칙 제4조와 별표에서 아래의 선거운동 방법을 구체적으로 정하고 있다.

① 선전벽보의 부착

② 선거공보의 배부

③ 합동연설회 또는 공개토론회의 개최

④ 전화 또는 컴퓨터 통신을 이용한 지지 호소. 이 경우 전화에는 문자메시지가, 컴퓨터 통신에는 전자우편이 포함된다.

⑤ 도로·시장 등 금융위원회가 고시하는 다수인이 왕래하거나 집합하는 공개된 장소에서 지지 호소 또는 명함 배부

이에 따라 2022년 7월 1일 금융위원회는 상호금융업감독규정을 개정하여 후보자가 지지를 호소하거나 명함을 배부할 수 있는 장소로 도로·도로변·광장·공터·주민회관·시장·점포·공원·운동장·주차장·경로당 등 누구나 오갈 수 있는 공개된 장소를 정하여 고시하였다(상호금융업감독규정 §4의7).

다만, 해당 고시에서 다음의 장소는 다수인이 오가는 장소이더라도

---

28) 이러한 규제형식을 Positive System이라 한다. 반면에 Negative System은 허용을 원칙으로 하고, 금지되는 선거운동 방법을 법률에 개별적으로 열거하는 방식이다.

29) 신협법 제99조제3항에 따라 1년 이하의 징역이나 1천만원 이하의 벌금형에 처해진다. 법정형은 유사법제인 새마을금고법보다 가볍다. 새마을금고법 제85조제3항 참조.

선거운동을 위하여 지지를 호소하거나 명함을 배부할 수 있는 장소에
서 제외됨을 명확히 하였다.

   ① 선박·여객자동차·열차·전동차·항공기의 안과 그 터미널 구내
      및 지하철역 구내

   ② 병원·종교시설·극장의 안

   ③ 신협 사무소 및 사업장의 안

  만일 ②와 ③의 시설에 담장이 있으면 그 담장 안을 포함하여 선거
운동이 금지된다.

  이사장선거를 관할 선거관리위원회에 의무적으로 위탁하게 되면 위
의 선거운동 방법 중 선전벽보의 부착, 선거공보의 배부, 합동연설회
또는 공개토론회의 개최는 선거공영제가 적용되어 관할 선거관리위원
회가 주관하여 관리한다.

  선거공영제가 적용되는 선거운동에 관하여는 제5장 제4절 '공영제가
적용되는 선거운동'에서 자세히 설명하기로 하고, 여기에서는 후보자가
자율적으로 할 수 있는 신거운동 방법인 전화, 문자메시시, 전자우편,
SNS, 공개된 장소에서의 지지 호소와 명함 배부에 관해서만 설명하기
로 한다.

  참고적으로 농업협동조합 등 조합장선거와 새마을금고의 이사장선거
에는 위탁선거법의 전체 내용이 예외 없이 적용되므로, 후보자가 공개된
장소에서 지지를 호소하거나 명함을 배부하는 때에 어깨띠를 착용하거
나, 홍보용 윗옷을 입거나, 소품을 활용하여 선거운동을 할 수 있다.[30]

  그러나, 신협의 이사장선거는 의무적으로 관할 선거관리위원회에 위
탁하더라도 위탁선거법의 선거운동 방법에 관한 규정이 적용되지 않으
므로,[31] 이사장선거에서 구체적인 선거운동 방법은 여전히 신협법에서

---

30) 위탁선거법 제27조 참조.
31) 위탁선거법 제22조 참조. 해당 조문에서는 선거운동의 주체·기간 및 방법을 정하고 있
  는 제24조, 중앙회장선거에서 예비후보자의 선거운동을 허용하는 제24조의2, 어깨띠·

정한 방법에 따라야 한다. 이제 이사장선거를 포함한 신협의 임원선거에서 허용된 선거운동의 구체적인 절차와 방법, 그리고 제한사항을 함께 알아보자.

4. 정보통신망을 활용한 선거운동

가. 전화를 활용한 선거운동

신협법은 이사장선거 등 임원선거에서 전화를 활용한 방법의 선거운동을 허용하고 있다(§27의2② 4.). 시행규칙에서는 이를 구체화하여 전화를 활용한 선거운동은 후보자가 상대방과 직접 통화하는 방식으로 한정하고, 해당 선거운동은 오후 10시부터 다음 날 오전 7시까지는 할 수 없도록 하였다(시행규칙 §4 별표 4.).

이에 따라 컴퓨터를 활용한 자동송신장치TRS가 설치된 전화를 이용한 선거운동이나 야간에 전화를 이용한 선거운동은 신협의 임원선거에서 허용되지 않다[32].

나. 문자메시지·전자우편·SNS를 활용한 선거운동

신협법은 이사장선거 등 임원선거에서 문자메시지 또는 전자우편 등 컴퓨터 통신을 활용하여 선거운동 정보를 전송하는 방식의 선거운동을 허용하고 있고(§27의2② 4.), 시행규칙에서는 후보자가 사회관계망서비스, 즉 SNS를 활용한 방법으로도 선거운동을 할 수 있도록 구체화하고 있다(시행규칙 §4 별표 4.).

문자메시지를 활용한 선거운동의 경우에는 전화로 직접 통화하는 방

윗옷 및 소품을 활용한 선거운동을 허용하는 제27조 등은 신협의 이사장선거에 적용되지 않음을 밝히고 있다.

32) 공직선거법 제59조제4호, 위탁선거법 제28조제1호 등 참조.

법과 동일하게 오후 10시부터 다음 날 오전 7시까지는 금지되고, 문자
메시지로 순수한 텍스트Text 외에 음성파일이나 사진 또는 동영상을 전
송해서는 안 된다(시행규칙 §4 별표 4.). 다만, 전자우편이나 SNS를 활용
하여 선거운동 정보를 전송하는 경우에는 이러한 제한을 받지 않는다.

문자메시지, 전자우편 또는 SNS로 선거운동 정보를 전송하는 때에는
모두 공직선거법 제82조의5와 공직선거관리규칙 제45조의4에 규정된
절차와 방법을 따라야 한다(시행규칙 §4 별표 4.).33)

공직선거법규에서 정하고 있는 선거운동정보 전송의 절차와 방법은
다음과 같다.

첫째, 정보수신자의 명시적인 수신거부의사에 반하여 선거운동 목적의
정보를 전송하거나(공직선거법 §82의5①), 수신자의 수신거부를 회피하거
나 방해할 목적으로 기술적 조치를 해서는 안 된다(공직선거법 §82의5④).

둘째, 자동동보통신의 방법에 의한 문자메시지나 전송대행업체에 위
탁한 전자우편으로 선거운동정보를 전송하는 때에는 다음 각 호의 사
항을 명시하여야 한다(공직선거법 §82의5②).

① 선거운동정보에 해당하는 사실. 이 경우 해당 정보의 제목이 시
     작되는 부분에 이를 표시해야 한다(공직선거관리규칙 §45의4).
② 문자메시지를 전송하는 전화번호
③ 불법수집정보 신고 전화번호
④ 수신거부의 의사표시를 쉽게 할 수 있는 조치 및 방법에 관한
     사항

셋째, 선거운동정보를 전송하는 사람은 수신거부를 할 때 발생하는
전화요금 기타 금전적 비용을 수신자가 부담하지 않도록 필요한 조치
를 해야 한다(공직선거법 §82의5⑤).

---

33) 이러한 규제는 선거운동 방법에 위탁선거법이 전면적으로 적용되는 선거, 예컨대 농업
     협동조합 등 동시조합장선거와 새마을금고의 이사장선거에는 적용되지 않는다. 위탁선
     거법 제22조 및 제29조제1항 참조.

넷째, 숫자·부호 또는 문자를 조합하여 수신자의 연락처를 자동으로 생성하는 프로그램 그 밖의 기술적 장치를 이용하여 선거운동정보를 전송해서는 안 된다(공직선거법 §82의5⑥).

한편, 농업협동조합 등 조합장선거와 새마을금고의 이사장선거에 전면적으로 적용되는 위탁선거법도 문자메시지를 전송하는 방법의 선거운동을 허용하면서 신협법 시행규칙의 규제와 동일하게 문자메시지에 음성·화상·동영상은 보낼 수 없도록 시대착오적 규제를 두고 있다(위탁선거법 §28 2.).

5G의 초고속 이동통신기술 인프라와 스마트폰 등 첨단 정보통신기기가 광범위하게 보급된 현대 선거환경에서 문자메시지를 하나의 플랫폼으로 이해한다면, 그 플랫폼에 탑재되는 콘텐츠의 형식에는 제한을 둘 필요가 없다고 본다. 선거의 공정을 위하여 문자메시지에 음성·화상·동영상의 탑재를 금지하는 규제는, 최신 기술이 적용된 스마트 고속도로를 개통하면서 고속주행에 따른 사고를 방지하기 위해 속도가 느린 구형 차량에게만 통행을 허용하는 것과 다를 바가 없다.

공직선거법은 이미 시대정신이 가르치는 방향으로 진화하며 점진적으로 규제를 완화하면서 국민들의 생활양식의 변화에 부합되는 옷으로 갈아입었다. 과거 공직선거법도 문자메시지에 화상이나 동영상을 전송할 수 없도록 금지하였으나, 2000년대 이후 규제를 완화하면서 지금은 탑재되는 콘텐츠에 대한 제한을 폐지하고 선거 당일에도 문자메시지에 의한 선거운동을 허용하고 있다.

실효성과 규범력이 의심스러운 낡은 규제를 유지하여 얻게 될 실익이라고는 소모적 논쟁뿐이라 생각한다. 불합리한 규제로 인하여 선거참여자의 표현의 자유와 선거운동의 자유가 부당하게 제약되는 것은 물론이고, 그러한 게임의 룰이 적용되어 실시된 선거에서 선출된 대표자의 정당성도 잠식하기 때문이다.

다. 인터넷 홈페이지를 활용한 선거운동

신협법은 임원선거에서 컴퓨터 통신을 활용하여 선거운동 정보를 전송하는 방식의 선거운동을 허용하고 있고(§27의2② 4.), 그 시행규칙에서는 후보자가 인터넷 홈페이지의 게시판 또는 대화방을 활용하여 선거운동을 할 수 있도록 이를 구체화하고 있다(시행규칙 §4 별표 4.).

여기에서 유의할 점은 선거운동이 허용되는 인터넷 홈페이지는 해당 신협이 개설한 홈페이지만을[34] 의미한다는 점이다. 따라서 다음Daum이나 네이버Naver 같은 포털사이트 또는 언론사 홈페이지의 대화방, 게시판이나 인터넷 기사에 댓글을 다는 방법으로는 선거운동을 할 수 없다(시행규칙 §4 별표 4.).

한편, 신협 선거관리위원회는[35] 법령 또는 정관에 위반되는 정보가 신협 인터넷 홈페이지의 게시판 또는 대화방에 게시된 경우 그 관리·운영자에게 해당 정보의 삭제를 요청할 수 있고, 그 요청을 받은 인터넷 홈페이지 관리·운영자는 지체 없이 그 요청에 따라야 한다(시행규칙 §4 별표 4.). 주로 허위사실 공표나 후보자에 대한 비방내용이 이에 해당할 것이다.

삭제된 정보를 게시한 후보자는 그 정보가 삭제된 날부터 3일 이내에 선거관리위원회에 이의신청을 할 수 있으며, 해당 선거관리위원회는[36] 다음의 절차에 따라 그 이의신청을 처리한다(시행규칙 §4 별표 4.).

① 이의신청기간을 경과한 이의신청은 각하

② 이의신청이 이유 있으면 삭제요청을 철회하고 이의신청인에게

---

34) 이와 같은 일관성은 신협의 중앙회장선거를 실시할 경우에도 적용된다. 중앙회장의 후보자가 선거운동을 할 수 있는 인터넷 홈페이지는 중앙회 홈페이지로 한정된다.

35) 신협법 제27조의3제2항에 따라 임원 선거의 관리를 구·시·군선거관리위원회에 위탁한 경우에는 관할 선거관리위원회를 말한다. 시행규칙 별표 제1호 참조.

36) 임원선거를 위탁하지 않은 경우에는 신협 선거관리위원회를 말하고, 이사장선거를 관할 선거관리위원회에 위탁한 경우에는 그 선거관리위원회를 말한다.

　　그 처리결과 통지

　③ 이의신청이 이유 없으면 그 신청을 기각하고 이의신청인에게 그
　　뜻을 통지

5. 명함 배부와 공개장소에서 지지 호소

가. 명함의 규격

이사장선거 등 신협의 임원선거에서 도로·시장 등 다수인이 왕래하
거나 모이는 공개된 장소에서 배부하는 명함의 규격은 길이 9센티미터,
너비 5센티미터 이내로 한다(시행규칙 §4 별표 5.).

명함의 재질에는 재한이 없으나, 그 재질이 재산상의 가치가 있는 경
우 신협법의 매수죄(§27의2① 1.) 또는 선거규약의 기부행위 위반이 성
립될 수 있다(§26① 본문).

지역신협 이사장선거의 관리가 관할 선거관리위원회에 의무적으로
위탁된 경우 재산상의 가치가 있는 홍보물을 배부하는 때에는 위탁선
거법에 따른 매수죄와 함께 기부행위 위반죄도 성립될 수 있다(§58·
§59).

나. 명함의 게재내용

일반적으로 명함은 성명, 전화번호, 직업, 직책 등을 적어 처음 만난
사람에게 자신을 소개하기 위해 주고받는 것이지만, 선거운동으로 허용
되는 명함에는 학력·경력은 물론 선거공약 등 후보자의 홍보에 필요한
사항을 적을 수 있다(시행규칙 §4 별표 5.).

따라서 신협 이사장선거의 선거운동을 위하여 제작하는 명함에는 유
명인사와 함께 찍은 과거의 활동사진도 게재할 수 있고, 자신에게 기표
한 투표용지 그림을 게재할 수도 있다.

다만, 합성사진을 게재하는 등 게재내용이 거짓인 경우에는 허위사실의 공표를 금지한 선거규약에 위반되어(§38 본문) 선거무효 또는 당선무효의 원인이 될 수 있다.

만일 신협의 이사장선거가 관할 선거관리위원회에 의무적으로 위탁된 경우, 명함에 게재된 내용이 거짓이라면 선거의 효력이나 당선의 효력은 별론으로 하더라도 위탁선거법상 허위사실공표죄가 적용되어 무겁게 처벌될 수 있다(위탁선거법 §61).

특히 유의할 점은 선거운동을 위한 후보자의 명함은 물론이고 선전벽보나 선거공보에 학력을 적을 때에는 반드시 정규학력37)만을 기재해야 한다는 점이다. 시행규칙에서 후보자의 명함과 선전벽보·선거공보 등 선거홍보물에 기재하는 학력의 표기에 관해서는 공직선거법이 정한 절차와 방법에 따르도록 규정하고 있기 때문이다(시행규칙 §4 별표 1.·2.·5.).

2023년 4월 중앙선거관리위원회는 유사학력 과정이라도 학점인정 등에 관한 법률에 따라 학사학위를 받은 경우 선거벽보 등 공식선거의 홍보물에 '△△대학교 경영학 학사' 또는 '△△대학교 경영학사(경영 전공)' 등 해당 학위를 취득한 사실을 게재할 수 있도록 공직선거법에 대한 유권해석 선례를 변경하였다.38)

다만, 이 경우에도 '△△대학교 경영학과 졸업' 또는 '△△대학교 졸업' 등 대학교의 해당 학과를 졸업한 것으로 게재하는 경우에는 정규학력으로 오인될 소지가 있으므로 공직선거법상 허위사실공표죄에 해당할 수 있다고 보았다.

만일 후보자 명함 등 선거홍보물에 비정규 학력 예컨대, '최고 경영

---

37) 정규학력이란 초·중등교육법 및 고등교육법에서 인정하는 정규학력과 국내 정규학력에 준하는 외국의 교육기관에서 이수한 학력을 말한다. 공직선거법 제49조 제4항 제6호 참조.

38) 중앙선거관리위원회 2023. 4. 10. 질의회답

자 과정', '고위정책과정' 등 유사학력을 게재한 경우 신협법의 위임에 따라 선거운동 방법 등에 관한 세부적인 사항을 정하고 있는 시행규칙에 위반되어 결과적으로 신협법 위반에 따른 형벌이 적용될 가능성도 배제하지 못한다(신협법 §27의2④·§99③).

선거 또는 당선의 효력이 무효로 될 수 있음은 물론이다.

실제 2020년 1월 7일 실시한 모 지역 체육회장선거에서 후보자등록 신청서에 경영대학원 최고경영자과정을 이수한 사실을 기재한 이유로 법원은 해당 선거와 이를 기초로 한 당선인 결정은 모두 무효라고 판결한 사례가 있다.[39] 해당 판결은 국민체육진흥법 등 관계 법령이나 정관 등 자치규범에 유사학력의 게재를 금지하는 규정이 없었음에도 법원이 해당 선거와 당선인 결정을 무효로 하였다는 점에 그 의의가 있다.

다. 명함 배부방법

신협법은 명함을 배부하는 방법의 선거운동을 허용하면서 그 시행규칙에서는 명함의 배부 주체를 후보자로 한정하고 있다. 따라서 후보자가 아닌 사람이 선거운동을 위한 명함을 배부하는 행위는 신협법과 시행규칙에 위반된다(시행규칙 §4 별표 5.).

아울러 명함은 상대방에게 자신을 소개하기 위하여 주고받는 것이 상례이므로, 후보자의 명함을 경로당, 식당, 미용실 등에 비치하거나, 자동차의 와이퍼에 끼워 넣거나, 호별로 투입하거나, 아파트 세대별 우편함에 넣어 두거나, 아파트 출입문 틈새로 밀어 넣거나 그 틈새 사이에 끼워놓은 경우에는 설령 그 투입행위 자체를 후보자 본인이 직접 하였더라도 적법한 배부방법으로 볼 수 없다.[40] 당연히 신협법과 시행규칙 위반이다.

---

39) 울산지방법원 2020. 9. 9. 선고 2020가합10349 판결
40) 대법원 2004. 8. 16. 선고 2004도3062 판결

라. 명함배부와 지지호소가 허용된 장소

명함을 배부할 수 있는 장소는 다수인이 왕래하거나 모이는 공개된 장소 중 금융위원회가 정하여 고시한[41] 장소로서 지지를 호소할 수 있는 장소와 동일하다. 구체적으로는 도로변·광장·주민회관·시장·점포·공원·운동장·주차장·경로당 등이 이에 해당된다.

다만, 명함배부나 지지호소를 위하여 선거인의 집이나 사업장을 방문하는 행위는 호별방문에 해당하여 선거규약에서 금지하고 있다(선거규약 §37①). 동창회 정기총회 등 집회 참석자를 대상으로 선거운동용 명함을 배부하거나,[42] 집회를 이용하여 정견을 발표하는 방법으로 지지를 호소한 행위[43]도 선거규약에 위반된다(§35① · ②).

제도개선 의견으로는 신협의 임원선거에서 공개된 장소에서 지지를 호소하거나 명함을 배부하는 방법의 선거운동이 허용되었으니, 명함을 내밀며 지지를 호소하는 후보자들의 민망함을 달래고, 후보자들의 접근에 당황스러워할 선거인의 심리적 부담을 줄이기 위하여 선거운동을 하는 후보자임을 직관적으로 인식할 수 있도록 어깨띠 또는 윗옷을 추가로 허용할 필요가 있다고 본다.

선거의 과열을 초래하거나 공중의 안전을 위협하거나 비용의 과다지출로 인한 기회의 불공정 등 법익침해의 위험성이 전혀 없기 때문이다. 신협법의 개정이 곤란하다면, 농업협동조합 등 조합장선거와 새마을금고 이사장선거의 예처럼 신협의 이사장선거를 위탁선거법에 전면적으로 수용하면 자연스럽게 해결될 수 있다.[44]

---

41) 2022년 7월 1일 금융위원회가 고시한 상호금융업감독규정 제4조의7을 말한다.
42) 제주지방법원 2015. 8. 20. 선고 2015고정560 판결
43) 대법원 2007. 9. 6. 선고 2007도1604 판결
44) 위탁선거법 제27조(어깨띠 · 윗옷 · 소품) 후보자는 선거운동기간 중 어깨띠나 윗옷(上衣)을 착용하거나 소품을 이용하여 선거운동을 할 수 있다.

6. 선거운동 방법에 관한 주요 쟁점

가. 전화이용 선거운동

신협 임원선거의 후보자는 선거운동기간 중 전화를 이용하여 직접 통화하거나 문자메시지를 보내는 방법으로 선거운동을 할 수 있으므로, 선거인의 전화번호 확보에 관한 문제는 선거운동의 기회와 관련된 사안으로서 선거의 공정성 측면에서 중대한 의미를 가지게 된다.

문제는 신협에 장기간 임직원으로 재직한 사람이 임원선거의 후보자로 등록한 경우에는 평소 직무상 행위와 회원들과의 일상적인 유대활동을 통하여 장차 선거인이 될 조합원의 전화번호를 쉽게 확보할 수 있는 반면, 신인 임원후보자의 입장에서는 다수 조합원의 전화번호를 적법하게 확보하기 어려운 문제점이 있다.

바로 여기에서 선거에 관한 정보격차가 발생하고 이는 곧바로 후보자 간 선거운동 기회의 불공정으로 이어지게 된다.

더구나 선거규약은 신협의 임원선거에서 누구든지 선거인명부를 교부받을 수 없음을 선언하고 있어(§16①) 이러한 문제점을 더욱 심화시키고 있다. 아마도 조합원은 신협법 제83조의5제2항에 따라 조합원명부를 열람하거나 그 사본을 교부받을 수 있으므로, 이와 중복되는 선거인명부 교부를 금지하는 것으로 보인다.

이사장선거의 관리를 관할 선거관리위원회에 위탁한 경우 위탁선거법이 우선 적용되어 후보자는 선거인명부 사본을 교부받을 수 있지만,[45] 이 경우에도 그 사본에는 선거인의 성명, 생년월일, 주소 외에 전화번호 등 다른 정보는 기재되지 않는다.[46]

국민의 기본권인 개인정보 자기결정권과 실정법인 개인정보 보호법

---

45) 위탁선거법 제17조 참조.
46) 위탁선거규칙 별지 제2호 서식 참조.

의 취지를 고려한다면 선거인명부에 선거인의 전화번호를 기재하는 것은 상상하기 어렵다.

그러나 후보자에게 선거운동 기회의 공평한 보장을 통하여 임원선거의 공정을 확보하면서 선거인의 개인정보를 최대한 보호하는 방법으로 상충하는 법익 간 조화로운 해결책을 모색할 필요가 있다.

예컨대, 후보자가 신협에 선거인의 휴대전화 번호를 신청할 수 있도록 하고, 신협은 이동통신사와 협의하여 선거인의 전화번호를 휴대전화 가상번호로 변환한 후 짧은 유효기간을 정하여 후보자에게 교부하는 방안을 들 수 있다.[47] 휴대전화 가상번호는 이미 공직선거법에서 선거에 관한 여론조사는 물론 정당의 후보자 추천을 위한 당내경선에도 활용되고 있다.[48]

나. 문자메시지 선거운동

신협법은 문자메시지도 선거운동 방법으로 허용하고 있으나, 신협법이나 그 시행규칙 또는 선거규약에서 문사메시시의 발송 횟수에 관하여는 아무런 제한을 두지 않고 있다. 여기에서 가장 큰 문제점은 문자메시지에 대한 규제의 자유방임이 안고 있는 내재적 위험성이다.

소수의 선거인단만 참여하는 간접선거와 달리 다수의 선거인이 참여하는 직선제에서는 광범위한 선거인 규모의 특성상 매수나 기부행위의 효과가 제한적인 반면, 위법행위의 노출로 인한 처벌의 위험성은 크게 증가하므로, 이제 후보자들은 돈 봉투와 향응 대신 선거인의 전화번호 확보와 SNS의 영향력을 확장하기 위한 방향으로 선거운동 전략의 수정이 불가피해 보인다.

이러한 상황에서 무차별적인 문자메시지의 대량발송은 불 보듯 뻔하

---

47) 중앙선거관리위원회는 이와 유사한 취지로 2019. 4. 8. 국회에 위탁선거법 개정의견을 제출한 바 있다.

48) 공직선거법 제57조의8 및 제108조의2 참조.

다. 더구나 신협의 임원선거에서는 다른 위탁선거와 마찬가지로 선거비
용 지출에 상한액을 두지 않으므로,[49] 허용된 선거운동 방법이라면 무
제한적으로 비용을 지출하더라도 위법한 행위가 아니다. 후보자의 의뢰
를 받은 문자메시지 전송대행업체의 활약도 쉽게 예견할 수 있다.

이 경우 후보자 간 무기대등의 원칙이 깨지고 선거가 과열되어 결과
적으로 선거의 공정이 침해될 우려가 있다. 정보통신망을 활용한 선거
운동 방식에 잠재되어 있는 고유한 특징이기도 하다. 콘텐츠 제작능력
과 전송을 위한 플랫폼의 성격에 따라 후보자 간 우열이 현저하게 드러
나는 영역이기 때문이다.

이러한 이유 때문에 공직선거에서는 선거비용 제한액 제도라는 총량
규제를 두고 있음에도 불구하고 문자메시지를 활용한 선거운동방법에
는 추가적인 규제를 두어 엄격하게 통제하고 있다.

예컨대, 문자메시지를 발송하는 때에는 선거관리위원회에 신고된 1
개의 전화만을 사용하도록 하고, 수신대상자가 20명을 넘거나 그 이하
라도 자동동보통신을 활용한 문자메시지 발송은 후보자와 예비후보자
만 허용하되, 그 횟수는 해당 선거에서 총 8회로 제한하는 것이다.[50]

이사장선거 등 신협의 임원선거에서도 이에 준하는 규제를 둘 필요
가 있다고 본다. 승자독식Zero Sum Game이 적용되는 선거에서 절박한
후보자들이 선거운동 과정에서 발휘하게 될 창의성을 과소평가하는 어
리석음을 범해서는 안 된다. 공직선거에서 후보자들의 창의성이 탈법적
인 선거운동으로 변질되어 선거의 공정을 침해하였던 수많은 사례는
신협의 임원선거에서도 반면교사의 교훈으로 삼을 수 있다.

---

49) 후보자가 선거운동을 위하여 지출할 수 있는 비용에 상한을 설정하는 선거비용 제한액
   제도는 현재 공직선거법에서만 채택하고 있다. 선거비용제한액의 5% 이상을 초과지출
   하여 회계책임자가 300만원 이상 벌금형의 선고를 받으면 해당 후보자의 당선은 무효
   가 된다. 공직선거법 제263조제1항 참조.
50) 공직선거법 제59조제2호 참조.

다. 선거사무소 설치 여부

이사장선거 등 신협의 임원선거에서 선거운동 규제방식은 포지티브 시스템Positive System이다. 이는 원천적으로 모든 방법의 선거운동을 금지하면서 개별적으로 법에서 열거된 방법으로만 선거운동을 허용하는 규제형식을 말한다.

따라서 선거운동 방법에 관하여 포괄적 금지원칙을 정하고 있는 신협법에서 선거사무소 설치에 의한 선거운동 방법을 열거하지 않고 있으므로, 신협의 임원선거에서 고정된 시설에 후보자의 선전물을 첩부·설치하거나, 외부인에게 선거운동의 의사가 표출되는 시설의 설치는 금지된 것으로 보아야 할 것이다.

라. 자원봉사자 활용 가능 여부

공직선거에서는 공무원 등 선거중립의무가 부과된 신분이 아니라면 선거권이 있는 사람은 누구든지 선거운동을 할 수 있으므로 자원봉사자의 활용이 제도적으로 안착되었다. 신협의 임원선거에서도 신협법은 선거운동 방법만 규제하고 있을 뿐, 후보자가 아닌 사람의 선거운동을 금지하는 명시적 규정을 두지 않고 있으므로 자원봉사자의 활용이 허용된 것으로 볼 여지는 있다.

그러나 선거운동 방법 등에 관한 세부적인 사항을 정하고 있는 시행규칙에서 전화, 문자메시지, 전자우편, 인터넷 홈페이지, SNS의 방법에 의한 선거운동과 공개된 장소에서 지지를 호소하거나 명함을 배부하는 방법의 선거운동은 후보자에게만 허용하는 취지로 규정되어 있고(§4 별표 4.·5.), 선거규약에서 선거운동을 할 수 있는 사람은 후보자에게 한정한다고 명확하게 확인하고 있으므로(§29), 임원선거에서 선거운동을 위한 자원봉사자의 활용은 사실상 금지된 것으로 보아야 할 것이다.

다만, 앞서 살펴본 바와 같이 입후보와 선거운동을 위한 준비행위는 선거운동으로 보지 않으므로(선거규약 §25② 단서), 후보자등록신청서류 준비, 선거공약 개발, 선거홍보물 원고 제작, 합동연설회 또는 공개토론회 질문과 답변 준비, 투표 및 개표참관인 모집 등 선거운동에 이르지 않는 부분에 관하여 전문 선거컨설팅회사 등 제3자의 조력을 받는 행위는 무방하다.

아울러 위탁선거에서 선거운동에 관한 개개의 모든 행위를 후보자 자신이 직접 실행하는 것은 현실적으로 불가능하므로, 후보자가 제3자로 하여금 자신을 보조하여 사실행위를 하게 하는 정도에 불과한 경우, 즉 제3자의 행위가 후보자 자신이 직접 실행하는 것과 다름 없는 것으로 볼 수 있는 경우에는 후보자 본인의 선거운동으로 보아 허용된다.[51]

마. 시행규칙 위반시 형벌적용 가능 여부

신협법은 임원선거에서 선거운동 방법을 포괄적으로 금지하고 개별적으로 5가지의 방법을 열거하여 허용하면서 그 세부적인 방법은 총리령으로 정하도록 규정하고 있다(§27의2② · ④).

또한 신협법은 그 벌칙에서 선거운동방법을 규정하고 있는 제27조의2 위반행위 전체를 1년 이하의 징역 또는 1천만원 이하의 벌금형에 처하도록 규정하여, 같은 조 제4항에 따라 선거운동의 세부적인 방법을 정하도록 위임한 시행규칙 위반도 형벌이 적용되는지에 관하여 다툼의 여지가 있다(§99③).

형벌적용 가능 여부에 관하여 대표적으로 쟁점이 될 수 있는 시행규칙 위반행위를 살펴보면 다음과 같다.

① 별표 제4호 및 제5호를 위반하여 후보자가 아닌 사람이 전화, 문자메시지, 전자우편, SNS의 방법으로 선거운동을 하거나 말로 지

---

51) 대법원 2021. 4. 29. 선고 2019도14338 판결

지를 호소하는 경우

② 별표 제4호를 위반하여 문자메시지로 음성·화상 또는 동영상을 전송한 경우

③ 별표 제4호를 위반하여 포털사이트 등 해당 신협과 무관한 인터넷 홈페이지에 선거운동 정보를 게시하는 경우

사례 ①의 경우 신협법 제27조의2제4항에서 선거운동 방법 등에 관한 세부적인 사항을 정하도록 시행규칙에 위임하였으나, 시행규칙에서 선거운동을 할 수 있는 주체의 범위까지 제한하고 있으므로, 해당 조항은 위임입법의 한계를 넘어선 것으로 보인다.

법률의 시행령은 헌법 제75조에 따라 모법인 법률에서 위임받은 사항이나 법률이 규정한 범위에서 법률을 현실적으로 집행하는 데 필요한 세부적인 사항만을 규정할 수 있을 뿐,[52] 법률의 구체적인 위임이 없는 한 법률이 규정한 개인의 권리·의무에 관한 내용을 변경·보충하거나 법률에 규정되지 않은 새로운 내용을 규정할 수는 없다.[53]

따라서 ①의 사례에서는 시행규칙의 효력이 인정될 수 없으므로 형벌적용이 곤란한 것으로 보인다.

사례 ②와 ③의 경우 시행규칙이 형식적으로는 신협법에서 위임한 범위에서 선거운동 방법에 관한 세부적인 사항을 규정하고 있다는 점에는 다툼의 여지가 없어 보인다.

그러나 입법권자가 선거운동 방법에 관한 세부적인 사항을 시행규칙에 위임한 진정한 의도는 국민의 기본권인 표현의 자유의 일환이자 실체적 권리인 선거운동의 자유를 적극적으로 실현할 수 있도록 시행규칙에 구체적인 절차와 방법을 마련하라는 의무를 명한 것으로 평가할 수도 있다.

---

52) 대통령은 법률에서 구체적으로 범위를 정하여 위임받은 사항과 법률을 집행하기 위하여 필요한 사항에 관하여 대통령령을 발할 수 있다. 헌법 제75조 참조.
53) 대법원 2020. 9. 3. 선고 2016두32992 전원합의체 판결

신협법 해당 규정의 취지를 이와 같이 해석한다면, 시행규칙에서 신협법이 보장하는 선거운동의 자유를 침해하는 절차와 방법을 형성하는 것은 위임입법의 원칙상 허용될 수 없을 것이다. 따라서 죄형법정주의와 의회법률주의 원리에 비추어 볼 때 사례 ②와 ③의 경우에도 형벌을 적용하기 위해서는 신중한 검토가 필요한 것으로 보인다.

사견으로는 절차규정 위반이 실체규정을 형해화할 정도에 이른 경우에 한하여 형벌을 적용하는 것이 타당한 것으로 보인다. 결국 시행규칙의 모든 규정 위반에 형벌이 적용될 수는 없을 것이고, 그러한 위반행위가 선거운동 방법을 엄격하게 제한하고 있는 신협법 해당 규정의 입법목적과 보호법익을 침해한 것으로 평가될 수 있는 경우에 한하여 형벌을 적용해야 할 것이다.

실제 어떠한 수준의 선거운동 방법 위반이 해당 규정의 입법목적과 보호법익을 침해한 것으로 평가될 수 있는지 여부는 구체적 사안에 따라 개별적으로 판단할 수밖에 없을 것이다.

예컨대 명함의 규격을 크게 위반하여 전단지 형태로 제작·배부하거나, 인터넷 홈페이지에 광고를 하거나, 공개된 장소에서 확성장치를 활용하여 지지를 호소하는 행위 등이 이에 해당할 것으로 보인다.

비교법적 측면에서도 농업협동조합법과 새마을금고법에서 신협법과 유사하게 선거운동 방법의 세부적인 사항을 농림축산식품부령 또는 행정안전부령으로 정하도록 위임하면서 그 벌칙에서 선거운동 방법의 세부적인 사항을 정하고 있는 부령 위반에 대하여는 형벌적용 대상에서 제외하고 있다.[54]

죄형법정주의 원칙에 충실하여 위임입법에 따른 형벌적용의 논란을 회피하기 위한 취지로 보인다. 물론 해당 규정 위반시 선거무효 또는 당선무효의 사유가 될 수 있다는 점은 별론으로 한다.

---

54) 농업협동조합법 제172조제2항제2호, 새마을금고법 제85조제3항 참조.

1. 신협법에 따라 금지된 선거운동

가. 열거되지 않은 방법의 선거운동 금지

앞서 살펴본 바와 같이 신협법에서는 이사장선거 등 임원선거의 선거운동에 관하여 법에서 직접 개별적으로 허용한 방법 외에는 일체의 선거운동을 금지하는 포괄적 금지원칙을 선언하고 있다(§27의2②).

신협법에서 직접 열거하여 허용하는 선거운동 방법은 법 제27조의2 제2항에서 규정한 다섯 가지뿐이다. 그 밖의 방법으로 이루어지는 모든 선거운동은 신협법에 위반되어 해당 법률의 벌칙에 따라 처벌된다.[55]

예컨대, 선전벽보·선거공보·명함 외의 인쇄물을 첩부 또는 배부하거나, 현수막·선전탑 등 시설물을 설치하거나, 어깨띠·소품 등 선전물을 착용하거나, 방송·신문·인터넷 등 언론매체에 광고하거나, 집회를 이용하거나, 확성장치 또는 자동차를 활용한 선거운동은 모두 신협법에서 허용된 선거운동 방법이 아니다.

특히 유의할 점은 신협법에서 다수인이 왕래하거나 모이는 공개된 장소에서 지지를 호소하는 방법의 선거운동을 허용하였더라도(§27의2② 5.) 이는 집회를 개최하거나 확성장치를 이용한 선거운동 방법까지 허

---

55) 신협법 제99조제3항에 따라 1년 이하의 징역이나 1천만원 이하의 벌금에 처해진다.

용한 것이 아니라는 점이다.

따라서 이사장선거 등 신협의 임원선거에서 공직선거에서 일반화된 거리유세의 모습을 꿈꾸어서는 안 된다. 이사장선거의 후보자는 자신의 신분을 드러내는 어깨띠조차 매지 못하고 신협 사무실 인근에서 선거인 여부조차 불분명한 행인들과 겸연쩍은 악수를 나누거나 명함을 배부하면서 지지를 호소하는 방법의 선거운동에 만족해야 한다.

농업협동조합 등 조합장선거와 새마을금고의 이사장선거에 적용되는 위탁선거법도 신협법과 유사하게 '선거운동을 위한 명함을 선거인에게 직접 주거나 지지를 호소하는 방법'의 선거운동을 허용하고 있다(위탁선거법 §30).

그러나 위탁선거법의 해당 규정 또한 공개된 장소에서 일대일 대면 접촉에 의한 선거운동을 허용하는 취지일 뿐, 결코 집회의 성격을 보유한 거리유세를 허용하는 것이 아니다.[56] 신협법에 따른 임원선거에서도 해당 규정을 달리 해석할 여지가 없다.

실제 농업협동조합의 조합장선거에서 출마와 불출마 의사를 번복했던 현직 조합장이 해당 조합의 이사와 공모하여 선거인들의 모임에 참석한 후 자연스럽게 출마선언을 하기 위하여 선거인 18명을 커피숍에 모이게 하고 지지를 호소한 행위로 처벌된 사례가 있다.[57]

나. 매수를 이용한 선거운동 금지

(1) 조합원 매수 금지

신협법은 누구든지 자기 또는 특정인을 임원으로 당선되게 하거나 당선되지 못하게 할 목적으로 조합원이나 그 가족 또는 그들이 설립·

---

56) 대법원 2007. 9. 6. 선고 2007도1604 판결
57) 대법원 2020. 4. 24. 선고 2020도3070 판결. 해당 조합장선거는 각 지역별 대의원 49명이 조합원들을 대표하여 조합장을 선출하는 방식을 취하고 있었다.

운영하고 있는 기관·단체·시설에 금전·물품·향응 그 밖의 재산상의 이익이나 공사公私의 직職을 제공 또는 제공의 의사표시를 하거나 그 제공을 약속하는 행위를 금지하고 있다(§27의2① 1.).

여기에서 조합원의 범위에는 공동유대에 소속된 사람으로서 선거인이 될 수 있는 사람을 포함하고, 조합원의 가족에는 조합원의 배우자, 조합원 또는 그 배우자의 직계존속·비속과 형제자매, 조합원의 직계존속·비속 및 형제자매의 배우자가 포함된다.

(2) 후보자 매수 금지

신협법은 누구든지 자기 또는 특정인을 임원으로 당선되게 하거나 당선되지 못하게 하기 위하여 후보자가 되지 못하게 하거나 후보자를 사퇴하게 할 목적으로 후보자가 되려는 사람이나 후보자에게 금전·물품·향응 그 밖의 재산상의 이익이나 공사公私의 직職을 제공 또는 제공의 의사표시를 하거나 그 제공을 약속하는 행위를 금지하고 있다(§27의2① 2.).

(3) 매수받는 행위 금지

신협법은 금전·물품·향응 그 밖의 재산상의 이익이나 공사公私의 직職을 제공받거나 그 제공의 의사표시를 승낙하는 행위를 금지하고 있다(§27의2① 3.). 이상에서 살펴본 신협법의 조합원 매수에 따른 벌칙은 위탁선거법의 매수죄와 상상적 경합이[58] 성립되는 것으로 보인다.

다만, 신협법의 선거운동 목적의 매수행위에 따른 법정형은 1년 이하의 징역 또는 1천만원 이하의 벌금에 처해지는 반면(§99③), 위탁선거법의 매수행위는 3년 이하의 징역 또는 3천만원 이하의 벌금에 처해진다는 점에 차이가 있다(§58).

---

58) 상상적 경합이란 하나의 행위로 두 가지 이상의 죄가 성립된 경우를 말한다. 이 경우 형법 제40조에 따라 가장 중한 죄에 정한 형으로 처벌한다.

신협법 위반의 경우 위탁선거법 위반과 달리 죄명을 불문하고 소액의 벌금형으로도 5년간 피선거권이 제한되는 형벌 외의 제재효과를 고려한다면(§28① 5.), 매수행위에 대한 신협법의 처벌이 위탁선거법에 비하여 결코 가볍다고 평가할 수 없다.

그 밖에 신협법의 매수죄와 관련한 자세한 내용은 제6장 제2절 '미위탁 임원선거의 매수죄'에서 살펴보기로 한다.

다. 사전선거운동 등 금지

선거운동은 후보자등록마감일의 다음 날부터 선거일 전날까지만 할 수 있다. 다만, 선거일에 총회의 방법으로 이사장을 선출하는 경우 합동연설회 또는 공개토론회에 참석하여 선거운동을 하는 것은 예외로 한다(신협법 §27의2③, 선거규약 §28).

누구든지 선거운동기간전에 선거운동을 하거나, 후보자라 하더라도 선거일 합동연설회 또는 공개토론회에 참석하여 선거운동을 하는 외에 선거인을 대상으로 명함을 배부하거나 지지를 호소하는 행위는 신협법 관련 규정에 따라 1년 이하의 징역 또는 1천만 원 이하의 벌금으로 처벌된다(신협법 §99③).

2. 선거규약에 따라 금지된 행위

가. 각종집회 개최 금지

(1) 향우회 · 종친회 · 동창회 집회 금지

선거규약에서는 누구든지 선거운동을 위하여 향우회 · 종친회 또는 동창회를 개최할 수 없도록 금지하고 있다(§35①). 공직선거에서도 향우회 · 종친회 또는 동창회는 지연 · 혈연 · 학연에 따라 가입자격이 제한되는 사적 모임으로서 선거인의 불합리한 정서를 자극할 우려가 있기 때문에 선거기간 중 집회를 제한하고 그 단체의 명의로는 선거운동을 금지하고 있다.

각종 단체의 선거에 관한 집회를 금지하는 취지는 선거의 평온과 공정을 해하는 과열을 방지하고, 선거운동 기회균등의 원칙에 입각하여 후보자 간 경제력 차이에 따른 기회의 불공정을 억제하고 전체의 공동이익을 위한다는 데 그 목적이 있다.[59]

여기에서 유의할 점은 향우회·종친회 또는 동창회를 개최하여 실제 선거운동까지 이루어졌다면, 이러한 행위는 신협법 제27조의2제2항에서 열거한 선거운동 방법에 위반되어 같은 법 제99조제3항에 따라 처벌될 수 있다는 점이다.

최근 헌법재판소는 선거기간 중 선거에 영향을 미치게 하기 위한 유권자의 집회나 모임을 일률적으로 금지·처벌하는 공직선거법의 집회개최 금지조항이 과잉금지원칙에 반하여 집회의 자유, 정치적 표현의 자유를 침해한다는 이유로 위헌결정을 하면서도 향우회·종친회 및 동창회의 집회금지에 관하여는 그 규제가 정당한 것으로 보았다.[60]

해당 규정의 위헌성 해소를 위하여 2023년 8월 30일 개정된 공직선거법은 일반적인 단체의 경우 참가인원이 25명에 미달하는 집회는 비록 선거에 영향을 미치더라도 허용하였지만, 향우회·종친회 및 동창회의 경우에는 소규모의 인원을 대상으로 하더라도 선거기간 중 선거에 영향을 미치게 하기 위한 집회와 모임을 금지하는 종전의 입법태도를 확고하게 유지하였다.[61]

---

59) 헌법재판소 2001. 12. 20. 2000헌바96, 2001헌바57 결정
60) 헌법재판소 2022. 7. 21. 2018헌바357 결정
61) 공직선거법 제103조제3항 참조.

(2) 선거에 영향을 미치려는 집회 금지

선거규약은 누구든지 선거에 영향을 미치게 하기 위하여 단합대회, 야유회 기타의 집회 개최를 금지하고 있다(§35②). 집회는 옥내 또는 옥외를 불문하고 특정 또는 불특정 다수인이 공동목적을 위하여 일시적으로 일정한 장소에 모이는 것을 뜻하고, 그 모이는 인원수의 많고 적음에는 아무런 영향이 없다.62)

통상적으로 선거가 실시되는 지역에서 집회를 개최하거나, 선거구민 또는 선거구민과 연고가 있는 사람을 대상으로 집회를 개최하는 경우에는 선거에 영향을 미치게 하기 위한 집회에 해당할 가능성이 높은 것으로 보인다.

선거에 영향을 미치게 하기 위한 집회인 이상 그 집회가 반드시 부정선거운동에 악용되거나 후보자 간 경제력 차이에 따른 불공정 경쟁을 야기하여 선거의 공정을 해할 위험성을 지닌 집회일 필요까지는 없다.63)

(3) 후보자 관련 저서의 출판기념회 금지

선거규약에서는 누구든지 선거일전 60일부터 선거일까지 후보자와 관련 있는 저서의 출판기념회를 개최할 수 없도록 규정하고 있다(§35③). 후보자와 관련 있는 저서란 반드시 후보자 본인이 저술한 저서뿐만 아니라 다른 사람이 저술한 것이라도 후보자와 관련이 있는 저서이면 이에 해당된다.

다만, 저자의 사인회는 출판기념회에 해당되지 않으므로 집회에 의한 선거운동에 이르지 않는 방법으로 통상적인 사인회를 개최하는 것은 가능하다.64)

---

62) 대법원 1982. 10. 26. 선고 82도1861 판결
63) 서울고등법원 2018. 7. 18. 선고 2017노3849 판결
64) 중앙선거관리위원회 2010. 4. 28. 질의회답

후보자와 관련 있는 저서의 출판기념회라면 후보자 본인뿐만 아니라 출판사도 이를 개최할 수 없고 개최장소나 참석대상을 가리지도 않는다. 선거에 영향을 미칠 목적도 요하지 않으므로 후보자와 관련 있는 저서라면 출판사가 순수하게 도서의 판매를 목적으로 개최하는 출판기념회도 금지되는 것으로 보아야 한다.

과거 공직선거에서 후보자가 되려는 사람들이 선거를 앞두고 다수의 저서를 출간하고 그에 대한 출판기념회를 빙자하여 홍보기회로 활용하거나 탈법적인 정치자금 모금기회로 악용하는 사례가 빈번하자 공직선거법에서도 이를 규제하고 있다.[65]

나. 호별방문 금지

(1) 호별방문 금지 개요

선거규약은 누구든지 선거운동을 위하여 선거인을 호별로 방문하거나 특정 장소에 모이게 할 수 없고(§37①), 누구든지 선거운동기간 중 공개장소에서의 연설·대담의 통지를 위하여 선거인을 호별로 방문할 수 없도록 규정하고 있다(§37②).

호별방문은 많은 국가에서 일반적인 선거운동 방법으로 허용되고 있으나, 우리나라의 경우 사생활의 비밀이나 주거의 평온을 보호하기 위한 목적보다는 주로 은밀한 장소에서 이루어지는 매수행위의 가능성을 차단하기 위하여 이를 금지하고 있다.[66]

헌법재판소는 호별방문 금지조항은 선거의 공정과 사생활의 평온 등을 보장하기 위한 것으로서, 금품제공 등 불법선거가 잔존하고 있는 우리나라의 정치 현실과 다른 대체적인 선거운동 방법이 존재한다는 점 등을 고려할 때, 해당 조항이 과잉금지원칙을 위반하여 선거운동의 자

---

65) 공직선거법 제103조제5항 참조.
66) 대법원 2015. 9. 10. 선고 2014도17290 판결

유 또는 정치적 표현의 자유를 침해하는 것으로 볼 수 없다고 결정한
바 있다.[67)

(2) 호별방문의 개념

호별방문에서 금지하는 '호'는 반드시 주택에 한정되는 것이 아니라
회사·공장·사무소·점포 등도 모두 '호'에 해당된다. 따라서 '호'는 일
상생활을 영위하는 가택에 한정되지 않고 주거나 업무 등을 위한 장소
혹은 그에 부속하는 장소라면 모두 이에 해당할 수 있다.[68) 다만, 관공
서의 민원실 등 일반인이 자유롭게 출입할 수 있는 공개된 장소라면
'호'에 해당되지 않는다.

구체적으로 방문이 금지되는 '호'에 해당하는지 여부는 그 장소의 구조,
사용관계와 공개성·접근성 여부, 해당 공간에 대한 점유자의 지배·관리
형태 등을 종합적으로 고려하여 사회통념에 따라 판단해야 한다.[69)

방문 대상자가 일시적으로 머무는 곳이라도 불특정 또는 다수인의
자유로운 출입이 제한된 장소라면 '호'에 포함된다. 예컨대, 병원 입원
실의 경우 병원측이 의료행위를 제공하거나 보호자 또는 친분관계가
있는 사람의 병문안에 한하여 출입이 허용된 장소이므로 '호'에 해당하
고,[70) 출입문과 잠금장치가 있는 선박의 객실도 '호'에 해당한다.[71)

'호별戶別' 방문은 말 그대로 연속적으로 두 집 이상을 방문해야 성립
된다. 연속적인 방문으로 인정되기 위해서 반드시 가가호호를 중단 없
이 방문해야 하거나 여러 집을 동시에 방문해야 하는 것은 아니나, 각
방문행위 사이에는 어느 정도의 시간적 근접성이 있어야 한다.[72)

호별방문의 장소적 범위는 반드시 선거인의 주택이나 건물 안에 들

---

67) 헌법재판소 2019. 5. 30. 선고 2017헌바458 결정
68) 대법원 2015. 9. 10. 선고 2015도8605 판결
69) 대법원 2010. 7. 8. 선고 2009도14558 판결
70) 대구고등법원 2007. 3. 15. 선고 2007노38 판결
71) 광주고등법원(전주) 2017. 6. 29. 선고 2017노28 판결
72) 대법원 2007. 3. 15. 선고 2006도9042 판결

어가는 것뿐만 아니라 해당 건물의 부근으로서 그 거주자가 일상적으로 활동하는 영역 안으로 들어가면 호별방문이 성립된다.[73] 물론 선거운동 목적을 전제로 한다.

따라서 선거운동을 위하여 선거인과 면담하기 위하여 방문하였으나 해당 선거인이 출타중이어서 들어가지 못한 경우,[74] 출입문 안으로 들어가지 않고 대문 밖에서 인사를 한 경우,[75] 인터폰을 통하여 방문 대상자를 밖으로 나오게 한 경우도[76] 모두 금지된 호별방문에 해당된다.

동시이사장선거에 적용되는 위탁선거법에도 선거운동을 위하여 호별로 방문하거나 특정 장소에 모이게 할 수 없도록 호별방문을 금지하는 규정을 두고 있으나(§38), 의무위탁 선거라 하더라도 같은 법 제22조에 따라 신협의 이사장선거에는 해당 규정이 적용되지 않는다. 호별방문을 금지한 선거규약의 독자적인 규범력이 빛을 발하는 순간이다.

한편, '특정 장소에 모이게 하는 행위'에는 제한이 없으므로 호별방문에 의하든, 전화에 의하든, SNS에 의하든 방법을 가리지 않는 것으로 보인다.

다만, 연설·대담의 통지를 위한 호별방문을 금지한 규정은 후보자의 특정 지역 방문일정에 맞추어 지지자들을 운집하게 하는 행위를 차단함으로써 집회에 의한 탈법적인 선거운동으로 변질되는 것을 막기 위한 취지로 보이지만, 집회를 활용한 선거운동은 상위규범인 신협법 제27조의2제2항에서 허용된 방법이 아니므로, 선거규약 해당 조항의 규범력과 실효성이 상당히 의심스럽다. 규범은 현실적 필요에 따라 형성 또는 변경되지만, 과도한 우려는 항시 그 간결성을 훼손한다.

---

73) 대법원 1997. 2. 28. 선고 96도3106 판결
74) 대법원 1999. 11. 22. 선고 99도2315 판결
75) 대법원 2000. 2. 25. 선고 99도4330 판결
76) 서울북북지방법원 2002. 8. 30. 선고 2002고합308 판결

다. 허위사실 공표 및 비방 금지

선거규약은 누구든지 임원선거와 관련하여 연설·벽보·정보통신망 기타의 방법으로 허위의 사실을 공표하거나 후보자, 그의 배우자·직계 존비속·형제자매의 출생지, 신분, 직업, 경력, 재산, 인격, 행위, 소속단체 등에 관하여 공연히 사실을 적시하여 사생활을 비방할 수 없도록 규정하고 있다(§38 본문). 다만, 진실한 사실로서 공공의 이익에 관한 때에는 예외로 한다(§38 단서).

일반적으로 선거규범에서 허위사실 공표나 후보자 등 비방을 금지하는 규정을 두는 경우 고의 외에 초주관적 구성요건으로 선거운동 목적을 요구하는 것이 일반적이나, 선거규약에서는 이를 요구하지 않는다는 점에 특색이 있다.

선거운동 목적을 요구하지 않는 인격권 침해행위는 굳이 선거규범을 적용하지 않더라도 그 행위양태에 따라 일반규정인 형법 제307조의 명예훼손죄나[77] 제309조의 출판물 등에 의한 명예훼손죄[78] 또는 정보통신망 이용촉진 및 정보보호 등에 관한 법률(이하 '정보통신망법'이라 줄인다) 제70조에 따른 사이버명예훼손죄로[79] 처벌될 수 있다.

---

77) 형법 제307조(명예훼손) ① 공연히 사실을 적시하여 사람의 명예를 훼손한 자는 2년 이하의 징역이나 금고 또는 500만원 이하의 벌금에 처한다.
　② 공연히 허위의 사실을 적시하여 사람의 명예를 훼손한 자는 5년 이하의 징역, 10년 이하의 자격정지 또는 1천만원 이하의 벌금에 처한다.
78) 형법 제309조(출판물 등에 의한 명예훼손) ① 사람을 비방할 목적으로 신문, 잡지 또는 라디오 기타 출판물에 의하여 제307조제1항의 죄를 범한 자는 3년 이하의 징역이나 금고 또는 700만원 이하의 벌금에 처한다.
　② 제1항의 방법으로 제307조제2항의 죄를 범한 자는 7년 이하의 징역, 10년 이하의 자격정지 또는 1천500만원 이하의 벌금에 처한다.
79) 정보통신망 이용촉진 및 정보보호 등에 관한 법률 제70조(벌칙) ① 사람을 비방할 목적으로 정보통신망을 통하여 공공연하게 사실을 드러내어 다른 사람의 명예를 훼손한 자는 3년 이하의 징역 또는 3천만원 이하의 벌금에 처한다.
　② 사람을 비방할 목적으로 정보통신망을 통하여 공공연하게 거짓의 사실을 드러내어 다른 사람의 명예를 훼손한 자는 7년 이하의 징역, 10년 이하의 자격정지 또는 5천만

아울러 선거규약 제5조제1항에서는 선거에 참여하는 후보자에게 공
정경쟁 의무를 부과하면서 선거운동을 함에 있어 해당 규약을 준수하
고 공정하게 경쟁하여야 하며 선량한 풍속 기타 사회질서를 해하는 행
위를 금지하고 있으므로, 본조는 선거규약에 따라 선거운동이 금지된
일반 선거인에[80] 대하여 독자적인 규범력을 가지는 것으로 판단된다.

다만, 이사장선거를 관할 선거관리위원회에 위탁한 경우에는 선거운
동 목적의 인격권 침해행위에 대하여 위탁선거법 제61조에 따른 허위
사실 공표죄 또는 같은 법 제62조에 따른 후보자 비방죄가 적용되므로
위법행위 억제의 강력한 안전판이 될 수 있다.

라. 선거일 후 답례금지

선거규약에서는 후보자와 그의 가족은 선거일 후에 당선되거나 되지
아니한 데 대하여 선거인에게 축하 또는 위로 기타 답례를 하기 위하여
다음 중 어느 하나에 해당하는 행위를 할 수 없도록 규정하고 있다
(§27).

① 금품 또는 향응을 제공하는 행위
② 방송, 신문 또는 잡지 기타 간행물에 광고하는 행위
③ 자동차에 의한 행렬을 하거나 다수인이 무리를 지어 거리를 행진
  하거나 거리에서 연달아 소리지르는 행위
④ 선거인을 모이게 하여 당선축하회 또는 낙선에 대한 위로회를 개
  최하는 행위

원칙적으로 선거일 후의 행위는 특별한 사정이 없는 한 선거운동으
로 평가하기 어렵다. 그러나 선거일 후의 행위라도 그 행위가 선거와
관련하여 행하여지는 것인 한 사후매수에 따른 선거부정의 가능성이

원 이하의 벌금에 처한다.
80) 선거규약 제29조는 신협의 임원선거에서 선거운동을 할 수 있는 사람을 후보자로 한정
  하고 있다.

있고 비용의 지출에 따른 경제적 부담도 있다.

이에 따라 본조는 선거의 부패가능성을 차단하고 당선자와 낙선자를 보호함으로써 선거의 완전성을 확보하기 위하여 일정한 방법의 답례행위를 금지하고 있다.

따라서 금지하는 행위로 열거되지 않는 답례 방법, 예컨대 조합원들에게 감사의 서신을 발송하거나, 전화·문자메시지 또는 SNS의 방법으로 인사를 하거나, 신협 사무실 근처에서 어깨띠를 매고 인사하는 것은 실로 자연스러운 답례 방법이다.

옥외광고물 등의 관리와 옥외광고산업 진흥에 관한 법률 등 다른 법률 위반을 별론으로 한다면, 해당 신협의 건물이나 인근 거리에 현수막을 게시하는 행위도 무방한 것으로 보인다.

한편, 이사장선거를 관할 선거관리위원회에 위탁한 경우에는 위탁선거법 제37조의 선거일 후 답례금지 규정이 적용되고 위반시 제66조에 따른 각종 제한규정 위반죄로 처벌된다. 다만, 위탁선거법이 적용되는 경우 처벌대상은 위에 열거된 ①과 ④에 해당하는 행위로 제한된다.[81]

3. 신협 선관위의 선거규약 위반행위 조치

신협이 임원선거의 공정한 관리를 위하여 선거공고일 전 3일까지 설치하고 선거종료일 후 60일까지 자체적으로 운영하는 선거관리위원회는[82] 다음 중 어느 하나에 해당하는 선거규약 위반행위에 대하여 이를 중지, 철거, 회수 기타 필요한 조치를 취할 수 있다(선거규약 §40①).

---

81) 선거일 후 답례금지에 관하여 규범간 다소 큰 차이를 보이는 것은 각 규범의 제정시기에 따른 차이로 보인다. 선거규약의 답례금지 규정은 2006년 12월 14일 제정 당시 공직선거법 제118조의 선거일후 답례금지 규정을 그대로 수용한 것으로 추정된다. 반면 위탁선거법은 2014년 6월 11일 제정되었다.
82) 선거규약 제9조 참조.

① 제25조에 따른 매수 및 선거운동 방법 위반

② 제26조에 따른 기부행위 제한 위반

③ 제27조에 따른 선거일 후 답례금지 위반

④ 제28조에 따른 선거운동기간 위반

⑤ 제29조에 따른 선거운동 주체 위반

⑥ 제35조에 따른 각종집회등의 제한 위반

⑦ 제37조에 따른 호별방문 등의 제한 위반

⑧ 제38조에 따른 후보자등의 비방금지 위반

아울러 신협 선거관리위원회는 위반행위를 한 후보자의 기호, 성명, 위반내용 및 조치내역 등을 조치일부터 선거일까지 해당 신협의 게시판에 게시하여야 한다(선거규약 §40②).

그러나 신협 선거관리위원회는 선거일에 임박하여 설치되므로 그 전에 발생하는 규약 위반에는 대응할 수 없다는 점, 신협 선거관리위원회가 설치된 이후에도 일반인의 규약 위반행위는 공고대상이 아니라는 점, 규약 위반의 혐의에 대하여 신협 선거관리위원회가 실체적 진실을 확인할 수 있는 권한을 보유하고 있지 않다는 점 등을 고려하면, 후보자와 조합원들이 각자의 마음속에 양심의 경찰을 세우지 않는 한 선거규약 위반에 대한 억제효과는 제한적일 것으로 보인다.

반면, 이사장선거를 관할 선거관리위원회에 위탁한 경우에는 위탁선거법 제73조에 따라 위원과 직원에게 신협법 위반행위는 물론이고 표준정관과 선거규약 위반행위에 대한 조사권이 인정되고,[83] 위탁선거법 제72조에 따른 위탁선거 위반행위에 대한 중지·경고 또는 시정명령을 통하여 위법행위 억제의 효과적인 무기로 삼을 수 있다.

---

83) 위탁선거법 제7조제3호는 위탁선거 위반행위를 정의하면서 위탁선거법과 다른 법령 위반행위는 물론이고 해당 정관과 규약 등 자치규범 위반행위도 그 범주에 포함하고 있다. 정관 등 자치규범의 범위에 관하여는 위탁선거법 제3조제8호 참조.

4. 선거규약 위반의 효과

신협법이나 위탁선거법에서 범죄로 규정되지 않은 행위, 예컨대 정관이나 선거규약 등 자치규범 위반행위는 사적자치私的自治의 원칙상 국가의 공권력은 개입할 수도 또 개입해서도 안 된다.

법치국가의 원리나 죄형법정주의 원칙에 비추어 보더라도 자치규범 위반행위는 형사처벌의 대상도 아니다. 다만, 행위 양태에 따라 예외적으로 형법상 업무방해죄가[84] 적용될 수 있을 것으로 보인다.

그러나 임원선거에서 신협법이나 위탁선거법을 위반한 경우는 물론이고 정관이나 선거규약 같은 자치규범을 위반한 경우에도 선거의 자유와 공정이 현저하게 침해된 것으로 평가될 수 있는 경우에는 그 선거의 효력을 무효로 하거나 당선을 무효로 할 수 있다는 점에 유의해야 한다.

---

84) 형법 제313조(신용훼손) 허위의 사실을 유포하거나 기타 위계로써 사람의 신용을 훼손한 자는 5년 이하의 징역 또는 1천500만원 이하의 벌금에 처한다.
제314조(업무방해) ① 제313조의 방법 또는 위력으로써 사람의 업무를 방해한 자는 5년 이하의 징역 또는 1천500만원 이하의 벌금에 처한다.
② 컴퓨터등 정보처리장치 또는 전자기록등 특수매체기록을 손괴하거나 정보처리장치에 허위의 정보 또는 부정한 명령을 입력하거나 기타 방법으로 정보처리에 장애를 발생하게 하여 사람의 업무를 방해한 자도 제1항의 형과 같다.

1. 지위를 이용한 선거운동 금지 개요

가. 관련규정

신협의 이사장선거를 관할 선거관리위원회에 의무적으로 위탁하는 경우에 적용되는 위탁선거법은 임직원의 지위를 이용한 선거운동을 금지하고 있다(§31). 구체적인 내용은 다음과 같다.

① 지위를 이용하여 선거운동을 하는 행위

② 지위를 이용하여 선거운동의 기획에 참여하거나 그 기획의 실시에 관여하는 행위

③ 후보자 또는 후보자가 되려는 사람에 대한 선거권자의 지지도를 조사하거나 이를 발표하는 행위

이러한 금지규정을 위반하면 2년 이하의 징역 또는 2천만원 이하의 벌금에 처해질 수 있다(위탁선거법 §66. 8.).

나. 입법취지

위탁선거법에서는 공공단체의 자율성을 존중하여 농업협동조합 등 조합장선거와 새마을금고의 이사장선거를 제외하고는 누구에게 그리고 어떠한 방법으로 선거운동을 허용할지 여부를 전혀 규정하지 않고 있

으므로, 위탁단체의 임원선거에서 선거운동의 허용범위는 각 개별 법률이 정하는 바에 따른다.

따라서 위탁선거법의 지위를 이용한 선거운동 금지규정은 공공단체의 임원선거를 관할 선거관리위원회에 의무적으로 위탁한 경우 개별 법률에서 해당 단체의 임직원에게 선거운동이 허용되었는지를 불문하고 그 신분과 지위로 인한 특수 관계가 보유하는 영향력을 선거운동에 이용하는 것을 금지한다는 점에 그 특별한 의의가 있다.

다시 말하면, 만일 특정 공공단체의 임원선거에서 해당 단체의 임직원에게 선거운동이 허용되었더라도 해당 선거를 관할 선거관리위원회에 위탁하게 되면 사적私的이거나 개인적 차원에서 선거운동이 허용될 뿐, 해당 단체의 임직원이 공적인 업무수행에 편승하여 외부의 선거인을 대상으로 선거운동을 하거나, 내부에 지휘·감독권이 미치는 임직원을 대상으로 하는 선거운동은 금지된다는 의미이다.

개별 법률에서 임직원에게 선거운동을 금지한 경우 지위를 이용한 선거운동을 하였다면 가중처벌의 대상이 되겠지만, 만일 개별 법률에서 임직원에게 선거운동을 허용한 경우 사적私的인 범위를 넘어 직무상 지위를 이용한 선거운동까지 허용하게 되면 선거인의 자유로운 의사 형성과 후보자 선택에 관한 의사결정을 왜곡하여 선거의 공정이 크게 위협받을 것이기 때문이다.

해당 규정은 이와 같이 중대한 법익침해가 예상되는 경우에는 개별 법률의 금지 입법을 기다릴 필요가 없이 위탁이 의무화된 공공단체의 선거에서는 위탁선거법에서 직접 임직원의 지위를 이용한 선거운동을 금지함으로써 공공성이 강한 단체의 임원선거에서 선거의 자유와 공정을 확보하기 위한 취지로 도입되었다.

따라서 공공단체의 대표자 선출을 위한 선거를 개별 법률에 따라 관할 선거관리위원회에 의무적으로 위탁한 경우에는 해당 단체의 임직원에게 일종의 선거중립의무가 부과되는 것으로 보아야 한다. 특히 선거 규약 제5조에서도 후보자와 신협의 임직원 등에게 선거의 공정경쟁 및 공정중립의무를 규정하면서 이점을 명확히 하고 있다.[85]

다만, 이사장선거를 제외한 일반 임원선거는 법률상 의무위탁 대상이 아니므로, 만일 일반 임원선거를 임의적으로 관할 선거관리위원회에 위탁하더라도 지위를 이용한 선거운동 금지규정은 적용되지 않는다(위탁선거법 §22).

다. 신협별 적용시기

임직원의 지위를 이용한 선거운동 금지규정은 이사장선거를 의무적으로 관할 선거관리위원회에 위탁해야 하는 선거에만 적용된다. 따라서 2023년 7월 18일 공포된 신협법 부칙의 특례규정에 따라 2025년 11월 12일 실시하는 제1회 동시이사장선거에 참여하지 않고 2029년 11월 14일 실시하는 제2회 동시이사장선거부터 참여하는 대부분의 지역신협에게는 먼 얘기로 들릴 수 있다.

그러나, 해당 신협들도 2023년 11월 22일 이후 새로 선출된 이사장의 임기개시에 따라 순차적으로 임직원의 지위를 이용한 선거운동 금지 등 위탁선거법의 제한·금지규정과 벌칙이 적용된다는 점에 유의해야 한다. 선거는 멀리 있지만, 법은 지금부터 적용된다는 의미이다.

2023년 11월 22일 이후에 임기가 개시된 이사장의 임기가 만료되면 모든 지역신협은 예외 없이 2029년 11월 14일 실시하는 제2회 동시이사장선거에 합류해야하고, 그 선거의 관리는 의무적으로 관할 선거관리위원회에 위탁해야 하며, 의무위탁이 예정된 이사장선거에는 위탁선거법이 적용되기 때문이다.

---

85) 선거규약 제5조(선거의 공정경쟁 및 공정중립의무) ② 조합의 임직원과 선거관리위원, 전형위원은 선거에 대한 부당한 영향력의 행사 기타 선거결과에 영향을 미치는 행위를 하여서는 아니된다.

라. 신협법 사전선거운동과의 관계

위탁선거법이 적용되기 전에 신협의 임직원이 선거운동기간 전에 지위를 이용하여 선거운동을 하였다면 신협법 제27조의2제3항 위반에 따라 같은 법 제99조제3항의 벌칙이 적용되어 1년 이하의 징역 또는 1천만원 이하의 벌금에 처해질 수 있다.

그러나 위탁선거법이 적용되는 시점부터 위와 같은 행위는 신협법 위반뿐만 아니라 위탁선거법 제31조의 지위를 이용한 선거운동 금지규정에도 저촉되어 같은 법 제66조제8호에 따라 2년 이하의 징역 또는 2천만원 이하의 벌금으로 무겁게 처벌된다.

이 경우 위탁선거법 위반과 신협법 위반의 관계가 법조경합에 해당하는지 아니면 상상적 경합에 해당하는지 여부가 법리적으로 쟁점이 될 수 있다. 왜냐하면 양자를 법조경합[86] 관계로 해석할 경우 신협법의 위반은 성립되지 않고 위탁선거법 위반만 성립되는 것으로 해석될 여지가 있기 때문이다.

반면에 양자를 상상적 경합관계로 해석할 경우 위탁선거법 위반과 더불어 신협법 위반도 함께 성립되어 형법 제40조에 따라 그 중 가장 중한 죄에서 정한 형으로 처벌되고, 신협법 제28조제1항제5호에 따라 소액의 벌금형으로도 향후 5년간 신협의 임원선거에 피선거권이 제한될 수 있다.

공직선거에서는 피선거권과 당선의 효력에 관하여 일반범과 선거범을 달리 취급하는 입법 취지 등을 고려하여 일단 선거범과 일반범간 상상적 경합이 성립한다면, 그 처벌받는 가장 중한 죄가 선거범인지 여부

---

86) 법조경합이란 하나의 행위가 외관상으로는 여러 가지 죄의 구성요건에 해당하는 것처럼 보이지만 각 형벌규정의 구성요건이 중복되어 실질적으로 1가지 죄만 성립되는 것을 말한다. 예컨대, 살인죄에서 피살된 사람의 신체에 대한 상해죄는 살인죄에 흡수되어 적용되지 않는다.

를 묻지 않고 모두 선거범으로 취급한다.[87]

예컨대, 다른 사람의 자동차운전면허증을 제시하여 그 사람의 성명을 사칭하는 방법으로 투표하는 경우 형법 제230조에 따른 공문서부정행사죄와 공직선거법 제248조제1항에 따른 사위투표죄의 상상적 경합에 해당하므로 이러한 경우 양 죄를 통틀어 선거범으로 취급하는 것이다.[88] 그 법률적 효과는 100만원 이상의 벌금형만으로도 당선이 무효로 되고, 기탁금과 보전비용을 반환해야 하며, 향후 5년간 피선거권이 박탈되고 공직취임도 금지된다는 점이다.

사견으로는 신협의 임직원이 선거운동기간전에 지위를 이용하여 선거운동을 하였다면 신협법 위반과 위탁선거법 위반의 상상적 경합으로 평가하는 것이 타당한 것으로 보인다.

위탁선거법의 지위를 이용한 선거운동 금지규정은 선거인들의 의사형성의 자유를 보호하기 위한 것이 목적이고, 신협법의 사전선거운동 금지규정은 선거의 과열을 방지하기 위한 것이 주된 목적이므로 양자간 입법취지와 보호법익이 서로 다르기 때문이다.

아울러 구성요건적 요소의 측면에서 평가하더라도 위탁선거법의 지위를 이용한 선거운동 금지규정이 신협법의 사전선거운동 금지규정에 대하여 법조경합의 요건인 특별관계나 보충관계 또는 흡수관계에[89] 있는 것으로 보기에도 어렵다.

---

87) 대법원 1999. 4. 23. 선고 99도636 판결
88) 서울고등법원 2015. 2. 11. 선고 2014노3562 판결
89) 특별관계란 특정한 구성요건이 다른 구성요건의 모든 요소를 포함하고 다른 요소를 추가로 갖추어야 성립된다. 존속살해죄가 살인죄에 존속이라는 요소를 추가로 구비한 것을 사례로 들 수 있다. 흡수관계란 하나의 구성요건이 다른 구성요건을 흡수하는 관계에 있는 경우이다. 살인죄에서 피살된 사람에 대한 상해죄는 별도로 인정되지 않는 것을 예로 들 수 있다. 보충관계란 다른 형벌규정이 적용되지 않는 경우에 한하여 보충적으로만 적용되는 경우를 말한다.

2. 지위를 이용한 선거운동의 주요 개념

가. 임직원의 범위

임직원은 임원과 직원을 지칭한다. 신협법 제27조제1항은 신협의 임원으로 이사장 1명, 부이사장 1명을 포함하여 5명 이상 9명 이하의 이사와 감사 2명 또는 3명을 두도록 규정하고 있다. 반면 신협의 직원은 이사회의 승인을 얻어 이사장이 임면任免한다(표준정관 §59①).

한편, 신협법 제30조제1항은 조합에 간부직원으로 전무 또는 상무를 둘 수 있다고 규정하여 전무와 상무를 간부직원으로 분류하고 있다. 전무와 상무는 이사장 또는 상임이사의 명을 받아 조합의 재무 및 회계 업무를 처리하며, 재무 및 회계에 관한 증명서류의 보관, 금전의 출납 및 보관의 책임을 진다(신협법 §30③).

임직원의 지위를 이용한 선거운동 금지규정은 신협의 임직원에게만 적용되는 진정신분범[90] 규정이므로, 만일 거액의 예금주 등 사실상 신협의 경영에 큰 영향을 미칠 수 있는 사람이 그 지위를 이용하여 선거운동을 하더라도 본 조 위반은 아니다.

나. 지위를 이용하여의 의미

지위를 이용한 선거운동을 금지하는 규정에 인쇄되지 않은 문장이 하나 있다. 그것은 바로 직무관련성이다. 따라서 임직원의 신분을 보유하고 있더라도 친구나 동창, 친족 등 사적私的 관계를 이용하여 선거운동을 하였다면 최소한 본조에서 금지하는 지위를 이용한 선거운동이 아니다.

---

90) 신분범이란 범죄의 구성요건인 행위의 주체에 일정한 신분이 필요한 것을 말하며, 진정 신분범과 부진정신분범으로 구분된다. 진정신분범은 특정 신분이 있어야 범죄가 성립하고, 부진정신분범은 특정 신분이 있으면 형이 가중 또는 감경된다.

지위를 이용한 선거운동이란, 임직원이 개인의 자격으로서가 아니고 임직원의 지위와 결부되어 선거운동을 효과적으로 할 수 있는 영향력 또는 편익을 이용하는 것을 말하므로,[91] 단순히 위탁단체의 임직원 신분을 보유하고 있다 하여 그의 모든 선거운동이 지위를 이용한 선거운동이 되는 것은 아니기 때문이다.

따라서 지위를 이용한 선거운동에는 임직원이 그 직무를 집행함에 즈음하여 선거운동을 하는 경우는 물론이고, 임직원의 신분상 또는 직무상의 지휘·감독권이 미치는 사람을 대상으로 선거운동을 하거나, 외견상 그 직무와 관련된 행위에 편승하여 선거운동을 함으로써 선거인에게 영향을 줄 수 있는 경우가 포함된다.[92]

예컨대, 선거권을 가진 조합원의 대출 심사를 하면서 그 조합원을 대상으로 선거운동을 하거나, 선거권을 가진 조합원에게 새로운 금융상품을 홍보하는 기회를 이용하여 선거운동을 하거나, 이사나 감사 등 임원진 또는 전무나 상무 등 간부직원이 해당 신협의 직원을 대상으로 선거운동을 하는 경우가 전형적인 지위를 이용한 선거운동이 될 것이다.

또한 '지위를 이용한다'는 의미는 반드시 임직원의 신분을 드러내어 영향력을 행사하는 것에 한정되는 것이 아니라 신분을 드러내지 않고 활동하는 경우에도 업무의 일환으로서 임직원 신분이기 때문에 활동을 더욱 효과적으로 할 수 있는 영향력 또는 편익을 이용하였다면 이는 지위를 이용한 행위로 볼 수 있다.[93]

다. 선거운동의 기획에 참여하는 행위

'선거운동의 기획에 참여하거나 그 기획의 실시에 관여하는 행위'란 선거운동의 효율적 수행을 위한 일체의 계획 수립에 참여하는 행위 또

91) 대법원 2013. 11. 28. 선고 2010도12244 판결
92) 대법원 2004. 4. 27. 선고 2003도6653 판결
93) 대법원 2018. 4. 19. 선고 2017도14322 전원합의체 판결

는 그 계획을 직접 실시하거나 실시에 관하여 지시·지도함으로써 선거에 영향을 미치는 행위를 말한다.[94]

이는 반드시 구체적인 선거운동을 염두에 두고 그에 관한 기획에 참여하는 행위뿐만 아니라 선거운동의 방안을 제시하는 등의 방법으로 후보자의 선거운동계획 수립에 직접적·간접적으로 관여하였다면 선거운동의 기획에 '참여' 하였다고 볼 수 있다.[95]

다만, 임직원이 개인적으로 이사장선거의 후보자를 위한 선거운동에 관한 의견을 표명한 행위만으로는 선거운동의 기획에 참여한 것으로 평가하기 어렵다.[96]

또한 신협의 사업과 관련하여 유포된 유언비어나 가짜뉴스에 대응하기 위하여 해당 신협의 자본현황에 대한 객관적인 사실을 자신의 홈페이지나 소식지 등 통상적으로 해 오던 방법에 따라 조합원들에게 알리거나 언론기관에 보도자료를 제공하는 행위도 직무상 행위로서 선거운동의 기획에 참여하는 행위로 볼 수 없다.

한편, 이사장선거의 후보자가 자신을 위한 선거운동의 기획에 다른 임직원이 참여하는 행위를 단순히 묵인하였거나 소극적으로 이익을 누린 것만으로는 본 조 위반으로 보기 어려울 것이다.[97]

임직원이 선거운동의 기획에 참여하는 행위의 전형적인 사례를 들자면, 이사장선거 후보자의 인터뷰 자료 수집·작성 행위, 합동연설회 또는 공개토론회에 대비한 원고 작성 또는 검토 행위, 후보자가 되려는 사람의 지지층을 확대하기 위한 목적의 행사계획서 작성 행위, 이사장선거 입후보예정자별 지지기반 분석자료 작성·제공 행위, 상대 후보자와 연관이 깊은 회원명단 작성·제공 행위 등을 들 수 있다.

---

94) 헌법재판소 2008. 5. 29. 2006헌마1096 결정 참조.
95) 대법원 2007. 10. 25. 선고 2007도4069 판결
96) 대법원 2013. 11. 28. 선고 2010도12244 판결
97) 대법원 2007. 11. 15. 선고 2007도3061 판결

한편, 구 공직선거법에서는 제정 당시부터 지위를 이용하는지를 불문하고 '선거운동의 기획에 참여하거나 기획의 실시에 관여하는 행위'를 금지하고 이를 위반한 행위를 처벌하는 규정을 두었으나, 헌법재판소가 해당 조항에 대하여 사적私的인 지위에서 하는 선거운동의 기획행위까지 포괄적으로 금지하는 것은 정치적 표현의 자유와 평등권을 침해한다는 점을 이유로 한정위헌 결정을 한 바 있다.[98]

이에 2010년 1월 25일 공직선거법의 보완 입법을 통하여 '지위를 이용하여'를 추가함에 따라 관련 조항이 한정위헌 결정의 취지와 부합하도록 개정되었고, 2014년 위탁선거법을 제정하면서 같은 취지를 조문에 반영하여 현재에 이르고 있다.

라. 지지도 조사 또는 발표 행위

위탁선거법은 임직원이 후보자 또는 입후보예정자에 대한 선거권자의 지지도를 조사하는 행위 자체를 금지한다. 발표하는 행위도 당연히 금지된다. 여기에서 '발표'란 '공표'와 마찬가지로 그 수단이나 방법여하를 불문하고 불특정 또는 다수인에게 특정한 사실을 알리는 것을 말한다.

지지도 조사 금지의 쟁점은 이사장선거에 후보자로 등록한 현직 이사장도 본조의 수범자受範者에 해당하는지 여부이다. 만일 후보자로 등록한 현직 이사장에게도 후보자에 대한 선거권자의 지지도 조사가 금지되는 것으로 해석할 경우 선거전략의 수립과 변경에 필요한 정보의 획득이 제한되어 선거운동의 자유에 대한 침해는 물론, 지지도 조사가 자유로운 다른 후보자와의 형평성에도 문제가 있어 선거의 공정이 훼손될 우려가 있기 때문이다.

그러나 중앙선거관리위원회는 2023년 제3회 전국동시조합장선거를

---

98) 헌법재판소 2008. 5. 29. 2006헌마1096 결정

앞두고 일선에 시달한 선례 정비 및 법규운용 기준에서 후보자로 등록한 현직 조합장에게도 해당 규정이 적용됨을 명확히 하였다.

공직선거법에 따른 지방자치단체장 선거에서는 현직 단체장이 후보자 또는 예비후보자로 등록한 경우 그 직무가 정지되지만,[99] 조합장선거의 경우 후보자로 등록하더라도 조합장의 직무가 정지되지 않는다는 점과 후보자의 신분 유지기간이 최대 16일로 짧은 기간인 점 등을 고려한 해석으로 보인다.

한편, 여론조사 발표 행위와 관련하여 특히 유의할 점은 여론조사 결과에 대한 방송이나 기사 등 언론에서 이미 보도된 내용을 문자메시지나 SNS 등으로 전파하는 행위도 선거권자의 지지도를 발표하는 행위에 해당한다는 점이다.[100]

수범자가 위탁단체의 임직원 대신 공무원이라는 신분에서만 다를 뿐, 유사한 금지규정을 두고 있는 공직선거법에서 '선거권자의 지지도 조사 또는 발표 행위'로 본 사례는 다음과 같다.

① 대통령선거에 후보자가 되려는 지방자치단체장의 중도퇴임과 관련하여 공무원이 시민여론조사를 실시하는 행위[101]
② 국·공립학교의 교원이 모의투표를 통해 선거권이 있는 18세 학생을 대상으로 후보자에 대한 지지도를 조사하거나 발표하는 행위[102]

---

99) 지방자치단체의 장이 그 직을 가지고 그 지방자치단체의 장 선거에 입후보하면 예비후보자 또는 후보자로 등록한 날부터 선거일까지 부단체장이 그 지방자치단체의 장의 권한을 대행한다. 지방자치법 제124조제2항 참조.
100) 서울중앙지방법원 2015. 2. 11. 선고 2014고합1368 판결, 대검찰청 앞의 책 526쪽 참조.
101) 중앙선거관리위원회 1997. 9. 11. 질의회답
102) 중앙선거관리위원회 2020. 2. 26. 질의회답

3. 실제 처벌된 사례

가. 지위를 이용한 선거운동으로 처벌된 예

지위를 이용한 선거운동으로 공공단체의 임직원에게 위탁선거법의 벌칙이 적용되어 처벌된 사례를 살펴보면 다음과 같다.

① 선거운동기간전에 조합장이 자신의 사진, 이력, 경영성과, 공약사항이 포함되어 있는 보도자료 명목의 문서를 작성하여 조합 직원에게 해당 조합의 홈페이지에 게시하도록 지시한 행위[103]

② 선거에 다시 출마하려는 조합장과 조합의 상임이사가 공모하여 신규 조합원을 대상으로 여러 차례 특강을 실시하면서 조합장 재직 중의 사업실적과 향후 계획을 홍보한 행위[104]

③ 조합의 이사들이 "조합장은 축산농가 육성에는 관심이 없어 조합 행사라는 명목으로 해외여행을 다녔다"는 내용이 게재된 조합소식 명목의 문서를 제작하여 조합원들에 송부한 행위[105]

④ 농협협동조합의 총무과장이 자신의 사무실에서 조합장선거 후보자로 출마한 甲의 당선을 위하여 업무용 PC로 문자전송 사이트에 접속하여 조합원 전산명부 파일을 업로드하고 "안녕하십니까? 존경하는 조합원님! 이번 조합장선거에 출마한 기호 1번 甲 인사드립니다" 라는 내용의 문자메시지를 전송한 행위[106]

나. 선거운동의 기획에 참여한 행위로 처벌된 예

선거운동의 기획에 참여하거나 그 기획의 실시에 관여하는 행위로 공공단체의 임직원에게 위탁선거법의 벌칙이 적용되어 처벌된 사례를

---

103) 광주지방법원 목포지원 2016. 2. 16. 선고 2015고정412 판결
104) 대법원 2011. 6. 24. 선고 2010도9737 판결
105) 대법원 2008. 6. 12. 선고 2008도1421 판결
106) 광주지방법원 2015. 8. 19. 선고 2019고단2292 판결

살펴보면 다음과 같다.

① 현직 조합장이 선거에 출마하자 해당 조합의 이사가 그 조합장의 재직 중 실적과 공약사항을 기재한 문서를 직접 작성하여 실적 관련 자료와 함께 해당 조합장 후보자의 선거홍보물 담당자에게 전달한 행위107)

② 현직 축협 조합장이 후보자 등록신청전 조합장 사무실에서 축협 직원에게 조합원 명부를 건네주면서 해당 직원과 친분이 있는 조합원을 표시해 달라고 지시하고, 해당 직원은 그 지시에 따라 자신과 친한 조합원을 표시한 후 그 조합원 명부를 해당 축협 조합장에게 교부한 행위108)

위의 처벌사례를 살펴보면 참으로 가혹한 판결이다. 뉘른베르크 전범戰犯재판이109) 인류역사상 가장 위대한 재판으로 평가되는 이유도 그렇다. 침해가 되풀이될 위험성이 있어 관용을 베풀지 못했다. 오늘의 범죄를 단죄하지 못하면 내일의 범죄에게 용기를 주기 때문이다.

---

107) 대법원 2011. 6. 24. 선고 2010도9737 판결
108) 광주지방법원 2016. 9. 22. 선고 2015노2917 판결
109) 제2차 세계대전 후 나치 전범을 법정에 세운 국제 군사재판을 말한다. 24명이 기소되어 자살 또는 병사한 2명을 제외한 22명에 대한 재판이 진행되어 12명이 교수형, 3명이 종신형, 4명이 유기징역 선고를 받았다. 3명은 무죄로 방면되었다.

제3장

기부행위 제한과
50배 과태료

신협이 자율 관리하는 임원선거에서는 선거규약에 따라 임기만료일 전 180일부터 선거일까지 후보자와 그의 배우자, 후보자가 속한 단체 등은 조합원이나 그 가족에게 기부행위를 할 수 없다.

　선거관리위원회가 의무적으로 위탁관리하는 동시이사장선거에서는 위탁선거법에 따라 임기만료일전 180일부터 기부행위가 제한되고 소액의 금품을 받은 사람에게는 50배 과태료가 부과된다.

　이 장에서는 기부행위 제한에 관한 선거규약과 위탁선거법의 주요내용을 알아보고 50배 과태료에 대해서도 살펴보기로 한다.

1. 기부행위를 제한하는 두 개의 규범

가. 선거규약의 기부행위 제한

선거규약 제26조는 후보자와 그 배우자 등에게 임원의 임기만료일 전 180일부터 그 선거일까지 조합원이나 그 가족 또는 조합원이나 그 가족이 설립·운영하고 있는 기관, 단체, 시설에 대하여 기부행위를 할 수 없도록 규정하고 있다.

다만, 임기만료에 따른 선거와 달리 재선거, 보궐선거 또는 신협의 합병에 따른 선거의 경우에는 기부행위 제한기간의 시기始期를 특정할 수 없으므로 선거의 실시사유가 확정된 날부터 기부행위가 제한된다.

농업협동조합과 새마을금고 등의 임원선거에서는 각 개별법률에서 기부행위 제한을 규정하고 이를 위반할 경우 형벌이 적용되지만,[1] 신협의 경우 자치규범인 선거규약에 기부행위 제한을 규정하고 있어 이를 위반하더라도 형벌이 적용되지 않는다는 점이 형식과 규범력의 측면에서 큰 차이가 있다.

다만, 신협의 임원선거에서 기부행위 제한규정을 위반한 경우 선거에

---

[1] 농업협동조합법 제50조의2·제172조제1항제3호, 수산업협동조합법 제53조의2·제178조제2항제4호, 새마을금고법 제22조의2·제85조제3항 등 참조.

관한 규정을 위반한 이유로 선거무효 또는 당선무효의 원인으로 삼을
수는 있다.

선거규약에서 기부행위의 상대방인 조합원은 선거권 보유 여부를 묻
지 않는다. 예컨대, 표준정관에서 조합원 자격을 유지한 기간이 3개월
이상인 조합원에 한하여 선거권을 부여하도록 규정하고 있으므로(§14①
4.), 선거일 전 2개월 정도에 신협의 조합원으로 가입한 사람은 선거인
명부에 오를 가능성은 없지만 기부행위의 상대방으로는 전혀 부족함이
없다.

한편, 신협은 동시이사장선거에 참여한 이후에도 일반 임원선거의 관
리를 관할 선거관리위원회에 임의적으로 위탁할 수 있다(신협법 §27의3
② 본문). 그러나 일반 임원선거의 관리를 임의적으로 위탁한 경우에는
위탁선거법의 제한·금지규정과 벌칙 중 일부분만 적용된다(위탁선거법
§22·§57①).[2]

당연히 선거운동에 대한 규제나 기부행위 제한규정도 적용되지 않는
다. 따라서 선거규약의 기부행위 제한규정은 선거관리를 의무적으로 위
탁해야 하는 이사장선거보다 일반 임원선거에서 돈 선거와 고비용 선
거문화의 폐해를 방지할 수 있는 안전판으로 기능하는 데 그 의의가 있
는 것으로 보인다.

한편, 선거규약 제26조제5항은 임원선거의 후보자 등에게 기부행위
금지기간 중 신협의 경비로 관혼상제의식이나 그 밖의 경조사에 축의·
부의금품을 제공하거나, 명절선물·표창 또는 부상을 제공하는 때에는
신협의 명의로 하도록 규정하고 있다.

본 규정은 임원선거의 후보자 등이 해당 신협의 경비, 즉 공금으로
축·부의금품이나 선물을 제공하는 경우에 적용되는 규정이므로, 해당

---

[2] 공공단체의 선거를 임의적으로 위탁한 경우 적용되는 위탁선거법의 벌칙으로는 제65조
의 선거관리침해죄, 제66조제12호의 조사방해죄, 제68조제1항·제2항의 출석 또는 동
행요구 불응에 따른 과태료가 있다. 위탁선거법 제57조제1항 참조.

신분이 개인 경비로 축·부의금품이나 선물을 제공하는 때에는 적용되지 않는다. 다만, 이 경우에도 조합원 등에 대한 축·부의금품 제공이 선거규약에 위반되지 않으려면 기부행위로 보지 않는 의례적 행위의 기준을 따라야 한다.

위탁선거법에서도 신협의 선거규약과 유사하게 조합의 경비로 축·부의금을 제공하는 경우 명의표시를 제한하는 규정을 두고 있다. 농업협동조합 등 조합장선거에서 해당 규정이 적용되어 실제 처벌된 사례를 살펴보면 다음과 같다.

조합장이 조합의 경비로 총 360회에 걸쳐 조합원들의 장례식에 시가 14,000원 상당의 근조조향세트를 제공하면서 'ㅇㅇ농업협동조합 조합장 △△△'라고 기재하여 조합의 경비임을 명기하지 않아 처벌되었다.[3]

또한 조합장이 조합의 경비로 총 37회에 걸쳐 조합원들에게 축·부의금 등을 지급하면서 자신의 명의를 밝히거나 자신이 직접 지급하는 등의 방법으로 합계 3,250,000원 상당을 제공하여 처벌된 사례도 있다.[4]

아울러 조합장이 조합원의 장인상에 참석하여 조합의 경비로 부의금 5만원을 제공하면서 그 봉투에 'ㅇㅇ농업협동조합'이라고 기재하여 그 부의금이 ㅇㅇ농업협동조합의 경비임을 명기하지 않았고, 총 35회에 걸쳐 조합원의 장례식에 조합의 경비로 조화를 제공하면서 그 비용이 조합의 경비임을 명기하지 않아 유죄판결을 받은 사례도 있다.[5]

다만, 지역신협의 이사장선거 관리를 의무적으로 관할 선거관리위원회에 위탁하더라도 농업협동조합 등 조합장선거와 새마을금고의 이사장선거와 달리 위탁선거법의 명의표시 제한규정은 적용되지 않는다(위탁선거법 §36).

3) 전주지방법원 제2형사부 2020. 8. 20. 선고 2019노1649 판결
4) 대전지방법원 공주지원 2016. 9. 23. 선고 2015고단308 판결
5) 제주지방법원 2015. 12. 22. 선고 2015고단987 판결

결국 이사장선거 등 신협의 임원선거에서 명의표시 제한규정에 저촉되더라도 자치법규인 선거규약 위반에 불과하므로 형벌이 적용되지는 않는다.

나. 위탁선거법의 기부행위 제한

위탁선거법은 2014년 6월 11일 제정 당시부터 기부행위 제한규정을 두어 선거관리를 의무적으로 관할 선거관리위원회에 위탁해야 하는 선거에 적용하여 왔다(§32~§35). 따라서 위탁선거법의 기부행위 제한규정은 오로지 지역신협의 이사장선거를 의무적으로 관할 선거관리위원회에 위탁한 경우에만 적용된다.

위탁선거법에 따른 기부행위 위반죄의 법정형은 3년 이하의 징역 또는 3천만원 이하의 벌금형으로 상당히 무겁다.[6] 다만, 신협법에 따른 범죄가 아니므로 고액의 벌금형이 확정되더라도 피선거권 행사에는 지장을 초래하지 않는다.

위탁선거법의 기부행위 제한기간은 선거규약과 동일하게 임기만료일 전 180일부터 선거일까지이고, 기부행위 제한의 주체 또한 선거규약과 같다(위탁선거법 §34·§35).

다만, 위탁선거법의 기부행위 상대방은 선거인과 선거인명부에 오를 자격이 있는 사람으로 한정함에 따라[7] 조합원을 그 상대방으로 하는 신협의 선거규약보다 다소 협소한 범위를 보이고 있다(위탁선거법 §32).

또한 신협의 선거규약에서는 기부받는 행위를 금지하는 규정이 없으나, 위탁선거법에서는 가액이 100만원을 넘는 금전을 기부받은 사람에게는 형벌이 적용되고, 가액이 100만원 이하인 금전을 기부받은 사람에

---

6) 위탁선거법 제59조 참조.
7) 위탁선거법의 금품 관련 범죄의 특징은 선거인 신분을 기준으로 규율한다는 점이다. 반면, 신협법은 조합원의 신분을 기준으로 규제한다. 위탁선거법 제32조 및 신협법 제27조의2제1항제1호 참조.

게는 50배 과태료를 부과한다(위탁선거법 §35③·§68③).

한편, 제1회 동시이사장선거에 참여하게 되는 일부 신협의 이사장 임기는 2025년 11월 20일에 만료되므로[8] 기부행위 제한기간 개시일은 같은 해 5월 24일이 되고, 제2회 동시이사장선거에 참여하게 되는 나머지 모든 신협의 이사장 임기는 2029년 11월 20일에 만료되므로 그 선거의 기부행위 제한기간 개시일도 같은 해 5월 24일이 된다.

2. 기부행위를 제한하는 취지

기부행위는 금전이나 물품을 제공하는 행위가 후보자의 지지기반을 조성하는 데 기여하거나 매수행위와 결부될 가능성이 높아 이를 허용할 경우 선거가 후보자의 인물이나 식견 또는 정책을 평가받는 기회가 되기보다 후보자의 자금력을 겨루는 과정으로 타락할 위험성이 있어 이를 금지하고 있다.[9]

달리 말하자면, 후보자가 되려는 사람 등의 기부행위는 선거권자의 자유의사를 왜곡시켜 선거의 공정을 해하고, 후보자의 자질이나 정책 또는 공약보다 경제력에 의하여 선거결과가 좌우됨으로써 혼탁한 선거의 주된 원인이 되기 때문이다.[10]

선거운동을 위해서는 필연적으로 비용이 소요되므로 위탁선거에서도 후보자 간 무기대등의 원칙을 구현하기 위하여 선거비용제한액 제도를 도입하여 총량규제로서 후보자의 선거운동을 규제하는 방안을 검토할 수도 있을 것이다.

그러나 일상적인 품위유지와 지지기반 배양활동 등 선거운동에 이르지 않는 활동은 비용으로 통제하기가 현저히 곤란하거나 불가능한 것

---

8) 개정 신협법(법률 제19565호, 2023. 7. 18. 공포) 부칙 제4조제1항 및 제2항 참조.
9) 대법원 2002. 2. 21. 선고 2001도2819 판결
10) 헌법재판소 2009. 4. 30. 2007헌바29 결정

으로 보인다. 이는 결국 후보자 간 경제력의 차이에 따라 지지기반 배양을 위한 선거인 접촉의 범위와 깊이가 달라지고 선거인을 대상으로 하는 활동의 기회에 불평등을 초래한다.

이러한 활동기회의 불평등은 결과적으로 선거운동 기회균등의 원칙을 위협할 수 있으므로, 2014년 6월 위탁선거법을 제정할 당시부터 공직선거법의 입법례에 따라 후보자가 되려는 사람 등에 대한 기부행위 제한규정을 둠으로써 위탁선거의 혼탁을 방지하고 후보자 간 실질적인 기회균등을 도모하고자 하였다.

3. 기부행위의 정의와 판단기준

가. 기부행위의 정의

기부행위란 조합원이나 그 가족 또는 그들이 설립·운영하고 있는 기관·단체·시설에 금전·물품 그 밖의 재산상 이익을 제공하거나 그 이익제공의 의사를 표시하거나 그 제공을 약속하는 행위를 말한다(선거규약 §26① 본문). 여기에서 '조합원'을 '선거인'으로 대체하면 위탁선거법의 기부행위 정의와 정확하게 일치한다(위탁선거법 §32).

기부행위의 정의에 관하여 유의할 점은 금품 기타 재산상의 이익을 무상으로 제공하는 경우는 물론이고, 정당한 채무의 이행 등 대가관계가 있더라도 급부와 반대급부 간 불균형으로 그 일부가 무상이나 다름없는 경우에는 기부행위에 해당된다는 점이다.

아울러 유상으로 행하여지는 경우에도 이를 통하여 다른 일반인에게 어려운 재산상의 이익을 얻게 되는 경우에도 기부행위가 된다.[11] 또한 물품의 경우에는 가액이 아무리 작더라도 재산적 가치가 있음에는 틀림이 없고, 또 그 제작이나 배부를 위하여 비용지출이 수반되는 것이라

---

11) 대법원 1996. 12. 23. 선고 96도1558 판결

면 당연히 기부행위에 해당된다.[12]

나. 이익제공 의사표시의 판단기준

기부행위 정의규정에 따라 재산상의 이익을 제공하는 행위뿐만 아니라 이익제공의 의사를 표시하거나 이익제공을 약속하는 행위 자체가 기부행위 개념에 포섭된다는 점에 유의할 필요가 있다.[13]

따라서 금품이나 그 밖에 재산상의 이익제공을 약속하고 사후에 이를 취소하였더라도 기부행위 성립에는 지장이 없다. 다만, 금품이나 이익제공의 의사표시는 사회통념상 쉽게 철회하기 어려울 정도로 진정한 의지가 담긴 것으로 외부적·객관적으로 나타나는 정도에 이르러야 한다.

따라서 금품이나 이익제공과 관련하여 어떤 대화가 있었더라도 그것이 단지 의례적이나 사교적인 인사치레 표현에 불과하다면 금품이나 이익제공의 의사표시로 볼 수 없다.[14]

예컨대, 후보자가 되려는 사람이 커피숍에서 선거구민들과 함께 차를 마신 후 참석자 중 한 사람이 찻값을 지불하려 하자 "내가 낼 테니까 그냥 가라"는 식으로 자신이 찻값을 지불하겠다고 하면서 이를 만류하였으나 실제 찻값을 내지 않은 행위를 이익제공의 의사표시로 기소한 사안에 대한 판결을 주목할 필요가 있다.

해당 사건에서 법원은 피고인이 실제로 차를 대접할 의사가 있었던 것은 아니었다고 주장하고 있고, 모임 당시 찻값을 지불하려 했던 참석자도 피고인이 실제로 찻값을 내려는 의사가 없었던 것으로 판단하였다는 취지로 진술함에 따라 기부행위 위반죄의 성립을 부인한 바 있다.[15]

---

12) 대법원 2004. 4. 9. 선고 2003도8168 판결
13) 위탁선거법 제32조 각호 외의 부분, 선거규약 제26조제1항 각호 외의 부분 본문 참조.
14) 대법원 2007. 3. 15. 선고 2006도8869 판결
15) 대전고등법원 2006. 11. 24. 선고 2006노385 판결

또한 판례는 조합장선거의 후보자가 "조합장의 억대 연봉 어떻게 생각하십니까? 매년 5,000만 원을 조합원의 복지기금으로 내놓겠습니다'"라는 내용을 선거공보에 게재한 사안에 대하여, 이는 금품이나 재산상 이익을 제공하겠다는 의사표시라기보다는 향후 해당 조합의 복지기금 운영에 관한 자신의 계획을 밝힌 것에 불과하여 금품이나 재산상 이익 제공의 의사표시로 볼 수 없다고 판단하였다.[16)

아울러 기부행위의 상대방은 금품이나 재산상 이익 등을 제공받을 수 있는 구체적이고 직접적인 상대방이어야 하고 추상적이고 잠재적인 수혜자에 불과할 경우에는 이에 해당되지 않는다.[17)

다. 출연자와 제공자가 다른 경우 기부행위자 판단

기부행위는 기부의 효과를 후보자 또는 후보자가 되려는 사람에게 돌리려는 의사를 가지고 기부행위의 상대방에게 금품 기타 재산상의 이익을 제공하는 것으로서 통상 금품 등의 출연자가 기부행위자가 되는 것이지만, 기부행위를 하였다고 평가되는 주체인 기부행위자는 항상 금품의 출연자에 한정되는 것은 아니다.

만일 출연자와 기부행위자가 일치하지 않거나 외형상 기부행위에 함께 관여하는 듯 보여서 어느 쪽이 기부행위자인지 분명하지 않은 경우에는 금품 등이 출연된 동기 또는 목적, 출연행위와 기부행위의 실행 경위, 기부자와 출연자 그리고 기부받은 사람과의 관계 등 모든 사정을 종합하여 기부행위자를 가려내야 한다.[18)

달리 말하면, 금품 제공의 명의, 공모 또는 실행행위 역할분담의 내역 등을 종합적으로 고려하여 사회통념상 그 사람이 한 것으로 인정할

16) 대법원 2008. 6. 12. 선고 2008도3019 판결
17) 대법원 2008. 6. 12. 선고 2008도3019 판결, 대법원 2003. 10. 23. 선고 2003도 3137 판결 등
18) 대법원 2018. 5. 11. 선고 2018도4075 판결

수 있으면 기부행위자가 특정된 것으로 볼 수 있는 것이다.[19]

따라서 기부행위 위반의 주체는 위와 같은 사정을 종합하여 기부행위자로 평가되는 사람에 해당하면 충분하고, 반드시 제공한 물품에 대한 소유권 또는 처분권을 보유한 사람에 해당해야 하는 것은 아니다.[20]

다만, 자신은 전달자에 불과하다는 사실을 명백히 밝히고 금품을 제공한 경우에는 기부의 효과를 자신에게 돌리려는 의사가 없는 것이므로 그 사람을 기부행위자로 보아서는 안 될 것이다.[21]

4. 기부행위가 금지된 주체

가. 후보자 · 배우자 및 소속단체 등

임원선거의 후보자, 후보자의 배우자, 후보자가 속한 기관 · 단체 · 시설은 임기만료일 전 180일부터 선거일까지 명목여하를 불문하고 기부행위를 할 수 없다. 임기만료일 전 180일부터 규제가 시작된다는 점을 고려하면, 여기에서 후보자의 범위에는 후보자가 되려는 사람이 포함되는 것으로 해석하는 것이 자연스럽다.[22]

후보자가 되려는 사람이란, 입후보 의사가 외부에 확정적으로 표출된 사람뿐만 아니라 입후보 의사를 외부에 밝히지 않았더라도 그 신분이나 접촉대상 또는 언행에 비추어 선거에 입후보할 의사를 가진 것을 객관적으로 인식할 수 있을 정도에 이른 사람도 후보자가 되려는 사람에 해당된다.[23]

---

19) 서울고등법원 2006. 5. 2. 선고 2006노233 판결
20) 대법원 2021. 6. 24. 선고 2019도13234 판결
21) 대법원 2010. 4. 15. 선고 2009도11146 판결
22) 위탁선거법 제35조제1항은 후보자의 범위에 후보자가 되려는 사람이 포함됨을 명확히 규정하고 있지만, 선거규약에는 이에 관한 명시적 규정이 없어 후보자 등록신청 전 입후보예정자의 기부행위에 관해서 논란이 제기될 소지가 있어 보인다.
23) 대법원 2001. 6. 12. 선고 2001도1012 판결

나. 누구든지

누구든지 기부행위제한기간 중 해당 선거에 관하여 후보자를 위하여 기부행위를 할 수 없다. 이 경우 후보자의 명의를 밝혀 기부행위를 하거나 후보자가 기부하는 것으로 추정할 수 있는 방법으로 기부행위를 하는 것은 해당 선거에 관하여 후보자를 위한 기부행위로 본다(위탁선거법 §35②, 선거규약 §26④).

'해당 선거에 관하여'의 의미는 비록 해당 선거를 위한 직접적인 선거운동까지는 이르지 않더라도 해당 선거를 동기로 하거나 빌미로 하는 등 해당 선거와 관련이 있으면 족하다.[24]

여기에서 우리가 특히 유의할 점은 후보자의 명의를 밝히거나 후보자가 기부하는 것으로 추정할 수 있는 방법으로 기부행위를 하는 경우 해당 선거에 관하여 후보자를 위한 기부행위로 간주한다는 점이다.

입법기술적으로 간주규정을 두는 이유는, 사실은 그렇지 않은 경우에도 법률적용을 명확히 하기 위하여 그렇다고 의제하는 것이다. 따라서 누구든지 후보자의 명의를 밝히거나 후보자의 명의가 추정되는 방법으로 기부행위를 한다면, 간주규정에 따라 해당 선거에 관하여 후보자를 위하여 기부행위를 하는 것으로 사실관계가 확정되고 이에 대한 반증을 허락하지 않는다.[25]

---

24) 대법원 1996. 6. 14. 선고 96도405 판결
25) 대법원 1995. 2. 17. 선고 94다52751 판결 참조. 참고적으로 추정규정은 어느 쪽인지 증거가 분명하지 아니한 경우 일단 그러리라고 잠정적인 판단을 내려놓은 것을 말한다. 반대증거가 제출된 경우 당초 추정의 효력은 전복될 수 있다. '아내가 혼인 중에 임신한 자녀는 남편의 자녀로 추정한다'는 민법 제844조제1항을 추정규정의 대표적 사례로 꼽을 수 있다.

5. 기부행위의 상대방

가. 선거규약의 기부행위 상대방

신협의 선거규약에서 기부행위의 상대방은 조합원이나 그 가족 또는 조합원이나 그 가족이 설립·운영하는 기관·단체·시설을 말한다. 위탁선거법이나 공직선거법과 달리 선거규약에서는 기부행위 제한과 관련한 가족의 범위를 규정하지 않고 있다.

다행히 선거규약의 상위규범인 신협법 제27조의2제1항제1호에서 가족의 범위를 '조합원의 배우자, 조합원 또는 그 배우자의 직계존속·비속과 형제자매, 조합원의 직계존속·비속 및 형제자매의 배우자'로 정의하고 있으므로, 법체계의 통일성 확보를 위하여 선거규약의 가족 범위도 신협법의 해당 개념을 적용하는 것이 타당한 것으로 보인다.

참고적으로 민법의 가족의 범위는 위탁선거법, 신협법 등 선거관계법과 다소 차이를 보이고 있다.26) 이러한 불일치는 사소한 뉘앙스의 차이로 볼 수도 있지만, 선거 또는 당선의 효력에 관한 분쟁이 제기되거나 선거범죄의 성립 여부를 다투게 될 경우에는 첨예한 쟁점이 될 수 있을 것으로 보인다.

나. 위탁선거법의 기부행위 상대방

위탁선거법의 기부행위 상대방은 선거규약의 상대방 중 '조합원'을 '선거인'으로 바꾸면 된다. 아울러 가족의 범위도 위탁선거법은 '선거인의 배우자, 선거인 또는 그 배우자의 직계존비속과 형제자매, 선거인의

---

26) 민법 제779조(가족의 범위) ① 다음의 자는 가족으로 한다.
   1. 배우자, 직계혈족 및 형제자매
   2. 직계혈족의 배우자, 배우자의 직계혈족 및 배우자의 형제자매
   ② 제1항제2호의 경우에는 생계를 같이 하는 경우에 한한다.

직계존비속 및 형제자매의 배우자'로 정의하고 있어 신협법의 그것과 같다(위탁선거법 §32 1.).

위탁선거법상 선거인의 범위에는 선거인명부에 오를 자격이 있는 사람을 포함한다. 따라서 선거인명부 작성기준일 이전이더라도 조합 가입시기, 연령 등 제반 사정을 기초로 선거일 공고일을 기준으로 판단할 때 선거인으로 될 수 있는 사람이면 이를 '선거인명부에 오를 자격이 있는 사람'으로 보는 것이 타당할 것이다.[27]

만일 선거가 임박한 시기에 기부행위가 이루어졌다면, 기부행위위반죄가 성립하는지 여부를 판단하기 위해서는 선거인명부 작성전이라면 기부를 받은 사람이 선거인명부에 오를 자격이 있는지를 구체적 사안마다 개별적으로 판단해야 하지만, 선거인명부를 작성한 후에는 선거인명부에 등재 되었는지를 확인하는 것으로 족할 것이다.

여기에서 쟁점이 되는 부분은 선거인명부에 오를 자격이 있는 사람에 대한 판단이다. 비록 금품제공이 이루어졌더라도 그 상대방이 실질적으로는 선거인명부에 오를 자격이 전혀 없는 경우에는 위탁선거법의 기부행위 위반죄가 성립되지 않기 때문이다.[28]

예컨대, 신협법 제19조제1항 단서에서는 정관에서 정하는 바에 따라 미성년자 또는 조합원 자격을 유지한 기간이 3개월 미만인 조합원의 의결권과 선거권은 제한할 수 있도록 규정하고 있고, 표준정관 제14조제1항은 미성년자 또는 조합원 자격을 유지한 기간이 3월 미만인 조합원의 의결권과 선거권을 부인否認하고 있다.

이 경우 선거권이 없어 선거인명부에 오를 자격이 없는 회원에 대한 재산상의 이익제공은 위탁선거법의 기부행위 위반죄가 성립될 여지가 없다. 단지 선거규약에 따른 기부행위 위반 여부만을 다투어 볼 수 있을 뿐이다.

---

27) 대법원 2011. 6. 24. 선고 2011도3824 판결
28) 대법원 2021. 7. 21. 선고 2021도6073 판결

한편, 2025년 이후 4년의 임기를 주기로 이사장선거의 선거일은 11월 둘째주 수요일로 법정[29])되었지만, 요식행위로 각 신협마다 선거일 공고가 필요한 만큼, 기부행위의 상대방이 선거일 공고시점에 따라 유동적이어서 법적 안정성을 해하는 문제점이 있다.

이제 신협 이사장선거의 선거일이 법에 특정됨에 따라 유동적 시점인 선거일 공고일보다 확정된 시점인 선거일을 기준으로 이사장선거 전체의 절차규정을 정비하는 것이 적절해 보인다. 공직선거법의 입법예[30])가 적절한 선례를 제시하고 있다.

6. 위탁선거법의 기부행위제한 위반시 벌칙

누구든지 기부행위를 하거나, 하게 하거나, 기부를 받거나, 기부의 의사표시를 승낙하거나, 기부를 지시·권유·알선 또는 요구한 사람은 위탁선거법의 기부행위의 금지·제한 등 위반죄로 3년 이하의 징역 또는 3천만원 이하의 벌금에 처한다(§59).

다만, 제공을 약속하거나 요구하지 않고 단순하게 금품을 제공받은 사람으로서 그 금액이나 가액이 100만원 이하인 경우에는 50배 과태료에 처해진다.

한편, 위탁선거법의 벌칙에서도 공직선거법의 입법례에 따라 기부행위를 '하게 한 자'도 처벌하도록 규정하고 있다.[31]) 이는 일반 형사범과 달리 선거사범에는 교사범을 각 범죄의 구성요건으로 포함하였다는 데 그 특징이 있다.

---

29) 신협법(법률 제19565호, 2023. 7. 18. 공포) 부칙 제4조제3항 참조.
30) 공직선거법 제17조는 선거권자와 피선거권자의 연령을 선거일 현재로 산정하도록 규정하고 있다. 선거일이 법정됨에 따라 임기만료 선거에서는 선거일 공고절차가 폐지된 영향도 있다.
31) 위탁선거법 제35조제2항·제59조, 공직선거법 제115조·제257조제1항제1호 참조.

이러한 규정을 둔 취지는 실제 위반행위를 한 사람 외에 뒤에서 그 사람을 조종한 배후인물도 함께 처벌하겠다는 입법권자의 강력한 의지를 명확히 표명함으로써 금품제공 행위에 대한 일반예방효과를 거양하려는 의도이다.

따라서 해당 규정을 학설과 판례가 이견 없이 취하고 있는 공범종속성이론을 배제하고 피교사자의 범행실행 여부와 관계없이 피교사자에게 지시하는 행위 그 자체를 처벌하는 새로운 구성요건을 만든 것으로 오인해서는 안 될 것이다.32)

예컨대, 甲이 乙에게 기부행위를 하게 하였으나, 乙이 이를 승낙하지 않거나 승낙하였더라도 실행의 착수에 이르지 않은 경우 甲을 기부행위위반죄로 처벌할 수 없다. 형법의 일반원칙상 예비 또는 음모와 미수범은 별도의 특별한 규정이 없으면 처벌할 수 없고(형법 §28 · §29), 위탁선거법에서는 예비 또는 음모나 미수범을 처벌하는 특별한 규정이 없기 때문이다.

---

32) 대검찰청 2020. 3. 『공직선거법 벌칙해설』 제10개정판 134 · 135쪽 참조.

1. 기부행위로 보지 않는 행위의 의의

임원선거에서 후보자가 되려는 사람 등 기부행위가 제한되는 주체에게 기부행위의 상대방인 조합원이나 그 가족에 대한 금품 등 재산상의 이익제공 행위를 일체 금지하게 되면, 구호·자선행위도 제한되어 사회적 안전망이 붕괴되고 구호·자선행위를 주관하는 단체의 정상적인 기능수행에도 지장을 초래할 우려가 있다.

아울러 후보자 또는 후보자가 되려는 사람이라는 이유만으로 기부행위 제한의 수범자受範者가 되어 사람이 살아가는 도리로 행하는 의례적 금품 제공행위조차 금지된다면 자연인으로서 품위유지가 불가능하여 인간의 존엄과 가치를 해할 우려도 있다.

이러한 이유로 공직선거법과 위탁선거법은 물론 새마을금고법 등 유사법제에서도 직무상 행위, 의례적 행위, 구호적·자선적 행위는 비록 조합원이나 선거인에게 금품 등 재산상의 이익이 제공되더라도 이를 기부행위가 아닌 행위로 보아 허용하고 있다.[33]

여기에서 유의할 점은 각 법률에서 기부행위로 보지 않는 행위로 열

---

[33] 공직선거법 제112조제2항, 위탁선거법 제33조, 새마을금고법 제22조의2제2항, 농업협동조합법 제50조의2제2항 등 참조.

거한 규정의 성격은 구성요건 조각사유이므로, 열거된 행위에 해당하지 않는 금품 등 재산상의 이익을 제공하는 행위는 일단 기부행위 위반죄의 구성요건 해당성이 충족되는 것으로 보아야 한다는 점이다. 물론 이 경우에도 기부행위 위반죄로 처벌하기 위해서는 위법성 조각사유와 책임조각사유의 존재 여부를 별도로 따져봐야 한다.

한편, 선거규약에서는 위탁선거법, 새마을금고법 등 유사법제에서 기부행위로 보지 않는 직무상 행위, 의례적 행위, 구호적·자선적 행위 외에도 통상적인 활동과 관련한 행위를 추가하고 있으나(선거규약 §26① 1.), 그 실질적 내용은 다른 법률의 의례적 행위의 범주에 포섭될 수 있는 내용이므로 이를 의례적 행위로 통합하여 함께 설명하기로 한다.

2. 직무상 행위

가. 직무상 행위 개요

직무상의 행위란 법령·조례 또는 행정관행·관례에 따라 그 지위의 성질상 필요로 하거나 수반되는 모든 행위나 활동을 말한다. 선거규약과 위탁선거법에서 다음에 해당하는 이익제공의 경우에는 이를 직무상 행위로 평가하여 기부행위로 보지 않는다.

① 기관·단체·시설이 자체사업계획과 예산에 따라 의례적인 금전·물품을 그 기관·단체·시설의 명의로 제공하는 행위. 이 경우 기관·단체·시설에 해당 신협은 제외하고, 금전·물품에 포상을 포함하되, 화환·화분은 제외한다. 아래 ②의 경우에도 또한 같다 (선거규약 §26① 4, 가, 위탁선거법 §33① 1. 가.).

② 법령이나 정관 등에 따른 신협의 사업계획과 예산에 따라 집행하는 금전·물품을 해당 신협의 명의로 제공하는 행위(선거규약 §26 ① 4, 나, 위탁선거법 §33① 1. 나.)

③ 물품구매·공사·역무의 제공 등에 대한 대가의 제공 또는 부담금의 납부 등 채무를 이행하는 행위(선거규약 §26① 4. 다, 위탁선거법 §33① 1. 다.)

한편, 위탁선거법은 위에서 열거한 행위 외에도 법령에 근거하여 물품 등을 찬조·출연 또는 제공하는 행위도 기부행위로 보지 않는다(위탁선거법 §33① 1. 가.).

어차피 법령에 근거한 이익제공행위는 특별한 사정이 없는 한 기부행위 위반죄의 위법성 조각사유에 해당될 것이므로, 규범의 간결성의 원칙상 굳이 열거할 필요가 없는 것으로 보이나 입법적으로 이를 명확히 하기 위한 취지로 보인다.

나. 직무상 행위 판단기준

조합원이나 선거인 또는 그 가족 등에 대한 재산상의 이익제공 행위가 선거규약 제26조제1항제4호 나목과 위탁선거법 제33조제1항제1호 나목에 따른 직무상 행위로서 기부행위에 해당하지 않으려면 다음의 조건을 모두 갖추어야 한다.[34]

첫째, 금품 등 재산상의 이익제공이 법령이나 해당 신협의 정관에 그 근거가 있어야 한다.

둘째, 금품 등 재산상의 이익제공은 해당 신협의 사업계획과 예산에 따라 집행되어야 한다.

셋째, 금품 등 재산상의 이익은 해당 신협의 명의로 제공되어야 한다.

여기서 금품을 해당 신협의 명의로 제공하는 것인지는 대상자 선정과 집행과정에서 내부결재 등 신협 내부의 공식적 절차를 거쳤는지, 금품제공이 신협의 사업수행과 관련성이 있는지, 금품 제공 당시 제공의 주체가 신협임을 밝혔는지, 수령자가 금품 제공의 주체를 신협으로 인

---

34) 대법원 2022. 2. 24. 선고 2020도17430 판결

식했는지, 금품의 제공방식 등에 관해 종전에 유사한 관행이 있었는지 등을 종합적으로 고려하여 판단한다.

따라서 제공된 금품이 단순히 신협의 사업계획과 예산에 따라 집행되었다는 사정만으로는 직무상 행위에 해당한다고 쉽게 단정해서는 안 된다. 특히 직무상 행위의 외관을 빌렸으나 실질적으로는 금품제공의 효과를 후보자가 되려는 사람에게 돌리려는 의도가 드러난 경우에는 더욱 직무상 행위로 볼 수 없다. 이는 처벌대상인 기부행위가 된다.

직무상 행위와 관련하여 특히 유의할 점은 본래 직무상 행위로 허용되었더라도 후보자가 되려는 사람의 명의가 표시된 경우에는 기부행위가 성립되어 처벌대상이 된다는 점이다.

예컨대, 시장이 보조금조례에 근거하여 장애인 및 독거노인 위안잔치에 보조금을 지급하고 해당 행사에 참석하여 "제가 이 자리를 베풀었습니다... 텐트도 제가 만들어 주었습니다"라고 인사하는 바람에 적법한 직무상 행위가 위법한 기부행위로 변질되어 기부행위 위반죄로 처벌받은 사례가 있다.[35]

또한 후보자가 되려는 사람이 장학금을 기부한 행위가 형식적으로는 새마을금고의 이사회 결의에 따라 이를 집행하는 형식으로 이루어졌더라도 장학증서에 후보자가 되려는 사람의 이름이 명기된 점 등을 고려하여 기부행위 위반죄로 처벌한 사례도 있다.[36]

아무튼 직무상 행위로 조합원이나 선거인에게 금품 기타 재산상의 이익을 제공하는 경우에는 후보자 또는 후보자가 되려는 사람의 명의를 밝혀서는 안 된다.

---

35) 부산고등법원 2000. 5. 25. 선고 99노1085 판결. 지방자치단체의 직무로 행하는 구호·자선 행위는 지방자치단체의 명의로만 허용할 뿐, 자치단체장의 명의를 밝히는 경우 이를 직무상 행위가 아니라 기부행위로 보아 처벌한다.
36) 대법원 2005. 2. 18. 선고 2004도6323 판결

다. 직무상 행위로 인정되지 않은 예

신협의 이사장선거와 동일하게 위탁선거법에 따른 기부행위 제한규정이 적용되는 농업협동조합 등 조합장선거에서 조합원과 그 가족에 대한 금품 등 재산상의 이익 제공행위가 비록 직무상 행위의 외형을 갖추긴 하였으나, 이를 직무상 행위로 인정하지 않고 기부행위로 처벌한 사례를 살펴보면 다음과 같다.

① 조합장이 해당 조합의 사업계획 및 수지예산상 분과위원회 실비로 책정된 예산을 전용하여 조합의 이사, 감사, 대의원, 봉사단원들을 대상으로 선진지 견학 명목으로 관광을 실시하면서 교통편의, 음식물, 주류, 선물 등을 제공한 행위[37]

② 조합의 사업계획과 예산서에 영농회 총회를 개최하는 때에 상품권과 식사를 제공하는 것으로 결정되어 있었으나, 별도의 근거없이 업무추진비로 총회에 참석한 반장들에게 물품을 제공한 행위[38]

3. 의례적 행위

가. 공통적으로 인정되는 행위

의례적 행위란 사람이 살아가는 도리에 따른 행위를 말한다. 선거규약과 위탁선거법에서는 후보자가 되려는 사람과 그 가족 등 기부행위 제한의 주체에게 사람이 살아가는 도리와 자연인으로서 품위유지를 위한 금품 등 재산상의 이익제공은 의례적 행위로서 허용하고 있다.

다음의 경우에는 선거규약과 위탁선거법에서 공통적으로 의례적 행

---

37) 대구지방법원 2010. 10. 15. 선고 2010고단855 판결
38) 춘천지방법원 2009. 12. 3. 선고 2009고단463 판결

위로 열거하여 기부행위로 보지 않는다.

   ① 친목회·향우회·종친회·동창회 등 각종 사교·친목단체 및 사회
     단체의 구성원으로서 그 단체의 정관 또는 운영관례상의 의무에
     기하여 종전의 범위에서 회비를 내는 행위(선거규약 §26① 2. 가,
     위탁선거법 §33① 2. 마.)

   ② 평소 자신이 다니는 교회·성당·사찰 등 종교시설에 통상의 예
     에 따라 헌금하는 행위. 이 경우 물품제공을 포함한다(선거규약
     §26① 2. 나, 위탁선거법 §33① 2. 바.).

나. 개별적으로 인정되는 행위

(1) 선거규약에 열거된 행위

다음의 경우에는 선거규약에서 의례적 행위로 열거하여 기부행위로
보지 않는다.

   ① 통상적인 범위 안에서 다과, 떡, 김밥, 주류를 제외한 음료 등 다
     과류의 음식물을 제공하는 행위(§26① 1. 가.)

   ② 통상적인 범위 안에서 친인척, 지인 등의 관혼상제의식 기타 경
     조사에 축의·부의금품을 제공하는 행위(§26① 1. 나.)

   ③ 기관, 단체, 시설의 대표자가 임직원에게 연말, 설 또는 추석에
     의례적인 선물을 제공하는 행위(§26① 2. 다.)

   ④ 정기적인 문화, 예술, 체육행사, 졸업식 또는 공공의 이익을 위한
     행사에 의례적인 범위 안에서 상장을 수여하는 행위. 이 경우 상
     장에 부상은 제외한다(§26① 2. 라.).

선거규약에 열거된 의례적 행위와 위탁선거법에 열거된 의례적 행위
간 이렇게 상당한 차이를 보이는 것은 각 규범의 제정시기가 달라 시대
정신이나 국민들의 생활풍습이 변화된 점에 그 주된 원인이 있을 것이
다. 아울러 선거규약에서 기부행위로 보지 않는 행위로 열거한 부분의

입법불비 내지 입법오류도 무시할 수 없는 원인으로 보인다. 대표적으로 다음 두 가지를 꼽을 수 있다.

첫째, 기부행위가 제한되는 사람 본인의 관혼상제의식이나 그 밖의 경조사에 참석한 하객이나 조객 등에게 음식물이나 답례품을 제공하는 행위를 선거규약에서 기부행위로 보지 않는 행위로 열거하지 않은 부분은 입법불비로 보인다.[39] 물론 이러한 행위는 선거규약에 직접 열거되어 있지 않더라도 해석상 사회상규에 반하지 않는 행위이므로 기부행위로 보아서는 안 될 것이다.

둘째, 선거규약에서는 정기적인 문화, 예술, 체육행사, 졸업식 또는 공공의 이익을 위한 행사에 의례적인 범위 안에서 상장을 수여하는 행위를 의례적 행위로 열거하고 있다(§26① 2. 라.). 이는 본래 공직선거법에서 정치인들의 기부행위를 규제하기 위해 도입된 것으로서[40] 정치활동과 무관한 신협의 임원선거에서 이를 수용한 것은 제도의 정합성 측면에서 문제가 있는 것으로 보인다.

특히 규범의 간결성 측면에서 살펴보더라도 이미 직무상 행위로 '법령이나 정관 등에 따른 신협의 사업계획과 예산에 따라 집행하는 금전·물품을 해당 신협의 명의로 제공하는 행위'가 열거되어 있고, 그 금전·물품에는 포상을 포함하고 있으므로(선거규약 §26① 4, 나.), 굳이 의례적 행위에 포상과 유사한 내용인 '상장을 수여하는 행위'를 별도로 추가할 필요가 있는지 의문이 든다.

(2) 위탁선거법에 열거된 행위

다음의 경우에는 위탁선거법에서 의례적 행위로 열거하여 기부행위로 보지 않는다. 다만, 해당 규정은 지역신협 이사장선거의 관리를 의

---

39) 다가올 신협 이사장선거에서 후보자가 되려는 현직 이사장이 부친상을 당하였거나, 자녀의 혼사를 치르는 경우를 상상해보면 이해하기 쉽다.

40) 공직선거법 제112조제2항제2호자목 참조.

무적으로 위탁하는 경우에만 적용되는 규정이다.

① 친족의[41] 관혼상제나 그 밖의 경조사에 축의·부의금품을 제공하는 행위. 이 경우 그 대상이 극히 한정적이므로 금액 범위에 대한 제한도 없다(§33① 2. 가.).

② 친족 외의 사람의 관혼상제의식에 5만원 이내의 축의·부의금품을 제공하거나 주례를 서는 행위. 다만, 화환과 화분을 제외한다(§33① 2. 나.).

③ 후보자가 되려는 사람 본인의 관혼상제의식이나 그 밖의 경조사에 참석한 하객이나 조객 등에게 3만원 이내의 음식물 또는 1만원 이내의 답례품을 제공하는 행위(§33① 2. 다.).

④ 소속 기관·단체·시설의 유급 사무직원이나 친족에게 연말·설 또는 추석에 3만원 이내의 선물을 제공하는 행위. 이 경우 기관·단체·시설의 범위에 해당 신협은 제외한다(§33① 2. 라.).

다. 의례적 행위로 인정되지 않은 예

위탁선거법에 따른 기부행위 제한규정이 적용되는 농업협동조합 등 조합장선거에서 외형상 의례적 행위의 형식을 갖추고 있으나 이를 의례적 행위로 인정하지 않고 기부행위로 처벌한 사례를 살펴보면 다음과 같다.

① 후보자가 평소 자신이 다니는 교회가 아닌 다른 교회, 그것도 자신 소속 교파와 다른 교회의 예배에 참석하여 봉투에 자신의 이름을 적고 2만원을 넣어 헌금한 행위[42]

② 입후보예정자가 선거인과 그 가족들이 다니는 교회 3곳의 예배에 참석하여 감사헌금 봉투에 자신의 이름을 기재한 후 헌금 명

---

41) 여기에서 친족이란 민법 제777조에 따른 친족을 말한다. 8촌 이내의 혈족과 4촌 이내의 인척이 이에 해당된다.

42) 서울고등법원 1996. 4. 10. 선고 96노350 판결

목으로 각각 5만원씩을 헌금함에 넣은 행위

③ 입후보예정자가 명절을 앞두고 조합원의 집을 방문하여 "설 잘 쉬라"며 현금 5만원을 제공하고 그 조합원의 손녀에게 "할아버지 세벳돈이다"라며 현금 5만원을 제공한 행위43)

④ 조합장이 자신의 모친상에 10만원을 제공한 조합원의 결혼식에 그 답례의 취지로 10만원의 축의금을 제공한 행위44)

⑤ 후보자가 병원에서 입원치료를 받고 있는 조합원을 문안하면서 현금 20만원을 제공한 행위45)

⑥ 후보자가 선거일에 관광버스 6대를 동원하여 조합원들이 투표소까지 이동하는 데 필요한 교통편의를 제공한 행위

위와 같은 사례에 적용되는 법리는 지역신협의 이사장선거를 의무적으로 관할 선거관리위원회에 위탁하게 되면 해당 선거에도 동일하게 적용된다는 점에 주목할 필요가 있다.

4. 구호적 · 자선적 행위

가. 공통적으로 적용되는 행위

본래 기부행위는 측은지심이라는 인간 본성에서 발휘되는 미덕이다. 선거규제의 영역에 포섭되기 전까지는 그렇다. 그러나 금권선거의 방지와 후보자 간 기회균등을 보장하겠다는 이상에 치우쳐 후보자가 되려는 사람으로 하여금 사회적 약자와 소외계층에 대한 일체의 이익제공 행위를 원천적으로 금지할 경우 사회적 안전망이 붕괴될 우려가 있다. 이에 따라 선거규약과 위탁선거법에서는 일정한 요건을 갖춘 구호

43) 창원지방법원 전주지원 2015. 8. 11. 선고 2015고단312 · 520 병합 판결
44) 광주지방법원 2010. 5. 25. 선고 2010노335 판결
45) 청주지방법원 2009. 2. 5. 선고 2008고단969 판결

적·자선적 행위는 기부행위가 아닌 것으로 보아 금품 등 재산상의 이익제공을 허용하고 있다.

다만, 규정형식의 측면에서 선거규약은 기부행위로 보지 않는 구호적, 자선적 행위 다섯 가지를 직접 열거하는 반면(선거규약 §26① 3.), 위탁선거법은 공직선거법에서 규정한 구호적·자선적 행위에 준하는 행위로 포괄적으로 규정하고(위탁선거법 §33① 3.) 있는 점에 차이가 있다.

선거규약과 공직선거법에서 공통적으로 구호적·자선적 행위로 열거하여 기부행위로 보지 않는 행위는 다음과 같다.

① 법령에 의하여 설치된 사회보호시설 중 수용보호시설에 의연금품을 제공하는 행위(선거규약 §26① 3. 가., 공직선거법 §112② 3. 가.)

② 재해구호법에 따른 구호기관이나 대한적십자사에 천재·지변으로 인한 재해의 구호를 위하여 금품을 제공하는 행위(선거규약 §26① 3. 나., 공직선거법 §112② 3. 나.)

③ 장애인복지법 제58조에 따른 장애인복지시설에 의연금품·구호금품을 제공하는 행위. 이 경우 장애인복지시설의 범위에 유료시설은 제외한다(선거규약 §26① 3. 다., 공직선거법 §112② 3. 다.).

④ 국민기초생활 보장법에 의한 수급권자인 중증장애인에게 자선·구호금품을 제공하는 행위(선거규약 §26① 3. 라., 공직선거법 §112② 3. 라.)

⑤ 자선사업을 주관·시행하는 국가·지방자치단체·언론기관·사회단체 또는 종교단체 그 밖에 국가기관이나 지방자치단체의 허가를 받아 설립된 법인 또는 단체에 의연금품·구호금품을 제공하는 행위(선거규약 §26① 3. 마., 공직선거법 §112② 3. 마.). 다만, 공직선거법에서는 광범위한 선거구민을 대상으로 제공하는 경우 개별 물품 또는 그 포장지에 직명·성명을 표시하여 제공하는 행위

는 제외한다.

여기에서 주의할 부분은 경로당, 노인회관, 마을회관은 구호행위나 자선행위의 대상 시설이 결코 아니라는 점이다. 장애인보호시설도 아니고 수용보호시설은 더더욱 아니다. 명절을 앞두고 음료수 한 박스만 제공해도 기부행위가 성립된다.

장애인복지시설에 의연금품이나 구호금품을 제공하는 행위는 원칙적으로 자선적·구호적 행위로서 기부행위가 아닌 것으로 보지만, 해당 복지시설이 유료시설이라면 그 시설에 금품이나 재산상의 이익을 제공하는 행위는 기부행위에 해당된다는 점도 유의해야 한다.

나. 위탁선거법에서 추가적으로 인정하는 행위

위탁선거법이 준용하는 공직선거법에서 구호적·자선적 행위로 열거하여 기부행위로 보지 않는 행위는 다음과 같다. 물론 이사장선거의 관리를 의무적으로 관할 선거관리위원회에 위탁하는 경우에 한하여 적용되므로 일반 임원선거와는 무관한 규정이다.

① 자선·구호사업을 주관·시행하는 국가·지방자치단체, 그 밖의 공공기관·법인을 통하여 소년·소녀가장과 후원인으로 결연을 맺고 정기적으로 제공하여 온 자선·구호금품을 제공하는 행위

② 국가기관·지방자치단체 또는 구호·자선단체가 개최하는 소년·소녀가장, 장애인, 국가유공자, 무의탁노인, 결식자, 이재민, 국민기초생활 보장법에 따른 수급자 등을 돕기 위한 후원회 등의 행사에 금품을 제공하는 행위. 다만, 개별 물품 또는 그 포장지에 직명·성명을 표시하여 제공하는 행위는 제외한다.

③ 근로청소년을 대상으로 야학을 포함한 무료학교를 운영하거나 그 학교에서 학생들을 가르치는 행위

5. 중앙선거관리위원회 규칙으로 정하는 행위

위탁선거법은 직무상 행위, 의례적 행위, 구호적·자선적 행위 외에 이에 준하는 행위로서 중앙선거관리위원회 규칙으로 정하는 행위를 기부행위로 보지 않도록 규정하고 있다(§33① 4.).

그러나 공공단체의 위탁선거에서 고비용 선거구조를 해소하고 금권선거를 방지하며 후보자 간 실질적인 기회균등을 보장하기 위하여 도입한 기부행위제한의 입법취지를 고려한다면, 중앙선거관리위원회가 위탁선거규칙의 개정을 통하여 기부행위에 대한 추가적인 예외를 허용할 가능성은 매우 낮다.

만일 중앙선거관리위원회 규칙으로 조합원이나 선거인 등에 대한 금품 등 재산상의 이익 제공행위를 기부행위가 아닌 행위로 폭넓게 열거하면 할수록 기부행위 위반죄의 구성요건 조각사유가 더욱 확대되어 가벌성의 범위는 축소된다. 이 경우 죄형법정주의 원칙이 직접적으로 침해될 우려는 없어 보인다.

그러나 이 경우에는 공공단체의 임원선거에서 고비용 선거구조를 지양하고 후보자 간 실질적인 기회균등을 담보하기 위하여 기부행위 제한제도를 도입한 위탁선거법의 입법취지가 몰각되고 관련 규정의 규범력이 형해화될 가능성이 높다.

이는 비록 죄형법정주의 원칙을 훼손하지 않았더라도 입법권의 침해에 따른 위헌논란이 제기될 가능성은 배제할 수 없다. 이러한 문제 때문에 공직선거법에서 기부행위로 보지 않는 행위를 직접 열거한 후 이에 준하는 행위로서 중앙선거관리위원회 규칙으로 정하는 행위도 기부행위로 보지 않도록 위임하였으나, 규칙에서 기부행위의 예외로 정한 사례가 전혀 없다.

1. 위법성 조각사유의 의의

앞서 살펴본 바와 같이 기부행위로 보지 않는 행위로 열거한 규정의 성격은 구성요건 조각사유이다. 그러므로 이에 해당하지 않는 금품 등 재산상의 이익제공 행위는 원칙적으로 선거규약에 위반되고 위탁선거 법상 기부행위 위반죄의 구성요건 해당성이 인정되는 것으로 보아야 할 것이다.

그러나 선거관리를 의무적으로 위탁하는 경우에 적용되는 위탁선거 법의 벌칙에도 형법총칙의 적용이 배제되지 않으므로, 기부행위 위반죄 가 성립하려면 형법의 일반원칙에 따라 위법성 조각사유와 책임조각사 유의 존재 여부를 면밀하게 따져봐야 한다.

따라서 위탁선거법에서 개별적으로 열거한 기부행위의 예외에 해당 하지 않는 행위라도 그것이 지극히 정상적인 생활형태의 하나로서 역 사적으로 생성된 사회질서의 범위 안에 있는 것이라면 그러한 행위는 일종의 의례적 또는 직무상의 행위로서 결과적으로 사회상규에 위배되 지 않아 위법성이 조각된다.

이러한 법리는 특정한 행위가 범죄의 구성요건에 해당하는 경우에 도 그 행위가 법질서 전체에 의한 가치평가에 따라 위법하지 않은 것으로 평가되는 때에는 위법성이 조각된다는 형법상의 기본원칙에 따른 것이다.

2. 위법성 조각사유 인정요건

위탁선거법에서 기부행위에 해당하지 않는 행위를 구체적으로 상세하게 열거하고 있고, 그에 해당하지 않는 행위는 원칙적으로 사회상규에도 반하는 것으로 엄격하게 해석함이 상당하므로 위법성 조각사유을 인정함에는 신중을 요한다.[46]

따라서 위법성 조각사유가 존재하는지를 판단할 때에는 금품 등 재산상의 이익을 받은 사람의 범위와 지위, 기부행위가 이루어진 동기, 기부행위에 제공된 금품의 종류와 가액, 기부행위 시점, 기부행위와 관련한 기존의 관행, 기부행위자와 기부를 받은 사람과의 관계 등 제반사정을 종합적으로 고려하여야 한다.[47]

그 밖에 선거규약과 위탁선거법에서는 개별적으로 기부행위의 명시적 예외규정으로 두고 있지는 않지만, 법령에 근거한 재산상의 이익제공 행위도 형법 제20조[48]에 따른 정당행위이므로 위법성이 조각되어 기부행위 위반죄가 성립되지 않는다.

예컨대, 학교의 환경개선을 위하여 초·중등교육법[49]에 따라 학교발전기금을 기부하는 행위나, 도서관법[50]에 근거하여 각종 도서관에 금품을 기증하는 것은 법령에 따른 행위로서 가능하다.

---

46) 대법원 2006. 7. 13. 선고 2006도1879 판결
47) 대법원 2022. 2. 24. 선고 2020도17430 판결
48) 형법 제20조(정당행위) 법령에 의한 행위 또는 업무로 인한 행위 기타 사회상규에 위배되지 아니하는 행위는 벌하지 아니한다.
49) 초·중등교육법 제33조(학교발전기금) ① 제31조에 따른 학교운영위원회는 학교발전기금을 조성할 수 있다.
50) 도서관법 제47조(금전 등의 기부) ① 누구든지 도서관의 설립 및 운영을 지원하기 위하여 금전 또는 그 밖의 재산을 도서관에 기부할 수 있다.

3. 위법성 조각사유를 인정한 사례

판례는 자동차 가스충전소를 경영하는 후보자가 설명절 직전에 고객에 대한 감사와 가스충전소 홍보를 위해 택시기사들에게 시가 3,500원 상당의 선물세트를 제공한 행위에 대해 가스충전소의 영업관행을 고려하여 위법성 조각사유를 인정하였다.[51]

아울러 공직선거에 후보자로 출마한 새마을금고 이사장이 해당 동의 바르게살기협의회 등 지역단체에 10만 원씩 찬조금을 제공한 사안에서, 수년간 지역사업의 일환으로 새마을금고가 지역단체에 유사한 금액을 기부하여 온 경위와 내역, 기부방식 등에 비추어 사회상규에 반하지 않아 위법성이 없다고 판단한 바 있다.[52]

한편, 동갑계의 관광여행시 입후보예정자인 계의 간부가 운영관행에 따라 식대와 유람선 이용료를 부담한 행위는 일반인의 건전한 상식과 사회통념에 비추어 간부의 자격에서 행한 의례상의 행위로서 사회상규에 위배되지 않는 것으로 보아 위법성 조각사유를 인정하였다.[53]

또한 출어 준비 중이던 어선에 맥주를 실어준 행위에[54] 대하여, 어선이 한 달 가량 선박의 정비를 마치고 출어에 나서게 되면 그 친지나 이웃들이 풍어를 기원하는 뜻으로 배에 술을 실어주는 지역풍습에 따른 점과 제공자의 명의를 밝히거나 이를 추정할 수 있는 말이나 행동을 하지 않았음을 고려하여 위법성 조각사유를 인정한 사례도 있다.[55]

---

51) 대법원 1996. 5. 10. 선고 95도2820 판결
52) 대법원 2007. 9. 7. 선고 2007도3823 판결
53) 대법원 1996. 5. 10. 선고 96도668 판결
54) 1997. 8. 22. 선원법 개정으로 선내에서의 음주행위는 선원법 제22조제1항제4호에 위반되고, 낚시어선에서의 음주행위도 낚시 관리 및 육성법 제35조제2항에 따라 관할 지방자치단체장이 금주를 고시한 경우에는 100만원 이하의 과태료에 처해질 수 있다. 이 판례는 위법성 조각사유를 인정한 사례가 드물어 소개하였을 뿐이다.
55) 대법원 1996. 3. 26. 선고 95도2985 판결

4. 위법성 조각사유를 인정하지 않은 사례

판례는 후보자가 되려는 사람이 장학금을 지급하고 노인정 개소식 비용을 기부하며 청년회와 부녀회에 경비를 지원한 행위가 형식적으로는 해당 새마을금고 이사회의 결의에 따라 이를 집행하는 형식으로 행하여졌더라도 실질적으로는 후보자가 되려는 사람이 각 기부행위의 주체인 사실을 알 수 있다고 보아 위법성 조각사유를 인정하지 않았다.56)

또한 군수가 예산에 편성되어 있는 업무추진비로 군 관내 경찰, 기자, 향우회에 사례금 명목으로 현금을 지급한 행위와,57) 이장인 입후보 예정자가 마을회관 겸 경로당 준공식장에서 자신의 성명이 기재된 마을회관 준공기념 수건을 참석자에게 배포한 행위도58) 위법성이 조각되지 않는다고 판시하였다.

아울러 국회의원이 선거구민들로 구성된 조기축구회 창단식에 참석하여 현금 20만 원이 든 봉투를 고사상 위에 놓은 행위도 제공자의 신분, 조기축구회의 구성원 및 그 성격과 규모, 제공된 현금의 액수 등에 비추어 볼 때 위법성 조각사유가 인정될 수 없다고 판시한 바 있다.59)

한편, 후보자가 선거구민에게 결혼축의금으로서 5만원을 지급한 사유가 자신의 모친상에서 해당 선거구민으로부터 받은 같은 금액의 부의금에 대한 답례 취지였더라도 그것이 미풍양속으로서 사회상규에 위배되지 않는다고 볼 수 없다며 위법성 조각사유를 모질게 부인한 사례도 있다.60)

기부행위를 바라보는 법원의 시선은 이렇게도 엄중하다. 물론 경쟁후보자의 판단기준은 더욱 인색할 것이다.

---

56) 대법원 2005. 2. 18. 선고 2004도6323 판결
57) 대구고등법원 2007. 1. 11. 선고 2006노569 판결
58) 대법원 1999. 5. 11. 선고 99도499 판결
59) 대법원 2005. 9. 9. 선고 2005도2014 판결
60) 대법원 1999. 5. 25. 선고 99도983 판결

1. 기부행위 위반죄와 매수죄의 관계

가. 신협법과 위탁선거법의 벌칙 적용 시기

위탁선거법의 기부행위 위반죄는 제1회 동시이사장선거에 참여하는 지역신협에게는 임기만료일 전 180일에 해당하는 2025년 5월 24일부터 적용되고, 그 나머지 지역신협은 제2회 동시이사장선거의 참여대상이 므로 임기만료일 전 180일에 해당하는 2029년 5월 24일부터 기부행위 위반죄가 성립될 수 있다.

한편, 신협법의 매수죄는 이미 신협의 모든 임원선거에 상시 적용되고 있는 반면, 위탁선거법의 매수죄는 관할 선거관리위원회에 의무적으로 위탁해야 하는 지역신협의 이사장선거에 한하여 적용하되, 그 시기는 2023년 10월 19일 이후 새롭게 이사장의 임기가 개시되는 신협부터 순차적으로 적용하게 된다.

이 경우 2023년 10월 19일부터 같은 해 11월 21일까지 이사장의 임기가 개시되는 신협은 2025년 11월 12일 실시하는 제1회 동시이사장선거에 참여하므로 개정 신협법의 시행일인 2023년 10월 19일부터 위탁선거법의 벌칙이 적용되고, 그 밖의 신협은 2029년 11월 14일 실시하는 제2회 동시이사장선거에 참여하되, 2023년 11월 22일 이후 새롭게 선출한 이사장의 임기가 개시되는 때부터 순차적으로 위탁선거법의 매수죄 등 벌칙이 적용된다.

나. 기부행위 위반죄와 매수죄의 적용

위탁선거법의 기부행위 위반죄의 경우 선거인에 대한 금품제공 행위가 있더라도 급부와 반대급부가 균형을 이루고 있다면 재산상의 이익제공이 될 수 없어 신협법이나 위탁선거법상 다른 법률에 의한 처벌은 별론으로 하더라도 최소한 기부행위 위반죄는 성립되지 않는다.

예를 들면, 이사장선거에서 명목상 자원봉사자라고 부르더라도 처음부터 대가를 지급하기로 하고 선거운동을 할 사람을 모집하여 선거운동을 하게 하고 그 대가로서 일당을 지급하였다면, 이들은 진정한 의미의 자원봉사자가 아니라 이는 일종의 유상계약이고 일당의 지급은 채무의 이행에 불과하여 기부행위위반죄는 성립하지 않는다.[61]

그러나 신협법과 위탁선거법에서는 정당한 대가관계가 인정될 수 있는 사적인 계약의 이행행위일지라도 선거운동 목적으로 조합원이나 선거인 또는 그 가족에게 금품, 향응, 그 밖에 재산상의 이익을 제공하거나 제공받은 경우에는 급부와 반대급부가 균형을 이루는지를 불문하고 매수 및 이해유도죄로 처벌될 수 있다(신협법 §27의2①, 위탁선거법 §58 1.·3.).

다만, 신협법의 매수죄는 조합원을 대상으로 하는 경우에 성립하는 점에 비하여 위탁선거법의 매수죄와 기부행위 위반죄는 선거인명부 작성 전에는 선거인명부에 오를 자격이 있는 사람을, 선거인명부 작성 후에는 선거인명부에 오른 사람을 대상으로 성립된다는 점에 차이가 있다. 신협법에서 기부행위 위반죄를 두고 있지 않다는 점은 앞서 살펴본 바와 같다.

---

61) 대법원 1996. 11. 29. 선고 96도500 판결

2. 50배 과태료와의 관계

가. 50배 과태료 도입 배경

이사장선거의 관리를 의무적으로 위탁하는 경우 적용되는 위탁선거법은 공직선거법의 입법례를 벤치마킹하여 기부를 받은 사람에 대한 50배 과태료 부과제도를 수용한 바 있다.

공직선거법은 정치인이나 후보자가 되려는 사람의 기부행위를 상시 제한함에 따라 과거 소액의 금품수수에 따른 위반자가 속출함으로써 전과자를 양산하고, 경미범죄에 대한 수사와 공소유지를 위한 수사기관과 검찰의 부담이 가중되며, 법원이 경미범죄의 바다에 익사할 위기에 처해 있다는 비판도 제기되었다.

또한 기부받은 사람에 대한 가벼운 벌금형만으로는 유권자의 금품기대심리를 효과적으로 근절하기 어려운 형사정책적 한계도 함께 노출되었다.

이에 따라 2004년 공직선거법을 개정하여 100만원 이하의 금품을 기부받은 행위에 대하여는 형벌인 기부행위 위반죄 대신 행정질서벌인 과태료 부과대상으로 변경하여 기부받은 가액의 10배 이상 50배 이하의 과태료를 부과하도록 벌칙을 보완함으로써 선량한 전과자의 양산을 방지하고, 처벌의 실효성을 강화하며, 유권자의 금품기대심리를 근절하고자 하였다.

다만, 소액의 금품이라도 선거운동 목적으로 금품을 받은 사람에게는 50배 과태료가 부과되는 것이 아니라 매수죄의 형벌이 적용된다는 점에 유의할 필요가 있다.

나. 50배 과태료 도입 경과

50배 과태료 제도는 2004년 3월 12일 공직선거법의 개정에 따라 최초로 도입된 이래 농업협동조합법, 수산업협동조합법 등 개별 법률의 선거 관련 규정에 경쟁적으로 도입된 후 2014년 위탁선거법에도 수용되어 현재에 이르고 있다(농업협동조합법 §174④, 수산업협동조합법 §180 ③).62)

그러나 2009년 3월 헌법재판소가 공직선거법의 해당 규정에 대하여 헌법불합치결정을 함에 따라 공직선거법뿐만 아니라 다른 법률의 50배 과태료 규정도 헌법재판소 결정의 취지에 부합하도록 모두 현행 내용으로 개정되었다.

당시 헌법불합치결정의 핵심 이유는 구법의 50배 과태료 부과제도가 구체적·개별적 사정을 고려하지 않고 오로지 기부받은 물품 등의 가액만을 기준으로 일률적으로 정해진 액수의 과태료를 부과하는 것이 구체적 위반행위의 책임 정도에 상응한 제재가 되기 어렵다는 점을 들었다.63)

다. 형벌과 과태료의 병과 가능 여부

과태료 부과는 실제 금품을 받은 사람에게 적용되므로, 후보자가 되려는 사람이 금품제공의 의사를 표시하자 이를 승낙하거나, 선거인이나 조합원이 후보자가 되려는 사람에게 금품제공을 요구하자 이를 승낙한 경우, 즉 기부행위를 약속하거나 요구한 사람에게는 여전히 형벌이 적용된다.

위탁선거법 제59조의 기부행위위반죄에서 50배 과태료 부과대상자는 형벌적용 대상자에서 제외하도록 명시적 적용배제규정을 두고 있고, 과태료 부과대상자는 실제 100만원 이하의 금품이나 재산상의 이익을 받은 사람에 한정될 뿐, 금품을 요구하거나 금품 제공의 의사표시를 승낙한 사람은 여기에서 제외되기 때문이다.

이 경우 후보자가 되려는 사람에게 금품을 요구하여 실제 100만원 이하의 금품을 수령한 사람에게 형사처벌과 별도로 50배 과태료를 부과할 수 있는지 여부가 쟁점이 될 수 있다.

그러나 기부행위 요구죄와 50배 과태료는 금권선거의 척결과 금품기대심리의 근절이라는 입법목적과 보호법익이 동일한 점,64) 금품의 수령행위는 요구죄의 불가벌적 사후행위에 해당하여 요구죄에 흡수될 수 있다는 점, 과태료가 비록 형벌은 아니더라도 국가의 일반통치권에 따른 처벌임에는 틀림이 없다는 점 등을 고려하면, 기부행위의 요구죄로 형사처벌되는 사람에게 50배 과태료를 부과하는 것은 우리 헌법이 금지하는 이중처벌에 해당할 수 있을 것으로 보인다.

헌법재판소는 과태료가 형벌의 목적·기능과 중복되는 면이 없지 않으므로 동일한 행위를 대상으로 형벌을 부과하면서 과태료까지 함께 부과한다면 그것은 이중처벌금지의 기본정신에 배치되어 국가 입법권의 남용으로 인정될 여지가 있음을 부정할 수 없다고 판시한 바 있다.65)

따라서 후보자가 되려는 사람에게 금품을 요구하고 100만원 이하의 금품을 수령한 사람에게 50배 과태료를 부과할 수 있는 요건은 다음 두 가지 경우로 한정하는 것이 적절해 보인다.

첫째, 관할 선거관리위원회가 금품수수행위를 적발하였으나 정상을 참작하여 고발 또는 수사의뢰 조치를 하지 않은 경우.

둘째, 경찰의 자체인지 사건으로서 기소유예 등 불기소 처분이 확정

---

64) 판례는 과태료의 부과처분과 형사처벌이 그 성질이나 목적을 달리하는 별개의 것이라면, 과태료를 부과한 후에 형사처벌을 하더라도 이를 일사부재리의 원칙에 반하는 것이 아니라고 보았다. 대법원 1996. 4. 12. 선고 96도158 판결
65) 헌법재판소 1994. 6. 30. 92헌바38 결정

된 경우.

위의 사례들은 모두 형사처벌을 모면하였더라도 법익침해와 가벌성
이 매우 높으므로 법정 최고액의 과태료가 적용된다(위탁선거규칙 §34③,
별표 2). 앞서 법원의 단호한 판결에서 확인하였듯이 자유롭고 정의로운
선거질서는 관용만으로 유지되는 것이 아니다.

1. 50배 과태료 부과요건

위탁선거법에서는 기부행위가 제한되는 사람으로부터 금품이나 재산상의 이익을 제공받은 사람에 대한 50배 과태료 제도를 두고 있다. 다만, 관할 선거관리위원회에 위탁할 의무가 없는 단체신협이나 직장신협의 임원선거는 50배 과태료 제도와 무관하다. 위탁선거법이 아예 적용되지 않기 때문이다.

위탁선거법은 누구든지 기부행위제한기간 중 후보자, 후보자의 배우자, 후보자가 속한 기관·단체·시설, 그리고 그 밖에 기부행위가 제한되는 사람에게서 해당 위탁선거에 관하여 금전·물품 등 100만원 이하의 재산상 이익을 제공받은 사람에게는 총 3천만원 이하의 범위에서 제공받은 금액이나 가액의 10배 이상 50배 이하에 상당하는 금액의 과태료를 부과한다(위탁선거법 §68③).

다만, 앞서 살펴본 바와 같이 50배 과태료 부과는 실제 금품을 받은 사람에게 적용되므로 기부행위를 약속하거나 요구한 사람과 100만원을 초과한 금품이나 재산상의 이익을 받은 사람은 과태료 부과대상이 아니라 여전히 형벌이 적용되어 위탁선거법의 기부행위 위반죄에 따라 처벌된다(§59).

2. 50배 과태료 부과기준

다음 중 어느 하나에 해당하는 행위를 하고 기부행위가 제한되는 사람으로부터 금품이나 재산상의 이익을 제공받은 사람에게는 그 제공받은 가액의 50배를 과태료로 부과한다(위탁선거규칙 §34③, 별표 2). 이 사안은 과태료 부과대상 중 가벌성이 가장 높은 행위이다.

① 금전·물품 등의 제공을 알선·권유·요구하는 행위

② 금전·물품 등이 제공된 각종 모임·집회 및 행사를 주관·주최하는 행위

③ 금전·물품 등이 제공된 각종 모임·집회 또는 행사에 참석할 것을 연락하거나 독려하는 등 다른 사람에 앞장서서 행동하는 행위

여기에 해당하는 사람은 주로 후보자가 되려는 사람 등 기부행위 제한의 주체와 기부행위를 공모하거나 기부행위에 적극 가담한 후 금품이나 재산상의 이익을 받은 사람들이므로 법정 최고 배수의 과태료를 부과한다. 이 경우에도 부과하는 과태료는 법정 상한액인 3천만 원을 초과할 수 없다.

반면, 기부행위를 주도함이 없이 소극적으로 단순히 금품을 제공받은 사람에게는 제공받은 가액의 30배를 과태료로 부과하고, 본인의 수령의사와 무관하게 우편·택배 등을 통하여 금전이나 재산상의 이익을 수령하였으나 이를 지체 없이 반환하지 않은 사람에게는 제공받은 가액의 10배를 과태료로 부과한다.

관할 선거관리위원회는 과태료 부과대상자의 위반행위와 관련하여 해당 위반행위의 동기와 그 결과, 선거에 미치는 영향, 위반기간과 위반의 정도, 조사에 협조하여 진실발견에 기여한 정도 등을 종합적으로 고려하여 부과기준액의 2분의 1의 범위에서 이를 감경하거나 가중할 수 있다.

다만, 과태료를 감경하는 경우에도 부과액은 제공받은 가액의 10배 미만으로 정할 수 없고, 가중하는 경우에도 법정 상한 배수인 50배를 초과할 수 없다(위탁선거규칙 별표 2).

3. 자수자에 대한 과태료의 감경·면제

가. 과태료 면제의 조건

기부행위가 제한되는 사람으로부터 제공받은 금전, 음식물 또는 물품 등을 관할 선거관리위원회에 반환하고 자수한 경우에는 그 과태료를 감경 또는 면제할 수 있다. 이 경우 음식물 등 제공받은 것을 반환할 수 없는 경우에는 자수하는 때에 그 가액에 상당하는 금액을 반환해야 한다(위탁선거법 §68③).

제공받은 금액 또는 음식물·물품 등을 선거관리위원회에 반환하고 자수한 사람으로서 아래에 해당하는 사람에게는 과태료를 면제한다(위탁선거규칙 §34⑤2.).

① 선거관리위원회와 수사기관이 금품·음식물 등의 제공 사실을 알기 전에 선거관리위원회 또는 수사기관에 그 사실을 단순하게 알려 선거범죄에 관한 조사 또는 수사단서를 제공한 사람

② 선거관리위원회와 수사기관이 금품·음식물 등의 제공사실을 알게 된 후에 자수한 사람으로서 금품·음식물 등을 제공한 사람과 제공받은 일시·장소·방법·상황 등을 선거관리위원회 또는 수사기관에 자세하게 알린 사람

나. 과태료 감경의 요건과 정도

관할 선거관리위원회에 자수를 하였으나 과태료의 면제요건에 해당하지 않는 사람에게는 금품·음식물 등을 제공받은 경위, 자수의 동기

와 시기, 금품·음식물 등을 제공한 사람에 대한 조사의 협조 여부, 그 밖의 사정을 고려하여 위탁선거규칙에 따라 과태료 부과기준액과 감경 기준을 정한다.

특히 관할 선거관리위원회가 고발 또는 수사의뢰 조치 전에 자수한 경우와 고발 또는 수사의뢰 조치 후에 자수한 경우를 구분하여 과태료 부과액에 합리적 차등을 둔다. 자수시점에 따라 기부행위의 실체적 진실을 발견하는 데 기여한 정도가 현저하게 다르기 때문이다.

예컨대, 본인 의사와 무관하게 우편이나 운송회사 등을 통하여 금품 등을 제공받은 사람이 기부받은 금품을 반환하지 않고 자수한 경우 그 시점이 관할 선거관리위원회의 고발 또는 수사의뢰 조치 전이라면 기부받은 가액만큼, 고발 또는 수사의뢰 조치 후에는 제공받은 가액의 2배에 해당하는 과태료를 부과한다.

관할 선거관리위원회의 고발 또는 수사의뢰 조치 전에 자수한 사람에게도 과태료를 부과하는 이유는 기부받은 금품을 반환하지 않고 자수하였기 때문에 그 가액에 해당하는 과태료를 부과하여 부정한 이익을 향유할 수 없도록 하기 위함이다. 이 경우의 과태료 부과는 형법상 몰수의 취지와 다를 바가 없다.

한편, 우편이나 운송회사를 통하여 금품을 수령한 정도까지의 수동적 요건을 갖춘 것은 아니지만, 기부행위가 제한되는 사람으로부터 소극적으로 금품이나 재산상의 이익을 제공받은 사람이 자수한 경우, 그 시점이 관할 선거관리위원회의 고발 또는 수사의뢰 조치 전이라면 기부받은 가액의 2배를, 고발 또는 수사의뢰 조치 후에는 기부받은 가액의 5배를 과태료로 부과한다.

반면, 금품제공을 알선·권유·요구하거나 금품이 제공된 행사를 주관하는 등 기부행위 위반에 적극적·주도적 역할을 하고 선거관리위원회가 금품의 제공사실을 알게 된 후 고발 등 조치 전까지 자수하였으나, 금품 등을 제공한 사람과 제공받은 일시·장소·방법·상황 등을 선거관리위원회에 자세하게 알리지 않은 사람에게는 제공받은 가액의 5배를 과태료로 부과한다(위탁선거규칙 별표 3).

이 경우 기부행위를 주도한 사람이 비록 자수하긴 하였으나, 해당 사건의 전모에 관하여 자세하게 진술하지 않음에 따라 그 자수의 효과가 제한적이어서 제공받은 가액의 5배를 과태료로 부과하는 것이다.

관할 선거관리위원회는 50배 과태료 부과대상자가 자수한 경우 그 사람의 신원을 보호하여야 하며, 선거관리위원회와 수사기관이 금품·음식물 등의 제공사실을 알기 전에 자수하여 선거범죄에 관한 조사 또는 수사단서를 제공한 사람에게는 포상금을 지급할 수 있다(위탁선거규칙 §34⑥).

4. 50배 과태료 부과 사례

후보자가 되려는 사람과 그가 속한 기관·단체·시설 등 기부행위가 제한되는 사람으로부터 금품 등 재산상의 이익을 제공받아 50배 과태료가 부과된 사례를 살펴보면 다음과 같다.[66]

2019년 제2회 동시조합장선거를 앞두고 79명의 조합원이 후보자가 되려는 사람으로부터 택배를 통해 개인별로 사과, 배 등 과일 1~2박스 총 610만원 상당을 제공 받아 관할 선거관리위원회가 1명당 25만원에서 135만원까지 총 3,765만원의 과태료를 부과하였다.

또한, 같은 해 제2회 동시조합장선거를 앞두고 20명의 조합원이 야유회에서 후보자가 되려는 사람으로부터 총 40만원 상당의 점심식사와 젓갈세트, 소금, 기념품 등을 제공받아 1명당 60만원에서 133만원까지 총 2,057만원의 과태료를 부과 받았다.

66) 중앙선거관리위원회 20022. 10. 발행 『위탁선거법 사례예시집』 67쪽 참조.

2018년도에는 후보자가 되려는 사람이 준비한 5~10만원을 제3자로부터 전달받은 조합원 14명에게 1명당 75만원에서 300만원까지 총 1,913만원의 과태료가 부과되었다.

한편, 조합장선거와 관련하여 해당 농협의 감사와 조합원이 제공한 양주와 식사 등 총 277만원 상당의 음식물을 제공받은 조합원 12명에게 1명당 15만원에서 230만원까지 총 1,907만 원의 과태료가 부과되기도 하였다. 후보자가 되려는 사람이 속한 기관·단체·시설도 해당 후보자가 되려는 사람과 마찬가지로 기부행위 제한의 주체이기 때문이다.

또한 2019년 3월 후보자가 되려는 사람으로부터 조합 여성산악회 찬조금 명목으로 10만원을 제공받은 조합원 1명에게 300만원의 과태료가 부과된 사례도 있다.

금품 등을 받은 사람에 대한 50배 과태료 부과제도는 선거범죄 신고자에 대한 포상금 지급제도, 그리고 자수자에 대한 특례제도와 결합되어 금품선거를 억제하는 강력한 안전판으로 기능하고 있다.

후보자나 후보자가 되려는 사람이 다수의 선거인에게 금전이나 물품 기타 재산상의 이익을 제공한 경우, 금품을 제공받은 사람들은 이를 자수 또는 신고할 것인지 죄수의 딜레마에 빠지고, 금품을 제공한 후보자는 당선 여부를 불문하고 공소시효가 완성될 때까지 밀고의 두려움과 불안에 가득 찬 감방에 유배된다.

금품을 제공받은 사람 중 한 사람이라도 선거범죄 신고자에 대한 포상금에 매력을 느끼거나 50배 과태료 부과에 압박을 받아 금품수수 사실을 신고한 경우 해당 지역은 선거범죄 조사와 무더기 과태료 처분에 따라 인심까지 흉흉해진다.

이 경우 선거의 공정은 고사하고 선거 자체가 의미를 잃는다. 과거 모 지역에서 군수선거와 관련하여 금품제공 행위가 수사선상에 오르자 금품제공자는 극단적 선택을 하고, 금품을 받은 사람들은 단체로 관광버스를 대절하여 경찰서에 자수하러 왔던 풍경을 상상해 보는 것으로 충분하다.

주권자의 자수가 긴 행렬을 이룰 때, 선거의 공정은 수치스러운 얼굴을 가리고 맨 마지막에 줄을 선다. 이사장선거를 수탁하여 관리하는 선거관리위원회는 물론 그 선거의 관리를 위탁한 신협에게도 상상하기에 끔찍한 일이다.

제4장

이사장선거의 위탁과
선거관리위원회

2023년 10월 19일 개정 신협법의 시행에 따라 직전 사업연도의 평균잔액 총자산이 1천억원 이상인 지역신협은 그 이사장선거의 관리를 의무적으로 관할 선거관리위원회에 위탁해야 한다.

이사장선거의 위탁관리는 2025년 11월 12일 실시하는 동시이사장선거부터 적용하도록 하되, 그 이사장선거를 동시에 실시하기 위하여 지역신협 이사장의 임기를 단축하거나 연장하도록 하였다.

이 장에서는 의무위탁 추진배경과 위탁관리의 범위를 알아보고 선거관리위원회의 조직체계와 위탁관리의 주요쟁점을 살펴본다.

1. 의무위탁 추진배경과 경과

가. 의무위탁 추진배경

신협은 공동유대共同紐帶를 바탕으로 하는 신용협동조직의 건전한 육성을 통하여 그 구성원의 경제적·사회적 지위를 향상시키고, 지역주민에게 금융편의를 제공함으로써 지역경제의 발전에 이바지함을 목적으로 한다(신협법 §3①·②).

신협은 조합원에 대한 대출 등 신용사업을 비롯하여 복지사업, 공제사업 등 다양한 사업을 수행하고 있고, 전국적으로 873개의 신협과 652만 8,000여 명의 조합원으로 구성되어 있어 지역사회에 미치는 영향력이 상당히 크다는 점에서 임원선출에 투명하고 공정한 선거를 확립할 필요성이 강하게 요구된다.

그러나 신협이 아무리 지역경제 발전에 이바지하는 등 공적인 기능을 수행하고 있더라도 그 태생이 주민의 자주적이고 자발적인 협동조직으로 설립되었고, 주된 활동양식과 존립근거가 금융업인 만큼 국가의 규제와 개입은 필요 최소한에 그쳐야 할 것이다.

신협은 1998년 4월 1일 전부개정된 신협법에 따라 일찍이 임원선출에 직선제를 도입하고 조합원의 과반수 투표에 따른 다수득표자를 이사장과 부이사장으로 선임하는 등 척박한 환경에서 풀뿌리 민주주의의 착근 가능성을 시험하여 왔다(신협법 §27③).

2019년 3월에는 신협법 개정을 통하여 임원선거의 공정한 관리를 위하여 자체적으로 선거관리위원회를 구성·운영하도록 하되, 필요한 경우 선거관리 업무를 제3의 전문기관인 선거관리위원회에 위탁할 수 있도록 함으로써(신협법 §27의3② 본문) 더욱 공정한 선거를 도모하고 임원선출의 정당성과 선거의 투명성을 확보할 수 있도록 하였다.

이와 같은 개선입법에도 불구하고 2019년 이후 2021년까지 신협이 470여 회의 이사장선거를 실시하면서 관할 선거관리위원회에 대한 선거관리 위탁은 전혀 이루어지지 않았다.[1] 선거관리를 외부 전문기관에 위탁하지 않아 온 신용의 유지에 관하여는 신협 상호간에 명시적·묵시적 합의가 잘 이루어진 것으로 보인다.

반면 신협의 임원선거에서 여전히 사전선거운동 논란, 편향적 선거관리 의혹 등 선거의 공정성에 관한 의문이 제기되었고, 선거의 과열과 선거부정의 사례가 지속적으로 발생하여[2] 지역사회와 감독 주무부처의 부담이 되었다.

나. 의무위탁 추진경과

위와 같은 문제점을 해소하기 위하여 입법권자는 2023년 7월 18일 신협법을 개정하여 대통령령으로 정하는 규모 이상의 자산을 보유한 지역신협, 즉 1천억원 이상의 자산을 보유한 지역신협의 이사장선거는 의무적으로 관할 선거관리위원회에 위탁하도록 함으로써 이사장선거의

---

1) 서병수의원 대표발의 신용협동조합법 일부개정법률안(의안번호 제2111364호)에 관한 정무위원회 전문위원 검토보고서 참조.
2) 국제뉴스, "대전 온누리신협, 선거 앞두고 '사전선거운동' 논란", 2020. 2. 8.
   https://www.gukjenews.com/news/articleView.html?idxno=1238628
   중도일보, "부산사하지역 신협, 무자격 조합원 가입 등 논란", 2022. 11. 20.
   http://www.joongdo.co.kr/web/view.php?key=20221117010005591 기사 등 참조.

과열과 부정을 방지하는 한편, 선거의 공정을 확보하고 신뢰를 제고하고자 하였다(신협법 §27의3② 단서, 시행령 §14의5).

　형평성의 측면에서 살펴보더라도 농업협동조합·수산업협동조합·산림조합은 물론 신협과 가장 유사한 설립목적과 조직특성을 보유한 새마을금고도 2023년 4월 11일 새마을금고법의 개정을 통하여 이사장선거의 관리를 관할 선거관리위원회에 의무적으로 위탁하도록 제도가 보완되었다는 점도 국회의 입법적 결단을 촉구하게 된 배경으로 보인다.

　아울러 이사장선거의 실시 시기가 각 신협마다 달라 전국적으로 총 674개 지역신협의 이사장선거를 현행처럼 각각 따로 실시할 경우 그 선거의 관리를 위탁받은 관할 선거관리위원회에 과도한 업무부담을 초래할 우려가 있으므로, 개정법률의 부칙에 특례를 두고 이사장의 임기를 조정함으로써 2025년부터 이사장선거를 동시에 실시하도록 하였다.

2. 의무위탁 대상 신협과 적용 시기

가. 의무위탁 대상 신협

　신협법은 임원선거의 관리를 정관으로 정하는 바에 따라 관할 선거관리위원회에 위탁할 수 있도록 임의적 위탁을 규정하면서(§27의3② 본문), 대통령령으로 정하는 규모 이상의 자산을 보유한 지역신협에 대하여는 이사장선거의 관리를 관할 선거관리위원회에 위탁하도록 의무적 위탁을 규정하고 있다(§27의3② 단서).

　신협법 해당 조항의 위임에 따라 대통령령에서는 이사장선거를 관할 선거관리위원회에 위탁하여야 하는 지역신협의 범위를 직전 사업연도 평균잔액으로 계산한 총자산이 1천억 원 이상인 신협으로 규정하고 있다(시행령 §14의5). 2024년 1월 1일 현재 이에 해당하는 신협은 445개로 추산된다.

이와 같이 일부 위탁관리의 예외를 허용한 취지는 각 신협마다 자산규모와 재무구조에 차이가 있으므로, 영세한 지역신협의 경우에는 이사장선거의 위탁관리비용이 경제적 부담으로[3] 작용할 수 있다는 점을 고려한 것으로 보인다.

그러나 이와 같이 예외를 허용한 것은 상당한 문제가 있다고 본다. 왜냐하면 이사장선거의 관리를 관할 선거관리위원회에 의무적으로 위탁하도록 개정한 취지가 자산보유나 재무구조에 따라 지역신협을 차별하기 위한 것이 아니고, 투·개표관리 등 신협의 선거관리 역량에 대한 의심에서 비롯된 것도 아니기 때문이다.

또한 영세한 신협을 의무적 위탁관리 대상에서 제외한 것은 자체 관리한 이사장선거에서 선출된 대표자의 정당성이 취약해지고, 이로 인한 신협운영의 불투명성과 부실경영의 악순환이 고착화될 우려가 있으며, 최악의 경우에는 기득권 카르텔을 유지하기 위하여 위탁관리를 회피할 수단으로 자산기준을 악용할 우려도 있다.

단순히 비용의 문제라면 중앙회가 해당 신협에 위탁선거 관리비용을 보조하거나, 위탁관리하는 관할 선거관리위원회가 신협의 재정상황에 따라 선거관리 비용을 차등하여 부담시키는 방법도 고려할 수 있다고 본다.

참고적으로 새마을금고법에서도 영세한 지역금고의 경우[4] 투표소 투표 대신 총회나 대의원대회의 방식으로 이사장을 선출할 수 있도록 예외를 허용하고 있다. 그러나 이 경우에도 이사장선거의 선출방식에 대한 예외를 인정한 것일 뿐, 그 선거의 관리를 관할 의무적으로 위탁해야 하는 부분까지 배려한 것이 아니다.[5]

---

3) 신협법 개정안에 대한 국회 상임위 논의과정에서 신협중앙회가 산출한 선거관리위탁비용을 신협별 약 2,400만원 정도로 추산한 바 있다. 앞의 전문위원 검토보고서 참조.
4) 새마을금고법은 총자산이 2,000억원 미만인 금고를 직선제의 예외로 정하고 있다.
5) 새마을금고법 제18조제5항 및 제23조의2제1항 참조.

한편 위탁선거법이 위임한 사항과 시행에 필요한 사항을 규정하고 있는 위탁선거규칙은 공공단체의 합병·해산 등 법령이나 정관 또는 규약 등이 정하는 바에 따라 선거를 실시하지 않을 사유가 발생한 때에는 그 예외를 인정하고 있다(위탁선거규칙 §3③). 위탁의 실체가 존재하지 않기 때문이다.

따라서 이사장선거를 선거관리위원회에 위탁해야 하는 지역신협이 선거를 실시하지 않을 때에는 합병 관련 등기서 사본, 합병·해산 관련 총회 의결록 또는 인가서의 사본, 그 밖에 선거를 실시하지 않는 사유를 증명할 수 있는 서류를 첨부하여 관할 선거관리위원회에 통보하여야 한다(위탁선거규칙 §3③).

나. 신협별 의무위탁 적용 시기

(1) 의무위탁이 적용되는 시기始期

지역신협 이사장선거의 관리를 의무적으로 관할 선거관리위원회에 위탁하도록 하는 것을 주요 내용으로 하는 개정 신협법은 2023년 7월 18일 공포되었으나, 해당 법률의 부칙 제1조에 3개월의 경과조치를 두어 같은 해 10월 19일부터 시행되었다.

그러나 지역신협 이사장선거 관리의 선거관리위원회 의무위탁에 관하여는 다시 같은 법률 부칙 제5조에 경과조치를 두어 이 법 시행 이후 동시선거일 전까지 실시하는 이사장 선거에 관하여는 개정규정에도 불구하고 종전의 규정에 따르도록 하였다.

달리 말하면 신협별로 최초로 참여하는 동시이사장선거부터 관할 선거관리위원회의 의무위탁 대상이 되는 것이다. 해당 법률의 부칙에 따라 신협별 의무위탁과 위탁선거법이 적용되는 시기始期는 아래와 같다.

(2) 제1회 동시이사장선거 참여 신협

개정 신협법 시행일인 2023년 10월 19일부터 같은 해 11월 21일까지 지역신협 이사장의 임기가 시작되는 경우에는 해당 이사장의 임기를 단축하여 2025년 11월 20일에 함께 만료되도록 하고 같은 해 11월 12일에 동시선거를 실시한다.[6] 여기에 해당하는 신협은 전체 지역신협의[7] 약 2% 정도로 추산된다.

이러한 내용을 담은 법률은 이미 2023년 7월 18일에 공포되어 해당 기간에 임기가 개시되는 이사장선거에 참여하는 후보자나 선거인 모두에게 그 사실이 충분히 알려졌으므로, 비록 선출되는 이사장의 임기가 단축되더라도 선출된 이사장이나 조합원의 신뢰보호 원칙에 문제가 없을 것이다.

(3) 제1회 동시이사장선거 불참 신협

개정 신협법 부칙에 따라 2019년 11월 22일부터 2023년 10월 18일까지의 기간 중 이사장의 임기가 시작된 지역신협의 경우에는 그 이사장의 임기를 보장하여 2025년 11월 12일 실시하는 제1회 동시이사장선거에 참여하지 않는다.[8]

그러나 그 후임으로 선출된 이사장은 임기를 단축하거나 연장하여 모두 2029년 11월 20일에 임기가 만료되도록 하고, 같은 해 11월 14일 실시하는 제2회 동시이사장선거에 합류한다. 이러한 임기조정을 통하여 2029년 11월 14일에 실시하는 제2회 동시이사장선거에는 위탁관리 대상 모든 지역신협이 참여하게 된다.

이에 따라 2019년 11월 22일에 임기가 시작된 이사장은 2023년 11

---

[6] 신용협동조합법(법률 제19565호, 2023. 7. 18. 공포) 부칙 제4조제1항·제3항 참조.
[7] 2021년 상반기 기준 전국적으로 총 873개의 신협이 운영되고 있다. 그 중 지역조합은 674개, 직장조합은 122개, 단체조합은 77개이다. 신용협동조합법 일부개정법률안(의안번호 제2111364호)에 대한 국회 정무위원회 수석전문위원 검토보고서 5쪽 참조.
[8] 신용협동조합법(법률 제19565호, 2023. 7. 18. 공포) 부칙 제4조제2항·제3항 참조.

월 21일에 그 임기가 만료되므로, 그 후임은 2023년 11월 22일부터 2029년 11월 20일까지 6년에 가까운 기간을 재임할 수 있다. 반면 2023년 10월 18일 임기가 개시된 이사장은 2027년 10월 17일 임기가 만료되고, 그 후임의 임기는 2027년 10월 18일에 개시되어 2029년 11월 20일에 만료되므로 재임기간이 불과 2년 1개월 정도에 그친다.

이러한 내용 또한 2023년 7월 18일에 공포된 법률에 담겨 있어 이미 해당 내용이 공중과 이해당사자에게 널리 알려진 것으로 볼 수 있으므로, 2023년 11월 22일 이후 임기가 개시되는 이사장선거에서 선출된 이사장의 임기 단축이나 임기연장에 따른 신뢰보호의 원칙이 문제 되지는 않을 것이다. 여기에 해당하는 신협은 전체 지역신협의 98% 정도로 추산된다.

참고적으로 지역신협 이사장선거의 동시실시를 위하여 개정 신협법의 부칙 제4조에 따라 이사장의 임기가 단축되는 경우에는 해당 임기를 연임제한 횟수에 포함하지 않는다(부칙 §4⑧). 입법자의 세심한 배려가 드러나는 부분이다.

다. 이사장선거의 위탁절차

이사장선거의 관리를 관할 선거관리위원회에 위탁하려는 때에는 임기만료일 전 180일까지 해당 선거관리위원회에 서면으로 신청하여야 한다.9) 다만, 재선거, 보궐선거, 위탁단체의 설립·분할 또는 합병으로 인한 선거의 경우에는 그 선거의 실시사유가 발생한 날부터 5일까지 신청하여야 한다.

---

9) 위탁선거법 제8조는 농업협동조합 등 동시조합장선거와 새마을금고의 동시이사장선거의 경우 임기만료일 전 180일에 별도의 신청 없이 위탁한 것으로 간주하고 있다. 그러나 신협의 이사장선거는 동시선거를 실시함에도 이러한 규정이 없어 각 단위 신협마다 개별적으로 관할 선관위에 위탁관리를 신청해야하는 번거로움이 있다. 적절한 기회에 입법보완을 기대해 본다. 아마도 시간이 해결해줄 것으로 보인다.

의무위탁 선거에서는 위탁신청서가 접수된 순간 위탁관리가 결정된다. 반면, 신협의 일반 임원선거처럼 임의적 위탁선거의 경우 위탁관리 신청을 접수한 선거관리위원회는 그 신청서를 접수한 날부터 7일 이내에 위탁관리 여부를 결정하여 해당 신협에 그 결과를 통지한다.

라. 임의적 위탁 가능 여부

지역신협이 아닌 경우, 예컨대 직장신협이나 단체신협의 경우에는 그 자산 규모나 조합원 수에도 불구하고 이사장선거의 의무적 위탁관리 대상이 아니고, 이사장선거를 의무적으로 위탁해야 하는 지역신협도 일반 임원선거는 위탁대상이 아니지만, 해당 신협의 자유의사에 따라 관할 선거관리위원회에 임원선거의 위탁관리를 신청할 수 있다(신협법 §27의3② 본문).

그러나 임의적 위탁선거는 동시선거의 대상이 아니어서[10] 수탁관리에 따른 관할 선거관리위원회의 업무부담이 과중해지므로, 신협이 위탁관리를 신청하더라도 수용될 가능성은 희박하다.

선거관리위원회의 한정된 인력과 업무부담을 고려하면 임의적 위탁대상인 임원선거는 해당 신협의 자율관리가 적절해 보인다. 지역신협 이사장선거의 의무적 수탁관리만으로도 충분히 입법의도를 구현하고 정책목표를 달성할 수 있다고 본다.

3. 위탁관리의 범위와 단속활동

가. 위탁사무의 범위

신협법에서는 지역신협 이사장선거의 위탁관리에 대하여 정관으로

---

10) 신협법(법률 제19565호, 2023. 7. 18. 공포) 부칙 제4조제3항 참조.

정하는 바에 따라 그 주된 사무소의 소재지를 관할하는 구·시·군선거
관리위원회에 위탁하도록 강행규정만을 두고 있을 뿐, 의무적 위탁관리
의 사무 범위에 관하여는 명시적으로 정한 바가 없다(§27의3② 단서).

반면 위탁선거법은 의무위탁이든 임의위탁이든 위탁의 성격을 불문
하고 관할 선거관리위원회가 관리하는 위탁선거의 사무 범위를 다음과
같이 규정하고 있다(§7).

첫째, 선거관리 전반에 관한 사무. 다만, 선거인명부의 작성 및 확정
에 관한 사무는 제외한다.

둘째, 선거참여·투표절차, 그 밖에 위탁선거 홍보에 관한 사무.

셋째, 위탁선거 위반행위에 대한 단속과 조사에 관한 사무.

여기에서 선거인명부의 작성 및 확정에 관한 사무를 위탁사무의 범
위에서 제외한 이유는 선거인명부 생성에 필요한 기초자료인 조합원명
부를 해당 신협이 관리하고 있기 때문이다.

조합원의 신상에 관한 정보는 민감한 개인정보이고, 그 정보는 해당
신협에서 조합원명부로 엄격히 관리하고 있으며, 조합 가입시 제공한
개인정보를 이사장선거의 관리를 위하여 관할 선거관리위원회에 제공
하는 부분까지 해당 조합원이 명시적 또는 추정적으로 승낙한 것으로
보기 어렵다.

따라서 위탁선거에서는 정보 주체의 권리를 존중하고 개인정보의 목
적외 이용·제공 제한을 규정한 개인정보 보호법의 입법취지를 살리기
위해서라도 선거인명부는 해당 단체가 작성하는 것이 논리필연적 결론
이다. 공직선거에서도 선거인명부 작성은 주민등록을 관리하는 구·시·
군의 장의 소관으로 하고 있다. 관할 선거관리위원회의 역할은 명부작
성을 감독하는 데 그친다.

나. 정관 등 자치법규 위반행위 단속

위탁선거법에서는 위탁단체의 정관, 규약, 규정, 준칙, 그 밖에 위탁단체의 조직 및 활동 등을 규율하는 자치규범을 총칭하여 '정관등'이라 약칭하고 있고(§3 8.), '이 법 또는 위탁선거와 관련하여 다른 법령(해당 정관등을 포함한다)을 위반한 행위'를 '위탁선거 위반행위'로 정의하고 있다(§7 3.).

아울러 해당 조항의 위탁선거 위반행위에 대한 정의에서 '이하 같다'라고 규정하고 있으므로, 위탁선거 위반행위에 위탁단체의 정관과 규약을 위반한 행위가 포함되는 것으로 정의한 해당 규정의 효력은 위탁선거법 전체에 미친다.

위탁선거법은 선거관리위원회의 위원·직원에게 위탁선거 위반행위에 대한 조사권을 부여하고 있으므로, 해당 규정은 지역신협의 이사장선거를 수탁하여 관리하는 관할 선거관리위원회 위원과 직원이 신협법의 선거 관련 규정 위반행위뿐만 아니라 해당 신협의 표준정관 위반은 물론이고 선거규약 위반행위까지 조사 및 단속할 수 있다는 의미이다(§73).

아울러 관할 선거관리위원회의 위원·직원은 직무수행 중 위탁선거 위반행위를 발견한 때에는 중지·경고 또는 시정명령을 해야 하고(위탁선거법 §72①), 관할 선거관리위원회는 위탁선거 위반행위가 선거의 공정을 현저하게 해치는 것으로 인정되거나 중지·경고 또는 시정명령을 이행하지 않는 때에는 관할 수사기관에 수사의뢰 또는 고발할 수 있다(위탁선거법 §72②).

물론 죄형법정주의 원칙에 따라 고발 또는 수사의뢰 조치는 정관이나 규약 등 내부규범까지 포괄하는 모든 위탁선거 위반행위가 아니라 위탁선거법과 신협법의 선거와 관련된 벌칙 중 형벌이 적용되는 행위만을 대상으로 한정해야 할 것이다.

이 경우 자치법규 위반행위는 범죄가 아니므로 비록 사법적 조치는 불가능하지만, 관할 선거관리위원회는 해당 신협의 정관이나 규약을 위반한 행위에 대해서도 중지·경고 또는 시정명령을 할 수 있으므로, 일종의 위축효과Chilling Effect를 통하여 정관과 선거규약의 규범력을 확보하고 공정한 선거를 실현할 수 있다고 본다.

한편, 선거규약에서는 누구든지 해당 규약의 제한·금지규정을 위반한 경우[11] 신협이 자체적으로 설치한 선거관리위원회가 이를 중지, 철거, 회수 기타 필요한 조치를 취할 수 있고, 위반행위를 한 후보자의 기호, 성명, 위반내용 및 조치내역 등을 조치일부터 선거일까지 해당 신협 게시판에 공고하도록 규정하고 있다(§40).

그러나 신협의 정관이나 선거규약은 자치규범이므로 그 특성상 외부인에게는 효력이 미치지 않고, 내부 구성원이라도 자치규범 위반에 대하여는 징계조치를 넘어서는 벌칙을 부과할 수는 없다.

다행히 지역신협이 이사장선거의 관리를 관할 선거관리위원회에 의무적으로 위탁한 때에는 위탁선거법에 자치규범 위반에 대한 선거관리위원회의 조사·단속권이 명시되어 선거에 관한 규정 위반행위를 상당부분 억제할 수 있을 것으로 본다.

4. 위탁관리 소요예산과 집행의 통제

가. 소요예산 추정 규모

이사장선거의 위탁관리에 필요한 경비는 원인자 부담의 원칙을 적용하여 해당 신협이 부담한다. 다만, 위탁선거 사무의 지도·감독 등 통일

---

11) 선거운동의 주체 위반, 기부행위 제한, 각종집회의 제한, 호별방문의 금지, 후보자 비방 금지 등의 규정을 위반한 경우를 말한다. 선거규약 제40조제1항 참조.

적인 업무수행을 위하여 필요한 경비는 정책적으로 국가가 부담한다(위탁선거법 §78③).

지역신협 이사장선거의 위탁관리에 소요되는 경비가 얼마가 될지 현재로서는 속단하기 어려우나, 동시이사장선거를 실시하고 선거일에 통합선거인명부를 활용하지 않는 것을 전제로 한다면, 신협별 평균 부담액은 2,500만원 정도로 추산된다.

농업협동조합 등 조합장선거의 경우 선거관리 경비는 투표소와 개표소 설치·운영비용, 투표안내문·선거공보 발송비용, 투표사무원과 개표사무원 수당과 식비, 투표참관인과 개표참관인 수당과 식비, 공정선거지원단 운영비용 등이 대부분을 차지한다.

신협 이사장선거의 경우 평균 조합원 수가 8,890여 명으로 조합장선거의 평균 선거인 수 2,000여 명 보다 4.5배 정도 많은 점이 선거관리비용 증가의 주요 원인이[12) 될 것으로 보인다.

이사장선거의 경우 농업협동조합 등 조합장선거보다는 투표율이 낮을 것으로 추정되나,[13) 선거관리 예산의 규모는 사후적으로 확정되는 투표율이 아니라 투표소 설치와 선거공보 발송의 기준이 되는 선거인 수가 독립변수이므로, 투표율이 낮더라도 개표시간만 단축될 뿐 선거관리 경비가 크게 절감되지는 않는다.

이 부분에 대하여는 신협의 동시이사장선거 일정보다 8개월 앞서 2025년 3월 12일에 실시되는 새마을금고의 동시이사장선거를 통하여 지역신협 이사장선거의 위탁관리에 소요되는 예산 규모를 엿볼 수 있으리라 본다.[14)

---

12) 2023. 3. 8. 실시한 제3회 전국동시조합장선거의 조합별 평균 선거관리비용은 집행액 기준으로 평균 약 2,440만원 정도이다. 2023. 8. 중앙선거관리위원회 발행 『제3회 전국동시조합장선거총람』 53쪽·56쪽 참조.

13) 조합장선거의 경우 환원사업의 종규와 규모가 조합원의 삶과 직접적인 이해관계를 가지므로 관심이 높다. 특히 농업협동조합의 투표율은 평균 80%를 상회한다.

14) 새마을금고의 평균 선거인수는 6천여 명 정도이지만, 금고의 동시이사장선거에서는 통

나. 예산 집행에 대한 통제

관할 선거관리위원회는 선거일 후 30일까지 신협으로부터 납부받은
선거관리 경비를 해당 신협에 정산·반환해야 한다. 이때 선거관리위원
회는 성질별·세목별·항목별 위탁선거경비 집행내역을 해당 신협에 통
지해야 하고, 이를 접수한 신협은 그 내역을 구성원들에게 공개할 수
있다(위탁선거규칙 §44②).

한편, 관할 선거관리위원회는 선거관리경비 출납계산서를 작성하여
중앙선거관리위원회에 제출해야 하고, 중앙선거관리위원회는 위탁선거
관리 경비에 대한 회계검사를 실시하여 집행의 합목적성과 투명성을
검증한다(위탁선거규칙 §46①).

중앙선거관리위원회는 위탁선거 관리경비에 관한 결산개요, 사업설
명자료, 성질별·세목별 집행내역 등 결산서를 다음 연도 4월까지 국회
소관 상임위원회에15) 제출하여 국민대표기관의 감독을 받는다. 이로써
신협 이사장선거의 위탁관리에 따른 경비집행의 투명성을 담보하고 있
다(위탁선거규칙 §46③).

합선거인명부를 활용하여 투표하므로 소요예산 증가의 요인으로 작용될 수 있다.
15) 현재 중앙선거관리위원회의 국회 소관 상임위원회는 행정안전위원회이다. 반면에 신협
중앙회의 국회 소관 상임위원회는 정무위원회이다.

1. 선거관리위원회의 위탁선거 관리

2000년 이후 선거관리위원회가 공직선거의 공정한 관리를 통하여 축적한 국민적 신뢰와 권위를 민간영역의 선거관리에 활용하기 시작하여 농·수협의 임원선거, 재개발조합 임원선거, 체육회장선거까지 선거관리위원회의 위탁 관리가 제도화되었다.

본래 위탁선거는 사적자치의 원칙이 적용되는 영역으로서 공직선거가 추구하는 가치와 다소 거리가 있으나, 법적 분쟁과 사회갈등을 예방하기 위한 목적에서 선거관리위원회, 정부 소관부처, 해당 단체 등 3자의 이해관계가 맞아떨어진 것이 공공단체 위탁선거 제도의 도입 배경으로 보인다.

선거관리위원회 입장에서는 조합장선거 등 위탁선거의 선거인이 공직선거의 선거인과 중첩되므로, 생활주변 선거의 정화를 통하여 공직선거를 투명하고 공정하게 관리하기 위한 토대를 강화하기 위한 전략의 일환으로 선거의 수탁관리를 받아들였다.

반면, 농림축산식품부, 해양수산부, 행정안전부 등 정부 주무부처는 소관 공공단체의 선거부정과 부패구조의 악순환에 따른 사회적 비판과 감독 소홀에 대한 비난에서 벗어나고자 하였고, 해당 단체의 입장에서는 선거관리의 위탁이 썩 내키지 않았겠지만, 단체운영의 투명성에 대한 사회적 압력을 해소하고 선출된 대표자의 정당성 확보를 위하여 위탁관리를 수용한 것으로 보인다.

2010년 위탁선거 도입초기에는 선거관리위원회가 아파트 동대표선거까지 위탁관리를 수용한 사례도 있으나,[16] 최근에는 선거의 일상화로 선거관리위원회의 업무가 과중해짐에 따라 공공성이 강한 단체의 선거에 한하여 위탁관리를 수용하고 있다.

참고적으로 2022년 4월 20일 시행된 새마을금고법에 따라 금고의 이사장선거에 직선제를 도입하고, 의무적으로 관할 선거관리위원회에 위탁하도록 하였다. 입법권자는 한발 더 나아가 위탁선거법을 개정하여 새마을금고의 이사장선거를 동시조합장선거의 예에 따라 실시하도록 제도를 보완하고 2024년 2월 9일 시행을 앞두고 있다.

새마을금고의 이사장선거가 위탁선거법에 전면적으로 포섭됨에 따라 선거관리에 합리를 기할 수 있고, 어깨띠·윗옷 또는 소품을 활용한 선거운동이 허용되어 선거운동의 자유가 확대되었으며, 투표에 통합선거인명부를 활용하므로 선거권자는 관할 선거관리위원회가 설치한 어느 투표소에서나 자유롭게 투표할 수 있어 투표편의가 확대된다.

이제 신협의 이사장선거에도 시간의 문제일 뿐 위탁선거법의 전면적 수용은 피할 수 없는 운명처럼 보인다. 이제는 시간도 신협의 편이다.

2. 선거관리위원회를 헌법기관으로 둔 취지

공직선거는 국민주권주의를 실현하기 위한 방법의 일환으로서 국민의 대표자를 선출하는 과정이다. 이 과정이 공정하게 관리되지 않으면

---

16) 2010년 주택법시행령 개정으로 아파트 동대표선거를 선관위가 위탁관리하도록 최초로 법제화되었다.

대표자 선출에 국민의 의사가 올바르게 반영되지 못함으로써 민주주의
는 필연적으로 위기에 빠지게 된다.

 따라서 선거는 국민의 자유로운 선택이 가능하도록 최대한 자유롭고
공정하게 치러지도록 관리되어야 하고, 그 총괄주재자의 책임을 맡고
있는 기관이 바로 선거관리위원회이다.

 선거관리위원회는 선거 및 국민투표의 관리와 정당에 관한 사무를
공정하게 처리하기 위하여 설치된 헌법상 독립기관17)으로서 국회·정
부·법원·헌법재판소와 병립하는 합의제 기관이다.

 선거와 국민투표가 공정하게 관리되지 못하고 정당에 관한 사무가
불공정하게 처리되는 경우에는 선거와 국민투표는 본래의 민주정치적
기능을 수행할 수 없을 것이다. 선거와 국민투표 관리 등 고도의 중립
성과 공정성이 요구되는 정치발전적 집행업무를 담당하는 기관을 일반
행정기관과는 별도로 독립기관으로 구성해야 한다는 헌법적 요청18)이
바로 여기에서 나온다.

 본래 선거관리위원회가 담당하는 업무의 성질은 집행업무에 속한다
는 점은 부인할 수 없는 사실이다. 그럼에도 불구하고 우리 헌법은 그
중요성을 고려하여 이를 일반 행정업무와 기능적으로 분리하여 독립된
헌법기관에 맡김으로써 정부 또는 일반 행정기관의 부당한 선거간섭을
배제할 수 있도록 일종의 기능적 권력통제 장치로 작동하도록 하였다.

 선거관리위원회의 독립성을 헌법과 법률이 두텁게 보장하는 근본적
이유는 독립성 그 자체가 목적이 아니라 직무수행의 공정성을 담보하
기 위한 수단이기 때문이다. 그 구성원들의 윤리적 수준이나 그 기관에
대한 사회적 평가와는 아무런 관련이 없다.

---

17) 선거관리기관을 헌법상 독립기관으로 설치한 국가는 그리 많지 않다. 필리핀, 인도, 브
    라질, 칠레 정도의 국가가 그 예가 될 수 있다.
18) 우리나라 제1공화국에서는 행정부 안에 선거위원회를 두었다. 그 폐해는 선거관리기관
    이 조직적 관권선거에 가담한 대표적 사례인 3·15 부정선거로 증명되었다. 이에 대한
    반성으로 제2공화국부터는 선거관리기관을 헌법상 독립기관으로 설치하였다.

3. 각급 선거관리위원회 구성방식

선거관리위원회는 중앙, 시·도, 구·시·군 그리고 읍·면·동선거관
리위원회 등 총 4단계의 조직으로 구성되어 있다. 중앙선거관리위원회
는 대통령이 임명하는 3인, 국회에서 선출하는 3인, 대법원장이 지명하
는 3인 등 총 9인의 위원으로 구성되며, 위원은 모두 국회의 인사청문
을 거쳐 임명·선출 또는 지명된다. 중앙선거관리위원회는 시·도선거
관리위원회와 구·시·군선거관리위원회의 위법·부당한 처분을 취소하
거나 변경할 수 있다.

시·도선거관리위원회의 위원정수는 9인으로 선거권이 있고 당원이
아닌 사람 중에서 국회 교섭단체를 구성한 정당이 추천한 사람 각 1명,
지방법원장이 추천하는 3인, 그리고 학식과 덕망을 갖춘 사람 3인을 중
앙선거관리위원회가 위촉한다. 시·도선거관리위원회 또한 공직선거와
위탁선거의 관리에 관하여 구·시·군선거관리위원회의 위법·부당한
처분을 취소하거나 변경할 수 있다.[19]

구·시·군선거관리위원회의 위원은 선거권이 있고 당원이 아닌 사람
중에서 국회 교섭단체를 구성한 정당이 추천한 사람 각 1명과 법관·교
육자 또는 학식과 덕망을 갖춘 사람 6명을 시·도선거관리위원회가 위
촉한다. 읍·면·동선거관리위원회의 위원은 선거권이 있고 당원이 아
닌 사람 중에서 국회 교섭단체를 구성한 정당이 추천한 사람과 학식과
덕망을 갖춘 사람 4명을 구·시·군선거관리위원회가 위촉한다.

선거관리위원회 위원장은 위원 중에서 호선[20]하며, 중앙선거관리위
원회 위원장은 대법관이, 시·도선거관리위원회 위원장은 지방법원장

---

19) 공직선거법 제12조 및 위탁선거법 제11조 참조
20) 호선이란 선거권을 행사하는 모든 구성원이 별도의 후보자 등록절차 없이 대표자로 선
출될 수 있는 선거방식을 의미한다. 대표적인 예가 교황선출방식인 콘클라베를 들 수
있다. 국회의장과 지방의회의장 선거방식도 호선의 일종이다.

또는 수석부장판사가, 구·시·군선거관리위원회 위원장은 지방법원
또는 지원의 부장판사 등 현직 판사가 관행적으로 위원장에 호선되고
있다.

4. 선거관리위원회 소관 업무

가. 소관업무의 범위

선거관리위원회의 소관 업무는 헌법에서 정한 선거와 국민투표의 관
리 및 정당에 관한 사무처리를 기본으로 하고, 조직법인 선거관리위원
회법에서 공공단체 선거의 위탁관리와 선거권자의 주권의식의 앙양을
위한 상시계도를 소관 업무로 추가하고 있다.

또한 주민투표법에 따른 주민투표 관리, 주민소환법에 따른 주민소환
투표 관리, 지방교육 자치에 관한 법률에 따른 시·도교육감선거 관리,
신협법, 새마을금고법, 농·수협협동조합법, 국민체육진흥법, 중소기업
협동조합법 등에 따른 공공단체의 임원선거 관리도 선거관리위원회의
소관 업무에 속한다.

선거관리위원회는 민주적 기본질서 중 자유롭고 정의로운 선거질서
를 수호하는 막중한 헌법적 책무를 수행하는 만큼, 우리 헌법 제115조
제1항은 선거관리위원회에 선거와 국민투표 사무에 관하여 관계 행정
기관에 필요한 지시를 할 수 있도록 명시하고 있다.

한편, 위탁선거법에서도 국가기관·지방자치단체·위탁단체 등은 위
탁선거의 관리에 관하여 선거관리위원회로부터 인력·시설·장비 등의
협조 요구를 받은 때에는 특별한 사정이 없는 한 이에 따르도록 협조의
무를 부과하고 있다(§6).

나. 이사장선거 수탁관리의 소관

신협의 이사장선거를 수탁하여 관리하는 관할 선거관리위원회는 해당 신협의 주된 사무소 소재지를 관할하는 구·시·군선거관리위원회가 된다. 후보자등록신청 수리, 투표와 개표 관리, 당선인 결정에 이르기까지 이사장선거에 관한 일련의 선거관리 업무는 모두 구·시·군선거관리위원회가 전속 관할하게 된다.

다만, 위탁선거 사무의 관리집행의 하자 또는 투표의 효력에 대한 이의제기의 처리는 관할 선거관리위원회의 직근 상급 선거관리위원회인 시·도선거관리위원회가 담당한다(위탁선거법 §55).

5. 사무처와 사무국 설치·운영

중앙선거관리위원회와 시·도선거관리위원회에는 위원회를 보좌하기 위하여 각각 사무처를 두고, 구·시·군선거관리위원회에는 사무국 또는 사무과를 두며, 읍·면·동선거관리위원회에는 지방공무원 중에서 간사와 서기 약간명을 위촉하여 운영한다.

시·도선거관리위원회 사무처에는 총무과, 선거과, 지도과, 홍보과를 두고 있고, 구·시·군선거관리위원회 사무국 또는 사무과에는 선거담당관 또는 선거계와 지도담당관 또는 지도계를 두고 있다.

선거관리위원회 사무처 또는 사무국 소속 직원들은 모두 국가공무원 신분으로서 임용 절차와 방법, 복무와 보수, 부처 간 인사교류 등에 관하여 국가공무원법의 적용을 받는다.

1. 신협 선거관리위원회 설치 · 운영

신협은 임원선거를 공정하게 관리하기 위하여 선거 공고일전 3일까지 자체적인 선거관리위원회를 설치하고 선거일 후 60일까지 운영해야 한다(신협법 §27의3①, 시행령 §14의4, 선거규약 §9).

신협 내부에 설치하는 선거관리위원회는 임원의 선출방식이나 선거관리의 위탁 여부를 불문하고 반드시 설치 · 운영해야 하는 필수적 기관이다. 신협 선거관리위원회는 해당 신협의 이사회가 선거관리에 관한 경험이 풍부한 조합원과 공직선거 등의 선거관리 전문가 중에서 위촉하는 5명 또는 7명의 위원으로 구성한다. 다만, 임직원은 선거관리위원회 위원이 될 수 없다(시행령 §14의4① · ②, 선거규약 §10①).

신협 선거관리위원회의 위원장과 부위원장은 위원 중에서 호선한다(선거규약 §10②). 위원장은 선거관리위원회를 대표하고 사무를 총괄하며, 위원장에게 사고가 있는 때에는 부위원장, 일반 위원 중 연장자 순으로 그 직무를 대행한다(선거규약 §11①).

선거관리위원회의 회의는 재적위원 과반수의 출석으로 개의하고 출석위원 과반수의 찬성으로 의결한다. 이 경우 위원장은 의결에 참가하여 캐스팅보트를 행사할 수 있다(선거규약 §12②).

2. 신협 선거관리위원회의 관장 사무

선거관리위원회 위원은 위원장이 지정하는 바에 따라 선거관리, 투표관리, 개표관리 사무를 분장하고, 위원장은 신협의 직원 중에서 간사 1인과 종사원을 위촉하여 선거사무를 처리하게 할 수 있다(선거규약 §12 ③ · ④).

신협 선거관리위원회는 다음 사무를 관장한다(선거규약 §13).

① 선거인 명부의 확정

② 후보자 등록접수 및 자격심사

③ 선거인 및 후보자 자격 이의신청에 관한 사항

④ 선거사무, 투표 및 개표에 관한 사항

⑤ 선거관련 분쟁의 조정

⑥ 당선인의 결정

⑦ 합동연설회 · 공개토론회 · 소견발표회의 개최에 관한 사항

⑧ 선거운동제한 위반여부의 심사 및 조치에 관한 사항

⑨ 선전 벽보 및 선거공보에 관한 사항

⑩ 후보자의 기탁금 납부 등에 관한 사항

⑪ 기타 위원장이 필요하다고 인정하는 사항

선거규약이 규정하고 있는 신협 선거관리위원회 관장 사무의 특징은 농업협동조합, 새마을금고 등 유사 상호금융기관에 설치된 선거관리위원회와 달리 불법선거운동 감시 · 단속에 관한 사무가 적시되지 않았다는 점이다. 공명선거감시단 운영에 관한 근거도 전혀 없다.

3. 위탁된 선거에서 관장사무의 조정

2025년 11월 이후 실시하는 지역신협의 동시이사장선거부터는 관할

선거관리위원회에 의무적으로 위탁해야 하고, 공공단체 등의 위탁선거
에 관해서는 위탁선거법이 다른 법률에 우선하여 적용되므로(위탁선거
법 §5), 선거관리가 위탁되는 순간부터 이사장선거에 관하여 신협 선거
관리위원회가 관장하는 사무의 대부분은 관할 선거관리위원회가 인수
하게 된다.

이 경우 이사장선거에 관하여 신협선거관리위원회가 처리하게 되는
직무범위는 선거인명부 열람기간 중 선거인명부에 관한 이의신청에 대
하여 심사·결정하는 업무에 한정될 것으로 보인다. 그러나 이 또한 결
코 가벼운 업무가 아니다.

게다가 선거규약에 따르면 상임임원과 전문임원을 제외한 신협의 임
원선거는 동시에 실시해야 하므로(§43), 위탁된 이사장선거를 제외한 부
이사장, 이사 및 감사 선거에 관한 업무는 오롯이 해당 신협의 선거관
리위원회가 감당해야 한다.

1. 위탁선거법규와 상충되는 신협법령의 효력

우리는 입법자의 무오류성無誤謬性을 믿어서는 안 된다. 2023년 11월 1일 현재 대한민국에서 시행되고 있는 법률의 숫자가 1,607개나 되는데, 그 많은 법률간 상호 모순·저촉됨이 없이 규범조화적으로 전체 법체계의 완결성을 유지하는 것이 오히려 불가능에 가까운 입법적 과제이기 때문이다.

이에 따라 해석론에서는 법률간 상호 모순·저촉되거나 충돌되는 경우 상위법 우선의 원칙, 특별법 우선의 원칙, 신법 우선의 원칙을 적용하여 법의 해석과 집행에 타당성을 확보하고 있다.

일반적으로 특별법이 일반법에 우선하고 신법이 구법에 우선한다는 원칙은 동일한 형식의 성문법규인 법률이 상호 모순·저촉되는 경우에 적용된다. 이때 법률이 상호 모순·저촉되는지 여부는 법률의 입법목적, 규정사항 및 적용범위 등을 종합적으로 검토하여 판단하여야 한다.[21]

이러한 측면에서 법률의 총칙 부분에 두는 다른 법률과의 관계에 관한 규정은 일반법과 특별법과의 관계는 물론이고 관련된 여러 개의 법률간 적용의 우선순위에 관한 사항을 정하기 위한 것으로서 해석·집행

---

21) 대법원 2016. 11. 25. 선고 2014도14166 판결

상의 모순이나 저촉을 방지하는 데 중요한 역할을 한다.

다른 법률과의 관계에서 해당 법률을 우선 적용한다는 규정을 둔 경우에는 해당 법률이 다른 법률에 대하여 특별법적 성격을 가진다는 것을 의미한다.[22] 반면에 다른 법률에 특별한 규정이 있는 경우 다른 법률을 우선적으로 적용한다는 규정을 둔 경우에는 해당 법률이 일반법적인 성격을 가지고 있다는 것을 뜻한다.

위탁선거법은 공공단체의 위탁선거에 관하여 다른 법률에 우선하여 해당 법률이 우선 적용됨을 밝히고 있는데(§5), 이는 위탁선거에 관한 다른 선거 관련 법률과의 지위에서 위탁선거법이 특별법적 성격을 가진다는 점을 명확히 한 것으로 보인다.

따라서 위탁선거법이 적용되는 선거에서 위탁선거법과 상충되는 모든 위탁단체 개별법률의 선거 관련 규정은 위탁선거법과 저촉되는 범위에서 그 효력을 잃는다. 이 점에 있어서는 신협법도 결코 예외가 될 수 없다.

2. 위탁선거규칙에 저촉되는 자치규범의 효력

가. 중앙선거관리위원회 규칙의 성격

중앙선거관리위원회는 헌법적 근거에 따라 위임입법권을 보유하고 있으므로 법령의 범위에서 선거관리·국민투표관리 또는 정당사무에 관한 규칙을 제정할 수 있고, 법률에 저촉되지 않는 범위에서 내부규율에 관한 규칙을 제정할 수도 있다(헌법 §114⑥).

한편, 위탁선거법은 위탁선거의 관리에 관하여 해당 법률의 시행에 필요한 사항은 중앙선거관리위원회규칙으로 정하도록 포괄적으로 위임

---

22) 국회 법제실 2022. 10. 『법제 이론과 실제』 273쪽 참조.

하고 있다(§79).

일반적으로 알려져 있는 규칙의 의미는 지방자치단체장이 발하는 행정규칙으로서 법규성이 인정되지 않는다. 그러나 명칭 여하를 불문하고 중앙선거관리위원회, 대법원, 헌법재판소 등 헌법기관이 헌법상 위임입법권에 근거하여 제정한 규칙은 법규명령으로서23) 대통령령과 동일한 효력을 보유하고 있어 일반 국민을 기속하고 법원의 재판규범이 된다.

중앙선거관리위원회가 위탁선거법에서 위임한 사항과 위탁선거 관리에 필요한 사항을 정하기 위하여 제정한 위탁선거규칙은 법규명령으로서 위임명령24)과 집행명령25)의 성격이 혼재되어 있다. 중앙선거관리위원회가 제정한 규칙의 법규성에 관하여는 학설과 판례가 일치되어 이견이 없다.26)

나. 위탁선거규칙에 저촉되는 정관·규약의 효력

정관은 법인의 조직과 활동에 관하여 단체 스스로가 자율적으로 정한 최고最高의 규범이지만, 자치법규라는 태생적 한계상 내부적으로만 효력을 가질 뿐 대외적으로 제3자를 구속할 수 없는 것이 원칙이다. 그 형성과정과 효력 발생 요건에 있어서도 법규명령과는 차이가 크다.27)

법령의 내용이 강행규정인 경우 공공단체의 정관으로 달리 변경하여 규정할 수 없다는 점은 상식의 영역에 속한다. 다만, 정관이 법령의 강행규정을 위반한 경우에는 그 정관은 무효일 것이나, 일부 규정에만 무

---

23) 법규명령이란 일반적·추상적 규정으로서 법규의 성질을 가지는 것을 말한다. 법규란 국민과 행정권을 구속하고 법원의 재판규범이 되는 성문규범을 총칭하는 개념이다.
24) 위임명령이란 법률보충명령으로서 법률의 개별적 위임의 범위에서 국민을 대상으로 권리를 창설하거나 의무를 설정할 수 있다.
25) 집행명령이란 법률의 명시적·개별적 위임이 없더라도 직권에 의하여 법률의 시행에 필요한 사항을 정하는 위임입법을 말한다.
26) 대법원 1996. 7. 12. 선고 96우16 판결, 헌법재판소 2000. 6. 29. 2000헌마325 결정, 헌법재판소 2015. 4. 30. 2013헌바55 결정 등 참조.
27) 헌법재판소 2019. 5. 30. 선고 2018헌가12 결정

효 사유가 존재하는 때에는 해당 정관 전체가 당연히 무효로 되는 것은
아니다.28)

따라서 위탁선거와 관련하여 신협의 정관이나 선거규약 등 신협이 정
한 자치규범의 내용이 위탁선거관리규칙과 상충된다면 그 상충되는 범
위에서 자치규범의 해당 규정은 효력을 상실하는 것으로 보아야 한다.

만일 법령이 임의규정인 경우 공공단체는 사회통념상 현저히 타당성
을 잃은 것이 아니라면 임의규정과 달리 규정할 수 있으며, 이 경우에
는 법령의 임의규정보다 해당 단체의 정관이 우선적으로 적용된다.29)

---

28) 대법원 1994. 10. 25. 선고 93다50635 판결
29) 대법원 2007. 7. 24. 선고 2006마635 결정

1. 자치법규의 공정성 확보

국가 내에서 헌법의 위상과 마찬가지로 단체의 정관은 조직 내부적으로 최고규범성이 인정되는 자치법규이다. 그러나 정관이나 선거규약 등 내부규범의 내용에 문제가 있더라도 법원에 그 효력의 유무를 확인하는 소송을 제기할 수 없다.[30]

확인의 소의 대상은 구체적인 권리 또는 법률관계의 존부에 대한 것이어야 하므로, 추상적인 법령 또는 법규 자체의 효력 유무를 다툴 수는 없기 때문이다.

따라서 이사장선거에 관하여 신협의 정관이나 선거규약 등 자치법규에서 선거에 관한 규정이 현직 이사장이나 특정 입후보예정자에게 크게 유리하거나 불리한 경우, 즉 그 내부규범이 현저하게 불공정하여 상당성을 잃었더라도 다른 입후보예정자나 조합원의 입장에서는 법원에 해당 자치법규의 무효를 구하지 못한다.

정관의 전부 또는 그 일부의 무효확인을 구하는 것은 일반적·추상적 법규의 효력을 다투는 것일 뿐, 당사자 사이의 구체적인 권리 또는 법률관계를 대상으로 하는 것이 아니기 때문이다.[31]

---

30) 대법원 1992. 8. 18. 선고 92다13875, 13882(병합), 13899(병합) 판결 참조.
31) 대법원 1995. 12. 22. 선고 93다61567 판결 등 참조.

이 경우 정관에 따라 구성원이 어떤 처분이나 불이익을 받은 경우에 한하여 정관 해당 규정의 무효를 주장하면서 그 처분의 무효를 주장하는 방법으로 권리를 구제받을 수밖에 없다.

만일 이사장선거에서 불공정한 자치규범이 기득권을 감싸고 있다면, 그 선거를 위탁받은 관할 선거관리위원회가 해당 규범을 엄정하게 집행하면 할수록 오히려 불공정을 강화하고 적극적으로 불의를 행하게 되는 딜레마에 빠지게 된다.

이것은 이사장선거를 선거관리위원회에 의무적으로 위탁하도록 제도화한 입법자의 의도가 아니다. 이러한 모순을 해결하기 위하여 위탁선거규칙은 관할 선거관리위원회가 위탁단체의 정관, 규약 등 선거에 관한 내부규정이 위탁선거를 관리하는 데 현저하게 불합리하다고 판단할 경우 위탁단체에 해당 규정의 개정을 권고할 수 있도록 정관 등에 관한 의견표시권을 규정하고 있다(§4).

이러한 의견표시권을 적절히 활용한다면, 불공정한 내부규범으로 인하여 이사장선거가 기울어진 운동장에서 진행될 우려가 있을 때, 관할 선거관리위원회가 위탁단체에 해당 자치법규에 대한 개선을 권고하여 경기장을 평탄하게 고른 후 공정하게 경기를 치를 수 있는 평형추로 활용할 수 있다고 본다.

만약 불합리한 선거규범이 공고한 카르텔을 형성하여 내부를 지배하고 있고, 이를 바로잡으려는 목소리가 기득권의 장벽을 넘지 못하는 상황이라면, 그 피해자의 입장에서는 관할 선거관리위원회에 자치법규 개정의견 표시권을 행사하도록 적극 건의하는 것도 공공단체 임원선거의 의무위탁을 제도화한 취지에 부합된다고 생각한다.

예컨대, 신협의 선거규약은 이사회가 구성한 전형위원회가 임원정수에 해당하는 후보자를 추천하도록 독특한 규정을 두고 있는데(§18), 2025년 동시이사장선거에 참여하는 지역신협으로부터 위탁관리 신청서를 접수한 관할 선거관리위원회는 해당 규정에 대한 개정의견을 표시해야 할지에 관하여 상당히 곤혹스러운 상황에 처하게 될 것으로 보인다.

사견으로 전형위원회의 후보자 추천제도는 지역신협의 이사장선거 직선제와 오래된 과거처럼 어울리지 않고, 법리적으로도 지위를 이용한 선거운동 금지 등 신협 임직원의 선거중립 의무와 상충되며, 조직의 안정성보다 민주성·투명성·공정성에 더욱 무게를 두고 있는 시대정신과 조화되기 어렵다고 본다.

2. 피선거권 규정의 실효성 확보

신협은 다수의 일반 국민을 대상으로 금융업을 하는 금융기관과 유사한 지위에 있으므로 그 임원에게는 높은 수준의 윤리의식과 준법의식이 요구된다. 금융기관 임원의 불법행위는 금융기관을 신뢰하여 거래하는 불특정 다수인에게 악영향을 미치기 때문에 그 경영을 책임지는 임원에 대한 국민의 신뢰를 보호할 필요성이 크기 때문이다.[32]

이에 따라 신협법은 과거의 범죄행위로 유죄판결을 받은 사람은 임원이 될 수 없도록 규정하면서, 형과 범죄의 종류에 따라 그 제한기간을 각각 달리 정하고 있다.[33]

또한 신협법은 피성년후견인, 피한정후견인, 파산선고를 받고 복권되지 않은 사람, 그 밖에 법원의 판결 또는 다른 법률에 따라 자격이 상실되거나 정지된 사람도 임원이 될 수 없도록 규정하고 있다. 이에 해당하는 사람은 두말할 필요조차 없이 이사장선거의 피선거권이 없다.[34]

만일 후보자로 등록한 후 위와 같은 피선거권 결격사유가 확인된 경

---

32) 헌법재판소 2014. 9. 25. 2013헌바208 참조.
33) 신협법 제28조제1항제2호부터 제5호까지의 규정 참조.
34) 신협법 제28조제1항제1호·제6호 참조.

우에는 그 등록을 무효로 하고(선거규약 §24①), 당선된 후에도 임기개시 전에 피선거권 결격사유가 확인되면 재선거를 실시해야 하며(선거규약 §52① 1.), 재임 중 그 사유가 발생한 때에는 면직된다(표준정관 §54②).

그러나 문제는 신협의 임원에게 이렇게 높은 수준의 윤리의식과 준법의식을 요구하는 엄격한 실체적 자격요건을 두고 있음에도 불구하고 정작 신협법규에서는 그 자격요건을 검증할 수 있는 절차와 방법을 정해두지 않고 있다는 점이다.

물론 시행령 제24조의2제3항은 조합 또는 이사장은 신협법 제28조에 따른 임원 등의 자격제한 확인을 위하여 범죄경력자료, 주민등록번호, 여권번호 또는 외국인등록번호 등 개인정보가 포함된 자료를 처리할 수 있도록 규정하고 있지만, 이는 내부적으로 개인정보를 처리할 수 있는 권한의 근거일 뿐, 검찰이나 경찰이 보유하고 있는 범죄경력자료에 대한 조회권한까지 부여한 것으로 보기에는 어렵다.

이와 같이 금융기관의 임원에게 요구되는 최고 수준의 염결성廉潔性과 자격을 검증하려는 신협법의 높은 이상은 개인의 자유와 권리를 보호하고 나아가 개인의 존엄과 가치를 구현함을 목적으로[35] 제정된 개인정보 보호법의 두터운 장벽에 가로막혀 훈시규정의 장식조항을 닮아 가고 있다.

그러나 이 경우에도 신협 이사장선거의 관리를 관할 선거관리위원회에 위탁하게 되면 임원의 자격요건에 관한 신협법의 규범력과 실효성을 확보할 수 있는 절호의 기회가 열린다.

예컨대, 위탁선거법에 따르면 관할선거관리위원회는 후보자등록마감 후에 후보자의 피선거권에 관한 조사를 해야 하고, 그 조사를 의뢰받은 기관 또는 단체는 지체 없이 그 사실을 확인하여 해당 선거관리위원회에 회보回報해야 할 의무가 있기 때문이다(위탁선거법 §18④).

---

35) 개인정보 보호법 제1조 참조.

이에 근거하여 관할 선거관리위원회는 후보자등록마감 후 해당 신협의 사무소 소재지를 관할하는 검찰청의 장에게 법령이나 자치법규에서 임원의 결격사유로 정한 후보자의 범죄경력 기록을 조회할 수 있고, 해당 검찰청의 장은 지체 없이 그 범죄경력을 해당 선거관리위원회에 회보하여야 한다(위탁선거법 §18⑤).

위탁선거법에 규정된 이러한 절차를 통하여 관할 선거관리위원회는 신협법 제28조제1항제2호부터 제6호까지의 규정에서 임원의 결격사유로 정하고 있는 후보자의 범죄경력 여부를 확인한다.

구체적으로는 금고 이상의 실형을 선고받고 그 집행이 끝난 후 3년이 지났는지 여부, 형의 집행유예를 선고받고 그 유예기간 중에 있는지 여부, 금융관계법령을 위반하여 벌금 이상의 형을 선고받고 그 집행이 끝난 후 5년이 지났는지 여부 등을 검찰청의 장에게 조회한다.

한편, 관할 선거관리위원회는 후보자의 등록기준지를 관할하는 구·시·읍·면의 장에게 후보자가 신협법 제28조제1항제1호에서 임원의 결격사유로 정하고 있는 피성년후견인, 피한정후견인 또는 파산선고를 받고 복권되지 않은 사람에 해당하는지를 확인한다.

참고적으로 농업협동조합법은 자체 관리하는 임원선거에서 후보자가 되려는 사람이 관할 경찰관서의 장에게 자신의 전과기록을 조회할 수 있도록 하고, 해당 경찰관서의 장은 지체 없이 그 전과기록을 후보자가 되려는 사람에게 회보하도록 하며, 회보받은 전과기록은 후보자등록을 신청하는 때에 함께 제출하도록 규정하고 있다(§51⑧).

또한 새마을금고법도 새마을금고와 그 중앙회로 하여금 임원 후보자에게 결격사유가 있는지 여부를 확인하기 위하여 주된 사무소를 관할하는 경찰관서의 장에게 피선거권 제한에 해당하는 범죄의 경력조회 등 필요한 협조를 요청할 수 있도록 하고, 해당 경찰관서의 장은 그 결과를 회보하도록 규정하고 있다(§21④).

3. 선거부정의 억제

신협법 개정에 관한 국회의 논의과정으로 판단하건대, 입법권자가 지역신협의 이사장선거를 관할 선거관리위원회에 의무적으로 위탁하도록 강제하면서 신협의 자율성을 제한한 이유가 신협의 자체적인 선거관리 역량에 대한 의심은 아니다.

다른 상호금융과 마찬가지로 신협도 불공정한 선거에 따른 기득권의 제도화와 이로 인한 부정의 고착이 부실경영의 근본 원인이라는 점을 입법권자가 지목하고 있었다는 것은 국회의 속기록이 넉넉히 증명하고 있는 바다.

농업협동조합 등 조합장선거에서도 선거관리위원회가 위탁하여 관리하기 전까지는 비난과 조롱의 대상이었다. 조합장선거의 부정과 부패가 오히려 공직선거에 전이되어 금품기대심리를 조장하고 선거의 불가매수성을 위협하는 지경에 이르자, 입법권자의 최후의 결단은 공공단체선거의 사적자치에 대한 제한이었다.

2010년대 이후 선거관리위원회가 조합장선거를 의무적으로 위탁받아 2023년까지 총 3회의 동시조합장선거를 치르는 동안 유권자 매수 등 선거부패는 많이 사라졌고 선거절차는 투명해졌으며 결과는 공정하여 대부분의 조합에서 갈등이 종식되었다.[36)]

그동안 3차례의 공정하고 투명한 동시조합장선거를 통하여 이제 조합에도 법적 평화가 안착되었다는 평가를 받는다. 이러한 성과가 곧바

---

36) 역대 동시조합장선거의 선거법위반행위 조치현황을 살펴보면, 2015년 실시한 제1회 동시조합장선거에서 전국적으로 기부행위 위반 349건과 비방·허위사실공표 54건이 적발되었으나, 2019년 제2회 동시조합장선거에서는 기부행위 위반은 259건으로, 비방·허위사실공표는 40건으로 각각 감소하였다. 한편, 2023년 실시한 제3회 동시조합장선거에서는 기부행위 위반 209건, 비방·허위사실공표는 36건으로 더욱 감소하였다. 2019. 7. 중앙선거관리위원회 발행 『제2회 전국동시조합장선거총람』 111쪽, 2023. 8. 중앙선거관리위원회 발행 『제3회 전국동시조합장선거총람』 100쪽 참조.

로 입법권자에게 영감을 주어 신협의 이사장선거를 선거관리위원회가 수탁하여 관리하도록 의무화한 것이다.

　여기서 우리는 오래된 과거로 잊혀질 뻔한 신협의 어머니 메리 가브리엘라 뮬헤린 수녀님의[37] 뜻이 가까운 미래에 자유롭고 정의로운 이사장선거를 통하여 실현될 것이라 믿는다. 그때 우리는 신협이 창립정신을 되살려 인간의 존엄과 공동체의 가치를 중시하는 협동조합으로 거듭나 냉혹한 신자유주의 질서가 지배하는 파편화된 시대에서 서민과 중소상공인의 아픔을 보듬는 모습을 확인하게 될 것이다.

4. 신협 발전의 모멘텀 확보

　선거관리위원회는 헌법적 책무인 선거와 국민투표의 공정한 관리를 통하여 자유롭고 정의로운 선거질서를 수호하고 민주정치의 건전한 발전을 도모하는 정치발전적 집행기관이다.

　그동안 선거관리위원회 창설 이래 수많은 공직선거를 관리하면서 쌓아온 공정성과 신뢰라는 국가적 자산을 민간선거에 활용하여 생활주변의 선거를 정화하고, 이를 토대로 공직선거를 견인하여 민주정치의 발전에 기여하겠다는 것이 선거관리위원회 위탁선거 관리의 궁극적 정책목표이다.

　선거관리위원회의 위탁관리를 통하여 후보자에게는 공정한 경쟁의 기회가 보장되고, 선거인들은 후보자의 자질과 공약의 타당성에 관한

---

37) 메리 가브리엘라 수녀님은 1926년 27세에 메리놀수녀회의 일원으로 한국행을 택하여 평양과 신의주에서 식민지 압제에 신음하는 한국인들에게 복음을 전하는 활동을 하였다. 1930년대 신사참배 거부 등으로 메리놀수녀회가 일제로부터 추방 명령을 받자 수녀님도 함께 미국으로 떠났다. 6·25전쟁 후 가브리엘라 수녀는 다시 한국으로 돌아와 부산 메리놀병원에서 전쟁 미망인들을 위한 복지활동과 전후복구사업에 뛰어들면서 1960년 5월 부산 성가신협 설립을 시작으로 평생을 신협운동에 헌신하시다가 1993년 선종하셨다. 신협중앙회 2020. 5. 발행 『희망을 눈뜨게 하라』 참조.

객관적 정보를 제공받아 선거권 행사의 전제조건으로서 알권리와 후보자 선택의 자유를 누리게 된다.

선거관리위원회의 위탁관리를 통하여 당선된 신협의 이사장은 높은 수준의 정당성과 도덕성이 부여되어 신협 개혁의 리더십과 새로운 발전의 모멘텀을 확보할 수 있을 것이다.

고객으로부터도 신협 운영의 투명성에 대한 인식이 제고되어 지역사회의 신뢰를 다져 나가면서 이제 신협은 이익 극대화와 효율 만능을 추구하는 금융기관을 지양하고 공동체의 가치를 추구하는 금융협동조합으로 새로운 위상을 정립해 나갈 수 있을 것으로 기대된다.

제5장

이사장선거의
절차와 참여방법

이사장선거는 임기만료, 사퇴·사망, 당선 또는 선거의 취소 판결에 따라 선거의 실시사유가 결정되고, 선거인명부 작성을 통하여 선거인을 확정하며, 후보자등록을 통하여 후보자를 특정한다.

이후 일정기간의 선거운동을 통하여 유권자들에게 후보자의 정책과 공약, 능력과 자질을 홍보한다. 선거일에는 투표를 실시하고 그 결과는 개표로 확인하여 다수득표자를 당선인으로 결정한다.

이 장에서는 위탁선거법에 따른 지역신협 이사장선거의 절차를 살펴보고 선거 과정별로 후보자의 선거 참여방법을 설명한다.

1. 선거일 공고의 주체·시기와 공고사항

선거일을 정하는 방법에 관해서는 공고주의와 법정주의가 있다. 공고주의는 법령에서 선거를 실시할 수 있는 기간만 정해 놓고 구체적인 선거일은 공고권자에게 위임하는 방식이고, 법정주의는 공고주의의 폐단과 부작용[1]을 시정하기 위하여 선거일을 법령 자체에서 직접 특정하는 방식이다.

선거일 법정주의를 채택하고 있는 공직선거법과 달리 위탁선거법에서는 농업협동조합 등 동시조합장선거와 새마을금고의 동시이사장선거를 제외한 다른 위탁선거의 선거일은 관할 선거관리위원회가 해당 단체와 협의하여 정하는 날로 하고(위탁선거법 §14②, 선거규약 §3③), 관할 선거관리위원회는 선거인명부작성개시일 전일까지 선거일을 공고하도록 규정하고 있다(위탁선거법 §14⑥).

개정 신협법은 2025년 11월 12일 신협 이사장선거의 전국 동시 실시를 법정하였으나, 위탁선거법에는 농업협동조합 등 동시조합장선거 또는 새마을금고의 동시이사장선거와 달리 신협 이사장선거의 통일적 관

---

1) 공직선거에서도 1994년 이전 통합선거법 제정 전에는 선거일 공고주의를 채택함에 따라 선거일을 예측하기 곤란하여 출마 준비가 어렵고 여당 후보자에게 유리하다는 비판이 제기되어 왔다. 선거일 결정 자체가 여권의 프리미엄으로 인식되던 시기였다.

리집행에 관한 사항이 반영되지 않았다.

이에 따라 신협의 이사장선거를 수탁받은 관할 선거관리위원회마다 선거인명부작성개시일 전일까지 각각 선거일을 공고해야 한다(위탁선거법 §14⑥ 전단).

한편, 임원선거를 실시하는 경우 신협의 이사장은 선거일 20일 전까지 다음 사항을 10일 이상 해당 신협의 게시판에 공고하고 개별 조합원에게 통지한다(표준정관 §6·§7, 선거규약 §4).

① 선거하여야 할 임원 및 그 정수. 이 경우 이사장의 상임 또는 비상임을 구분하고, 상임임원과 전문임원의 선출을 구분하여야 한다.

② 투표일시, 투표장소, 투표 종료시각

③ 선거인의 자격

④ 피선거권자의 자격

⑤ 후보등록기간

⑥ 등록접수장소

⑦ 피선거권의 제한사항

⑧ 기타 필요한 사항. 여기에서 기타 필요한 사항이란 등록신청서류 및 접수처, 선거인추천 수, 기탁금에 관한 사항 등을 말한다.

제1회 동시이사장선거는 2025년 11월 12일에 실시되므로, 늦어도 10월 21일까지는 선거일 등의 공고가 필요하다.

참고적으로 농업협동조합 등 동시조합장선거와 새마을금고의 동시이사장선거에서는 해당 조합이나 금고에서 별도의 신청 없더라도 임기만료일전 180일에 관할 선거관리위원회에 선거관리를 위탁한 것으로 간주하고(위탁선거법 §8 1.), 선거인명부작성개시일2) 전일에 선거일을 공고한 것으로 본다(위탁선거법 §14⑥ 후단).

이에 따라 다수의 조합과 새마을금고가 공지된 사실의 공고 등 요식

---

2) 조합장선거에서 선거인명부는 위탁선거법에 따라 선거일전 19일부터 5일 이내에 작성하도록 규정하고 있다. 위탁선거법 제15조제1항 단서 참조.

행위에서 발생하는 사무처리의 비능률을 제거하고 있다. 이러한 방식은 위탁이 의무화되어 전국적으로 동시에 실시하는 신협의 이사장선거에도 공통적으로 적용하는 것이 합리적일 것이다.

입법기술적으로 이는 금융위원회 소관인 신협법의 개정으로는 도입이 곤란하고, 중앙선거관리위원회 소관인 위탁선거법의 개정을 통해서만 실현될 수 있다. 새마을금고법의 입법례도 그렇다.

2. 지역신협 이사장선거의 실시 시기

2023년 7월 18일 공포되고 같은 해 10월 19일부터 시행된 개정 신협법에 따라 이제 지역신협 이사장선거의 동시실시가 제도화되었다. 우선 2025년 11월 12일에 일부 지역신협을 대상으로 첫 번째 동시이사장선거를 실시하고, 2029년 11월 14일에는 모든 지역신협을 대상으로 동시이사장선거를 실시한다(부칙 §4③).

이후 임기만료에 따른 지역신협의 이사장선거는 4년의 임기를 주기로 하여 임기가 만료되는 연도 11월의 두 번째 수요일에 동시선거를 실시하게 된다(부칙 §4③).

이사장선거의 전국 동시실시가 가능하도록 2023년 7월 18일 공포된 신협법 부칙에서는 해당 법률 시행일인 2023년 10월 19일 이후 임기가 개시되는 이사장을 대상으로 그 임기를 다음과 같이 조정하고 있다.

첫째, 해당 법률의 시행일인 2023년 10월 19일부터 같은 해 11월 21일 사이에 이사장의 임기가 시작되는 경우 해당 이사장의 임기를 단축하여 2025년 11월 20일에 만료되도록 한다(부칙 §4①). 같은 해 11월 12일에 제1회 동시이사장선거를 실시하기 위함이다.

둘째, 2019년 11월 22일부터 2023년 10월 18일까지의 기간 중 임기가 시작된 이사장에게는 통상의 임기가 보장된다. 그러나 그 후임으로 선출된 이사장의 경우에는 임기를 단축하거나 연장하여 모두 2029년 11월 20일에 임기가 만료되도록 한다(부칙 §4②). 같은 해 11월 14일에 제2회 동시이사장선거를 실시하기 위함이다.

셋째, 2023년 11월 22일 이후 재선거 또는 보궐선거로 선출되는 이사장의 임기는 전임자의 남은 임기로 한다. 다만, 재선거 또는 보궐선거의 실시사유가 발생한 날부터 임기만료일까지의 기간이 1년 미만인 경우에는 그 선거를 실시하지 않는다(부칙 §4④).

넷째, 2023년 11월 22일 이후 새로 설립되거나 합병 또는 분할하는 신협에서 선출된 이사장의 임기는 그 임기개시일부터 동시선거 임기만료일까지의 기간이 2년 이상인 경우에는 해당 동시선거 임기만료일까지로 하고, 그 임기개시일부터 최초로 도래하는 동시선거 임기만료일까지의 기간이 2년 미만인 경우에는 차기 동시선거 임기만료일까지로 한다(부칙 §4⑤).

3. 동시이사장선거 불참 요건

2023년 7월 18일 공포된 신협법은 지역신협 이사장선거의 동시선거와 의무위탁 제도를 도입하면서 특별한 사정이 있는 신협은 이사회 의결에 따라 동시선거에 참여하지 않을 수 있도록 부칙에 그 예외를 허용하고 있다(부칙 §4⑥).

예컨대, 거액의 금융사고·천재지변 등으로 선거를 실시하기 곤란하거나 신협법에 따라 합병을 권고·요구 또는 명령받은 신협으로서 금융위원회 또는 중앙회장이 선거를 실시하지 않도록 권고하거나, 신협의 합병의결이 있는 경우 해당 신협은 동시선거에 참여하지 않는다.

합병·해산 등 법령이나 정관 또는 규약이 정하는 바에 따라 선거를 실시하지 않을 사유가 발생한 경우,[3] 해당 신협은 관련서류를 첨부하여 그 사유를 관할 선거관리위원회에 통보해야 한다(위탁선거규칙 §3③).

이 경우 선거를 실시하지 못한 원인이 해소된 때에는 지체 없이 이사회의 의결로 선거일을 정하여 30일 이내에 이사장선거를 실시해야 한다. 다만, 해당 선거에서 선출된 이사장의 임기는 다음에 도래하는 동시이사장선거일까지로 단축한다(부칙 §4⑦).

동시이사장선거에 참여한 후에 따로 실시하는 지역신협 이사장선거도 관할 선거관리위원회에 그 관리를 위탁해야 한다. 개별적으로 선거를 실시해야 하므로 동시이사장선거에 비하면 위탁선거 관리비용이 상당할 것으로 예상된다.

---

3) 실제 2023년 3월 8일 실시한 제3회 동시조합장선거에서 합병이 추진 중인 9개 조합과 폐업 등으로 사실상 기능을 상실한 28개 조합이 동시조합장선거에 참여하지 않았다.

1. 선거인명부 작성방법

가. 선거인명부 작성시 유의사항

선거일을 공고하였으면 이제 선거인명부를 작성하고 선거인을 확정할 순서이다. 특정 선거에서 누구를 선거인으로 할 것인지 여부는 선거의 공정뿐만 아니라 해당 단체의 정체성과도 관련된 부분이므로 그 중요성은 아무리 강조해도 지나치지 않다.

신협의 조합원은 출자좌수에 관계없이 평등한 의결권과 선거권을 가진다. 다만, 정관에서 정하는 바에 따라 미성년자 또는 조합원 자격을 유지한 기간이 3개월 미만인 사람의 의결권과 선거권은 제한할 수 있다(신협법 §19①).

이에 표준정관에서는 미성년자, 조합원 자격을 유지한 기간이 3개월 미만인 사람, 출자 1좌 미만이 된 조합원, 자격상실[4] · 파산 · 피성년후견인 또는 제명[5]의 사유로 조합원 탈퇴대상이나 해당 신협에 대출금

---

[4] 자격상실은 정관에 규정된 신용사업을 이용하지 않거나 공동유대에 속하지 않은 경우 이사회의 의결로 그 효력이 발생한다. 다만, 당초의 공동유대가 변경된 경우 그 변경에도 불구하고 조합원의 자격을 유지한다. 표준정관 제15조제3항 및 제19조 참조.

[5] 신협에 대한 의무를 이행하지 않거나, 신협의 신용을 상실하게 하거나, 법령이나 정관을 위반하거나, 신협의 사업을 이용하지 않거나, 출자 1좌 미만이 된 후 6월이 경과된 경우 총회의 결의에 따라 제명할 수 있다. 표준정관 제18조제1항 참조.

또는 예탁금이 있어 계약관계를 종료할 때까지 잠정적으로 조합원 자격이 부여된 사람에게는 선거권을 인정하지 않고 있다(§14).

신협은 관할 선거관리위원회와 협의하여 선거인명부 작성기간과 선거인명부 확정일을 정하고 선거인명부를 작성한다(위탁선거법 §15①). 신협이 선거인명부를 작성하는 경우에는 그 조합원명부에 따라 엄정히 조사·작성하여야 한다(위탁선거규칙 §7①).

신협이 선거인명부를 작성한 때에는 즉시 그 등본 1통을, 선거인명부가 확정된 때에는 지체 없이 확정된 선거인명부 등본 1통을 각각 관할 선거관리위원회에 송부한다(위탁선거법 §15③).

나. 조합원명부 관리의 중요성

신협법과 표준정관은 총회개최 공고일 전일을 기준으로 조합원 자격을 유지한 기간이 3월 미만인 사람에게는 선거권을 인정하지 않고 있으므로(신협법 §19①, 표준정관 §14① 4.), 만일 선거일에 임박하여 특별한 사정없이 조합원 가입신청이 급증하였다면 일단 그 진정성을 의심하면서 가입심사에 신중을 기하여야 한다.

공직선거에서는 오로지 특정한 선거구에서 투표할 목적으로 주민등록을 이전한 경우 즉, 위장전입에 해당하는 경우 이는 위법이고, 그의 선거권은 부인되어야 하며, 그가 한 투표는 무효로 한다는 것이 원칙이다.[6]

신협의 이사장선거에서도 오로지 특정 신협의 이사장선거에서 투표할 목적으로 해당 신협의 조합원으로 가입하고 실제 투표에 참여한 경우 이를 원인으로 선거 또는 당선의 효력에 관한 분쟁이 제기된다면, 법원은 공직선거에 적용되는 법리를 신협의 이사장선거에도 적용하여 선거 또는 당선의 유효성 여부를 판단할 가능성이 아주 높다.

---

6) 대법원 1989. 5. 11. 선고 88수61 판결

짧은 선거인명부 작성기간에 부정가입한 조합원을 모두 가려내는 것은 사실상 불가능할 수도 있겠지만, 조합원 가입심사가 부실하게 진행되면 이사장선거에서 부정을 획책하는 사람들에게 빗장을 열어주는 결과를 초래할 수 있으므로 그 심사에 최선을 다해야 할 것이다.

이러한 점에서 선거가 임박한 시기는 물론이고 평상시에도 조합원 가입신청에 대한 엄정한 심사가 부정선거에 대한 일차적 게이트 키핑 Gate Keeping 기능을 수행할 수 있을 것으로 보인다.

다만, 어떠한 경우가 진정한 의사에 따른 조합원 가입신청인지 아니면 오로지 투표할 목적으로 부정하게 조합원으로 가입하려 하는 것인지는 구체적 사안에 따라 개별적으로 판단할 수밖에 없을 것이다.

만일 선거인명부 작성을 담당하는 임직원이 조합원명부를 부실하게 관리하여 자격이 없는 사람이 선거인명부에 오르도록 방치하였다면 위탁선거법 제63조제2항에 따른 부실기재죄가 적용되어 처벌될 수 있다.

대법원 판례는 선거인명부 작성과 관계 있는 사람은 특정 후보자를 위한 선거운동에 가담하지 않았더라도 조합원명부 관리나 선거인명부 작성에 관하여 단지 게으름이나 무관심만으로도 형사처벌될 수 있음을 확인해 주고 있다.[7] 해당 사안에 적용된 법조와 죄명이 바로 위탁선거법 제63조제2항의 부실기재죄이다.

이러한 문제를 예방하기 위하여 관할 선거관리위원회는 통상 선거인명부작성개시일 전 60일까지 해당 위탁단체에 선거인명부 작성의 근거가 되는 조합원명부 등 관련 서류를 일제 정비하도록 요청하고, 선거인명부를 작성하는 때에 선거권이 없는 사람을 등재하거나 정당한 선거권자의 성명·생년월일·주소 등을 잘못 적는 사례가 없도록 위탁단체의 선거인명부 작성 담당자에 대한 교육과 안내를 실시하고 있다.

---

7) 대법원 2017. 4. 26. 선고 2016도14861 판결

2. 선거인명부 검증방법

공직선거에서 위장전입 등 거짓의 방법으로 선거인명부에 등재되는 행위는 이제 역사적인 기록으로만 의미를 가질 뿐이지만, 아직도 많은 위탁선거에서는 정당한 자격을 가진 사람을 선거인명부에 올리지 않거나, 무자격자를 선거인명부에 올림에 따라 선거 후에도 선거의 적법성을 둘러싼 분쟁이 계속되고 있다.[8]

이러한 측면에서 선거인명부 작성내용에 대한 철저한 검증의 필요성이 인정된다. 위탁선거법은 선거인명부 작성기간이나 작성방법에 관하여는 해당 단체의 자율성을 존중하지만, 일단 작성된 선거인명부의 검증을 위해서는 엄격한 절차를 규정하고 있다.

우선 신협이 선거인명부를 작성한 때에는 선거인명부 작성기간만료일의 다음 날부터 선거인명부확정일 전일까지의 사이에 따로 기간을 정하여 선거권자가 선거인명부를 열람할 수 있도록 기회를 보장해야 한다(위탁선거법 §16①).

선거권자는 누구든지 선거인명부에 누락 또는 오기誤記가 있거나 자격이 없는 사람이 선거인으로 등재되어 있다고 판단되면 열람기간 중 구술 또는 서면으로 해당 신협에 이의를 신청할 수 있다(위탁선거법 §16②).

공직선거에서 끌어온[9] 이러한 이의신청 제도는 위탁선거에서도 선거인명부 작성의 정확성을 담보하고 선거부정의 여지를 차단하기 위한 핵심 방어기전으로 작동한다. 일종의 민중 심사의 방법으로 선거인명부의 작성내용을 검증하기 때문이다.

신협의 선거관리위원회는 선거권자의 이의신청이 있으면 신청을 받

---

8) 광주고등법원 2009. 10. 23. 선고 2009나2773 판결
9) 공직선거법 제41조 및 제42조 참조.

은 날의 다음 날까지 이를 심사·결정하되, 그 신청이 이유있다고 결정한 때에는 즉시 선거인명부를 정정하고 관할 선거관리위원회와 신청인 및 관계인에게 통지하며, 이유 없다고 결정한 때에는 신청인에게 그 사유를 통지하여야 한다(위탁선거법 §16③).

여기서 관계인이란 자격이 없음에도 선거인명부에 올라 있는 사람 또는 정당한 자격이 있음에도 선거인명부에 누락된 사람으로서 이의제기의 대상이 된 사람을 말한다.

3. 선거인명부 확정 후 오류 처리방법

신협은 선거인명부 확정 후 오기誤記 또는 선거권이 없는 사람이나 사망한 사람이 있는 것을 발견한 때에는 선거일 전일까지 관할 선거관리위원회에 문서로 그 사실을 통보하고, 이를 통보받은 관할 선거관리위원회는 선거인명부의 비고란에 그 사실을 적어야 한다(위탁선거규칙 §8①).

관할 선거관리위원회는 선거인명부를 투표관리관에게 인계한 후에도 위탁단체로부터 오기誤記 등을 통보 받은 경우에는 지체 없이 이를 투표관리관에게 통지하여야 하며, 투표관리관은 그 사실을 선거인명부의 비고란에 적도록 하여 선거일에 자격이 없는 사람의 투표참여를 차단하고 있다(위탁선거규칙 §8②).

4. 선거인명부 사본교부에 관한 쟁점

신협의 선거규약은 '선거인명부는 교부할 수 없다'며 단호하게 선언하고 있다(§16①). 반면 위탁선거법에서는 후보자가 해당 법령이나 정관 등에서 정하는 바에 따라 선거인명부 사본의 교부를 신청할 수 있도록 규정하고 있다(§17조).

위탁선거법 해당 조문의 취지는 선거운동의 자유와 선거정보 접근권에 터잡아 후보자에게 선거인명부 사본의 교부를 신청할 수 있는 권리가 있다는 점을 확인한 것으로 해석하는 것이 타당해 보인다. 선거운동을 할 수 있는 방법이 극히 제한적인 상황에서 선거인에 관한 기본적인 정보조차 없다면 그야말로 깜깜이 선거가 되기 때문이다.

따라서 위탁선거법의 '정관등에서 정하는 바'의 의미는 정관 또는 규약 등 자치법규로 사본교부 신청에 관한 권리를 변경하거나 제한할 수 있다는 의미가 아니라, 사본교부를 신청하는 장소와 기간, 사본의 교부방법과 교부비용 등 선거인명부 사본을 교부하는 구체적인 절차와 방법을 해당 정관이나 규약에 정하도록 각 신협에 의무를 부과한 것으로 해석하는 것이 자연스럽다.

이 경우 '선거인명부는 교부할 수 없다'고 선언한 선거규약의 단호한 규정은 법령에 위배되어 그 효력이 인정되기 어려울 것이다. 비교법적 측면에서 유사법제를 살펴보더라도 선거인명부의 사본교부를 금지하는 입법 예를 찾아볼 수 없다.[10)]

한편, 위탁선거규칙은 위탁단체의 정관, 규약 등 선거에 관한 내부규범이 위탁선거를 관리하는 데 현저하게 불합리하다고 판단할 경우 관할 선거관리위원회가 위탁단체에 해당 규정의 개정을 권고할 수 있도록 의견표시권을 규정하고 있다(§4).

따라서 관할 선거관리위원회는 합법성이 의심스럽고 선거운동의 자유와 선거의 공정의 이념에 현저하게 반하는 것으로 평가되는 선거규

---

10) 농업협동조합선거의 경우 법령이나 자치규범에 선거인명부 교부에 관한 사항이 보이지 않는다. 선거인명부 사본교부에 관하여는 위탁선거법의 절차와 방법을 그대로 수용한 것으로 보인다. 한편, 수산업협동조합선거에서는 수협임원선거규정 제18조제1항에서, 산림조합선거의 경우에는 산림조합임원선거규약 제12조제4항에서, 새마을금고 선거에서는 임원선거규약(제2안) 제9조제1항에서 각각 선거인명부 사본교부의 절차와 방법을 정하고 있다.

약의 해당 규정이 개정될 수 있도록 선거규범에 대한 개정의견 표시권을 적극적으로 활용할 필요가 있다고 본다.

거듭 강조하지만, 선거에서 정보격차는 곧바로 선거운동 기회균등의 원칙을 훼손하고 선거의 공정을 침해하여 결과적으로 선출된 대표자의 정당성을 잠식할 할 수 있다.

신협법 제83조의5제2항에 따라 조합원명부의 사본을 교부받을 수 있는 권리도 선거인명부 사본교부를 금지한 선거규약의 해당규정을 정당화할 수 없다. 조합원명부와 선거인명부는 작성 주체만 동일할 뿐, 작성방법, 작성시기, 작성대상, 검증절차의 존부, 확정방법 등이 각각 서로 다르기 때문이다.

1. 후보자 등록신청

후보자가 되려는 사람은 선거기간개시일전 2일부터 2일 동안 관할 선거관리위원회 사무실을 방문하여 후보자등록을 신청하여야 한다. 이 경우 후보자등록신청서의 접수는 공휴일에도 불구하고 매일 오전 9시부터 오후 6시까지 한다(위탁선거법 §18①).

이사장선거의 관리를 위탁받은 선거관리위원회가 후보자 등록업무를 적정하게 처리할 수 있도록 신협은 후보자등록신청시 제출해야 하는 서류의 목록을 후보자등록신청개시일전 30일까지 관할 선거관리위원회에 제출하여야 한다(위탁선거규칙 §9②).

이사장선거에서 후보자등록을 신청하려는 사람은 후보자등록신청서에 제1장 제4절 "2. 피선거권 증명서류 등"에서 열거한 서류를 모두 첨부해야 하고, 신협 선거관리위원회가 정하는 금액의 기탁금을 납부해야 한다(선거규약 §20의2① 1.).

기탁금의 납부는 관할 선거관리위원회가 개설한 금융기관의 예금계좌에 후보자등록을 신청하는 사람의 명의로 입금하고 후보자 등록신청시 입금표를 제출하면 된다. 다만, 부득이한 사유가 있는 경우에는 현금이나 금융기관이 발행한 자기앞수표로 납부할 수도 있다(위탁선거규칙

§9③). 가급적 계좌입금을 권한다.

후보자등록신청을 접수한 후 관할 선거관리위원회는 해당 후보자의 피선거권에 관한 증명서류가 모두 제출된 것과 기탁금 납부가 확인되면 즉시 이를 수리한다.

2. 후보자의 피선거권 확인을 위한 조회

관할 선거관리위원회는 후보자등록마감 후 후보자의 피선거권 보유 여부에 관한 조사를 하여야 하며, 그 조사를 의뢰받은 기관 또는 단체는 지체 없이 그 사실을 확인하여 해당 선거관리위원회에 회보回報해야 한다(위탁선거법 §18④).

우선 관할 선거관리위원회는 후보자등록마감 후 해당 신협의 사무소 소재지를 관할하는 검찰청에 후보자의 범죄경력에 관한 기록을 조회할 수 있고, 해당 검찰청의 장은 지체 없이 그 범죄경력을 관할 선거관리위원회에 회보하여야 한다(위탁선거법 §18⑤).

한편, 관할 선거관리위원회는 해당 신협에 후보자의 금융관계 법률위반에 따른 징계경력 유무, 신용정보관리규약에 의한 연체정보, 금융질서문란정보 또는 공공정보에 등재되었는지 여부, 겸직금지 해당 여부, 출자금 및 신용사업실적 등을 조회하여 후보자의 피선거권 결격 여부를 다시 확인한다.

그 밖에 피성년후견인, 피한정후견인, 파산선고를 받고 복권되지 않은 사람은 이사장선거에 피선거권이 없으므로(신협법 §28① 1.), 관할 선거관리위원회는 이를 확인하기 위하여 후보자의 등록기준지를 관할하는 구·시·읍·면의 장에게 후견등기사실 등의 여부를 조회한다.

3. 후보자 기호 결정방법

이사장선거에서 후보자의 기호는 후보자등록마감 후 후보자의 추첨
으로 결정한다. 이때 결정된 기호가 바로 투표용지의 게재순위이고 선
거운동에서 후보자를 특정하는 숫자가 된다.

만일 후보자가 추첨에 불참한 경우에는 관할 선거관리위원회 위원장
이나 그가 지정하는 사람이 불참한 후보자를 대리하여 추첨할 수 있다.
후보자의 기호는 1, 2, 3 …으로 한다.

일반적으로 후보자의 기호를 결정하는 가장 공정한 방법은 추첨으로
알려져 있다. 외국의 공직선거에 관한 입법례도 추첨이 일반적이다. 일
부 국가의 경우 성명의 알파벳 순으로 기호를 정하는 경우도 있고, 비
례대표선거에서는 직전 선거의 득표율을 기준으로 기호를 결정하는 사
례도 있다.

우리나라의 공직선거에서는 극도의 정당국가를 지향하던 제3공화국
에서도 추첨으로 후보자의 기호를 결정하였으나, 1970년대 유신시절부
터 정당의 다수의석 순으로 기호를 부여한 이래 현재에 이르고 있다.
정의롭지 않은 방법으로 보이나 세월의 흐름에 따라 지금은 당연한 것
으로 받아들여지고 있는 듯하다.

1. 선거공영제의 의의와 적용범위

가. 선거공영제의 의의

우리 헌법에서 선거운동은 각급 선거관리위원회의 관리하에 법률이 정하는 범위에서 하되 균등한 기회가 보장되도록 관리공영제를 규정하고, 선거에 관한 경비는 법률이 정하는 경우를 제외하고는 정당 또는 후보자에게 부담시킬 수 없도록 비용공영제를 규정하고 있다(대한민국 헌법 §116① · ②).

선거공영제는 후보자 간 가장 높은 수준의 기회균등이 요구되는 공직선거에 적용되는 원칙이지만, 신협의 이사장선거에서도 선거의 공정을 도모하고, 후보자들의 개별적인 선거운동으로 인한 사회적 비효율을 제거하며, 후보자의 공약과 자질에 대한 비교평가의 편의를 위해서라도 선거공영제를 적용하는 것이 바람직하다.

신협법에서는 새마을금고법과는[11] 달리 임원선거에서 명시적으로 선거공영제를 천명하지는 않고 있다. 그러나 선전벽보 부착, 선거공보 배부, 합동연설회 또는 공개토론회의 선거운동은 선거관리위원회의 주관으로 실시하도록 함으로써 사실상 선거공영제를 적용하고 있다.

---

11) 새마을금고법 제22조 제1항 참조.

나. 선거비용 규제 여부

선거공영제의 반대급부로서 선거공영제가 적용되는 선거운동에 관하여는 방법이나 비용에 관하여 일정한 제한이 가해질 수 있다. 그러나 신협의 임원선거에서는 허용된 선거운동 방법이 극히 제한적이므로 굳이 선거비용제한액까지 규제하지는 않는다.

다만, 신협의 임원선거에서 선거운동에 대한 비용규제를 공백으로 둔 부분은 선거운동 기회균등의 원칙이 훼손될 수 있는 가장 큰 내재적 위험으로 보인다. 오프라인상의 선거운동은 그 방법이 엄격하게 제한되어 과도한 비용지출이 수반될 여지가 없지만, 온라인과 SNS를 활용한 선거운동 방법에는 콘텐츠 제작과 전송에 많은 비용이 소요되기 때문이다.

농업협동조합 등 조합장선거와 새마을금고의 이사장선거 등 다른 위탁선거에서도 선거비용을 제한하는 입법례는 찾아볼 수 없다. 이는 입법권자가 선거운동 방법에 대한 규제만으로도 후보자 간 무기대등의 원칙이 구현되고 선거의 공정이 확보될 수 있을 것으로 자신한 증거로 보인다.

다. 공영제가 적용되는 선거운동 방법

신협의 임원선거에서 허용되는 선거운동 방법은 선전벽보 부착, 선거공보 배부, 합동연설회 또는 공개토론회 개최, 전화와 컴퓨터통신을 이용한 지지 호소, 공개된 장소에서의 지지 호소 및 명함 배부 등 총 다섯 가지 방법뿐이다.

이 중 선거공영제가 적용되는 선거운동 방법은 선거벽보 부착, 선거공보 배부, 합동연설회 또는 공개토론회에 한정되고, 이에 관하여는 선거관리위원회가 주관하여 관리하게 된다.

반면에 전화·SNS, 문자메시지, 전자우편, 공개된 장소에서의 지지호소 및 명함배부 등 그 성질상 선거공영제에 포섭하기 어려운 방법의 선거운동은 후보자가 자율적으로 실시하고 그 비용도 해당 후보자가 부담한다.

후보자의 자율적인 선거운동 방법에 관하여는 제2장 제3절 '임원선거의 선거운동 주체·기간·방법'에서 자세히 설명한 바 있으니 여기에서는 생략하기로 한다.

이사장선거를 관할 선거관리위원회에 위탁하게 되면, 신협 선거관리위원회가 주관하는 선전벽보 접수·부착, 선거공보 접수·배부, 합동연설회 또는 공개토론회 개최에 관한 사무는 관할 선거관리위원회가 인수하여 관리하게 된다(시행규칙 §4 별표 1. 가).

다만, 표준정관과 선거규약에서는 선거공영제가 적용되는 선거운동 방법 중 선거공보에 관한 사항 외에(선거규약 §41) 선전벽보 접수·부착, 선거공보 접수·배부와 합동연설회 또는 공개토론회에 관해서는 전혀 언급이 없다. 자치규범의 입법불비로 보인다.

다행히 신협법령과 시행규칙에서 정관이나 규약에 위임한 사항이 없고, 해당 시행규칙에서 선거운동 방법에 관하여 자기완결적으로 구체적인 내용을 담고 있으므로, 자치규범의 흠결로 인한 선거운동 관리의 혼란은 없을 것으로 예상된다.

2. 선전벽보 작성·첩부

가. 선전벽보의 규격과 게재내용

신협의 임원선거에서 선전벽보는 1종을 작성하되, 그 규격은 길이 53cm, 너비 38cm, 무게는 100g/㎡ 이내로 한다. 색도에는 제한이 없으나 게재내용은 후보자의 기호·사진·성명·학력·주요경력 및 선거공약으로 한정된다(시행규칙 §4 별표 1.).

당연히 선전벽보 작성비용은 해당 후보자의 몫이다.

나. 비정규학력 게재 금지

선전벽보, 선거공보 또는 명함에 학력을 게재하는 때에는 공직선거법
에 규정된 학력 게재방식을 따라야 한다(시행규칙 §4 별표 1.·2.·5.). 따
라서 정규학력과 이에 준하는 외국의 교육과정을 이수한 학력 외에는
게재할 수 없다.

정규학력을 게재하는 경우에도 졸업 또는 수료 당시의 학교명을 적
어야 하고, 학교를 중퇴한 경우에는 수학기간을 함께 적어야 하며, 정
규학력에 준하는 외국의 교육과정을 이수한 학력을 게재하는 때에는
그 교육과정명과 수학기간은 물론이고 학위를 취득한 때의 취득학위명
을 적어야 한다(공직선거법 §64①).

아울러 정규학력의 최종학력과 외국의 교육과정을 이수한 학력은 후
보자등록을 신청하는 때에 학력증명서를 제출한 학력에 한하여 게재할
수 있다(공직선거법 §64①).

만일 유사학력, 즉 대학이나 대학원에 개설된 최고경영자과정, 고위
정책과정 등 명칭 여하를 불문하고 학위를 취득하기 위한 과정이 아닌
교육과정을 학력으로 게재하는 경우 당선되더라도 선거무효 또는 당선
무효의 원인이 될 수 있다.

다만, 유사학력을 게재하더라도 그 내용이 허위가 아니라면 공직선거
와 달리[12] 위탁선거법의 허위사실 공표죄로 의율擬律할 수 없다.

---

[12] 공직선거에서는 그 내용이 아무리 진실하더라도 유사학력 게재행위 자체를 허위사실 공
표죄로 처벌한다. 공직선거법 제250조제1항 참조.

다. 선전벽보 제출

선거관리위원회가 선거일을 공고하는 때에는 후보자가 제출할 선전
벽보의 수량과 제출장소 및 제출마감시각을 함께 공고한다. 후보자는
후보자등록마감일 후 3일까지 선전벽보를 관할 선거관리위원회에 제출
해야 한다.

이 경우 선거관리위원회는 해당 선거관리위원회의 사무실 대신 투표
구별로[13] 제출할 매수와 장소를 정하여 그 장소에 제출하게 할 수 있
는데(시행규칙 §4 별표 1. 가.), 주로 신협 사무실을 제출장소로 지정하게
될 것으로 보인다.

일단 선거관리위원회에 제출한 선전벽보는 정정하거나 철회할 수 없
다. 다만, 선전벽보를 제출한 후에도 선전벽보의 제출마감일까지는 법
령 또는 정관에 위반되는 사항이 발견되면 후보자가 해당 사항을 정정
하거나 선전벽보 제출을 철회할 수 있다(시행규칙 §4 별표 1. 다.). 주로
허위사실을 게재한 경우가 이에 해당할 것이다.

또한 선거관리위원회는 후보자가 되려는 사람 또는 후보자에게 선
전벽보 작성에 관한 사항을 사전에 검토받도록 안내할 수 있으며, 그
검토 결과 법령 또는 정관에 위반되는 사항이 있으면 그 이유를 제시
한 후 수정하여 작성·제출하게 할 수 있다(시행규칙 §4 별표 1. 다.).

라. 선전벽보 첩부

선거관리위원회는 제출된 선전벽보를 확인한 후 선전벽보 제출마감
일 후 2일까지 선거인의 통행이 많은 장소로서 선거인이 보기 쉬운 건

---

13) 농업협동조합 등 동시조합장선거와 새마을금고의 동시이사장선거에서 투표소는 관할구
역의 읍·면·동마다 1개의 투표소를 설치한다. 다만, 조합 또는 금고의 주된 사무소가
설치되지 않은 지역 등 중앙선거관리위원회규칙으로 정하는 경우에는 일부의 읍·면·
동에 투표소를 설치할 수 있다. 위탁선거법 제41조제1항 참조.

물 또는 게시판 등에 첩부한다. 경험칙상 신협의 사무소와 지사무소의 건물 또는 그 게시판이 이에 해당할 것이다.

다만, 후보자가 선전벽보의 제출마감일까지 이를 제출하지 않거나, 규격에 맞지 않는 선전벽보를 제출한 경우에는 해당 후보자의 선전벽보를 첩부하지 않는다(시행규칙 §4 별표 1. 나.).

규격에 맞지 않는 선전벽보를 첩부하지 않을 뿐, 다른 후보자의 명예를 훼손하거나 허위사실이 적시되어 법령이나 정관 또는 규약을 위반하는 등 게재내용에 다툼이 있는 경우에는 선전벽보 첩부의 절차속행에 아무런 지장을 초래하지 않는다.

3. 선거공보 작성 · 발송

가. 선거공보 작성방법

신협의 임원선거에서 선거공보는 1종으로 작성하되, 그 규격은 길이 29.7cm, 너비 21cm, 무게는 100g/㎡ 이내, 매수는 1매로 양면에 게재할 수 있다. 색도에는 제한이 없는 대신 게재내용은 후보자의 기호·사진·성명·학력·주요경력 및 선거공약으로 한정된다(시행규칙 §4 별표 2.).

게재내용을 제한한 이유는 다른 후보자에 대한 허위사실 공표나 비방을 근원적으로 차단하기 위한 취지로 보인다.

거듭 강조하지만, 선거공보, 선전벽보 또는 명함에 학력을 게재하는 때에는 공직선거법에 규정된 학력 게재방식을 따라야 한다. 아무리 선거공보의 지면에 여유가 있더라도 타 후보자에 관한 사항을 게재하거나 자신에 관한 사항이더라도 유사학력을 게재할 수 있는 여백은 없다.

참고적으로 농업협동조합 등 조합장선거와 새마을금고의 이사장선거에서는 위탁선거법이 전면적으로 적용되므로 선거공보의 면수는 8면으로 늘어난다(위탁선거규칙 제12조제1항). 지역신협의 이사장선거가

위탁선거법에 전면적으로 포섭되면 이와 같은 부수적 혜택을 누릴 수
있다.

참고적으로 신협의 중앙회장선거에서는 선거공보의 면수를 3면으로
확대하여 제법 인심을 쓰는 것처럼 보이지만,[14) 농업협동조합이나 새
마을금고의 일반 임원선거에서는 신협의 임원선거와 동일하게 그 면수
를 2면으로 제한하고 있다(농업협동조합법 시행규칙 §8의2① 별표 2., 새마
을금고법 시행규칙 §5의2① 별표1).

나. 선거공보 제출 · 발송

선거관리위원회가 선거일을 공고하는 때에는 후보자가 제출할 선거
공보의 수량과 제출장소 및 제출마감시각을 함께 공고해야 한다. 후보
자는 후보자등록마감일 후 3일까지 선거공보를 관할 선거관리위원회에
제출해야 한다(시행규칙 §4 별표 2.).

그 밖에 선거공보의 정정·철회, 수정 작성·제출, 작성비용에 관해서
는 선전벽보와 동일하다(시행규칙 §4 별표 2. 다.).

선거관리위원회는 제출된 선거공보를 확인한 후 선거일전 5일까지
투표안내문과 동봉하여 발송할 수 있다. 다만, 후보자등록마감일 후 3
일까지 후보자가 선거공보를 제출하지 않거나, 규격에 맞지 않는 선거
공보를 제출한 경우에는 발송하지 않는다(시행규칙 §4 별표 2. 나.).

한편, 이사장과 중앙회장을 제외한 신협의 일반 임원선거에서는 후보
자가 후보자등록마감일 후 3일까지 선거공보 원고를 전산파일로 제출
하고, 선거관리위원회가 각 후보자의 기호순으로 선거공보를 작성할 수
있도록 특례를 두고 있다. 이 경우 선거공보 작성비용의 부담 주체는
후보자가 아니라 신협과 중앙회가 된다(시행규칙 §4 별표 2. 라.).

---

14) 중앙회장선거에서 선거공보를 3면으로 제작하려면 어차피 2장의 종이가 필요하므로 4
   면으로 확대하는 것이 합리적으로 보인다. 아무튼 공공단체의 임원선거에서 선거공보의
   면수를 제한하고 있는 규범들의 인색함에는 일관성이 있다.

IT 강국에서 정보통신기술을 활용한 선거공영제가 모범적으로 운영되는 실제 사례가 등장하기를 기대해 본다.

다. 허위사실 게재 이의제기 도입 검토

농협협동조합 등 조합장선거나 새마을금고의 이사장선거에서는 선거공보에 게재된 내용 중 경력·학력·학위·상벌에 관한 사항이 거짓으로 판단될 경우 다른 후보자나 선거인은 증빙서류를 첨부하여 관할 선거관리위원회에 서면으로 이의를 제기할 수 있다(위탁선거법 §25⑤).

선거인 등의 이의제기에 따라 해당 후보자로부터 증명자료의 제출이 없거나 거짓 사실임이 판명된 때에는 관할 선거관리위원회가 그 사실을 공고하고 선거일에는 투표소 입구에 그 공고문 사본을 첨부한다(위탁선거법 §25⑤·⑥).

선거공보 게재내용에 대한 이의제기 제도는 선거인의 합리적 판단에 필요한 객관적이고 정확한 정보의 유통은 보호하되, 유권자의 선거에 관한 의사형성의 자유나 후보자에 대한 판단의 자유를 저해할 우려가 있는 거짓 정보는 집단지성으로 걸러내기 위한 취지로 보인다. 일찍이 공직선거에 도입된 이유이다.

이제 신협의 이사장선거에도 관련 제도의 도입을 적극적으로 검토할 필요가 있다고 본다. 과거 새마을금고의 경우 법령이 개정되기전 자치규범인 임원선거규약의 개정을 통하여15) 허위사실에 대한 이의제기 제도를 먼저 수용하였다는 점은 시사하는 바가 크다.

---

15) 새마을금고 임원선거규약(제2안) 제30조 제5항부터 제7항까지의 규정 참조.

4. 합동연설회 또는 공개토론회 개최

가. 개최 일시와 장소

선거관리위원회는 임원선거의 후보자등록마감 후 후보자와 협의하여 적당한 일시와 장소를 정한 후 후보자 합동연설회 또는 공개토론회를 1회 개최한다(시행규칙 §4 별표 3. 가.).

합동연설회와 공개토론회를 활용한 선거운동 방법은 배타적 선택사항으로 해석되므로, 합동연설회를 개최한 후 따로 공개토론회를 개최하는 것은 시행규칙에 위반될 것으로 보인다,

선거관리위원회는 합동연설회 또는 공개토론회의 일시 및 장소 등을 개최일전 2일까지 공고하고, 후보자에게 통지한다.

나. 합동연설회 또는 공개토론회 진행방법

합동연설회의 연설순서는 당일 추첨으로 결정하고, 후보자의 연설시간은 30분의 범위에서 균등하게 배정한다. 일반적으로 합동연설회에서 후보자에게 배정하는 연설시간은 등록한 후보자 수에 의존한다.

합동연설회를 개최하는 경우 연설순서 추첨시각까지 후보자가 참석하지 않은 때에는 선거관리위원회 위원장이 그 후보자를 대리하여 연설순서를 추첨할 수 있다(시행규칙 §4 별표 3. 나.).

후보자가 합동연설회의 본인 연설순서 시각까지 또는 공개토론회의 개시 시각까지 참석하지 않은 때에는 연설 또는 토론을 포기한 것으로 본다(시행규칙 §4 별표 3. 다.).

공개토론회는 후보자가 사회자의 주관 하에 신협 운영에 관한 소견을 발표하거나 사회자를 통하여 참석자의 질문에 답변하는 방식으로 진행한다. 이 경우 사회자는 질문 및 답변의 횟수와 시간을 모든 후보자에게 공정하게 해야 한다.

다. 합동연설회 또는 공개토론회의 질서유지

선거관리위원회 위원장, 그가 미리 지명한 위원 또는 선거관리위원회가 미리 지명한 사람은 합동연설회 및 공개토론회에서 후보자가 법령 또는 정관에 위반되는 연설이나 발언을 하는 때에는 이를 제지할 수 있다. 만일 후보자가 이에 불응하는 경우에는 연설이나 발언의 중지 또는 그 밖의 필요한 조치를 할 수 있다(시행규칙 §4 별표 3. 다.).

선거관리위원회 위원장, 그가 미리 지명한 위원 또는 선거관리위원회가 미리 지명한 사람은 합동연설회장이나 공개토론회장에서 연설 또는 발언을 방해하거나 질서를 문란하게 하는 사람이 있는 때에는 이를 제지할 수 있으며, 이에 불응하는 경우 합동연설회장 또는 공개토론회장 밖으로 퇴장시킬 수 있다(시행규칙 §4 별표 3. 다.).

1. 투표소 설치장소

가. 투표소 설치기준

관할 선거관리위원회는 해당 신협과 협의하여 투표소의 설치수, 설치 장소 등을 정하고 선거일 전일까지 투표소를 설치한다(위탁선거법 §40 ①). 투표소는 장소와 시설에 관한 문제이므로 선거인 수용능력이 핵심 이다. 따라서 투표소 설치시 우선적으로 고려할 사항은 선거인수와 투 표시간이다. 예상 투표율도 고려한다.16)

선거관리위원회는 과거 공직선거에서 오전 6시부터 오후 6시까지 투 표를 기준으로 선거인 5,000명당 1개의 투표소를 설치하여 왔다. 그러 나 최근 사전투표 참여율이 50%에 육박함에 따라 투표소 설치기준을 7,000명당 1개소로 완화한 바 있다.

농업협동조합 등 동시조합장선거의 경우 전국적으로 선거인수가 260 만명 정도이고, 사업장이 주로 읍·면지역에 소재하는 반면, 신협의 경 우 전국적으로 선거인수가 600여만 명이고 사업장은 주로 도회지에 소 재하는 특성을 보이고 있다.

위탁선거법은 농업협동조합 등 동시조합장선거와 새마을금고의 동시

---

16) 동시조합장선거에서 평균 투표율은 농협 82%, 수협 80%, 산림조합 68% 정도이다.

이사장선거를 실시하는 때에는 읍·면·동마다 1개씩 투표소를 설치·
운영하도록 규정하고 있다. 다만, 주사무소가 설치되지 않은 지역 등
중앙선거관리위원회규칙으로 정하는 경우에는 관할 선거관리위원회가
해당 조합 또는 금고와 협의하여 일부 읍·면·동에만 투표소를 설치할
수 있다(위탁선거법 §41①).[17]

농업협동조합 등 동시조합장선거와 새마을금고 동시이사장선거의 예
와 같이 오전 7시부터 오후 5시까지 투표소를 운영하는 것을 전제로 한
다면,[18] 신협 동시이사장선거의 투표소 설치기준도 위탁선거법의 해당
규정을 적용하는 것이 적절해 보인다.

그러나 앞서 살펴본 바와 같이 2025년 11월 12일 실시하는 제1회 동
시이사장선거는 전체 지역신협 중 2% 정도만 참여가 예상되므로 선거
에 참여하는 신협마다 투표소를 설치하면 충분할 것으로 보인다.

결국 2029년 11월 14일 실시하는 제2회 동시이사장선거가 실질적인
전국동시선거로 자리매김 될 수 있을 것이므로, 해당 선거의 실시시기
가 도래해야만 비로소 투표소 설치기준에 관한 진지한 고민이 시작될
것으로 보인다.

나. 투표소 설치장소

신협의 동시이사장선거에서 투표소는 종전의 총회 개최시설을 활용
한다면 장소확보에 큰 어려움은 없을 것으로 보인다. 회의실 등 투표소
로 활용하기에 적합한 시설을 자체적으로 보유한 신협도 상당한 것으
로 알려져 있다.

위탁선거법에서는 국가기관·지방자치단체·위탁단체 등에 대하여

---

17) 이에 따라 전국적으로 제1회 동시조합장선거에서는 1,785개, 제2회 동시조합장선거에
서는 1,807개의 투표소가 설치되었다. 전국 3,500여 개 읍·면·동수의 50%가 조금
넘는 수치이다. 제3회 동시조합장선거에서는 2,062개의 투표소가 설치되었는데, 코로
19 격리자 투표소 210개를 따로 설치한 것이 투표소 증가의 주된 이유다.

18) 위탁선거법 제44조제1항제1호 참조.

위탁선거의 관리에 관하여 선거관리위원회로부터 인력·시설·장비 등의 협조 요구를 받은 때에는 특별한 사유가 없으면 이에 따르도록 협조의무를 부과하고 있다(위탁선거법 §6).

아울러 위탁선거규칙에서도 관할 선거관리위원회로부터 투표소 설치를 위한 장소 사용 협조요청을 받은 국가기관·지방자치단체, 각급 학교 및 위탁단체의 장은 우선적으로 이에 따르도록 규정하고 있다(위탁선거규칙 §2).

관할 선거관리위원회가 투표소를 확정한 경우에는 선거일 전 10일까지 그 명칭과 소재지를 공고하여야 한다. 천재지변 등 부득이한 사유로 투표소를 변경한 경우에도 즉시 공고하여 선거인에게 그 사실을 알린다(위탁선거규칙 §18①).

2023년 3월 8일 실시한 제3회 전국동시조합장선거에서 투표하기 위하여 대기하던 선거인들에게 운전자의 과실로 1톤 트럭이 돌진하여 다수의 사상자가 발생함에 따라 향후 투표소 설치·운영에 안전의 확보가 새로운 과제로 등장하였다.

다. 투표시간과 투표소 운영

신협의 동시이사장선거에서 투표시간은 관할 선거관리위원회가 해당 신협과 개별적으로 협의하여 정한다(위탁선거법 §44①). 농업협동조합 등 동시조합장선거와 새마을금고의 동시이사장선거에서는 투표시간을 오전 7시부터 오후 5시까지로 위탁선거법에서 직접 규정한 점과는 큰 차이가 있다.

신협의 이사장선거에서도 동시조합장선거와 동시이사장선거의 입법례에 따라 전국적으로 통일된 투표시간을 적용하도록 하여 선거관리에 합리화를 기할 필요가 있다. 기왕 신협에 동시이사장선거제도를 도입하였으니 입법적 보완을 기대해 본다. 2023년 7월 18일 새마을금고의 동시이사장선거를 전면적으로 자신의 품에 수용한 위탁선거법의 개정 연혁이 적절한 선례를 제시하고 있다.

관할 선거관리위원회는 선거일 전 30일부터 선거일 후 10일까지 공정하고 중립적인 사람 중에서 투표소마다 투표사무를 관리할 투표관리관 1명과 투표사무를 보조할 투표사무원 약간명을 위촉한다.

관할 선거관리위원회로부터 투표관리관 또는 투표사무원의 추천을 요청받은 국가기관과 지방자치단체, 각급 학교와 위탁단체의 장은 우선적으로 이에 따라야 한다(위탁관리규칙 §17⑤).

신협 동시이사장선거의 성공적 관리를 위해서는 신협 직원들의 적극적 참여가 필수적이고 긴요한 부분이다. 농업협동조합 등 동시조합장선거의 성공적 관리도 해당 조합 직원들의 헌신적 참여에 힘입은 바가 크다.

2. 이사장선거의 투표 방식

가. 1인 1표제 기표방식 적용

선거에서 투표의 사전적 의미는 선거인이 선호하는 후보자를 선택하는 의사표시를 말한다. 투표방식은 선거인이 후보자의 성명을 투표용지에 직접 적어 넣는 자서투표제自書投票制와[19] 1장의 투표용지에 모든 후보자의 기호와 성명을 인쇄한 후 선거인이 기표용구를 활용해 선호하는 후보자에게 표를 하는 기표투표제로 구분할 수 있다.

후보자 선택의 수를 기준으로 한다면 하나의 투표용지에서 한 명을 선택하는 단기투표제單記投票制와[20] 여러 명을 선택할 수 있는 연기투

---

19) 자서투표제는 일본의 공직선거 외에 적용하는 사례를 찾아보기 어렵다. 선거인이 써넣은 내용에 오탈자가 많아 무효표가 속출하고 투표의 효력판단에도 어려움이 많기 때문이다. 더구나 문맹율이 높은 국가에서는 적용하기 어려운 방식이다.
20) 단기투표제는 1명의 후보자에게만 기표해야 하므로 복수의 후보자에게 기표하면 무효

표제連記投票制로 구분할 수도 있다.

신협의 이사장선거는 투표방식으로 하고, 투표는 선거인 1명마다 1표를 행사하도록 하되, 선거인이 직접 투표용지에 기표記票하는 방법으로 한다. 다만, 해당 법령이나 정관 또는 규약으로 정하는 사람이 법인을 대표하여 행사하는 경우에는 1인 1표를 적용하지 않는다(위탁선거법 §39①~③).

위탁선거법에서 1인 1표의 예외를 규정한 것은 이사장을 대의원회에서 선출하는 경우 대의원 자격이 없는 위탁단체의 대표자에게 따로 투표권을 부여한 때에는 그 대표자가 해당 단체의 정관이나 규약에서 정한 수만큼 투표권을 행사할 수 있도록 하기 위한 취지로 보인다.

그러나 이러한 예외규정은 해당 단체의 자율성을 존중한다는 긍정적 측면이 있음에도 불구하고 간접선거와 기득권이 이사장선거를 지배하던 시대의 낡은 유산으로 평가될 수 있어 현대 민주주의 선거제도에서는 평등선거의 이상과 조화되기 어렵다고 본다.

나. 공직선거의 준용

신협에서 임원의 선출은 총회의 결의를 거쳐야 하고(신협법 §24① 3.), 임원의 선임에 대하여는 조합원의 투표로 총회의 결의를 갈음할 수 있다. 이 경우 조합원 투표의 통지와 투표 방법, 그 밖에 투표에 필요한 사항은 정관으로 정한다(신협법 §26의2①).

이사장의 선출은 선거인 과반수의 투표와 다수 득표자를 당선인으로 결정한다(신협법 §27③ 전단). 다만, 신협법은 재적조합원이 500인을 초과하는 경우에는 251인 이상의 출석으로 개의하고 출석조합원 과반수의 찬성으로 결의할 수 있도록 의사정족수와 의결정족수의 특례를 규

가 된다. 우리나라의 기초의원선거에서 중선거구제를 적용함에 따라 선거구별로 2~4명의 대표자를 선출하지만, 단기투표제가 적용되므로 기표는 1명의 후보자에게만 해야 한다. 기초의원선거에서 무효표가 많은 이유이다.

정하고 있다(§27③ 후단).

그러나 지역신협의 이사장선거는 위탁이 의무화되어 강행규정인 위탁선거법이 우선 적용되므로(위탁선거법 §5), 신협의 해당 규정은 이사장선거를 제외한 일반 임원선거에 한하여 독자적인 규범력을 가지게 되었다.

다만, 해당 규정은 민주적 선거제도의 일반원칙과 어울리지 않으므로 위탁이 의무화되지 않은 임원선거의 공정한 관리를 위해서라도 개정이 바람직한 것으로 보인다. 주권행사의 요건을 선착순에 맡기는 것은 만인에 대한 만인의 투쟁을 재현하는 것과 다를바 없다.

한편, 이사장선거의 투표와 개표에 관하여는 위탁선거법에 규정된 것을 제외하고는 그 성질에 반하지 않는 범위에서 공직선거법에 규정된 투표와 개표방식을 준용한다(위탁선거법 §51①). 따라서 신협의 이사장선거에서 투표절차와 방법은 공직선거의 그것과 동일한 것으로 보아도 무방하다.

만일 신협법이나 시행령 또는 정관 등 신협의 내부규범에서 투표와 개표에 관한 사항을 규정하였더라도 그 내용이 위탁선거법과 공직선거법의 해당 규정에 저촉되지 않는 범위에서만 효력이 인정될 수 있다.

다. 대리투표 가능 여부

신협법은 조합원이 출자좌수에 관계없이 평등한 선거권을 가진다는 점을 확인하면서(§19①), 대리인으로 하여금 선거권을 행사할 수 있도록 허용하고 있다. 다만, 지역신협 또는 단체신협의 조합원에게는 이를 허용하지 않는다(§19②). 사실상 직장신협의 임원선거에서만 대리투표가 허용된다는 의미이다.

게다가 위탁선거법에서는 선거인이 직접 투표용지에 기표하는 방법으로 투표하도록 규정하고 있으므로(위탁선거법 §39②), 선거의 관리를 의무적으로 위탁해야 하는 지역신협의 이사장선거에서는 대리투표가 개입될 여지가 없다.

따라서 지역신협의 이사장선거에서 선거인 본인이 선거 당일에 투표할 수 없는 사정이라면, 그 책임을 돌릴 사유가 어디에 있든 선거권 행사를 구제받을 절차나 방법은 존재하지 않는다.

일부 외국의 경우 투표를 할 수 없는 불가피한 사정이 있는 선거인에게 선거권 행사를 보장하기 위하여 다소간 투표의 비밀침해나 매수의 위험성을 감수하고 위임장, 선서문 제출 등 엄격한 요건을 두어 대리투표를 허용하는 경우도 있다. 투표부정의 방지보다 주권행사의 보장이 더 우월한 가치이기 때문이다.

이는 아주 선진적인 정치제도를 운영하면서 정치와 선거에 대한 신뢰가 높아 투표 부정의 시비로부터 자유로운 일부 유럽 국가에서나 찾아볼 수 있는 사례이다. 실제 영국, 프랑스, 스웨덴, 벨기에 등의 국가에서 대리투표를 허용하고 있다.[21]

3. 투표 참관 방법

가. 투표참관인 선정 · 신고

후보자는 선거인 중에서 투표소마다 2명 이내의 투표참관인을 선정하여 선거일 전 2일까지 관할 선거관리위원회에 신고하여야 한다. 이 경우 투표참관인은 개표참관인을 겸임할 수 있다(위탁선거법 §45①).

만일 후보자가 참관인을 신고하지 않은 때에는 포기한 것으로 본다. 후보자 전원이 참관인을 신고하지 않거나 한 후보자가 선정한 참관인 밖에 없는 경우에는 관할 선거관리위원회가 공정하고 중립적인 사람 중에서 4명을 선정하여 투표를 참관하게 한다(위탁선거규칙 §24②).

---

21) 중앙선거관리위원회 2022. 12. 발행 『각국의 선거제도 비교연구』 571~574쪽.

참관인에게는 관할 선거관리위원회가 수당과 식비를 지급한다.[22] 투표감시권은 주관적으로는 기본권의 핵심인 참정권 행사의 중요한 부분이고, 객관적으로는 공정하고 투명한 선거를 함께 완성하여 선거의 신뢰를 확보하는 수단이기도 하므로 포기해서는 안 될 것이다.

후보자와 그의 배우자, 신협의 임직원은 투표참관인이나 개표참관인이 될 수 없다(위탁선거법 §45④). 따라서 후보자나 그 배우자는 본인이 투표하는 경우를 제외하고는 어떠한 경우에도 투표소에 들어갈 수 없다.

후보자에게도 투표참관을 허용할 경우 후보자의 투표소 상주에 따른 선거인의 심리적 부담을 제거하기 위한 조치로 보인다.

나. 투표참관 요령

투표를 참관하기 위해서는 우선 옷차림부터 살펴야 한다. 이사장선거에서 투표와 개표에 관하여 위탁선거법에 따로 정한 바가 없다면 공직선거법의 투표와 개표에 관한 사항을 준용하고 있고(위탁선거법 §51①), 공직선거법에서 투표참관인은 선거관리위원회가 제공하는 참관인 표지 외에 선거에 영향을 미치는 어떠한 표지도 달거나 붙일 수 없기 때문이다(공직선거법 §166③).

투표소 안에서 후보자의 선전물이나 홍보물을 착용한 탈법적인 선거운동을 방지하기 위한 취지이다.

투표관리의 가장 핵심이 되는 부분은 투표하러 온 사람이 정당한 선거인에 해당하는지를 확인하는 것이다. 정당한 선거인 여부에 관한 확인은 오로지 관할 선거관리위원회가 투표소에 보낸 확정된 선거인명부에 등재되었는지로 판단한다.

---

22) 참관인 수당으로 10만원을 지급한다. 교대하여 참관하는 경우에는 6시간 이상 참관한 사람에게만 수당을 지급한다. 개표참관인도 마찬가지다. 식비는 정부예산의 급식비 단가를 지급한다. 위탁선거규칙 제24조제3항 참조.

선거인명부에 등재된 사람과 투표하러 온 사람의 일치 여부는 사진이 부착된 신분증명서로 판단한다. 신분증명서는 본인확인을 위한 용도이므로 그 유효성 여부를 따지지 않는다. 예컨대, 대학교를 졸업한 사람이 학생증으로 본인임을 확인받을 수 있고, 면허가 취소된 사람이라도 그 운전면허증으로 투표할 수 있다.

투표를 참관하는 때에는 투표하러 온 선거인이 제시한 신분증명서의 사진과 실제 외모를 꼼꼼히 대조하는지 지속적으로 확인할 필요가 있다. 만일 투표사무원의 집중력이 떨어진 경우 투표관리관에게 요청하여 적절히 주의를 환기시키도록 한다.

투표소에서 정당한 선거인으로 확인된 사람에게는 선거인명부에서 해당 선거인의 투표용지 수령란에 서명을 받고 투표용지를 교부한다. 신협 이사장선거의 경우 선거인명부는 투표소 설치 단위별로 작성하면서 그 구역의 선거인 성명의 가, 나, 다 순으로 선거인명부에 올린다.[23]

따라서 선거인명부의 동일한 지면에 성명이 비슷한 사람들이 근접하여 등재될 것이므로, 투표용지를 수령한 선거인이 착오로 선거인명부에서 자신의 서명란과 인접하고 성명이 유사한 다른 선거인의 투표용지 수령란에 서명할 가능성이 높다. 투표사무원에게 특별한 주의가 필요한 부분이다.

이 경우 나중에 온 해당 선거인에게 투표용지를 교부하여 투표하도록 조치하고, 이러한 에피소드는 모두 투표록에 빠짐없이 기재되어야 한다. 그 투표록은 개표소로 전달되어 투표의 효력 판단에 활용되고, 선거결과에 다툼이 발생한 경우에는 선거의 효력과 당선인 결정의 적법성 판단의 증거로 활용된다.

공직선거에서도 동명이인이 있는 경우 선거일의 투표소에서 다른 동명이인에게 투표용지를 교부함에 따라 나중에 투표하러 온 해당 동명

---

23) 위탁선거규칙 제7조제2항에 따라 설계된 별지 제2호 서식의 주 1. ① 참조.

이인으로부터 항의를 받는 사례가 가끔 있다.

동명이인의 투표혼선 문제를 근원적으로 해결하기 위한 최선의 방법은 농업협동조합 등 동시조합장선거처럼 선거일 투표에 통합선거인명부를 활용하는 방법뿐이다. 선거인의 신분증을 스캔하여 해당 선거인의 투표용지 수령란에 그 이미지를 정확히 표시하므로 착오를 원천적으로 방지하여 다툼이 발생할 여지가 없다.

통합선거인명부를 활용한 투표가 아니라면 선거인이 투표안내문에 적혀 있는 자신의 선거인명부 등재번호를 외우거나 메모하여 투표소에 온 후 자신의 투표용지 수령인란에 정확하게 서명해야만 이러한 분쟁을 예방할 수 있다.

다. 투표참관시 유의사항

투표참관인은 투표에 간섭하거나 투표를 권유하거나 기타 어떠한 방법으로든지 선거에 영향을 미치는 행위를 해서는 안 된다. 다만, 투표소에서 사고가 발생한 때에 한하여 투표 상황을 촬영할 수 있다(공직선거법 §161⑩·⑫).

투표참관인은 선거운동, 투표간섭, 부정투표 등 선거에 관한 규정에 위반되는 사실을 발견한 때에는 투표관리관에게 그 시정을 요구할 수 있다. 이 경우에도 투표의 평온한 진행에 지장을 초래하지 않는 방법으로 해야 한다.

만일 폭언이나 완력을 행사하여 투표소의 질서를 혼란하게 하면 투표소교란죄 또는 투표간섭죄로 무겁게 처벌될 수 있다(위탁선거법 §65 2.). 어떤 경우에도 참관인이 투표하러 온 선거인이나 투표사무관계자에게 직접 질문하거나 시정을 요구할 수는 없다(공직선거관리규칙 §89 ①). 반드시 투표관리관에게 요청하여 바로잡을 일이다.

투표관리관에게는 일종의 투표소 가택권이 있다. 투표소 안에서 또는 투표소로부터 100미터 안에서 소란한 언동을 하거나, 소란하지 않더라도 특정 후보자를 지지 또는 반대하는 사람이 있는 경우 투표관리관은 이를 제지할 수 있다.

만일 투표관리관의 명령에 불응하는 때에는 투표소 또는 제한거리 밖으로 퇴거하게 할 수 있다(공직선거법 §166①). 이 경우 경찰공무원 또는 경찰관서장에게 원조를 요구할 수 있다.

4. 공직선거의 사전투표 방식 적용 가능 여부

가. 공직선거의 사전투표 방식

공직선거의 임기만료 선거에서는 선거일전 5일부터 2일간 전국적으로 모든 읍·면·동마다 사전투표소를 운영하므로, 선거인은 사진이 부착된 신분증만 제시할 수 있다면 전국 어디에서나 투표할 수 있다.

오래전부터 정치권과 일부 시민단체로부터 사전투표기간을 더 연장해 달라는 건의가 있었는데, 사전투표기간의 연장 여부는 의지와 협상의 문제가 아니라 국가의 우편물 처리역량에 의존할 수밖에 없는 내재적 한계가 있다.

만일 선거일에 임박해서까지 사전투표기간을 연장할 경우 교통이 불편한 지역의 사전투표는 선거일 후에야 관할 선거관리위원회에 도착할 우려가 있다. 현행 공직선거법의 관련 규정상 선거일 오후 6시 이후에 관할 선거관리위원회에 도착된 사전투표는 기권으로 처리한다(공직선거관리규칙 §96③). 선거일에 임박해서까지 사전투표기간을 연장할 수 없는 이유가 바로 여기에 있다.

나. 농업협동조합 등 동시조합장선거의 투표 방식

농업협동조합 등 동시조합장선거와 새마을금고의 동시이사장선거에서 선거인은 관할 구·시·군 안에 설치된 어느 투표소에서나 투표할 수 있다. 특히 농업협동조합 등 여러 조합 또는 새마을금고의 선거인 명부에 올라 있는 사람은 선거일에 한 곳의 투표소에 가더라도 가입된 조합 또는 금고의 모든 투표용지를 한꺼번에 교부받아 투표를 마칠 수 있다.

투표를 마감한 후 다른 선거관리위원회에 투표지를 우송하지 않고 모든 투표지를 해당 선거관리위원회가 설치한 개표소에서 개표하기 때문에 가능한 방법이다.

이러한 투표방식이 가능한 기술적 이유는 농업협동조합 등 동시조합장선거와 새마을금고의 동시이사장선거에서는 구·시·군단위로 선거인명부를 작성·확정하고, 중앙선거관리위원회는 확정된 선거인명부의 전산자료 복사본을 해당 조합 또는 금고로부터 제출받아 하나의 통합선거인명부를 구축한 후 모든 투표소와 전용통신망으로 연결하여 정당한 선거인인지 여부를 확인할 수 있기 때문이다(위탁선거법 §15③)

통합선거인명부를 활용한 선거의 투표방식은 투표하려는 선거인에게 본인임을 확인할 수 있는 신분증명서를 제시하게 하여 이를 확인한 다음 전자적 방식으로 지장을 찍거나 서명하게 하고, 투표용지 발급기를 이용하여 투표용지를 출력한 후 선거인에게 교부한다.

중앙선거관리위원회는 동시선거를 실시하는 때에 2개 이상의 조합장선거 또는 이사장선거에 선거권을 보유한 사람이 투표하는 데 지장이 없도록 해야 하고, 같은 사람이 2회 이상 투표를 할 수 없도록 필요한 기술적 조치를 해야 한다(위탁선거법 §41①~④).

투표를 마치면 모든 투표소의 투표함을 관할 선거관리위원회가 설치한 개표소로 옮겨 개표한다. 이 경우 투표소별로 개표할 것인지 아니면 위탁단체별로 개표할 것인지 여부는 관할 선거관리위원회의 재량사항이다.

실무관행으로는 대부분 위탁단체별로 개표하고 있다. 후보자측의 개표참관이 용이하여 개표의 투명성을 확보할 수 있고, 1장의 개표상황표로 해당 위탁단체의 개표결과를 한꺼번에 정리할 수 있기 때문이다.

통합선거인명부를 활용한 투표방식은 투표기록이 서버에 저장되므로 이중투표, 대리투표 등 투표부정을 원천적으로 방지하면서도 유권자의 투표편의를 극대화한 시스템이다. IT 강국의 유권자만이 누릴 수 있는 특권이다.

반면에 신협 이사장선거의 경우에는 현행 규정상 투표소별로 종이명부를 사용하여 투표를 실시해야 하므로, 반드시 정해진 투표소에서만 투표할 수 있고, 2 이상 신협의 선거인명부에 올라 있는 사람은[24] 각각 따로 설치된 투표소를 순차적으로 방문하여 투표해야 한다.

다. 동시조합장선거 투표방식 적용 조건

동시조합장선거의 투표방식처럼 신협의 이사장선거에서도 선거인이 관할 구·시·군 안에서는 어느 투표소에서나 자유롭게 투표할 수 있도록 하기 위해서는 우선 통합선거인명부를 구축·활용할 수 있는 법적 근거를 마련해야 한다.

통합선거인명부는 중앙선거관리위원회 서버와 각 투표소의 조회단말기를 전용통신망으로 연결하고 가상사설망VPN을 탑재한 첨단 통신기술이 적용되어 있는데, 이를 운영할 전문인력도 쉽게 확보할 수 있어야 한다.

농업협동조합의 경우 하나로마트를 포함하여 1개의 조합에 40~50여 명 정도의 직원들이 근무하고 있으므로 인력확보에 큰 어려움이 없다. 반면 조합에 비하여 상대적으로 직원수가 적은 신협의 경우 전문인력

---

24) 지역신협의 경우 공동유대의 기준을 엄격히 적용하므로 2 이상 신협의 조합원이 그리 많지는 않을 것으로 추정된다.

의 확보에도 어려움이 예상된다.

비용 측면에서도 통합선거인명부를 활용한 투표를 실시하려면 전용 통신망 구축, 통신망 점검과 3차례 정도의 시험운영에도 많은 인력과 예산이 소요되므로 상당한 비용부담을 감수해야 한다.

이러한 사정들을 종합하여 중앙회가 각 신협의 의견을 수렴한 후 중앙선거관리위원회와 협의하여 공동으로 제도개선을 추진한다면, 신협의 동시이사장선거에서도 동시조합장선거처럼 투표편의가 극대화된 방식의 투표를 적용할 수 있을 것으로 보인다.

농업협동조합 등 동시조합장선거의 투표방식을 부러워하던 새마을금고는 2023년 7월 18일 위탁선거법 개정법률의 공포에 따라 그 소박한 꿈을 이루었고, 이제는 그 뒤를 이어 동시이사장선거를 앞둔 신협이 입법부의 문 앞에서 순서를 기다리고 있다.

5. 전자투표의 도입 가능성

가. 전자투표에 관한 법규

위탁선거법은 관할 선거관리위원회가 위탁단체와 협의하여 전산조직을 이용한 투표와 후보자별 득표수의 집계 등을 처리할 수 있는 전자투표의 도입 가능성을 열어두고 있다(§69①).

투표에 관한 전자투표의 원칙은 투표의 비밀이 보장되고 투표가 용이해야 하며, 정당 또는 후보자의 참관이 보장되어야 하고, 기표착오의 시정, 무효표의 방지 기타 투표의 정확성을 기할 수 있어야 한다(공직선거법 §278②).

개표에 관한 전자투표의 원칙은 정당 또는 후보자별 득표수의 계산이 정확하고, 투표결과를 검증할 수 있어야 하며, 정당 또는 후보자의 참관이 보장되어야 한다(공직선거법 §278③).

관할 선거관리위원회가 전자투표를 실시하려면 이를 지체 없이 공고하고 해당 위탁단체 및 후보자에게 통지하여야 하며, 선거인의 투표에 지장이 없도록 홍보하여야 한다(위탁선거법 §69②).

한편, 위탁선거법은 전자투표를 실시하는 경우 투표 및 개표의 절차와 방법, 그 밖에 필요한 사항은 중앙선거관리위원회규칙으로 정하도록 위임하고 있으나(위탁선거법 §69③), 정작 위탁선거규칙에서는 전자투표에 관하여 백지로 비워두고 있다.

전자투표 도입에 가장 신중해야 할 공직선거에서도 해당 법률의 위임에 따라(공직선거법 §278), 공직선거관리규칙에서 전자 투·개표의 구체적 절차와 방법을 정하고 있는 입법례와(§148~§159) 대비된다. 아마도 위탁선거에서 전자투표의 도입 가능성이 거의 백지 수준에 가깝다는 점을 상징하는 것처럼 보인다.

나. 전자투표 의의와 도입 추세

위탁선거법과 그 규칙에서 전자투표를 언급하고는 있으나,[25] 그 개념을 정확하게 정의하기는 쉽지 않다. 전자투표는 주소지의 투표소에 가서 투표기계만 사용하는 낮은 수준부터 모바일과 인터넷 투표를 활용하는 높은 수준까지 다양한 층위가 존재한다.

그러나 가장 낮은 수준의 전자투표 방식도 연기투표, 누적투표, 선호투표 등 다양한 투표방식을 적용할 수 있고, 비례대표선거에서 정당이 추천한 후보자의 순위를 선거인이 변경할 수 있어 정당제 민주주의 국가에서 국민주권을 실질적으로 구현할 수 있다.

가장 높은 수준의 전자투표를 도입하게 되면 유비쿼터스 선거가 실현되어 투표 참여에 시간과 공간의 제약을 극복할 수 있고, 고대 그리

25) 반면, 신협법규와 표준정관 및 선거규약 등 내부규범에서는 전자투표에 관한 근거를 전혀 찾아볼 수 없다. 선거규약에서는 오로지 기표방법에 의한 투표를 고집하고 있을 뿐이다. 선거규약 제45조제1항 참조.

스 도시국가에서나 가능하였던 직접 민주주의를 현대국가에서도 실현할 수 있는 기회가 열린다.

전자투표의 이러한 가능성에 주목한 여러 나라들은 1990년대부터 다양한 방식의 전자투표를 추진하였다. 일본의 경우 자서식自署式 투표가 가진 고유한 문제점으로 무효표가 속출하자 이를 방지하기 위한 목적으로 전자투표 도입을 추진하였고, 우리나라와 유럽의 경우 투표 편의성 확대에 따른 투표참여 제고를 주요 정책목표로 삼았다. 한편, 인도·브라질 같은 제3세계의 국가들은 투표부정 방지와 개표의 합리화를 위하여 전자투표를 도입한 것으로 알려졌다.

그러나 일본의 경우 2002년 지방선거에서 시범적으로 전자투표를 도입한 이래 전자투표 시스템의 빈번한 작동오류로 2016년 이후 전자투표 실시를 중단하였고,[26] 독일의 경우 2005년 실시한 연방의원선거의 일부 지역에 전자투표를 실시하였으나 2009년 3월 3일 연방헌법재판소가 전자투표 실시의 근거가 된 전자투표기규칙을 위헌[27]으로 판단한 후 보완입법이 이루어지지 않아 현재 전자투표가 중단된 상황이다.

독일 연방헌법재판소는 위헌결정의 이유로 전자투표기규칙에 따른 전자투표 방식이 전문 지식이 없는 일반 유권자에게는 투표결과에 대한 사후검증이 어려워 선거의 공공성 원칙에 위배된다는 점을 지적하였다. 그러나 전자투표기 사용 자체를 위헌으로 판단한 것은 아니라는 점에서 위헌결정 이후 전자투표 도입이 중단된 것은 많은 아쉬움을 남긴다[28].

우리나라는 중앙선거관리위원회가 2004년 전자선거 로드맵을 발표한 후 2006년 터치스크린 방식의 전자투표기를 개발하고 정당의 당내경선과 각종 단체의 선거지원에 활용하여 왔다.

---

26) 중앙선거관리위원회 2022년 12월 발행 『각국의 선거제도 비교연구』 658쪽 하단
27) 독일 연방헌법재판소 2009. 3. 3. 선고 2 BvC 3/07, 2BvC 4/07 결정
28) 중앙선거관리위원회 앞의 책 656쪽 참조.

중앙선거관리위원회가 개발한 터치스크린 전자투표기는 프린터와 전자투표기를 일체형으로 통합한 시스템으로 투표결과가 실시간으로 인쇄되고 그 내용을 선거인이 직접 육안으로 확인할 수 있도록 제작하였다는 점에 가장 큰 기능적 특장점이 있다.

그러나 공직선거에서 전자투표 추진에 대한 정치적 합의에 실패하여 전자투표 사업 추진에 필요한 예산이 삭감되었고, 선거지원에 활용하였던 터치스크린 전자투표기도 내용연수를 경과함에 따라 2018년에 전량 폐기되었다. 전자투표 시스템 제작기술과 운용 경험마저 폐기되지 않기를 바랄 뿐이다.

다만, 전자투표 추진사업의 성과물인 통합선거인명부와 그 조회시스템만은 공직선거의 사전투표와 동시조합장선거의 선거일 투표에 활용되면서 유권자의 투표편의 제공에 그 위력을 발휘하고 있는 점은 큰 위안으로 삼을 수 있다.

다. 전자투표 도입의 전망

중앙선거관리위원회는 개표사무의 합리화를 위하여 2002년부터 투표지분류기를 제작하여 개표관리에 활용하여 왔다. 사실 투표지분류기는 전자투표와 전혀 관련이 없는 장비다.

그저 투표지를 판독하여 특정 후보자에게 명확하게 기표된 투표지만 해당 후보자에게 지정된 칸으로 보내고, 기표내용이 불명확한 투표지는 스스로 판단하지 않고 재확인대상 투표지로 분류하여 사람에게 판단을 맡기는 개표관리의 보조장치에 불과하다.

내부이든 외부로든 통신망과 연결되지 않고 연결할 필요도 전혀 없다. 그러나 일부 시민단체는 선거 때마다 투표지분류기 활용이 법적 근거가 없다거나 해킹의 우려가 있다는 등의 이유로 지속적으로 투표지분류기 사용중지 청구소송을 제기하여 왔고, 선거 후에는 낙선한 후보

자와 함께 선거무효소송을 제기하면서 개표관리에 투표지분류기 활용
을 선거불복의 핵심논거로 삼아 왔다.

일부 시민단체는 해당 사안을 헌법재판소까지 끌고 갔으나 결과는
항시 기각결정이었다. 반면 정치권과 중앙선거관리위원회는 전자투표
를 추진할 경우 그 사회적 합의과정이 얼마나 험난할 것인지 타산지석
의 교훈을 얻었다.

법원은 특정한 선거사무 집행방식이 위법하지 않다는 분명한 판단이
내려졌음에도 불구하고 같은 내용의 선거소송을 거듭 제기하는 것은
선거관리위원회의 업무를 방해하고 사법자원을 불필요하게 소모시키는
결과를 초래하는 것으로 판단하고 있다.

따라서 이러한 제소는 특별한 사정이 없는 한 신의성실의 원칙을 위
반하여 소권을 남용한 것으로서 허용될 수 없다고 보아 최근 대법원도
본안심리를 하지 않고 소송을 각하하고 있다.[29]

그러나 전자투표 도입을 반대하는 사람들이 모두 가짜뉴스에 포획되
었다거나 진영논리에 갇힌 디지털 러다이트Digital Luddite들은 아니다.
전자투표의 도입에 관해서 높은 수준의 정치적·사회적 합의를 전제로
선거절차의 투명성 그리고 선거결과에 대한 검증가능성을 요구하는 것
은 주권자의 정당한 권리이다.

그러나 확증편향의 비이성적 시대에 편견에 사로잡혀 부정선거의 맹
목적 도그마에 빠진 사람도 드물지는 않다. 주권을 위임한 기관을 믿지
못하는 시대를 살아가는 주권자의 슬픈 자화상이다.

최근 유행하는 블록체인 기술을 활용한 전자투표도 저장된 투표기록
의 무결성만을 보장할 뿐 그 기록을 인간의 오감으로 확인할 수 있는
방법, 즉 검증가능성까지 보장하는 것은 아니다.

한때 전자투표를 의욕적으로 추진하였던 중앙선거관리위원회도 2022

29) 대법원 2016. 11. 24. 선고 2016수64 판결, 대법원 2016. 12. 30. 선고 2016수101
판결

년 대통령선거에서 소쿠리투표로 상징되는 사전투표 관리의 정책실패
에 따라 자존심에 큰 상처를 입으면서 이제 전자투표 추진에 동력을 상
실한 것으로 보인다.

　현실적으로 지역신협의 동시이사장선거에 전자투표 실시에 대한 기
약이 없으므로, 그 대안으로서 당분간 농업협동조합 등 동시조합장선거
나 새마을금고의 동시이사장선거처럼 회원들이 관할 구·시·군 안에
설치된 어느 투표소에서나 자유롭게 투표할 수 있도록 본격적인 동시
이사장선거가 실시되는 2029년 전에 통합선거인명부의 활용에 대한 법
적 근거 마련을 추진하여 투표편의성을 확대하는 것에 만족해야 할 듯
하다.

1. 개표소 설치와 개표사무원 위촉

개표소는 관할 선거관리위원회가 해당 위탁단체의 시설 등에 설치한
다(위탁선거법 §46①). 2029년 11월 실시하는 제2회 동시이사장선거에서
는 대부분의 지역신협이 선거에 참여하게 될 것이므로 체육관 등 대규
모 시설을 활용하여 설치할 것으로 예상된다.

관할 선거관리위원회는 선거일 전 5일까지 개표소의 명칭과 소재지
를 공고해야 한다.

섬 또는 산간오지에 투표소를 설치한 경우에는 관할 선거관리위원회
의 의결로 해당 투표소에 개표소를 설치할 수 있지만(위탁선거법 §46①
단서), 이는 농업협동조합, 수산업협동조합 등 조합장선거에서나 의미를
가질 뿐 신협의 이사장선거에서는 적용 사례가 드물 것으로 보인다.

한편, 관할 선거관리위원회는 개표사무를 보조하기 위하여 공정하고
중립적인 사람을 개표사무원으로 위촉한다. 투표사무원을 개표사무원
으로 겸임하게 할 수 있는데, 총회의 방법으로 대표자를 선출하는 경우
를 예상하여 겸임할 수 있는 법적 근거를 둔 것이다. 개표사무원에게도
소정의 수당이[30] 지급된다.

---

[30] 선거관리위원회법 시행규칙 별표 4의 수당기준표에서 6만원으로 규정하고 있다.

2. 개표 진행절차

가. 투표함 개함

개표는 위탁단체별로 구분하여 투표수를 계산한다(위탁선거법 §47①). 하나의 이사장선거에 2 이상의 투표소가 설치된 경우에는 2개 이상의 투표함을 혼합하여 개표할 수도 있고, 각각의 투표함을 따로 개표할 수도 있다.

위탁선거법은 선거관리위원회가 개표사무를 보조하기 위하여 투표지를 유효·무효 또는 후보자별로 구분하거나 계산하는 데 필요한 기계장치 또는 전산조직을 이용할 수 있도록 규정하고 있다(§47②), 공직선거법도 이와 유사한 규정을 두고 있는데(§178②), 이를 근거로 개표소에서 투표지분류기와 계수기를 활용하고 있다.

나. 투표지분류기 운영

투표함을 개함한 후 투표지분류기를 활용하여 후보자별 투표지를 분류한다. 투표지분류기는 이미지센서가 투표지를 스캔하여 1명의 후보자에게 명확하게 기표된 투표지는 해당 후보자의 득표로 판단하여 그 후보자에게 배정된 분류함으로 보낸다.

그러나 2 이상의 후보자란에 기표되어 있거나, 기표 모양이 선명하지 않거나, 인주로 오염된 투표지 등은 스스로 판단하지 않고 재확인대상 투표지로 분류하여 개표사무원이 판단하도록 한다.

모든 투표지에 대한 분류가 끝나면 투표지분류기에서 개표상황표를 출력한다. 2002년 제3회 전국동시지방선거에서 최초로 투표지분류기가 도입된 이래 수많은 선거쟁송이 제기되어 법원 또는 상급위원회 주관으로 개표결과를 검증하였지만 투표지분류기가 분류한 표에서는 거의 오류가 발생하지 않았다.

다만, 재확인대상 투표지를 개표사무원이 유효 또는 무효로 판정한 투표에서 일부 의미 없는 오차가 확인되었을 뿐이다. 소송은 기각되었고 선거결과는 요지부동이었다.

최근 일부 단체에서 투표지분류기의 해킹이나 조작가능성을 제기함에 따라 투표지분류기를 제어하는 범용 노트북에 기본적으로 내장되는 랜카드조차 인위적으로 제거하였다. 물론 그 제거에 소요되는 비용부담은 당연히 국민의 몫이다.

가짜뉴스가 돈이 되는 음모론의 경제학에서 확증편향과 진실의 곡선은 서로 접하지 않는다. 선거의 신뢰확보를 위하여 투입해야 할 사회적 비용을 가늠할 수 없다는 의미이기도 하다.

다. 심사집계부의 심사

투표지분류기 운영부를 거친 투표지는 심사집계부로 넘겨지고 개표사무원이 재확인대상 투표지를 유효표와 무효표로 판정한 후 유효표는 해당 후보자의 득표에 가산한다. 투표지분류기가 후보자별 유효표로 분류한 투표지도 다시 한번 확인한다.

심사집계부에서 후보자별 득표수를 확인하기 위하여 투표지를 세는 용도로 계수기를 활용한다. 계수기는 금융기관 창구에서 활용하는 돈 세는 기계와 작동원리가 똑같다. 후보자가 많은 경우에는 지폐보다 투표지의 길이가 훨씬 더 길어지므로 계수기의 폭을 넓혀서 긴 투표지를 셀 수 있도록 개량하였다.

라. 위원 검열과 위원장 공표

심사집계부를 거친 투표지는 위원석으로 옮겨 출석한 선거관리위원회 위원 전원이 심사집계 결과를 검열한다. 위원들의 검열을 통하여 후보자별 득표수를 최종 확정한 후 위원장이 개표상황표를 공표한다. 이 개표상황표가 바로 당선인을 결정하고 선거결과를 확정짓는 데 법적인 근거가 되는 핵심 문서이다.

대통령선거의 경우 전국에 산재해 있는 구·시·군선거관리위원회는 모든 개표상황표를 관할 시·도선거관리위원회에 FAX로 보고한 후 개표록을 작성하고, 각 시·도선거관리위원회는 관하 구·시·군선거관리위원회가 보고한 개표상황표를 검증한 후 이를 기초로 집계록을 작성하여 중앙선거관리위원회에 FAX로 보고한다.

개표 마감 즉시 구·시·군선거관리위원회가 작성한 개표록과 시·도선거관리위원회가 작성한 집계록은 각각 인편으로 상급위원회에 보고된다. 개표를 진행하면서 국민적 관심사안에 대한 유권자의 알권리를 보장하기 위하여 중앙선거관리위원회는 각 지역의 개표소와 중앙선거관리위원회 서버를 전용통신망으로 연결하여 후보자별 득표상황을 실시간으로 인터넷에 공개하고 있다.

일부 시민단체에서 전용통신망과 중앙선거관리위원회 서버에 대한 해킹 우려를 제기한 사례도 있는데, 무의미한 우려다. 이미 해당 서버는 침입탐지시스템, 침입차단시스템, 방화벽 등으로 겹겹이 보호되고 있다. 게다가 인터넷에 공개되는 내용은 법적 효력과 무관하기 때문에 선거부정과도 관련이 없다.

물론 인적보안과 물적보안이 완벽할 수는 없겠지만, 개표 진행 중 한정된 시간의 침입시도는 감당할 수 있다고 본다. 중앙선거관리위원회는 2011년 10월 26일 실시된 서울시장 보궐선거의 디도스DDos 공격에서31) 이미 충분한 교훈을 얻었다.

만일 해킹에 성공하더라도 사회적 혼란만 야기할 뿐, 아날로그 방식으로 보고되는 개표상황표의 내용이나 선거기록은 글자 한 획도 바꿀

---

31) 당시 한나라당 국회의원의 수행비서관이 주도하여 보궐선거 당일 200여 대의 좀비 PC를 동원하여 대량의 트래픽을 유발하는 DDoS 공격을 감행함으로써 중앙선거관리위원회의 홈페이지를 약 2시간 동안 마비시킨 사건을 말한다.

수 없다. 그렇다고 선거관리위원회 직원들이 통신보안이나 서버보안이
완벽하다고 주장할 만큼 디지털 보안에 무지한 사람들도 아니다.

3. 유효투표와 무효투표의 판단

가. 투표의 효력판단의 원칙

개표진행 중 투표의 효력에 이의가 있는 때에는 해당 선거관리위원
회가 재적위원 과반수의 출석과 출석위원 과반수의 의결로 결정한다.
투표의 효력 판단에 관하여 가장 우선시되는 원칙은 선거인의 의사가
존중되어야 한다는 점이다(공직선거법 §180).

선거인에게 교부하기 전의 투표용지는 종이와 잉크에 불과할 수 있
다. 그러나 투표용지가 정당한 선거인에게 교부되고 기표가 이루어진
순간 그 투표용지는 투표지로 전환되어 주권자의 준엄한 명령이 기록
된 진술서가 되기 때문이다.

다만, 선거인이 투표용지에 기록한 의사표시가 유효한 것으로 인정받
으려면, 우선 정규의 투표용지[32]를 사용해야 하고, 선거관리위원회가
제공하는 기표용구를 활용해야 하며, 투표지에는 기표 외에 어떠한 문
자나 표시도 추가되어서는 안 된다.

나. 유효로 하는 투표

다음에 해당하는 투표는 지극히 정상적인 기표로 보기에는 다소 흠
이 있어 보이지만 무효로 하지 않는다(공직선거법 §179④).

① ⓘ 표가 일부 표시되거나 ⓘ 표 안이 메워진 것으로서 선거관리

[32) 정규의 투표용지란 관할 선거관리위원회가 작성하고 청인을 찍은 후 투표소에 송부하여
투표관리관이 자신의 도장을 찍어 정당한 선거인에게 교부한 투표용지를 말한다. 공직
선거관리규칙 제100조제1항제1호 참조.

위원회의 기표용구를 사용하여 기표한 것이 명확한 것

② 한 후보자란에만 2 이상 기표된 것

③ 후보자란 외에 추가 기표되었으나 추가 기표된 것이 어느 후보자에게도 기표한 것으로 볼 수 없는 것

④ 기표한 것이 전사된 것으로서 어느 후보자에게 기표한 것인지가 명확한 것

⑤ 인육으로 오손되거나 훼손되었으나 정규의 투표용지임이 명백하고 어느 후보자에게 기표한 것인지가 명확한 것

다. 유효투표의 사례 예시

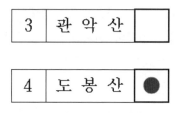

위 투표지는 현출된 문양의 크기가 기표용구의 바깥 지름과 동일하고 둥그런 형태를 띠고 있는 것으로 보아 ⓑ 표 안이 메워진 기표용구를 사용하여 기표를 한 것으로 추정된다.

이 경우 위의 표를 기계적으로 4번 후보자에게 유효한 투표로 판정하는 것은 아니다. 해당 투표소의 투표를 개표하는 과정에서 이와 유사한 기표문양의 투표지가 다수 발견된 경우에는 경험칙상 다수의 선거인이 ⓑ 표 안이 메워진 동일한 기표용구를 사용하여 기표하였을 개연성이 높으므로 이를 유효로 판정한다.

반면에 이러한 기표문양의 투표지가 한두 장이 발견되더라도 해당 투표소의 투표록에 투표관리관이 기표소를 수시로 점검한 결과 기표용구의 ⓑ 표 안이 메워진 기표용구를 발견하고 이를 교체하였다는 기록

이 있다면, 이러한 투표지는 기표용구의 '⊙' 표 안이 메워진 것으로서 선거관리위원회의 기표용구를 사용하여 기표한 것이 명확한 것'에 해당하는 것으로 보아 유효표로 판정한다.

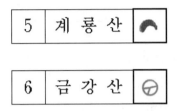

위 투표지는 개표소에서 논란이 제기되는 가장 대표적인 유형의 기표이다. 2 이상의 란에 기표한 것으로 볼 여지가 있기 때문이다. 실제 2018년 실시한 청양군의회의원선거에서 1표 차이로 당락이 엇갈렸을 때, 위와 같은 사례의 표를 유효로 볼 것인지가 가장 큰 쟁점이 된 것으로 알려졌다.

위의 투표지에 대한 대법원의 효력판단 기준을 적용하면 이것은 6번 후보에게 유효한 투표이다.[33] 비록 5번 후보의 기표란에 원형에 가까운 자국이 있지만, 6번 후보자란에 선명하게 기표한 것과 대비하여 볼 때 선거인이 5번 후보자에게도 기표한 의사로 볼 수는 없기 때문이다.

여기에 적용되는 법리가 '인육으로 오손되었거나 훼손되었으나 정규의 투표용지임이 명백하고 어느 후보자에게 기표한 것인지가 명확한 것'이다(공직선거법 §179④ 6.). 만일 6번 후보자란의 기표 문양이 흐리거나, 일부만 현출되는 등 선거인이 주저하거나 망설인 흔적이 보였다면 쉽사리 유효로 판단하기 어려웠을 것이다.

---

33) 대법원 2019. 4. 5. 선고 2019우5010 판결

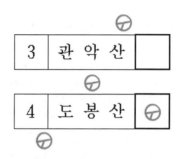

위 투표지를 얼핏 보면 어지럽게 기표가 되어 있어 일단 무효로 보인다. 그러나 4번 후보자에게 정확하게 기표된 외의 다른 기표는 어느 후보자의 란에도 접하지 않았으므로 이 표는 4번 후보자에게 유효한 투표이다. 이 경우 적용되는 법리는 '후보자란 외에 추가 기표 되었으나 추가 기표된 것이 어느 후보자에게도 기표한 것으로 볼 수 없는 것'이다 (공직선거법 §179④ 3.).

과거에는 특정 후보자에게 정상적으로 기표한 후 투표지의 뒷면이나 앞면의 여백에 추가적으로 기표가 되어 있으면 무효로 보았다. 그러나 2005년 8월 4일 선거법 개정에 따라 특정 후보자에게 기표한 후 추가된 기표가 다른 후보자의 기호, 성명 또는 기표란에 접하지 않으면 해당 후보자에게 유효한 투표로 본다.

투표지 오염을 방지하기 위하여 기표소에서 인주를 퇴출하고 인주내장형 기표용구를 도입하면서 선거인들이 기표가 제대로 되는지 확인하기 위해 투표용지의 여백에 시험삼아 기표하는 사례가 많은 점을 고려하여 그러한 표를 유효로 판단하는 것이다.

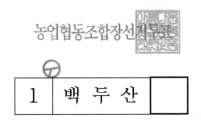

위 투표지도 다른 후보자란에 기표가 없다면 1번 후보자에게 유효한 투표이다. 기표 문양이 특정 후보자란에 접선만 되어도 해당 후보자의 유효표가 되기 때문이다.

판례는 투표지의 기표가 어느 후보자의 기표란 밖에 표시된 것이라 하더라도 그 기표의 외곽선이 오로지 특정 후보자의 기호란이나 성명란에만 접선되어 있는 것이라면 이는 그 접선된 후보자에게 기표한 것이 명확하다고 보았다.

다만, 이렇게 해석할 경우 첫 번째 기호의 후보자와 마지막 기호의 후보자가 유효로 판정받을 수 있는 기표의 물리적 범위가 넓어지는 결과를 초래하지만, 법원은 투표행위의 성질상 이로 인하여 각 후보자의 득표율이 영향을 받는다고 단정할 수는 없다고 판시한 바 있다.[34]

위 투표지는 7번 후보자에게 명확하게 기표가 되어 있으나, 투표관리관의 도장이 누락된 경우 과연 그 투표지가 정규의 투표용지에 해당하

---

34) 대법원 1996. 9. 6. 선고 96우54 판결

는지 그리고 그 투표가 유효인지 여부가 쟁점이다.

투표관리관의 도장이 누락되어 있더라도 투표록에 그 사유가 적혀 있거나, 투표록에 적혀 있지 않더라도 투표록의 투표용지 교부매수와 투표수를 비교하고 잔여투표용지와 절취된 일련번호지의 매수를 확인하여 투표관리관이 선거인에게 교부한 투표용지로 확인되는 경우 정규의 투표용지로 보아 유효한 투표로 판단한다(공직선거관리규칙 §100 ②).

투표관리관의 부주의로 발생한 문제를 선량한 주권자에게 책임을 물어 그 표를 무효로 할 수는 없기 때문이다. 투표소가 혼잡한 시간대에 종종 투표관리관이 도장 날인을 누락하는 사례가 있다.

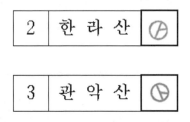

위 투표지는 3번 후보의 기표가 2번 후보자란에 전사轉寫된 것으로서 어느 후보자에게 기표한 것인지가 명확한 것이므로 3번 후보자에게 유효한 투표이다. 선거인이 기표한 직후 잉크가 채 증발되기 전에 강한 압력으로 투표지를 접는 경우 전사가 생긴다.

위 사례는 원래 기표와 전사된 부분의 농도가 달라 3번의 유효표라는 점이 명확하지만, 간혹 인주내장형 기표용구가 말썽을 부려 전사된 모양까지도 아주 진하게 표시되는 경우도 있다. 이때 2 이상의 란에 기표를 한 것인지 아니면 전사된 것인지 여부를 판단하기 위하여 기표용구의 원안에 눈사람의 팔처럼 나뭇가지 모양을 양각으로 새겨 놓았다.

선거관리위원회 위원이나 직원들은 이러한 투표가 전사인지 아니면 2 이상의 란에 기표한 것인지 보면 바로 알 수 있다.

라. 무효로 하는 투표

다음 중 어느 하나에 해당하는 투표는 무효로 한다(공직선거법 §179 ①).

① 정규의 투표용지를 사용하지 아니한 것
② 어느 란에도 표를 하지 아니한 것
③ 2란에 걸쳐서 표를 하거나 2 이상의 란에 표를 한 것
④ 어느 란에 표를 한 것인지 식별할 수 없는 것
⑤ ⓘ 표를 하지 아니하고 문자 또는 물형을 기입한 것
⑥ ⓘ 표 외에 다른 사항을 기입한 것
⑦ 선거관리위원회의 기표용구가 아닌 용구로 표를 한 것

마. 무효투표의 사례 예시

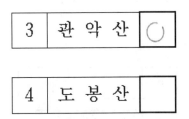

위 투표지는 둥근 모양이 드러나기는 하였지만, 선거관리위원회의 기표용구가 아닌 것으로 기표하였음이 명확하여 무효이다.

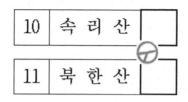

위 투표지는 2란에 걸쳐서 표를 한 거에 해당하여 무효이다. 등록된 후보자 수가 10명 이상인 경우 투표용지의 길이가 길어지므로 상하의 여백을 줄일 수밖에 없어 발생하는 무효표의 대표적 사례이다.

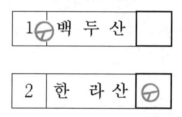

위 투표지는 서로 다른 후보자란에 2 이상의 기표를 한 것으로 무효이다. 기표는 기표란이나 성명란에 하여도 해당 후보자에게 기표를 한 것으로 본다.

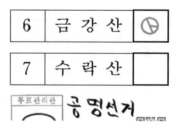

위 투표지는 정상적인 기표를 한 후 '공명선거'라는 말을 써넣어서 무효가 된 경우이다. 투표지에는 아무리 신성한 언어를 기록하더라도 무

효표의 운명으로부터 구원받지 못한다.

투표의 비밀이 침해되고 매수의 위험성이 있기 때문이다.

결국 선거에서 특정 선거인이 어떤 후보자에게 투표하였는지 적법하고 유효하게 증명할 수 있는 방법은 없다. 투표소에서 기표한 투표지를 공개하면 공개된 투표지로 처리되어 무효가 되고 투표간섭죄 또는 투표소교란죄의 처벌이 기다린다.

매수의 대가로 특정 후보자에게 기표하고 그 사실을 은밀하게 알리기 위해 자신의 투표지에 글씨나 물형을 적어 넣은 경우 위의 사례처럼 무효가 된다.

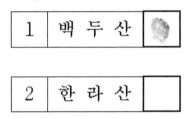

위 투표지는 기표를 하지 않고 무인, 즉 손도장을 찍어 무효표가 된 사례이다. 만일, 2번 후보자란에 정상적인 기표용구에 의한 기표가 있었다면, 손도장 자국은 인육에 의해 오염된 것으로 보아 2번에 유효한 투표로 판단할 여지도 있다. 다만, 본 투표지는 다른 후보자란에 기표가 없는 것을 전제로 한다.

4. 개표참관과 관람방법

가. 개표참관인 선정 · 신고

후보자는 선거인 중에서 개표소마다 2명 이내의 개표참관인을 선정하여 선거일 전일까지 관할 선거관리위원회에 서면으로 신고하여야 한다. 이 경우 투표참관인을 개표참관인으로 겸임하게 신고할 수 있다.

후보자 또는 후보자의 배우자와 해당 신협의 임직원은 개표참관인이 될 수 없으며, 후보자가 개표참관인 신고를 하지 않은 때에는 참관을 포기한 것으로 본다.

나. 후보자의 개표 관람

후보자와 배우자가 개표참관인은 될 수 없더라도 관할 선거관리위원회가 발행한 관람증을 달고 개표소에 입장하여 개표상황을 관람할 수 있다. 개표소의 공간 사정에 따라 지정되는 위치가 달라지기는 하겠지만, 별도 구획된 장소에서 개표상황을 지켜보면서 자신이 선정·신고한 개표참관인과 소통할 수 있다.

이사장선거의 개표 소요시간은 투표율에 크게 의존하지만 다른 조건이 일정하다면 3~4시간 정도면 충분하리라 본다. 오후 5시에 투표를 마감할 경우 개표 종료시각은 늦어도 저녁 10시를 넘지 않을 것으로 예상한다.

다. 개표참관 요령

앞서 살펴본 바와 같이 정상적으로 기표된 투표지에 대한 투표지분류기의 정확성은 이미 수많은 개표관리와 법원의 검증을 통하여 넉넉히 입증된 바와 같다.

투표지분류기는 결코 주사위 놀이를 하지 않는다. 단 한 번도 공정선거를 배반한 적이 없다. 다만, 2 이상의 후보자란에 기표 되어있거나, 기표 모양이 선명하지 않거나, 인주로 오염된 투표지 등을 투표지분류기가 재확인대상 투표지로 분류함에 따라 개표사무원이 그 효력을 판정한 투표지에서는 극히 일부의 오류가 발견된 사례는 있다.

투표의 효력에 관한 판단의 오류는 주로 투표 자체의 효력이 유효인지 무효인지에 관한 것이 대부분이다. 실제 선거쟁송이 제기되어 투표지에 대한 검증을 진행할 때 재확인대상 투표지 중 당초 무효로 판단하였으나 검증에서는 유효로 판단하는 경우가 가끔 있고, 당초 유효로 판단하였으나 검증에서는 무효로 처리되는 예도 있다.

따라서 개표를 참관할 때에도 정확성을 의심할 필요가 없는 투표지분류기의 작동을 구경하는 것은 사실상 개표감시권을 포기하는 것과 마찬가지이다. 투표지분류기가 재확인대상 투표지로 분류하여 개표사무원에게 판단을 맡긴 투표지를 심사집계부에서 정확하게 처리하는지 눈여겨볼 일이다.

심사집계부의 판정을 수긍하기 어려우면 관할 선거관리위원회 직원에게 이의를 신청하면 되고, 해당 투표지는 관할 선거관리위원회의 전체 회의에 부쳐 유효 또는 무효로 최종 운명이 결정된다. 투표지의 효력 판단이 애매하다는 이유로 개표소에서 관할 선거관리위원회가 판정을 거부하거나 유보하는 사례는 없다.

개표참관인은 투표참관인과 달리 개표소 안을 자유롭게 순회하며 감시하고 촬영할 수 있다. 이제 투표가 완전 종료되었으므로 선거에 영향을 미칠 우려도 없으니 드레스코드에 제한도 없다.

그러나 개표의 진행에 지장을 주는 행위를 해서는 안 되며, 이의제기를 할 때에도 반드시 관할 선거관리위원회를 통해서 해야 한다(공직선거법 §181, 공직선거관리규칙 §102) 개표참관인에게 수당과 실비가 지급되는 점은 투표참관인과 동일하다.

5. 투표지의 보관과 증거보전 신청

개표가 끝난 때에는 투표소별 또는 신협별 개표한 투표지를 유효와 무효로 구분하여 포장한다. 이때 유효투표지는 다시 후보자별로 구분하여 각각 포장한 후 관할 선거관리위원회 위원장이 봉인한다. 실무적으로는 투표지 관리상자와 봉인용 테이프를 활용하여 개표가 끝난 투표지를 효율적으로 관리한다.

봉인된 투표지는 선거쟁송이 제기되어 권한 있는 기관이 검증하는 경우를 제외하고는 아무도 열어보지 못한다. 관할 선거관리위원회 위원이나 직원도 법령에 의하지 않고는 열 수 없다.

선거결과에 이의가 있어 당선무효나 선거무효 쟁송을 제기할 경우 법원에 증거보전 신청을 하려는 때에 가장 중요한 목적물이 바로 이 투표지다. 증거보전이 집행되면 투표지는 선거쟁송이 종결될 때까지 법원의 관리하에 놓이게 된다.

투표지, 투표록 등 선거에 관한 서류는 당선인의 임기 중 보관하되, 선거에 관한 쟁송이 제기되지 않거나 쟁송이 종결된 때에는 관할 선거관리위원회의 결정으로 폐기할 수 있다(위탁선거법 §50, 위탁선거규칙 §30).

6. 당선인 결정방법

위탁선거법에서 당선인 결정은 해당 위탁단체의 법령이나 정관 등 자치규범이 정하는 바에 따르도록 규정하고 있다(§56). 공직선거와 달리 위탁선거에서는 당선인 결정요건에 관하여 해당 위탁단체의 의사를 존중하기 때문이다.

신협법과 표준정관에서 이사장은 선거인의 과반수 투표[35]로서 다수 득표자를 당선인으로 결정하도록 규정하고 있다(신협법 §26의2② 2., 표준정관 §50①).

---

35) 해당 조항은 관할 선거관리위원회에 이사장선거 관리를 위탁하더라도 유효하다. 조합원이 500인 이하인 신협에는 당선인 결정에 허들로 작용할 수도 있을 것이다.

다만, 재적조합원 수가 500인을 초과하는 신협의 경우에는 251인 이
상의 출석으로 개의하고 출석조합원 과반수의 찬성으로 결의할 수 있
으므로(신협법 §26의2② 2.), 해당 신협은 이사장선거에서 투표율이 50%
에 미달하더라도 251명 이상의 선거인이 투표에 참여한다면 당선인을
결정할 수 있는 것으로 보인다.

반면에 재적조합원 수가 500인 이하인 신협의 이사장선거에서 투표
율이 50%에 미달하거나, 재적조합원 수가 500인을 초과하는 신협의 이
사장선거에서 투표에 참여한 사람이 251명에 미달한다면 당선인을 결
정하지 못하고 재선거를 실시해야 한다.

이사장선거에서 후보자등록 마감시각에 등록된 후보자가 1명이거나
후보자등록마감 후 선거일의 투표마감시각까지 후보자가 사퇴·사망하
거나 등록이 무효로 되어 후보자가 1명이 된 때에는 투표를 실시하지
않고 선거일에 그 후보자를 당선인으로 결정한다(신협법 §27의4).

한편, 신협의 임원선거에서 개표결과 총 투표수가 선거인명부의 날인
자 수를 초과한 때에는 그 선거를 무효로 하고 즉시 재투표를 실시해야
한다. 다만, 오차의 범위가 경미하여 선거결과에 영향이 없다고 인정되
는 경우에는 선거관리위원회의 의결로 당선인을 결정할 수 있다(선거규
약 §49).

3·15 부정선거의 유산은36) 이렇게 전혀 예상하지 못했던 곳에서 그
흔적을 드러낸다.

---

36) 1960. 3. 15. 실시되었던 정·부통령선거에서 이승만, 이기붕 후보의 득표수가 총 유권
자 수보다 많은 어이없는 일이 벌어지기도 했다. 중앙선거관리위원회 2018. 9. 『대한민
국을 만든 70가지 선거 이야기』 53쪽 참조.

1. 재선거 사유와 선거 절차

가. 이사장선거의 재선거 사유

(1) 선거규약에 따른 재선거

선거 후 당선인이 임기개시 전에 사퇴 또는 사망하거나, 임기가 개시된 후라도 선거 또는 당선의 효력에 관한 이의신청이 인용되거나, 선거 또는 당선의 효력을 무효로 하는 판결이 확정되면 다시 선거를 실시한다. 당초 목표한 선거결과가 형성되지 않았으니 이를 재선거라 한다.

선거규약에서는 당선인에 대하여 다음 중 어느 하나에 해당하는 경우 그 사유가 발생한 날부터 30일 이내에 재선거를 실시하도록 규정하고 있다(§3① 2., §56①).

① 당선인이 임기개시 전에 사퇴, 사망하거나 피선거권을 상실한 때

② 법 제22조의 규정에 의하여 선거 또는 당선이 취소된 때[37]

③ 선거의 전부 무효 판결을 받은 때

---

[37] 임원선거의 효력에 이의가 있는 조합원이 선거일부터 1개월 이내에 조합원 10분의 1 이상의 동의를 받아 중앙회장에게 신청한 당선취소 청구가 인용된 경우를 말한다.

(2) 그 밖의 재선거

당선인의 사퇴 또는 사망을 제외하면, 현실적으로 위탁선거법과 신협법 및 선거규약에 따른 재선거 사유는 다음 다섯 가지로 정리할 수 있다.

첫째, 선거무효 결정이나 판결이 확정된 경우이다. 선거 자체가 무효이므로 선거과정의 일부에 해당하는 당선인 결정의 효력은 별도로 살펴볼 필요조차 없이 당연히 무효이다.

둘째, 선거 후 당선인의 피선거권 보유 여부, 즉 임원의 결격사유 해당 여부에 관하여 선거인이나 후보자가 신협 선거관리위원회에 제기한 이의신청이 인용되거나 법원에 제기한 당선무효 소송을 인용한 판결이 확정된 경우이다.

셋째, 당선인이 신협법에 규정된 범죄로 벌금 이상의 형이 확정된 경우이다. 벌금액수를 가리지 않으므로 10만원 정도의 벌금형이 확정되면 임원으로 취임할 수 없다.(신협법 §28① 5.).

넷째, 지역 신협의 이사장선거에서 그 당선인이 위탁선거법에 규정된 범죄로 100만원 이상의 벌금형이 확정된 경우이다(위탁선거법§70 1.). 당연히 관할 선거관리위원회에 의무적으로 위탁된 선거를 전제로 한다. 아래의 경우에도 또한 같다.

다섯째, 지역 신협의 이사장선거에서 당선인의 가족이 위탁선거법의 매수죄나 기부행위 위반죄를 범하여 300만원 이상의 벌금형을 선고받은 경우이다(위탁선거법§70 2.).

여기에서 쟁점이 되는 것은 선거인 또는 후보자가 선거의 효력이나 당선인의 사격에 대하여 시·도선거관리위원회 또는 중앙회에 제기한 이의신청이 수용되거나, 법원에 제기한 당선무효 소송에서 원고의 청구를 인용한 판결이 확정된 경우이다.

경험칙과 논리에 따르면 이와 같은 사례가 발생할 가능성은 현실적으로 두 가지가 있다.

첫째, 당선인에게 피선거권이 없음이 확인되어 당선이 무효로 된 경우가 있다. 이때에는 당연히 재선거를 실시해야 한다. 차점자에게 월계관이 승계되지 않는다.

둘째, 선거가 적법하게 실시되었으나, 투표의 효력 판단이나 후보자별 득표 집계에 오류가 확인되어 당선이 무효로 된 경우이다. 이때에는 재선거를 실시할 필요가 없이 해당 선거관리위원회가 중앙회의 결정이나 시·도선거관리위원회 또는 법원의 검증결과에 따라 당선인을 재결정하는 것으로 다툼을 종결할 수 있다.

한편, 임원선거에서 당선되었으나 자신의 귀책사유로 당선이 무효가 되거나 취소되어 재선거의 직접적 원인을 제공한 사람은 그 사유가 확정된 날로부터 5년간 임원선거에 출마할 수 없다(선거규약 §8① 11.).

나. 재선거의 절차와 임기

재선거의 선거일은 그 사유가 발생한 날부터 30일 이내에 이사회가 정한다. 다만, 관할 선거관리위원회가 위탁하여 관리하는 임원선거의 경우 관할 선거관리위원회와 협의하여 선거일을 정한다(위탁선거법 §14 ②, 선거규약 §3).

신협법령이나 신협의 내부규범에 재선거의 절차에 특별한 예외규정을 두고 있지 않으므로, 재선거의 선거일이 결정되면 나머지 선거절차는 임기만료에 따른 선거와 동일한 절차를 밟게 된다.

한편, 2023년 7월 18일 공포한 개정 신협법의 부칙 특례에 따라 2023년 11월 22일 이후 재선거 또는 보궐선거로 선출되는 이사장의 임기는 전임자 임기의 남은 기간으로 한다.

이 또한 전국적 범위에서 동시에 실시하는 이사장선거에 합류하도록 하기 위한 조치로 보인다.

2. 보궐선거의 사유와 실시 절차

가. 보궐선거 실시 사유

이사장이 임기 중 사퇴, 사망 등의 사유로 궐위되면 이사장 직무대행자는 60일 이내에 임시총회를 개최하여 보궐선거를 실시하거나 지체없이 중앙회장에게 임시임원 선임을 요청하여야 한다. 다만, 회계연도 종료일전 6월 이내에 이사장이 궐위되면 차기 총회에서 보궐선거를 실시할 수 있다(표준정관 §52②).

선거의 실시사유가 재선거이든 보궐선거이든 선거의 절차와 방법에는 차이가 없다.

2023년 11월 22일 이후 재선거 또는 보궐선거로 선출되는 이사장의 임기는 전임자 임기의 남은 기간으로 하고, 재선거 또는 보궐선거의 실시사유가 발생한 날부터 임기만료일까지의 기간이 1년 미만인 경우에는 재선거 또는 보궐선거를 실시하지 않는다(신협법 부칙 §4④).

나. 보궐선거 실시 절차

보궐선거의 실시절차와 방법은 재선거의 그것과 동일하다. 이런 측면에서 신협 이사장선거에서는 재선거와 보궐선거의 구분의 실익이 크지 않다.

반면, 공직선거에서는 지방의회 의원정수의 4분의 1 이상이 궐원되지 않으면 보궐선거를 실시하지 않을 수 있지만, 재선거의 경우에는 임기만료일까지의 기간이 1년 이상인 때에는 반드시 실시해야 하므로 양자를 구별하는 실익이 있다[38].

---

38) 공직선거법 제201조(보궐선거등에 관한 특례) 제1항 본문 참조.

제6장

미위탁 임원선거의
선거범죄

신협법은 임원선거에서 선거부정을 방지하기 위하여 선거운동 목적의 매수행위에 대한 벌칙을 두고, 선거의 과열을 방지하기 위하여 선거운동 방법 위반과 사전선거운동에 대한 벌칙을 두고 있다.

신협법의 벌칙은 모든 임원선거에 적용된다. 이사장선거를 선거관리위원회에 의무적으로 위탁한 경우에도 신협법 벌칙의 적용은 배제되지 않는다. 위탁선거법의 벌칙과 중첩되어 적용될 뿐이다.

신협법 위반은 소액의 벌금형으로도 5년간 피선거권이 박탈되는 점에 특징이 있다. 이 장에서는 신협법의 선거범죄를 살펴본다.

1. 신협법 선거범죄 개요

가. 조합원·후보자 등 매수죄

신협법 제27조의2제1항은 누구든지 자기 또는 특정인을 신협의 임원으로 당선되게 하거나 당선되지 못하게 할 목적으로 조합원 등에게 금전·물품·향응 그 밖의 재산상의 이익을 제공한 사람을 처벌하는 조합원매수죄, 기관·단체·시설에 대한 이해유도죄 및 후보자매수죄를 규정하고 있다.

또한 매수행위의 상대방이 되어 금전·물품·향응 그 밖의 재산상의 이익이나 공사公私의 직職을 제공받거나 그 제공의 의사표시를 승낙하는 사람도 매수행위를 한 사람과 동일하게 신협법 제99조제3항에 따라 1년 이하의 징역 또는 1천만원 이하의 벌금에 처하도록 매수를 받는 죄를 규정하고 있다.

나. 부정선거운동죄

신협법 제27조의2제2항은 누구든지 임원선거와 관련하여 선전벽보, 선거공보, 합동연설회 또는 공개토론회, 전화 또는 컴퓨터 통신, 도로·시장 등 다수인이 왕래하거나 집합하는 공개된 장소에서의 지지호소 및 명함배부 방법을 제외한 일체의 선거운동을 금지하고, 이를 위반할 경우 같은 법 제99조제3항에 따라 1년 이하의 징역 또는 1천만원 이하의 벌금에 처하도록 부정선거운동죄를 규정하고 있다.

다. 선거운동기간 위반죄

신협법 제27조의2제3항은 같은 조 제2항에 따라 허용된 선거운동 방법이라도 그 선거운동은 후보자등록마감일의 다음날부터 선거일 전일까지만 할 수 있도록 하고, 이를 위반할 경우 같은 법 제99조제3항에 따라 1년 이하의 징역 또는 1천만원 이하의 벌금에 처하도록 선거운동기간위반죄를 규정하고 있다.

다만, 신협의 이사장을 선출하는 경우로서 후보자가 선거당일에 선거관리위원회가 주관하는 합동연설회 또는 공개토론회에서 자신의 소견을 발표하는 때에는 예외로 한다.

2. 신협법 선거범죄의 적용대상과 적용시기

가. 선거범죄 적용대상

신협법에 규정된 선거범죄는 모든 임원선거에 적용된다. 임원선거를 자체적으로 관리하든 관할 선거관리위원회에 위탁하든, 또 그 위탁이 의무적이든 임의적이든 선거의 종류와 관리주체 및 의무위탁 여부를 가리지 않는다.

동시이사장선거부터 그 선거의 관리를 선거관리위원회에 의무적으로 위탁해야 하지만, 그 선거에 신협법의 적용이 배제되는 것은 아니다. 이사장선거의 관리를 관할 선거관리위원회에 위탁한 경우 신협법의 적용을 배제하는 규정이 없기 때문이다.

위탁선거법은 해당 법률이 전면적으로 적용되는 농업협동조합 등 동

시조합장선거와 새마을금고의 동시이사장선거를 제외하고는 위탁단체
의 자율성과 사적자치를 존중하여 선거운동의 주체, 시기, 방법에 대한
규제를 개별 법률에 맡기고 있다.

이에 따라 신협의 이사장선거에서 선거의 과열을 방지하고 후보자
간 균등한 선거운동 기회를 보장하기 위하여 허용된 방법 외에 일체의
선거운동과 사전선거운동을 금지하는 것은 위탁선거법이 아니라 신협
법의 고유한 규범력에서 나온다.

이에 따라 선거관리를 의무적으로 관할 선거관리위원회에 위탁해야
하는 지역신협의 이사장선거에서는 신협법의 형벌을 날줄로 하고 위탁
선거법의 벌칙을 씨줄로 삼아 선거의 공정을 확보하고 선거부정을 가
두는 천라지망이 형성되는 것이다.

나. 선거범죄 적용시기

신협법 선거범죄의 적용시기에 관해서 살펴보면, 매수죄의 경우 그
상대방이 선거인이 아니라 조합원이므로 그 상대방 신분의 특성상 적
용시기에 제한이 없다.[1]

또한 선거운동기간위반죄의 경우 선거운동기간 전에 이루어지는 일
체의 사전선거운동을 금지하는 것이므로 그 성질상 선거운동기간을 제
외하고는 상시 적용된다.

따라서 신협법의 선거범죄는 임원선거의 종류나 위탁여부를 묻지 않
고 지금 바로 여기에서 우리 모두에게 적용된다.

---

1) 대법원 2009. 3. 26. 선고 2008도10138 판결

1. 선거인매수죄

가. 구성요건과 법정형 개요

신협법 제27조의2제1항제1호는 누구든지 자기 또는 특정인을 신협의 임원으로 당선되게 하거나 당선되지 못하게 할 목적으로 조합원이나 그 가족에게 금전·물품·향응 그 밖의 재산상의 이익이나 공사公私의 직職을 제공하거나 제공의 의사를 표시하거나 그 제공을 약속하는 사람은 같은 법 제99조제3항에 따라 1년 이하의 징역 또는 1천만원 이하의 벌금에 처하도록 조합원매수죄를 규정하고 있다.

본조에 규정된 매수죄에서 '조합원'이란 공동유대[2]에 소속된 사람으로서 선거인이 될 수 있는 사람을 포함하는 개념이고, '가족'이란 조합원의 배우자, 조합원 또는 그 배우자의 직계존속·비속과 형제자매, 조합원의 직계존속·비속 및 형제자매의 배우자를 말한다.[3]

---

2) '공동유대'란 조합의 설립과 구성원의 자격을 결정하는 단위를 말한다. 신협법 제2조제3
호 참조.
3) 신협법 제27조의2제1항제1호 참조.

나. 선거운동 목적의 판단기준

본조에서 '당선되게 하거나 당선되지 못하게 할 목적'의 다른 표현이 바로 선거운동 목적이다. '선거운동 목적'이란 스스로 당선되거나, 특정 후보자를 당선되게 하거나, 다른 후보자를 당선되지 못하게 할 목적을 의미한다.

따라서 이익제공의 목적이 단지 선거인의 투표권을 매수하는 행위, 즉 자기에게 투표하는 대가로 이익을 제공하는 행위에 국한되는 것은 아니고, 선거인의 후보자에 대한 지원활동 등 널리 당선에 영향을 미칠 수 있는 행위와 관련하여 이익을 제공하는 행위는 모두 선거운동 목적이 있는 것으로 보아야 한다.[4]

선거를 1년 4개월 정도 앞둔 시기에 마을 경로당을 돌아다니며 '농민을 위해서 시장이 되겠습니다'라고 기재된 명함과 함께 현금 5만원 내지 10만원이 든 돈봉투를 제공한 사안에서, 판례는 선거를 상당기간 남겨둔 시점이기에 당선될 목적으로 금전을 제공한 것이 아니라고 주장하는 피고인의 변명을 배척하고 당선될 목적은 적극적 의욕이나 확정적 인식을 요하지 않고 미필적 인식이 있으면 족하다고 판단하여 유죄를 선고하였다.[5]

다. 매수행위의 주체

매수행위 주체의 범위에는 아무런 제한이 없다. 후보자나 후보자가 되려는 사람에 한정되지 않고 조합원이든 비조합원이든 선거인이든 제3자이든 누구든지 매수죄의 주체가 될 수 있다.

후보자와 공모하여 범죄에 공동 가공하는 공범관계의 경우, 공모는

---

4) 대법원 2013. 7. 26. 선고 2011도13944 판결
5) 전주지방법원 2014. 6. 26. 선고 2013고합142 판결

법률상 어떤 정형을 요구하는 것이 아니므로, 공범자 상호간에 직접 또는 간접으로 범죄의 공동실행에 관한 암묵적인 의사연락이 있으면 족하고 이에 대한 직접증거가 없더라도 정황사실과 경험법칙에 의하여 이를 인정할 수 있다.[6]

판례는 국회의원선거의 후보자가 선거대책본부 간부들로부터 선거운동 자원봉사자들에게 정책개발비 명목의 선거활동비가 지급되리라는 것을 사전에 알았을 것으로 판단하고, 그 선거활동비가 지급된 후에도 그들 명의로 된 정책개발비 영수증을 확인하고 출금전표에 결재한 점 등에 비추어 해당 후보자가 간부들과 매수행위를 공모한 것으로 보았다.[7]

라. 매수 상대방의 범위

매수행위의 상대방은 원칙적으로 조합원이다. 다만, 공동유대에 소속된 사람으로서 선거인이 될 수 있는 사람을 포함한다. 해당 조항에 대한 문리해석상 그 신분이 조합원인 경우 다가올 임원선거에서 선거권이 있는지 여부를 묻지 않는다.

또한 현재는 비록 신협의 조합원이 아니더라도 공동유대에 속해 있는 사람으로서 해당 신협에 가입이 예정되어 있거나 가입 의사가 있는 사람도 다가올 임원선거에서 선거인이 될 가능성이 있으므로 조합원 매수죄의 객체가 될 수 있다.

조합원은 해당 신협의 공동유대에 소속된 사람 중 제1회 출자금을 납입한 사람으로 한다(신협법 §11①). 지역신협의 경우 조합원의 자격은 정관이 정하는 공동유대 안에 주소나 거소가 있는 사람이나 공동유대 안에서 생업에 종사하는 사람이어야 한다. 반면 직장신협과 단체신협의 경우 조합원의 자격은 정관이 정하는 직장·단체 등에 소속된 사람이어

---

6) 대법원 2005. 9. 9. 선고 2005도2014 판결
7) 대법원 2002. 6. 28. 선고 2002도868 판결

야 한다.

다만, 신협의 설립 목적과 효율적인 운영을 저해하지 않는 범위에서 해당 공동유대에 소속되지 않은 사람도 조합원에 포함시킬 수 있다(신협법 §11②).

예컨대, 조합원의 배우자 및 세대를 같이하는 직계존·비속, 신협의 합병 또는 분할, 부실신협에 따른 계약이전이나8) 공동유대의 범위조정 또는 종류전환으로 인하여 신협의 공동유대에 해당하지 않게 된 사람, 신협의 직원 및 그 가족 등이 이에 해당한다(시행령 §13②)

한편, 신협이 합병合倂하려면 총회의 결의가 있어야 하고(신협법 §55①), 합병이나 분할로 존속하거나 설립되는 조합은 합병이나 분할로 소멸되는 조합의 공동유대 및 권리·의무를 승계하도록 강행규정을 두고 있다(신협법 §55③).

따라서 신협 간 합병절차가 완료되기 전이라도 장차 합병될 신협의 조합원도 본조에서 매수 상대방으로 규정한 조합원으로 보아야 한다.9)

마. 향응의 의미

'향응'은 음식물로 다른 사람을 접대하는 것뿐만 아니라 사람에게 위안이나 쾌락을 주는 것은 모두 포함된다. 예컨대 술자리에서 이성으로 하여금 시중을 들게 하거나, 영화·연극을 감상시키는 것이나, 온천 등 휴양시설에 초대하는 것도 향응에 해당한다.

특히 유의할 점은 향응의 장소인 사정을 알면서도 그 자리에 참석하여 즐거운 분위기를 향수하였다면 비록 음식물을 먹지 않았더라도 향응의 수수가 인정된다는 점이다.10)

---

8) 대규모의 부실대출로 자기 자본의 전부가 잠식될 우려가 있는 신협과 임직원의 위법·부당한 행위로 손실이 발생하여 자력으로 경영정상화가 어려운 신협에게 금융위원회는 기금관리위원회의 의견을 들어 해당 신협을 인수할 신협을 정하고 사업과 관련된 계약의 이전을 결정할 수 있다. 신협법 제86조제1항 및 제86조의4 등 참조.

9) 대법원 2007. 4. 27. 선고 2006도5579 판결

바. 그 밖에 재산상의 이익의 의미

신협법과 위탁선거법의 매수죄에서 '그 밖의 재산상의 이익'은 금전·물품·향응 외에 선거인의 수요나 욕망을 충족시켜주는 일체의 것을 의미한다.

따라서 제공되는 이익이 일반인의 상식으로 사교상 의례라고 인정되는 정도를 초과한 것이거나, 선거인의 마음을 움직일 수 있다고 인정되는 정도의 것이라면 무엇이든지 '그 밖의 재산상의 이익'에 해당한다. 이에 해당하는지 여부는 이익을 제공하는 사람과 제공받는 사람과의 관계, 또는 제공받는 사람의 사회적 지위·관습 등에 따라 달라질 수 있다.[11]

예컨대, 신협 이사장선거에서 당선을 목적으로 후보자가 거대 재력가인 조합원에게 과일 1박스를 선물한 경우, 과연 그것이 재산상의 이익이 되어 그 재력가의 후보자 선택에 관한 마음을 움직일 수 있을까? 아마도 제공자와의 관계에 따라 판단이 다를 것이다.

사. 공사公私의 직職의 의미

'공사의 직'은 상근·비상근을 불문하고 노동의 제공으로 일정한 반대급부를 받을 수 있는 직장에서의 일정한 자리를 말한다. 매수를 하는 사람에게 직접 직원으로 채용할 수 있는 권한이 있는 경우는 물론이고, 그 권한이 없는 경우라도 사회통념상 상대방으로 하여금 해당 직무에 채용되는 것을 기대할 수 있는 때에도 본죄가 성립한다.

판례는 정당의 여성부장, 재개발조합장은 물론 동 방위협의회 회장도 공사의 직에 해당한다고 판시하였고, 경쟁후보자에게 사퇴의 대가로 구

---

10) 대검찰청 2020. 3. 『공직선거법 벌칙해설』 제10개정판 189쪽 참조.
11) 대검찰청 앞의 책 189쪽 참조.

청이 설립하여 운영을 위탁하는 복지관의 수탁자로 선정될 수 있도록 도와달라고 요구한 사안도 '공사의 직' 제공요구에 해당한다고 보았다.[12]

아. 제공의 의미

신협법이나 위탁선거법의 매수죄에서 제공의 의사표시 또는 약속행위를 별도로 규정하고 있는 점에 비추어 '제공'은 현실적인 제공을 의미한다. 즉, 제공자가 제공의 의사를 표시하고 상대방이 그 취지를 인식하여 실제 수령함을 요하는 것으로 해석된다.

따라서 상대방이 제공의 취지를 전혀 인식하지 못하거나, 인식은 하더라도 수령의 의사가 없는 경우에는 제공의 의사표시죄만 성립될 뿐이다.[13]

일단 재산상의 이익을 제공하고 사후에 반환받더라도 매수죄의 성립에는 지장이 없다. 판례는 식사대금을 신용카드로 결제함으로써 매수행위를 완료한 것으로 판단하여 추후 식사대금을 돌려받았더라도 이는 범행 후의 정황에 불과한 것으로서 양형에 참작할 사유일 뿐, 매수죄의 성립에는 지장이 없다고 보았다.[14]

자. 제공의 의사표시의 의미

'제공의 의사표시'는 금품이나 향응을 제공하겠다는 의사를 표시하고 그 의사가 상대방에게 도달함으로써 성립한다. 의사표시는 문서에 의하든 구술에 의하든 무방하고, 명시적이든 묵시적이든 그 방법을 불문한다.[15]

특히 '제공의 의사표시'란 상대방의 의사 여하에 관계가 없으므로 상

12) 대검찰청 앞의 책 191쪽 참조.
13) 대검찰청 앞의 책 193·194쪽 참조.
14) 대법원 2005. 9. 9. 선고 2005도2014 판결
15) 헌법재판소 2002. 4. 25. 2001헌바26 결정

대방이 수령을 거절해도 본죄의 성립에는 영향이 없다. 하급심 판례는 후보자의 친형이 동생을 당선되게 할 목적으로 조합원의 집을 찾아가 조합장선거에 출마하는 동생을 잘 부탁한다는 취지로 인사하면서 현금 20만원을 건네주려고 하였으나 해당 조합원이 그 자리에서 거절함에 따라 미수에 그친 사안에서 선거인에 대한 금품 제공의 의사표시죄를 인정하였다.16)

상대방이 직접 의사표시를 받은 때는 물론이고 상대방이 현실로 이 것을 인식하지 않더라도 그의 가족이나 고용인이 그 의사표시를 받는 등 사회통념상 상대방이 알 수 있는 객관적 상태에 놓인 때에도 제공의 의사표시에 포함된다.17)

다만, 제공의 의사를 표시하는 방식에 특별한 제한은 없지만, 그 의 사표시가 사회통념상 쉽게 철회하기 어려울 정도로 당사자의 진정한 의지가 담긴 것으로서 외부적·객관적으로 나타나는 정도에 이르러야만 '제공의 의사표시'에 해당한다.18)

따라서 금품 기타 이익의 제공과 관련한 대화가 있었다 하여 단순한 의례적·사교적인 덕담이나 정담, 또는 상대방을 격려하기 위한 인사치 레의 표현까지 모두 매수죄의 구성요건인 '제공의 의사표시'에 해당한 다고 볼 수는 없다.19)

예컨대, 평소 시민단체 활동을 하면서 알게 된 사람들이 국회의원선 거에서 도와주겠다고 하자 해당 후보자가 "함께 열심히 일하고 선거에 서 좋은 결과가 있으면 향후에도 계속 국회의원 비서 또는 보좌관으로 같이 일해 보자"라는 취지의 대화를 나누어 공사의 직 제공의 의사표시 죄로 기소된 사안에서, 판례는 그러한 대화가 오가게 된 경위, 해당 대

---

16) 울산지방법원 2007. 10. 18. 선고 2007고단1767 판결
17) 대검찰청 앞의 책 193쪽 참조.
18) 대법원 2007. 1. 12. 선고 2006도7906 판결
19) 대법원 2006. 4. 27. 선고 2004도4987 판결

화가 1회에 그친 점, 그 대화의 내용이 구체적이지 않은 점 등을 들어 제공의 의사표시에 해당하지 않는 것으로 보아 무죄로 판단하였다.[20]

차. 제공의 약속의 의미

'제공을 약속하는 행위'란 현실적으로 금품 등이 아직 제공되지는 않았으나 장차 금품 등을 제공하고 이를 수령하는 것에 관하여 제공자와 수령자 사이의 의사가 합치된 것을 말한다.

제공을 약속하는 행위는 후보자 등 매수 주체의 제공의사표시를 상대방이 승낙하는 경우와 조합원 등 매수 객체의 제공요구를 후보자 등 매수 주체가 승낙하는 경우에 성립한다.[21] 일단 약속이 이루어지면 사후에 약속을 취소하여도 약속죄의 성립에는 영향이 없고, 실제 제공을 한 때에는 약속이 제공에 흡수되어 제공죄만 성립한다.[22]

2. 기관 · 단체 · 시설에 대한 이해유도죄

가. 구성요건과 법정형 개요

신협법 제27조의2제1항제1호는 누구든지 자기 또는 특정인을 신협의 임원으로 당선되게 하거나 당선되지 못하게 할 목적으로 조합원이나 그 가족이 설립 · 운영하고 있는 기관 · 단체 · 시설에 대하여 금전 · 물품 · 향응 그 밖의 재산상의 이익이나 공사公私의 직職을 제공 또는 제공의 의사표시를 하거나 그 제공을 약속하는 사람은 같은 법 제99조제3항에 따라 1년 이하의 징역 또는 1천만원 이하의 벌금에 처하도록 기관 · 단체 · 시설에 대한 이해유도죄를 규정하고 있다.

---

20) 대법원 2004. 7. 16. 선고 2004노178 판결
21) 헌법재판소 2002. 4. 25. 2001헌바26 결정
22) 대검찰청 앞의 책 187쪽 참조.

본죄는 선거운동에 이용할 목적으로 공공기관이나 각종 단체에 금품
을 제공하는 등의 방법으로 그 이해를 유도하는 행위를 처벌하여 공정
선거를 담보하기 위한 목적으로 규정된 것이다.

나. 기관·단체·시설의 의미

'기관·단체·시설'이란 그 명칭이나 법인격 유무에 불구하고 일정한
공동목적을 가진 다수인의 계속적인 조직을 의미한다.[23] 중앙기관이나
본부뿐만 아니라 산하기관이나 지부조직도 포함된다.

다만, 이러한 기관·단체·시설은 행위 당시 현존하여야 하며 막연히
장차 조직될지도 모를 기관·단체·시설은 여기에 포함되지 않는다.[24]

3. 후보자매수죄

가. 구성요건과 법정형 개요

신협법 제27조의2제1항제2호는 후보자가 되지 못하게 하거나 후보자
를 사퇴하게 할 목적으로 후보자가 되려는 사람이나 후보자에게 금전·
물품·향응 그 밖의 재산상의 이익이나 공사公私의 직職을 제공 또는
제공의 의사표시를 하거나 그 제공을 약속하는 사람은 같은 법 제99조
제3항에 따라 1년 이하의 징역 또는 1천만원 이하의 벌금에 처하도록
후보자매수죄를 규정하고 있다.

후보자 매수죄는 후보자가 되려는 사람의 후보자 등록을 포기하게
하거나 등록한 후보자를 사퇴하게 할 목적의 매수행위를 처벌하여 피
선거권 행사의 공정과 그 불가매수성을 보장하기 위한 규정이다.

---

23) 대법원 1996. 6. 28. 선고 96도1063 판결
24) 대검찰청 앞의 책 200쪽 참조.

나. 후보자매수죄로 처벌된 사례

조합장선거에서 이사의 지정 권한이 있는 현직 조합장이 후보자가 되려는 사람에게 이사직을 제공하겠다는 의사를 표시하고 상대방이 이를 승낙하여 후보자 매수죄로 처벌된 사례가 있다.[25]

또한 2015년 실시한 모 축협 조합장선거에서 후보자가 되려는 甲이 조합원 A·B와 공모하여 해당 축협 조합장선거에서 경쟁 후보자가 되려는 乙을 매수하기로 하고, 乙이 불출마하는 조건으로 甲이 乙에게 2억 원을 제공하거나 甲이 불출마하는 조건으로 乙에게 2억원을 요구하기로 협의하여, 조합원 A와 B는 이러한 제의를 乙에게 전달하여 성사될 경우 甲으로부터 각각 1,000만 원의 사례비를 받기로 약정하였다.

조합원 A와 B는 실제 乙을 불러내어 이러한 제의를 전달함에 따라 甲과 조합원 A·B는 乙이 후보자가 되지 못하게 할 목적으로 乙에게 금전 제공의 의사를 표시한 점이 인정되어 후보자 매수죄로 처벌되었다.[26] 乙은 甲과 조합원 A·B의 제안을 거절하고 해당 조합장선거에 출마하여 당선되었다.

4. 매수를 받는 죄

가. 구성요건과 법정형 개요

신협법 제27조의2제1항제3호는 금전·물품·향응 그 밖의 재산상의 이익이나 공사公私의 직職을 제공받거나 그 제공의 의사표시를 승낙하는 사람은 같은 법 제99조제3항에 따라 1년 이하의 징역 또는 1천만원 이하의 벌금에 처하도록 매수를 받는 죄를 규정하고 있다.

---

25) 대법원 1996. 7. 12. 선고 96도1121 판결
26) 창원지방법원 2015. 9. 17. 선고 2015노1467 판결

본조는 후보자 등으로부터 선거운동 목적의 매수를 받는 행위를 처벌하여 선거부패를 방지하고, 선거의 공정을 담보하며, 유권자의 금품 기대심리를 근절하기 위한 규정이다.

나. 구성요건의 구체적 의미 등

여기에서 '제공을 받는다'는 의미는 상대방이 제공하는 재산상의 이익 또는 공사의 직을 그 정을 알면서 취득하는 행위를 뜻하므로, 그 이익 또는 직을 현실적으로 지배하는 상태에 도달하면 성립한다.[27]

또한, '승낙'의 의미는 상대방의 제공의 의사표시에 대하여 수동적으로 이를 받아들이는 것을 말하며, 승낙의 유무는 승낙하는 사람의 태도 등을 종합적으로 고려하여 판단해야 할 것이다.[28]

참고적으로 공직선거법은 선거에 영향을 미칠 목적으로 문자·화상·동영상 등을 인터넷 홈페이지에 게시하거나 전자우편 또는 문자메시지로 전송한 행위, 즉 댓글 알바로 100만원 이하의 금품이나 이익을 제공받은 사람에게는 형벌 대신 50배 과태료를 부과한다.[29] 그러나 신협법에서는 이러한 관용을 베풀지 않는다. 형벌인 매수죄가 적용되어 전과로 남는다는 의미이다.

5. 매수죄 관련 주요 쟁점

가. 중간자에게 교부한 경우 제공 해당 여부

후보자가 선거인에게 배부하기 위하여 중간자에게 금품을 교부한 경우 그 중간자가 단순한 보관자이거나 특정인에게 금품을 전달하기 위

---

27) 대검찰청 앞의 책 224쪽 참조.
28) 대검찰청 앞의 책 225쪽 참조.
29) 공직선거법 제230조제1항제7호 및 제261조제9항제2호 참조.

하여 단순 심부름을 하는 사람에 불과한 경우 그에게 금품을 주는 것은 '제공'에 해당된다고 볼 수 없다.

그러나 매수죄에서 금품이나 그 밖의 재산상 이익의 제공이란 반드시 금품 등을 상대방에게 귀속시키는 것만을 뜻하는 것은 아니고, 그 금품 등을 지급받는 상대방이 중간자라 하더라도 그에게 금품 등의 배분대상이나 방법, 배분액수 등에 대한 어느 정도의 판단과 재량의 여지가 있다면 비록 중간자에게 귀속될 부분이 지정되어 있지 않은 경우라도 그에게 금품 등을 주는 것은 '제공'에 해당된다.30)

따라서 후보자가 중간자에게 금품을 주는 것이 '제공'이 되기 위해서는 그 중간자에게 약간이라도 재량이 있으면 족하다. 다시 말하자면, 중간자에게 재량이 있는 한 그가 금품을 받은 후 이를 모두 하부단계의 사람들에게 배분해 주었는지, 아니면 그 전부 또는 일부를 그가 유용하였는지, 그 사용처가 모두 밝혀졌는지 여부 등은 이미 성립한 범죄에 아무런 영향이 없다.

후보자로부터 금품을 받을 당시 중간자에게 위와 같은 의미의 재량이 있었는지 여부를 판단하기 위하여는 후보자와 그와의 관계, 금품을 수수한 동기와 경위, 그 당시 언급된 금품의 사용 용도와 사용 방법, 당시의 선거상황 등 제반 사정을 종합하여 판단하여야 할 것이다.

만일 중간자에게 금품을 교부한 후 그 사용실태가 밝혀진다면 그 사정 또한 금품 수수 당시 중간자의 재량 유무를 확인하는 자료로 삼을 수 있을 것이다31).

실제 처벌된 사례를 살펴보면, 후보자가 선거인에게 "다른 선거인이나 선거인의 가족 중에서 나의 당선에 도움이 될 만한 사람에게 수고비 명목으로 돈을 줘라"라고 말하며 현금 950만원을 교부한 행위를 매수 및 이해유도죄로 처벌하였다32).

---

30) 대법원 2004. 11. 12. 선고 2004도5600 판결
31) 대법원 2002. 2. 21. 선고 2001도2819 전원합의체 판결

또한 후보자가 되려는 사람이 농협 하나로마트 지점장에게 명단을 전달하며 "소고기 선물세트를 준비해서 배송해 달라. 내가 주는 것이라고 애기해 달라"고 주문하고 하나로마트 배달서비스를 통해 조합원 총 46명에게 1인당 5만원의 선물세트를 제공하여 매수 및 이해유도죄로 처벌되었다.[33]

한편, 제3자가 조합원의 집을 찾아가 "이 계란은 내가 직접 생산한 것이니 부담 갖지 말고 받아달라. 甲 후보자는 소도 직접 기르고 여러 면에서 이번 조합장선거에서 당선되는 것이 조합원들을 위해서라도 좋을 것 같다"는 취지로 말하면서 甲 후보자의 명함 1장과 계란 30개들이 2판을 제공하는 등 조합원 2명에게 총 16,000원 상당의 계란을 제공하여 매수 및 이해유도죄로 처벌된 사례도 있다.[34]

나. 물적증거가 없는 경우 진술의 증거능력

금품수수가 쟁점이 된 사건에서 금품을 제공한 사람이 그 사실을 부인하고 있고, 이를 뒷받침할 금융자료 등 객관적 물증이 없는 경우, 금품을 제공받은 사람의 진술만으로 유죄를 인정하기 위해서는 그 사람의 진술이 증거능력이 있어야 함은 물론 합리적인 의심을 배제할 만한 신빙성이 있어야 한다.[35]

진술에 신빙성이 있는지 여부를 판단할 때에는 그 진술내용 자체의 합리성, 객관적 상당성, 전후의 일관성뿐만 아니라 진술자의 인간됨, 그 진술로 얻게 되는 이해관계 유무, 특히 진술자에게 어떤 범죄의 혐의가 있고 그 혐의에 대하여 수사가 개시될 가능성이 있거나 수사가 진행 중인 경우에는 이를 이용한 협박이나 회유 등의 의심이 있어 그로 인한

---

32) 대법원 2021. 4. 29. 선고 2020도16599 판결
33) 대전지방법원 홍성지원 2019. 10. 15. 선고 2019고단406 판결
34) 전주지방법원 2010. 8. 31. 선고 2010고단1085 판결
35) 대법원 2002. 6. 11. 선고 2000도5701 판결

궁박한 처지에서 벗어나려는 노력이 해당 사건의 진술에 영향을 미칠
수 있는지 여부 등도 함께 살펴보아야 한다.36)

　2019년 실시한 제2회 전국동시조합장선거에서 후보자가 되려는 사람
이 조합원에게 금전을 제공하고, 해당 조합원의 아들이 이를 관할 선거
관리위원회에 신고함에 따라 조사와 수사가 진행되어 기소된 사안에서,
금전을 제공한 사람은 법정에서 그 사실을 전면 부인하였으나, 금전을
받은 조합원이 돈을 주고받을 당시 상황을 직접 경험하지 않고서는 진
술하기 어려울 정도로 세부적이고 구체적으로 일관되게 진술함에 따라
금전 제공자를 매수죄로 처벌한 사례가 있다.37)

36) 대법원 2009. 1. 15. 선고 2008도8137 판결 등.
37) 대구지방법원 2020. 1. 22. 선고 2019고합379 판결

1. 부정선거운동죄

가. 구성요건과 법정형 개요

신협법 제27조의2제2항은 누구든지 임원선거와 관련하여 아래에 열거된 방법 외에 다른 모든 방법의 선거운동을 금지하고, 이를 위반할 경우 같은 법 제99조제3항에 따라 1년 이하의 징역 또는 1천만원 이하의 벌금에 처하도록 부정선거운동죄를 규정하고 있다.

① 선전 벽보의 부착

② 선거 공보의 배부

③ 합동 연설회 또는 공개 토론회 개최

④ 전화 또는 컴퓨터통신을 이용한 지지 호소. 이 경우 전화에는 문자메시지가 포함되고, 컴퓨터통신에는 전자우편이 포함된다.

⑤ 도로·시장 등 금융위원회가 고시하는 다수인이 왕래하거나 집합하는 공개된 장소[38]에서의 지지 호소 및 명함 배부

이와 같이 선거운동 방법을 엄격하게 규제하는 이유는 선거의 부당

---

[38] 2022년 7월 1일 금융위원회는 도로·도로변·광장·공터·주민회관·시장·점포·공원·운동장·주차장·경로당 등 누구나 오고갈 수 있는 공개된 장소를 해당 장소로 고시한 바 있다. 상호금융업감독규정 제4조의7 참조.

한 과열경쟁으로 인한 사회경제적 손실을 막고, 후보자 간의 실질적인 기회균등을 보장하며, 탈법적인 선거운동으로 인한 선거의 공정과 평온이 침해되는 것을 방지하기 위한 것이다.

나. 제한 또는 금지되는 선거운동 방법

본조에 따라 후보자에게 개별적으로 허용되는 선전벽보, 선거공보, 명함 외에는 선거운동을 위한 일체의 인쇄물 배부가 금지되고, 방송·신문·잡지 또는 인터넷 광고가 금지되며, 현수막·간판·현판 등 시설물 설치와 전광판을 활용한 홍보는 물론, 선전물·상징물·표시물의 착용이 금지되는 한편, 선거관리위원회가 주관하는 외에 토론회·연설회 등 선거운동을 위한 집회가 금지된다.

그 밖에 신협의 임원선거에서 선거운동 방법 등에 관한 세부적인 사항은 총리령으로 정하도록 하여(신협법 §27조의2④) 시행규칙 제4조에 따른 별표에서 이를 구체적으로 규정하고 있다.

앞서 제2장 제3절 '임원선거의 선거운동 주체·기간·방법'에서 이미 살펴보았듯 위임입법의 한계와 죄형법정주의 원칙에 비추어 볼 때 시행규칙의 모든 위반행위에 곧바로 형벌을 적용하는 것은 허용될 수 없을 것이므로, 시행규칙의 절차규정 위반이 신협법의 실체규정을 형해화하거나 입법취지를 몰각시킬 정도에 이른 경우에 한하여 형벌을 적용하는 것이 타당한 것으로 보인다.

달리 말하면, 시행규칙 위반행위가 선거운동 방법을 제한하고 있는 신협법 해당 규정의 입법목적과 보호법익을 침해한 것으로 평가할 수 있는 경우에 한하여 형벌 적용이 가능할 것이다.

예컨대, 규격을 현저하게 벗어나는 명함을 배부하거나, 선거공보를 후보자가 선거인에게 직접 교부하거나, 집회에 이르는 방법으로 지지를 호소하는 행위가 이에 해당할 수 있을 것이다.

2. 선거운동기간위반죄

가. 구성요건과 법정형 개요

신협법 제27조의2제2항에서 선거운동은 후보자등록마감일의 다음날부터 선거일 전일까지만 할 수 있도록 제한하여, 선거운동기간전과 선거일에는 일체의 선거운동을 금지하고 이를 위반할 경우 같은 법 제99조제3항에 따라 1년 이하의 징역 또는 1천만원 이하의 벌금에 처하도록 선거운동기간위반죄를 규정하고 있다.

다만, 신협의 이사장을 선출하는 경우로서 후보자가 선거일에 자신의 소견을 발표하는 때에는 예외로 한다. 이는 총회 방식으로 이사장을 선출하는 경우 선거관리위원회가 선거일에 개최하는 합동연설회 또는 공개토론회에 참석하여 자신에 대한 지지를 호소하는 등 선거운동을 하는 상황을 가정한 것으로 보인다.

나. 사전선거운동 규제의 취지

본조는 신협법에서 허용된 선거운동 방법이라도 선거운동기간, 즉 후보자 등록마감일의 다음날부터 선거일 전일까지를 제외한 기간에는[39] 일체의 선거운동을 금지하는 규정이다.

신협 이사장선거의 관리를 관할 선거관리위원회에 의무적으로 위탁한 경우에 적용되는 위탁선거법은 농업협동조합 등 조합장선거 또는 새마을금고의 동시이사장선거와 달리 신협의 이사장선거에서는 선거운동의 주체·방법이나 기간에 관한 규제가 없다.

따라서 신협의 이사장선거에서 선거운동의 상시화에 따른 부작용을 방지하기 위하여 선거운동기간전에 일체의 선거운동을 금지하는 규범

---

39) 선거규약 제28조 참조.

력은 바로 신협법의 본조에 터잡고 있다. 이사장선거를 관할 선거관리위원회에 의무적으로 위탁하더라도 신협법의 선거규제가 중첩적으로 적용될 수밖에 없는 이유이기도 하다.

이렇게 선거운동기간을 정하여 모든 후보자로 하여금 동시에 선거운동을 시작하고 또 마치게 함으로써 후보자 간 균등한 선거운동 기회를 보장하고 선거분위기의 상시화로 인한 사회적 비용과 국력의 낭비를 방지할 수 있기 때문이다.

다. 사전선거운동 규제의 헌법적 정당성

과거 헌법재판소는 기간의 제한 없이 선거운동을 허용할 경우 후보자 간 지나친 경쟁이 선거관리의 곤란으로 이어져 부정행위의 발생을 막기 어렵게 되고 후보자 간의 무리한 경쟁의 장기화는 사회경제적으로 많은 손실을 가져올 뿐만 아니라 후보자 간의 경제력 차이에 따른 불공평을 초래할 수 있다고 보았다.

아울러 헌법재판소는 우리나라가 수많은 선거를 치러 왔으면서도 아직까지 우리가 바라는 이상적인 선거풍토를 이루지 못하고 금권선거, 관권선거 및 과열선거가 문제되어 왔다며, 이러한 현실에서 공정한 선거를 실현하기 위하여 선거운동 기간에 일정한 제한을 두는 것을 위헌으로 단정할 수는 없다고 판단한 바 있다.[40]

그러나 2010년대 이후 공직선거에서는 입법자의 결단에 따라 전화, 인터넷, 문자메시지 그리고 말과 SNS를 활용한 선거운동을 점차적으로 상시허용하여 왔다. 심지어 인터넷, 문자메시지 그리고 SNS를 활용한 선거운동 방법은 선거일에도 허용하고 있다.

공직선거에서 이렇게 선거운동을 상시적으로 허용하였음에도 불구하고 20여년전 사전선거운동 규제를 합헌으로 판단하면서 헌법재판소가

---

40) 헌법재판소 2005. 9. 29. 2004헌바52 결정

우려했던 부작용은 나타나지 않았다. 국민들이 각자의 수준에 맞는 정부를 가지듯 우리나라의 유권자들은 자신들의 수준에 맞은 선거문화를 형성하여왔기 때문이라 본다.

신협의 조합원도 공직선거의 유권자와 마찬가지로 같은 국민이다. 우리 국민 모두가 기본권으로서 표현의 자유의 일환인 선거운동의 자유를 맘껏 누릴 수 있기를 기대한다.

선거에서 소극적 공정은 철저한 통제와 자기검열을 통한 침묵의 바닷속에서 실현할 수 있겠지만, 적극적 공정은 선거운동의 자유를 최대한 보장함으로써 형성되는 여론의 자유시장에서 집단지성의 발현과 진리를 향한 투쟁 과정에서 구현될 수 있다고 본다.

제7장

의무위탁 이사장선거의 선거범죄

지역신협의 이사장선거를 선거관리위원회에 의무적으로 위탁하게 되면 위탁선거법이 적용된다. 위탁선거법의 벌칙은 신협법에 비하여 체계적이고 치밀하며 보다 무겁고 정교한 특성을 가지고 있다.

위탁선거법은 선거의 불가매수성 보호를 위한 매수죄와 기부행위위반죄, 유권자 의사형성의 자유와 후보자의 인격권 보호를 위한 허위사실 공표죄와 비방죄, 그 밖에 부정투표죄 등을 두고 있다.

벌칙은 본래 형벌과 과태료를 말하지만, 이 장에서는 의무위탁된 이사장선거에 적용되는 위탁선거법의 형벌을 중심으로 설명한다.

1. 위탁선거법 벌칙의 특징

위탁선거법의 벌칙은 공직선거법의 선거범죄 입법사례를 전범典範으로 하여 선거의 자유와 공정을 위협하는 대부분의 행위를 형벌의 구성요건으로 정하여 처벌하는 규정을 두고 있다.

특히 매수 관련 범죄 중 선거인매수죄, 기관·단체·시설에 대한 이해유도죄, 후보자매수죄에 관해서는 사실상 신협법과 위탁선거법의 내용이 동일하다.

반면에 기부행위 제한에 관해서는 신협의 규범체계에서 이를 자치법규인 선거규약으로 규제하는 것과 달리, 위탁선거법은 이를 형벌인 기부행위위반죄로 의율하고 있다는 점이 가장 큰 특색이다. 게다가 기부행위로 보지 않는 행위에 대하여도 양자간 상당한 차이가 있다는 점은 제3장 '기부행위 제한과 50배 과태료'에서 살펴본 바와 같다.

위탁선거법의 벌칙에서는 허위사실공표죄·후보자비방죄 등 선거운동 목적의 표현범죄는 물론이고, 사위등재죄·사위투표죄 등 부정투표죄와 아울러 선거사무관계자를 폭행하거나 선거관리 시설을 소요·교란하는 선거관리침해죄, 그리고 지위를 이용한 선거운동과 선거범죄 조사 거부에 따른 각종 제한규정위반죄 등의 형벌을 규정하는 한편, 기부행

위 제한의 주체로부터 금품을 받은 사람에 대한 50배 과태료 등 행정질
서벌도 규정하고 있다.

위탁선거법 벌칙의 특징은 자유롭고 정의로운 선거를 지향하면서 선
거와 관련한 부정을 방지함으로써 민주정치의 발전에 기여함을 목적으
로 제정된 공직선거법의 직계 유전자를 상속받은 점에 있다. 위탁선거
법의 벌칙이 신협법의 그것에 비하여 체계적이고 치밀하며 보다 무겁
고 정교한 특성을 가지는 이유이다.

2. 위탁선거법 벌칙의 적용대상

위탁선거법의 벌칙이 적용되는 범위는 위탁단체의 성격에 따라 다르
다. 농업협동조합 등 조합장선거와 새마을금고 이사장선거의 경우 선거
절차와 선거운동 방법뿐만 아니라 위탁선거법의 벌칙 전체가 온전하게
적용된다.

반면에 지역신협의 이사장선거와 체육회장선거는[1] 비록 그 선거의
관리를 관할 선거관리위원회에 의무적으로 위탁해야 하지만, 위탁선거
법 벌칙의 일부 적용이 배제된다. 그러나 실질적으로는 위탁선거법 벌
칙의 대부분이 적용되는 것으로 평가하더라도 큰 무리가 없다.[2]

한편, 신협의 일반 임원선거처럼 임의위탁 선거는 비록 선거관리위원
회가 그 선거를 수탁하여 관리하는 경우에도 선거관리 침해와 조사방
해에 대한 벌칙만 적용된다. 그러나 선거관리위원회가 일반 임원선거의
위탁관리 신청을 수용할 가능성은 그 선거에 위탁선거법의 벌칙이 적
용되는 범위보다 더욱 협소해 보인다.

---

1) 국민체육진흥법 제33조제7항 및 제33조의2제7항 참조.
2) 형식적으로는 신협의 이사장선거에 적용되는 벌칙을 한정적으로 열거하는 방식을 취하고
   있지만, 실제 위탁선거법의 벌칙 중 적용이 배제되는 조문은 사실상 제66조 각종 제한규
   정 위반죄 중 동시조합장선거와 관련된 벌칙과 제67조의 양벌규정뿐이다.

3. 위탁선거법 벌칙의 적용시기

　지역신협의 이사장선거 관리를 의무적으로 관할 선거관리위원회에 위탁하도록 하는 것을 주요 내용으로 하는 개정 신협법은 2023년 7월 18일 공포되고 같은 해 10월 19일부터 시행되었다. 그러나 부칙 제5조에 경과조치를 두어 동시이사장선거 전에 실시하는 지역신협의 이사장 선거에 관하여는 개정규정에도 불구하고 종전의 규정에 따르도록 하였다.

　달리 말하자면, 신협별로 최초로 참여하는 동시이사장선거부터 관할 선거관리위원회의 의무적 위탁관리 대상이 되고, 바로 그 선거부터 위탁선거법의 제한·금지규정과 벌칙이 적용되는 것이다.

　해당 법률의 부칙에 따른 지역신협별 동시이사장선거일과 위탁선거법이 적용되는 시기始期는 각각 다음과 같다.

　첫째, 개정 신협법의 시행일인 2023년 10월 19일부터 같은 해 11월 21일 사이의 기간 중 이사장의 임기가 시작된 경우에는 해당 이사장의 임기를 단축하여 2025년 11월 20일에 만료되도록 하고 같은 해 11월 12일에 동시선거를 실시한다.[3]

　이 경우 다음 선거가 동시이사장선거이므로 10월 19일 이후에 이사장의 임기가 개시되는 순서에 따라 위탁선거법의 제한·금지규정과 벌칙이 적용된다.

　둘째, 2019년 11월 22일부터 개정 신협법의 시행 전일인 2023년 10월 18일까지 이사장의 임기가 시작된 지역신협은 그 이사장에게 통상의 임기를 보장하므로, 2023년 11월 22일부터 2027년 10월 18일까지 임기가 개시되는 차기 이사장선거는 신협마다 개별적으로 실시하고 자율적으로 관리하므로 위탁선거법도 적용되지 않는다.

---

3) 신용협동조합법(법률 제19565호, 2023. 7. 18. 공포) 부칙 제4조제1항·제3항 참조.

그러나 2023년 11월 22일 이후 임기가 개시되는 이사장의 다음 선거는 제2회 동시이사장선거이므로,[4] 2023년 11월 22일 이후 그 이사장의 임기개시와 더불어 위탁선거법의 벌칙이 순차적으로 적용된다. 따라서 이사장의 임기개시가 가장 늦은 신협이라도 2027년 10월 18일부터는 전국의 모든 지역신협에 위탁선거법이 적용되는 것이다.

물론 지역신협 중 1,000억원 이상의 자산을 보유하여 이사장선거의 관리를 의무적으로 관할 선거관리위원회에 위탁하여야 하는 신협이 그 대상이다.

---

4) 신용협동조합법(법률 제19565호, 2023. 7. 18. 공포) 부칙 제4조제2항·제3항 참조.

1. 신협법의 매수죄와 비교

가. 양자의 차이점과 해석론의 기초

위탁선거법의 선거인매수죄(§58 1.)와 신협법의 조합원매수죄(§27의2 ① 1.)를 형벌 구성요건의 측면에서 평가하자면 사실상 동일한 것으로 보아도 무방할 것이다. 단지 미묘한 뉘앙스의 차이만 있을 뿐이다. 예컨대, 신협법의 조합원매수죄의 상대방은 '조합원'인 반면, 위탁선거법의 선거인매수죄의 상대방은 '선거인'으로 그 신분에 약간의 차이가 있다.

선거인은 선거를 전제로 조합원 중에서 일정한 자격을 갖춘 사람에게 부여된 한시적 신분이므로, 위탁선거법의 선거인매수죄는 선거가 임박한 시기에 성립될 가능성이 높다. 반면에 조합원은 신협이 유지되는 한 지속되는 상시적 신분이므로 신협법의 조합원매수죄는 시기에 제한 없이 성립될 수 있다.

신협법은 정관에서 정하는 바에 따라 미성년자 또는 조합원 자격을 유지한 기간이 3개월 미만인 조합원의 선거권을 제한할 수 있도록 규정하고 있고(§19①), 표준정관은 조합원이라도 선거공고일 전일을 기준으로 미성년자이거나 조합원 자격을 유지한 기간이 3개월 미만인 사람은 선거권이 없음을 확인하고 있다(§14).

따라서 공동유대에 소속되긴 하였으나, 선거공고일 전일까지 성년에 도달하지 못하거나 조합에 가입하더라도 3개월의 자격유지 요건을 갖출 수 없는 사람에게 선거운동 목적으로 재산상의 이익을 제공하더라도 위탁선거법의 매수죄는 성립될 수 없다.

다시 말하자면, 위탁선거법의 선거인매수죄는 최소한 선거인명부에 오를 자격이 있는 조합원을 상대방으로 하여 금품이나 재산상의 이익을 제공한 경우에 성립하는 반면, 신협법의 조합원매수죄는 선거인명부에 오를 자격이 있는지 여부를 불문하고 상대방의 신분이 오로지 조합원인 경우 그에게 선거운동 목적으로 금품이나 재산상의 이익을 제공하는 경우에 성립된다.

한편, 신협은 주민에게 금융편의를 제공함으로써 지역경제의 발전에 이바지하는 목적을 추구하기도 하지만, 공동유대共同紐帶를 바탕으로 하는 신용협동조직의 건전한 육성을 통하여 그 구성원의 경제적·사회적 지위를 향상시키기 위한 것이 근본 목적이다.

이에 따라 신협은 조합원들이 자신들의 이익을 옹호하기 위하여 자주적으로 결성한 임의단체로서 그 운영에 관하여 신협의 내부규범과 다수결의 원리에 따른 자치가 보장되므로, 신협이 자체적으로 마련한 표준정관은 일종의 자치적 법규범으로서 신협법과 더불어 법적 효력을 가진다.

따라서 신협법에서 선거인의 결격사유에 관한 규정을 두면서 구체적 기준은 정관에 위임하고 있고(§19①), 표준정관에서도 그에 관한 세부적 규정을 두고 있으므로, 이사장선거에 관하여 신협법이나 위탁선거법에서 조합원이나 선거인에 관한 부분을 해석할 때에는 정관과 선거규약의 내용을 기초로 삼아야 한다.[5]

---

5) 대법원 2009. 3. 26. 선고 2008도10138 판결

나. 각 매수죄의 상대방 판단방법

선거가 임박한 시기에 선거운동을 목적으로 매수행위가 이루어진 경우, 위탁선거법의 선거인매수죄가 성립하는지 여부를 판단하기 위해서는 선거인명부 작성전이라면 그 상대방이 선거인명부에 오를 자격이 있는지 여부를 살펴보아야 하고, 선거인명부를 작성한 후에는 선거인명부에 등재되었는지 여부를 확인해야 한다.

그러나 신협법의 조합원매수죄는 오로지 조합원 여부만을 기준으로 그 상대방을 판단하면 된다. 이 경우 매수 상대방의 신분이 성립되는지 여부를 확인하기 위한 판단자료는 조합원명부가 선거인명부를 대체하게 된다.

특히 신협법의 조합원매수죄는 의무위탁이 아닌 선거에도 적용되는 의미가 있다. 이 부분이 바로 신협법에 조합원매수죄를 규정한 실익이고, 위탁선거법의 선거인매수죄와 달리 독자적인 규범력을 보유한 것으로 보인다.

매수죄의 구성요건이 얼핏 보면 성긴 것처럼 보이지만, 이사장선거에서는 신협법의 조합원매수죄와 위탁선거법의 선거인매수죄가 중층적으로 적용됨으로써 돈 선거의 하늘과 금품 기대심리의 땅을 가둘 수 있는 그물이 형성된다.

다. 매수죄 처벌과 그 효과

위탁선거법 선거인매수죄의 법정형은 3년 이하의 징역 또는 3천만원 이하의 벌금형에 처하도록 규정하고 있으나, 신협법 조합원매수죄의 그것은 1년 이하의 징역이나 1천만원 이하의 벌금형으로 위탁선거법보다 상대적으로 가볍게 규정되어 있다.

결론적으로 의무위탁된 이사장선거에 적용되는 선거인 매수죄를 종합적으로 평가하면 다음과 같다.

첫째, 매수의 상대방은 선거인명부에 오를 자격이 있는지 여부를 불문하고 신협법에 따라 모든 조합원이 그 대상이 된다.

둘째, 대부분의 매수행위는 두 법률의 매수죄 간 상상적 경합이 성립될 것이므로, 법정형은 가장 무거운 죄인 위탁선거법의 3년 이하의 징역 또는 3천만원 이하의 벌금형이 적용된다.[6)]

셋째, 매수죄 처벌로 인한 형벌 외의 제재효과는 신협법에 따라 아주 소액의 벌금형으로도 5년간 피선거권이 박탈된다.

한편, 위탁선거법에서는 선거인매수죄, 기관·단체·시설에 대한 이해유도죄, 후보자매수죄는 물론 매수를 받는 죄에 관하여도 사실상 신협법과 동일한 내용을 규정하고 있다.

해당 범죄에 관하여는 이미 제6장 제2절 '미위탁 임원선거의 매수죄'에서 자세히 설명하였으므로, 여기에서는 위탁선거법에 고유하게 규정된 매수 관련 범죄로서 매수의 지시·권유·알선·요구죄와 다수인 배부목적의 금품 운반죄에 한정하여 설명하기로 한다.

2. 매수의 지시·권유·알선·요구죄

가. 구성요건과 법정형 개요

위탁선거법 제58조제4호는 금전·물품·향응 그 밖의 재산상 이익이나 공사公私의 직직職을 제공하거나 제공받는 행위를 지시·권유·알선하거나 요구한 사람은 3년 이하의 징역 또는 3천만원 이하의 벌금에 처하도록 매수의 지시·권유·알선·요구죄를 규정하고 있다.

매수의 지시·권유·알선·요구죄는 매수 및 이해유도의 당사자 사이

---

6) 상상적 경합이 성립될 경우. 즉 한 개의 행위가 여러 개의 죄에 해당하는 경우에는 가장 무거운 죄에 대하여 정한 형으로 처벌한다. 형법 제40조 참조.

에 개입하여 범행을 중개하거나, 지시 또는 권유하는 등 능동적으로 매수 및 이해유도를 요구하는 행위를 처벌하여 타락선거를 근절하기 위한 것이다. 특히 본죄는 성질상 매수 및 이해유도죄의 방조 또는 교사와 유사한 행위를 독립된 범죄로 규정하여 처벌한다는 점에 큰 의의가 있다.

따라서 지시·권유·요구 또는 알선의 결과 의도한 매수행위가 실제로 있었는지 여부는 본죄의 성립 여부에 영향을 미치지 않는다.[7] 예컨대, 실패한 교사도 처벌한다. 당연히 공범종속성이론의[8] 적용이 배제됨은 물론이다. 선거참여자에 대한 불가매수성을 보호하여 선거의 타락을 방지하기 위함이다.

본죄의 주체와 상대방에 아무런 제한이 없으므로, 상대방이 지시·권유 등을 수락할 수 있는 지위에 있음을 요하지 않고 특정 후보자를 위하여 당선을 도모하려는 의도가 있는 사람이면 누구든지 범죄가 성립할 수 있다.

나. 구성요건 주요내용 설명

매수의 지시·권유·알선·요구죄에서 '지시'는 매수 및 이해유도 행위 또는 매수를 받는 행위를 하도록 일방적으로 일러서 시키는 것이다. 따라서 지시하는 사람과 지시를 받는 사람 사이에는 어느 정도의 지휘·감독관계가 있어야 하지만, 지시를 하는 사람과 상대방 사이에 반드시 단체나 직장 등에서의 상하관계나 엄격한 지휘·감독관계를 요구하는 것은 아니다.[9]

'권유'는 매수를 하게 하거나 매수를 받도록 권하여 결의를 촉구하는

<hr>

7) 대검찰청 2020. 3. 『공직선거법 벌칙해설』 제10개정판 229·230쪽 참조.
8) 공범종속성이론이란 교사범이 성립되기 위해서는 우선 그 선결문제로 교사를 받은 정범의 범죄행위가 인정되어야 한다는 이론을 말한다. 대법원 1981. 11. 24. 선고 81도2422 판결 참조.
9) 대법원 2017. 3. 22. 선고 2016도16314 판결

것이다. 그 방법은 직접적이든 간접적이든 묻지 않는다.

'요구'는 상대방에게 능동적으로 매수행위를 요구하는 것이다. 요구한 사실이 있으면 성립되는 것이므로, 요구를 거절당하거나 나중에 스스로 요구를 취소해도 본죄의 성립에는 영향이 없다.

판례는 대통령선거를 앞두고 특정 후보자의 지지에 타격을 줄 수 있는 내용이 담긴 CD를 폭로하는 대가로 상대방 후보자 측에, 폭로하지 않는 대가로 해당 후보자 측에 각각 돈을 요구한 사안에 대하여 매수요구죄가 성립된다고 판시한 바 있다.10)

한편, '알선'은 양자의 의사가 서로 합치되도록 조정 또는 유도하는 행위이다. 후보자가 선거와 관련하여 선거인에게 금전을 제공할 의사가 이미 있었더라도 양자 사이에 개입하여 조정 또는 유도하면 본죄가 성립된다. 예컨대, 금전 제공을 쉽게 할 수 있도록 선거인을 해당 후보자의 사무실로 데리고 가는 행위도 알선에 포함된다.11)

3. 다수인 배부목적의 금품 운반죄

가. 구성요건과 법정형 개요

위탁선거법 제58조제5호는 후보자등록개시일부터 선거일까지 포장된 선물 또는 돈봉투 등 다수의 선거인에게 배부하도록 구분된 형태로 되어 있는 금품을 운반한 사람은 3년 이하의 징역 또는 3천만원 이하의 벌금에 처하도록 다수인 배부목적의 금품운반죄를 규정하고 있다.

---

10) 대법원 2008. 10. 9. 선고 2008도6233 판결. 본 사안은 이명박 후보자가 광운대학교 최고경영자 특강에서 "내가 BBK를 설립하였다"는 취지로 강의하는 내용의 영상이 담긴 CD와 관련된 사안이다. 피고인들은 해당 CD를 "30억 원에 구매하라"며 정동영후보의 법률지원단장에게 금품 제공을 요구하는 한편, 해당 CD를 폭로하지 않는 대가로 이명박 후보자의 특보에게 30억원을 요구하여 처벌된 사안이다.
11) 대전고등법원 2006. 8. 18. 선고 2006노225 판결

여기에서 선거인의 개념에는 선거인의 가족 또는 선거인이나 그 가족이 설립·운영하는 기관·단체·시설을 포함한다.

나. 구성요건 주요개념

다수인 배부목적의 금품 운반죄에서 '구분'이란 매수에 이용하는 금품을 일정한 기준에 따라 전체를 몇 개로 갈라 나누는 것을 말한다. 구분의 방법에는 제한이 없으므로 돈을 포장 또는 봉투에 넣거나 물건으로 싸거나 띠지로 감아매는 것은 물론, 몇 개의 단위로 나누어 접어 놓는 등 따로따로 배부할 수 있도록 분리하는 것도 포함된다.[12]

예컨대, 후보자가 5만원권 지폐 4장을 반으로 접어 만든 돈묶음 3개, 5만원권 지폐 2장을 반으로 접은 돈묶음 1개 합계 70만원을 바지주머니에 넣은 채 조합원들의 집을 방문한 사안에 대하여, 판례는 다수의 선거인에게 배부하도록 구분된 형태로 금품을 운반한 것으로 보아 처벌하였다[13].

---

12) 대법원 2009. 2. 26. 선고 2008도11403 판결
13) 대구지방법원 2015. 4. 16. 선고 2015고단1139 판결

1. 당선목적의 허위사실공표죄

가. 구성요건과 법정형

위탁선거법 제61조제1항은 당선되거나 되게 할 목적으로 선거공보나 그 밖의 방법으로 '후보자에게 유리하도록' 후보자, 그의 배우자 또는 직계존비속이나 형제자매에 관하여 허위의 사실을 공표한 자는 3년 이하의 징역 또는 3천만원 이하의 벌금에 처하도록 당선목적의 허위사실공표죄를 규정하고 있다.

위탁선거법의 제한·금지규정이나 벌칙에서는 대부분 후보자의 범위에 후보자가 되려는 사람이 포함되므로 기부행위위반죄를 제외하고는 그 적용시기에 제한이 없다.

여기에서 주관적 구성요건으로서 당선되거나 되게 할 목적은 일반 목적범과 마찬가지로 적극적으로 의욕하거나 희망할 필요까지는 없다. 따라서 당선되려는 또는 당선되게 한다는 인식만 있으면 족하고 적극적 의욕이나 확정적 인식까지 요구하는 것은 아니다[14]. 즉, 미필적 인식으로도 족하다는 의미이다.

당선목적의 허위사실공표죄는 후보자에 대한 선거인의 공정한 판단

---

14) 대검찰청 앞의 책 387쪽 참조.

에 영향을 미치거나 올바른 판단에 장애를 줄 수 있는 일체의 허위사실
공표행위를 처벌함으로써 선거인의 의사형성의 자유를 보호하고 공정
한 선거를 보장하기 위한 규정이다.

나. 당선목적 허위사실공표죄의 의의

현재 대한민국에서 시행되고 있는 1,600여 개 이상의 법률 중 인격권
을 침해하는 표현범죄를 규정하고 있는 법체계는 크게 3가지 분야로 정
리할 수 있다.

우선 형벌의 기본법으로서 형법 제307조부터 제311조까지의 규정에
따른 명예훼손죄와 모욕죄가 있고, 다음은 정보통신망법 제70조에 따른
사이버명예훼손죄가 있으며, 마지막으로 공직선거법과 위탁선거법 등
선거법과 새마을금고법[15] 등 개별 법률의 선거 관련 조항에 규정된 허
위사실공표죄와 후보자비방죄가 바로 그것이다.

일반적으로 자신의 경력이나 능력을 과장하여 홍보하는 행위는 비록
허위사실이라 하더라도 타인의 인격권을 침해하는 행위가 아니므로 가
벌성 또한 그리 높지 않아 굳이 국가의 형벌권을 행사하여 처벌할 필요
가 있는지 의문이 드는 측면은 있다.

그러나 국가권력을 창설하고 통치기구를 구성하며 국가 내에서 행사
되는 모든 권력의 정당성에 국민적 동의를 확보할 목적으로 실시하는
공직선거에서는 자신을 홍보하기 위한 개인적 차원의 표현의 자유보다
헌법상 자유선거의 원칙이 요구하는 유권자의 의사형성의 자유가 더
두텁게 보호되어야 한다.

선거에서는 유권자의 주권행사의 전제 조건으로서 후보자의 공직적
격성이나 공약의 타당성에 관한 객관적이고 정확한 정보의 광범위한
유통이 필요하기 때문이다. 이에 따라 후보자의 능력이나 업적을 과대

---

15) 새마을금고법 제22조제2항제4호, 농업협동조합법 제50조제3항 등 참조.

포장하여 허위사실을 공표하는 행위는 비록 타인의 인격권을 침해하는 행위가 아니더라도 후보자에 대한 유권자의 정확한 판단을 그르치게 할 우려가 있으므로 선거 관련 법률에서는 이를 범죄로 파악하고 처벌하는 것이다.

아울러 선거에서 표현범죄는 그 목적을 불문하고 선거의 자유와 공정이라는 국가적 법익 또는 사회적 법익이 침해된 것이므로, 일반 개인의 인격권 침해와는 달리 그 소추요건으로 반의사불벌죄나 친고죄도 적용되지 않는다. 입법목적과 보호법익이 완전히 다르기 때문이다.

이런 측면에서 후보자가 토론회에 참여하여 질문·답변을 하거나 주장·반론을 하는 때에 그것이 토론회의 주제나 맥락과 관련 없이 일방적으로 허위의 사실을 드러내어 알리려는 의도에서 적극적으로 허위사실을 표명한 것이라는 등의 특별한 사정이 없는 한 허위사실공표죄로 처벌할 수 없다는 판례는16) 선뜻 수긍하기 어려운 측면이 있다.

해당 판례는 객관적으로 헌법상 자유선거의 원칙에 따른 유권자의 의사형성의 자유보다 주관적으로 죄형법정주의의 엄격성에 더 무게중심을 둔 것으로 보인다.

이제 후보자 방송토론회와 거짓말 경진대회의 경계가 다소 희미해졌다. 선거의 신뢰를 확보하고 유권자의 의사형성의 자유를 보호하기 위해서 너무 늦기 전에 판례변경을 기대해 본다.

다. 허위사실의 의미

'허위의 사실'이란 객관적 진실에 맞지 않는 사실을 의미하며, 선거인으로 하여금 후보자에 대한 정확한 판단을 그르치게 할 수 있을 정도로

---

16) 대법원 2020. 7. 16. 선고 2019도13328 판결. 이 판결의 요지는 TV 토론에서 상대 후보자의 공격적인 질문에 대하여 소극적으로 회피하거나 방어하는 취지의 답변 또는 일부 부정확하거나 다의적으로 해석될 여지가 있는 답변만으로는 전체 진술을 허위라고 평가할 수 없다고 판단한 점으로 보인다.

구체성을 가진 것이면 족하다.[17]

'사실'이란 현실적으로 발생하고 증명할 수 있는 과거 또는 현재의 사실을 뜻하나, 장래의 사실이더라도 그것이 과거 또는 현재의 사실을 기초로 하는 경우에는 사실에 해당할 수 있다.[18]

단순한 가치판단이나 평가·희망·추측 등을 내용으로 하는 의견표현에 불과한 경우는 사실에 해당되지 않지만,[19] 의견이나 평가라 하더라도 그것이 진실에 반하는 사실에 기초하여 행해지거나 의견이나 평가임을 빙자하여 간접적이고 우회적인 표현 방법으로 허위사실을 암시하는 경우에도 허위사실공표죄가 성립한다.

간접적이고 우회적인 표현 방식을 통하여 일정한 사실의 존재를 암시하고 이에 대한 가치판단이나 의견을 표현한 경우 그러한 가치판단이나 의견도 일정한 사실을 전제로 하고 있으므로, 이는 전체적으로 볼 때 후보자에 대한 사회적 가치 내지 평가를 그르치게 할 가능성이 있을 정도의 구체성을 가진 사실을 공표한 것으로 보아야 하기 때문이다.[20]

어떤 표현이 허위사실을 표명한 것인지 여부는 일반 선거인이 그 표현을 접하는 통상의 방법을 전제로 그 표현의 전체적인 취지와의 연관 하에서 표현의 객관적 내용, 사용된 어휘의 통상적인 의미, 문언의 연결방법 등을 종합적으로 고려하여 그 표현이 선거인에게 주는 전체적인 인상을 기준으로 판단하여야 한다.[21] 이 또한 구체적 사안에 따라 개별적으로 판단할 수밖에 없다.

라. 일부 과장표현의 허위사실 해당 여부

공표된 사실의 전체 취지를 살펴볼 때 중요한 부분이 객관적 사실과

---

17) 대법원 2003. 2. 20. 선고 2001도6138 판결
18) 대검찰청 앞의 책 383쪽 참조.
19) 대법원 1998. 9. 22. 선고 98도1992 판결
20) 대법원 2011. 12. 22. 선고 2008도11847 판결
21) 대법원 2009. 3. 12. 선고 2009도26 판결

합치되는 경우에는 세부적인 내용이 진실과 약간 차이가 나거나 다소
과장된 표현이 있더라도 이를 허위의 사실로 보아서는 안 된다.[22]

판례는 당명을 변경하기 전에 해당 정당의 대변인으로 재직하였으나
명함의 경력란에 당명 변경 후의 정당 대변인으로 기재한 경우 정당활
동 경력을 함축적으로 표현한 것으로 세부에 있어서 진실과 약간 차이
가 날 뿐 전체의 취지로 보아 중요한 부분이 객관적 사실에 합치된다고
보았다.[23]

반면, 후보자가 자신이 농협조합장으로 재임하였던 기간 중 해당 농
협의 출자배당률이 관내 최고가 아니었음에도 선거인들에게 "2018년도
3.5%라는 관내 최고의 출자배당률이 이를 증명합니다."라는 문구가 포
함된 선거운동 문자메시지를 전송한 행위로 기소된 사안에서, 하급심은
당선될 목적으로 자신에게 유리하도록 허위사실을 공표한 것으로 보아
유죄로 처벌하였다.[24]

마. 공표의 의미

'공표'는 수단이나 방법의 여하를 불문하고 불특정 또는 다수인에게
알리는 것을 말한다.[25] 단 한 사람에게 알리더라도 그것이 다른 사람들
에게 알려질 것이 예견될 때에는 공표에 해당하므로, 허위사실을 소수
의 사람에게 대화로 전하고 그 소수의 사람이 다시 전파하게 될 경우도
포함한다.[26] 이것이 바로 학설과 판례에서 다수의견으로 수용하고 있
는 전파가능성 이론이다.

따라서 특정 기자에게 허위의 사실을 제보한 경우 기자를 통해 기사
화되어 보도되었을 때 비로소 이를 공표한 것으로 보아야 하겠지만, 다

수의 언론사에 허위의 사실을 제보한 경우에는 그 내용이 기사화되지 않았더라도 허위사실의 공표로 보아야 한다.[27]

또한 허위사실이 기재된 문서를 선거인들에게 보여주어 읽게 하는 것이나,[28] 트위터에서 다른 사람이 게시한 글을 리트윗한 행위도 당연히 공표에 해당한다.[29] 허위사실 공표의 핵심은 메시지를 작성한 주체가 누구인지가 아니라, 그 메시지를 공표하거나 전파한 사람이 누구인지 여부이기 때문이다.

바. 선관위 제출서류의 공표 해당 여부

후보자가 후보자등록신청서나 이력서 등 그 부속서류에 허위사실을 기재하여 관할 선거관리위원회에 제출하는 경우 신청서에 기재된 내용은 소정의 절차에 따라 선거관리위원회 게시판에 공고되거나 언론에 보도됨으로써 불특정 또는 다수의 사람에게 알려지게 된다.

후보자 또한 이러한 사정을 충분히 예견하였다고 보아야 할 것이므로, 관할 선거관리위원회에 허위의 사실을 게재한 서류를 제출하는 행위는 당선목적의 허위사실 공표에 관하여 최소한 미필적 고의와 당선될 목적이 있었다고 보아야 한다[30].

예컨대, 선거공보 원고를 작성하는 사람의 업무미숙으로 선거공보 작성과정에서 후보자 자신의 전과를 누락시킨 사실을 알고도 이를 용인하는 의사가 있었다면 허위사실 공표에 관한 미필적 고의를 인정할 수 있다.[31]

---

27) 서울고등법원 2015. 9. 4. 선고 2015노1582 판결
28) 대법원 2003. 11. 28. 선고 2003도5279 판결
29) 대전고등법원 2013. 7. 24. 선고 2013노1 판결
30) 서울고등법원 2004. 9. 21. 선고 2004노1669 판결
31) 대법원 2015. 8. 19. 선고 2015도8759 판결

2. 낙선목적의 허위사실공표죄

가. 구성요건과 법정형

위탁선거법 제61조제2항은 당선되지 못하게 할 목적으로 선거공보나 그 밖의 방법으로 '후보자에게 불리하도록' 후보자, 그의 배우자 또는 직계존비속이나 형제자매에 관하여 허위의 사실을 공표한 자는 5년 이하의 징역 또는 500만원 이상 5천만원 이하의 벌금에 처하도록 낙선목적의 허위사실공표죄를 규정하고 있다.

판례는 특정한 사실의 진실 여부를 확인하는 일이 시간적·물리적으로 사회통념상 가능함에도 그러한 확인 노력을 하지 않은 채 당선되지 못하게 할 목적으로 그 사실을 공표하였다면 본 죄의 미필적 고의를 인정할 수 있다고 보았다.[32]

그러나 선거일의 투표가 마감된 후 당선인으로 결정된 후보자에 관하여 그 당선을 무효로 되게 할 목적으로 허위의 사실을 공표하더라도 이미 투표가 종료된 이상 그런 행위가 선거인의 판단에 영향을 미치지 못하므로 본조의 허위사실공표죄로 처벌할 수는 없다.[33]

이 경우 형법상 명예훼손죄의 적용이 배제되는 것은 아니다. 선거가 종료되고 봄날만큼이나 짧은 공소시효가 완성되어 선거법의 표현범죄가 떠나갈 때, 형법상 명예훼손죄는 눈을 비비고 일어나 슬며시 그 빈자리를 차지한다. 인간의 존엄과 가치는 결코 침해되어서는 안 되기 때문이다.

나. 후보자에 관한 사실의 의미

허위사실 공표죄에서 '후보자에 관한 사실'의 의미는 후보자 본인과

---

32) 대법원 2011. 12. 22. 선고 2008도11847 판결
33) 대법원 2007. 6. 29. 선고 2007도2817 판결

직접적으로 관련된 사실이 아닌 경우라도 그 사실의 공표가 해당 후보자의 당선을 방해할 성질을 지녔다면 후보자에 관한 사실에 포함될 수 있다.

판례는 후보자의 소속 정당이나 그 정당의 소속 인사에 관한 사항과 같이 후보자에 관한 간접사실이라도 후보자와 직접적으로 관련되어 그 공표가 후보자의 당선을 방해하는 성질을 가진 것인 경우에는 후보자에 관한 사실에 해당한다고 보았다.[34]

아울러 판례는 국회의원이 인터뷰에서 상대방 대통령선거 후보자의 변호인이 사임한 이유에 대하여 "변호사가 자료를 확인한 후 후보자가 기소될 수도 있는 위중한 사안이라고 판단한 것 같다. 구속이 되는 상황까지 고려한 것 같다"고 발언한 사안을 간접적이고 우회적인 표현 방식을 통하여 해당 대통령선거 후보자가 주가조작과 횡령의 범죄행위에 가담하였다는 사실의 존재를 암시하였다고 판단하였다.[35]

또한 판례는 후보자의 조카가 상대 후보자를 미행한 것처럼 허위사실을 공표한 경우 해당 후보자가 상대 후보를 미행하는 등 부적절한 행동을 하고 있다는 취지이므로 후보자에 관한 사실에 해당한다고 보았다.[36]

아울러 판례는 후보자의 측근들을 금품살포의 당사자로 지목한 경우 이는 해당 후보자가 측근들을 통해 불법행위를 하고 있음을 간접적이고 우회적인 표현 방식으로 암시하고 있는 것이므로 이 또한 후보자에 관한 사실에 해당한다고 보았다.[37]

34) 대법원 2007. 3. 15. 선고 2006도8368 판결
35) 대법원 2011. 12. 22. 선고 2008도11847 판결
36) 인천지방법원 2015. 1. 30. 선고 2014고합776 판결
37) 대구고등법원 2017. 6. 15. 선고 2016노712 판결

다. 사실 왜곡의 허위사실 해당여부

객관적으로 보아 허위에 이르지 않은 어떤 사실에 관하여 그 일부를 감추거나, 허위의 사실을 부가하거나, 분식·과장 또는 윤색하여 선거인의 공정한 판단을 그르치게 할 정도로 사실을 왜곡하는 행위도 허위사실에 해당할 수 있다.

판례는 상대방 후보자가 정당한 사유로 종합소득세를 납부하지 않았을 뿐이고 근로소득세는 납부한 사실을 알면서도 그가 '소득세'를 납부하지 않았다는 취지의 연설을 하면서 그 세금이 '종합소득세'라고 특정하지 않은 것은 허위사실공표죄에 해당한다고 보았다.[38]

한편, 농협 감사가 현 조합장을 당선되지 못하게 할 목적으로 감사대상 기간도 아닌 이전의 일들에 대해 허위사실의 의혹을 제기하는 취지의 개인 명의 감사보고서를 작성한 후 해당 농협의 정기총회에 참석한 임원들에게 배부하여 허위사실 공표죄로 처벌받은 사례도 있다.[39]

라. 사실과 가치판단이 혼재된 경우의 판단

허위사실공표죄의 '사실의 공표'와 후보자 비방죄에서 말하는 '사실의 적시'란 모두 가치판단이나 평가를 내용으로 하는 의견표현에 대치되는 개념으로서 시간과 공간적으로 구체적인 과거 또는 현재의 사실관계에 관한 보고 내지 진술을 말한다.[40]

따라서 표현내용이 증거에 의한 입증이 가능한 것이어야만 '사실의 공표' 또는 '사실의 적시'로 볼 수 있다.

판례는 "여수를 뇌물비리 도시로 만든 甲 후보자를 심판해 주십시오"라는 내용의 문자메시지를 전송한 행위에 대하여는 문구 자체가 시간

---

38) 대법원 2002. 5. 24. 선고 2002도39 판결
39) 수원지방법원 2019. 11. 14. 선고 2019고단4474 판결
40) 서울고등법원 2013. 11. 21. 선고 2013노1814 판결

과 공간적으로 구체적인 과거 또는 현재의 사실관계를 나열하였다기보
다 발송자의 추상적인 판단이나 추측을 나타낸 것으로 보아 사실의 공
표에 해당하지 않는다고 보았다.[41]

한편, 낙선목적의 허위사실 공표죄가 성립하려면 우선 허위의 사실을
공표하여야 한다. '허위의 사실'이란 진실에 부합하지 않는 사실로서 선
거인으로 하여금 후보자에 대한 정확한 판단을 그르치게 할 수 있을 정
도로 구체성을 가진 것이면 족하고 그 사실이 시기·장소·수단 등에
걸쳐서 정밀하게 특정될 필요는 없다.[42]

따라서 의견이나 평가라고 하더라도 그것이 진실에 반하는 사실에
기초하여 행해지거나, 의견이나 평가임을 빙자하여 간접적이고 우회적
인 표현방법으로 허위사실을 암시하는 경우에도 낙선목적의 허위사실
공표죄가 성립된다.[43]

마. 허위소문을 공표한 경우 범죄성립 여부

소문 그밖에 다른 사람의 말을 전달하는 간접화법이나 의혹을 제기
하는 형식을 빌려 '어떤 사실'을 공표한 경우에는 그러한 소문이나 의혹
이 있었다는 것, 즉 소문이나 의혹이 실제 존재하는지가 아니라 그 소
문이나 의혹의 내용이 허위인지를 기준으로 허위사실 공표죄의 성립
여부를 판단한다.[44]

후보자의 비리 등에 관한 의혹의 제기는 그것이 비록 후보자의 공직
적격성 검증을 위한 목적이라도 무제한 허용될 수는 없으므로, 그러한
의혹이 진실인 것으로 믿을 만한 상당한 이유가 있는 경우에 한하여 허
용되어야 하기 때문이다.[45]

---

41) 대법원 2013. 4. 11. 선고 2013도1463 판결
42) 대법원 1998. 9. 22. 선고 98도1992 판결
43) 대법원 2011. 12. 22. 선고 2008도11847 판결
44) 대법원 2016. 12. 27. 선고 2015도14375 판결
45) 대법원 2018. 9. 28. 선고 2018도10447 판결

따라서 허위의 소문을 듣고 그 진실성을 의심할 만한 사유가 있음에
도 이를 확인하는 절차 없이 그 소문을 공표한 경우에는 허위사실 공표
죄가 성립한다.[46] 다시 말하면, 어떤 소문이 있다고 공표한 경우 그 소
문의 내용이 허위이면 소문이 있다는 사실 자체는 진실이더라도 허위
사실 공표죄가 성립된다는 의미이다.[47]

판례는 "후보자 아들의 병역면제 비리 의혹에 관한 소문이 있는데 이
소문이 사실이라면 후보자가 어떻게 국가를 위해 일할 수 있겠냐"고 발
언한 사안에 대하여 비록 가정적 표현을 사용하였지만 선거인들로 하
여금 병역면제 처분에 어떠한 비리가 있다는 의혹을 갖게 하는 것이 명
백하므로 허위사실 공표에 해당한다고 판단하였다.[48]

그러나 공직선거에서 후보자의 자격과 능력을 검증하는 것은 반드시
필요하고도 중요한 일이므로, 후보자의 공직 적격성을 의심하게 하는
사정이 있는 경우 이에 대한 문제 제기를 쉽게 봉쇄해서는 안 된다.

따라서 후보자에 관한 의혹제기가 진실인 것으로 믿을 만한 상당한
이유가 있는 근거에 기초하여 이루어진 경우에는 비록 나중에 진실이
아닌 것으로 밝혀지더라도 이를 허위사실 공표죄로 처벌하지 않는
다.[49]

바. 존재하지 않는 사실 공표시 입증책임

허위사실 공표죄의 허위사실은 그 사실이 진실하다는 증명이 없다는
것만으로는 부족하고 검사가 적극적으로 허위라는 점을 증명하여야 한
다. 어느 사실이 적극적으로 존재한다는 것의 증명은 물론이고 어느 사
실이 존재하지 않는다는 증명이라도 특정 기간과 장소에서 특정 행위

---

46) 대전고등법원 2002. 11. 15. 선고 2002노581 판결
47) 대법원 2016. 12. 27. 선고 2015도14375 판결
48) 대법원 2003. 2. 20. 선고 2001도6138 판결
49) 대법원 2016. 12. 27. 선고 2015도14375 판결

의 부존재에 관한 것이라면 그 입증책임은 검사가 부담하는 것이 원칙이다.

그러나 특정되지 아니한 기간과 공간에서 구체화되지 않은 사실의 부존재를 증명한다는 것은 사회통념상 불가능하므로, 의혹을 받을 사실이 존재한다고 적극적으로 주장하는 사람은 그러한 사실의 존재를 수긍할 만한 소명자료를 제시할 부담을 지고, 검사는 제시된 자료의 신빙성을 탄핵하는 방법으로 주장하는 내용의 허위성을 입증할 수 있다.[50]

결국 의혹사실의 존재를 적극적으로 주장하는 사람은 그러한 사실의 존재를 수긍할 만한 소명자료를 제시할 부담을 진다고 할 것이고, 그러한 소명자료를 제시하지 못한다면 허위사실 공표의 책임을 져야 한다는 의미이다.[51]

이때 제시하여야 할 소명자료는 위의 법리에 비추어 단순히 소문을 제시하는 것만으로는 부족하고 적어도 허위성에 관한 검사의 입증 활동이 가능할 정도의 구체성을 갖추어야 한다. 이러한 소명자료의 제시가 없거나, 소명자료를 제시하였더라도 그 신빙성이 탄핵된 때에는 허위사실 공표죄로 처벌된다.[52]

사. 벌금형의 하한을 500만원 이상으로 정한 취지

위탁선거법에서 자신의 실적을 부풀리는 당선목적의 허위사실 공표죄는 벌금형에 하한을 두지 않았지만, 상대방 후보자를 깎아내리는 낙선목적의 허위사실 공표죄는 공직선거법의 입법례와[53] 동일하게 벌금형의 하한을 500만원 이상으로 규정하고 있다.

만일 자신의 당선을 목적으로 허위사실 공표죄를 범한 경우 이론적

---

50) 대법원 2005. 7. 22. 선고 2005도2627 판결
51) 대법원 2003. 2. 20. 선고 2001도6138 전원합의체 판결
52) 대법원 2009. 3. 12. 선고 2008도11443 판결
53) 공직선거법 제250조제2항 참조.

으로는 형법이 정한 최소의 금액인 5만원의 벌금형 선고도 가능할 것이다. 재판부의 선처로 100만원 이하의 벌금형을 선고받으면 위탁선거범죄로 인한 당선무효에도 해당하지 않는다.

후보자가 당선목적으로 허위사실을 공표하고 당선되었으나 해당 범죄로 기소된 경우, 판결문의 행간에는 해당 범죄의 가벌성이나 법익침해의 정도에 따른 양형에 대한 고민뿐만 아니라 허위사실 공표라는 불법적인 방법으로 취득한 당선인의 지위를 인정할 것인지에 관한 재판부의 고뇌도 함께 느낄 수 있다.

그러나 상대방 후보자의 낙선을 목적으로 한 허위사실공표죄의 경우에는 사정이 전혀 다르다. 일단 유죄가 인정된다면 피고인에 대한 재판부의 양형재량이 사실상 의미를 잃게 되므로 선고유예 판결이 아닌 한 당선인의 지위는 무효가 된다.

왜냐하면, 낙선목적의 허위사실 공표죄는 벌금형의 하한을 500만원으로 정하고 있기 때문에, 해당 죄를 범한 피고인에게 개전의 빛이 현저하고 피해자와 합의하는 등 가벌성이 낮아 재판부가 최대한 은전을 베풀어 형법 제56조에 따른 법률상 감경과 정상참작 감경을 모두 적용하더라도 계산상 125만 원 이상의 벌금형 선고가 불가피한 것으로 보이기 때문이다.

이 경우 위탁선거법에 따라 해당 후보자의 당선은 무효가 되고[54] 개별 법률에 따라 일정기간 임원선거의 피선거권이 제한된다. 신협의 경우 선거규약에 따라 당선이 무효로 된 사람은 5년간 피선거권이 제한된다.[55]

낙선목적의 허위사실 공표죄는 매수죄나 선거의 자유 방해죄와 더불어 선거의 자유와 공정을 크게 해치는 대표적인 선거부정 행위이기 때문에, 해당 범죄를 범한 경우에는 비록 당선되더라도 불법으로 취득

---

54) 위탁선거법 제70조제1호 참조.
55) 선거규약 제8조제1항제11호 참조.

한 지위를 인정하지 않겠다는 입법자의 결단에 따라 법관의 양형재량
으로도 당선무효의 운명을 피할 수 없도록 법정형을 정한 것으로 보
인다.

실제 낙선목적의 허위사실공표죄로 100만원 이하의 벌금형이 선고된
사례는 찾아보기 어렵다.

참고적으로 뒤에서 설명하는 후보자비방죄의 경우 비방의 내용이 진
실하든 거짓이든 가리지 않고 성립되고 그 벌금형에 하한이 없으므로,
허위의 사실을 적시하여 경쟁 후보자를 비방하였음에도 입증책임과 공
소유지의 편의를 위하여 허위사실공표죄 대신 후보자비방죄로 기소가
되었다면 피고석에서는 표정관리에 힘써야 한다.

당초 허위사실공표죄로 기소되었으나, 재판과정에서 검사가 후보자
비방죄로 공소장 변경신청을 하고 법원이 이를 허가한 경우에도 마찬
가지다. 하늘이 무너져도 솟아날 구멍이 생기는 법이다.

1. 후보자비방죄의 구성요건과 법정형

위탁선거법 제62조는 선거운동을 목적으로 선거공보나 그 밖의 방법으로 공연히 사실을 적시하여 후보자 또는 후보자가 되려는 사람, 그의 배우자 또는 직계존비속이나 형제자매를 비방한 사람은 2년 이하의 징역 또는 2천만원 이하의 벌금에 처하도록 후보자 등 비방죄를 두면서 진실한 사실로서 공공의 이익에 관한 때에는 처벌하지 않도록 위법성조각사유도 함께 규정하고 있다.

본 조는 후보자 등에 대하여 명예를 훼손하는 위법행위를 규제함으로써 후보자 등의 인격권을 보호함과 아울러 선거의 공정성을 확보하기 위한 규정이다.[56]

위탁선거법 제62조의 후보자비방죄는 제61조의 허위사실 공표죄와 동일하게 선거운동의 목적, 피해자의 특정, 공연성, 그리고 사실의 적시를 공통의 구성요건으로 한다. 다만, 허위사실 공표죄는 허위사실의 공표를 수단으로 함에 반하여, 후보자비방죄는 비방의 수단으로서 진실한 내용이든 거짓의 내용이든 묻지 않는다는 점에 본질적 차이가 있다.

---

56) 헌법재판소 2010. 11. 25. 2010헌바53 결정

2. 구성요건의 주요개념

가. 그 밖의 방법의 의미

본조에서 '그 밖의 방법'이란 앞에 적시한 선거공보와 같거나 이와 유사한 매체로 한정하는 의미가 아니라 불특정 또는 다수인에게 전달할 수 있는 모든 의사소통 수단과 방법을 포괄하는 개념이다. 말, 문자메시지, SNS, 벽보나 인쇄물, 현수막 등 시설물, 방송이나 신문 등 그 방법을 가리지 않는다.[57]

나. 공연히의 의미

'공연히'의 의미는 형법상 명예훼손죄의 구성요건인 공연성과 동일한 의미로서 불특정 또는 다수인이 알 수 있는 상태를 말한다. 허위사실 공표죄의 구성요건인 공표의 개념과도 유사하다.

따라서 비록 개별적으로 한 사람에게 사실을 유포하였더라도 그로부터 불특정 또는 다수인에게 전파될 가능성이 있다면 공연성의 요건은 충족된다.[58]

'공연히'의 개념에서 공연성의 의미를 읽어내지 못하고 '합리적 이유 없이' 또는 '괜히'로 잘못 이해하여 애먼 사람을 성가시게 하는 사람도 꽤 있다.

다. 사실의 적시의 의미

'사실의 적시'란 가치판단이나 평가를 내용으로 하는 의견표현에 대치되는 개념으로서 시간과 공간적으로 구체적인 과거 또는 현재의 사실관계에 관한 보고 내지 진술을 의미하는 것으로서 그 표현내용이 증

---

57) 이용복 『위탁선거법강의』 2022. 10. 박영사. 517쪽 참조.
58) 대법원 1996. 7. 12. 선고 96도1007 판결, 대법원 1985. 12. 10. 선고 84도2380 판결

거에 의해 입증이 가능한 것을 말한다.[59]

판단할 진술이 사실인지 아니면 의견인지 여부를 구별하는 때에는 언어의 통상적 의미와 용법, 입증 가능성, 문제된 말이 사용된 문맥, 그 표현이 행하여진 사회적 상황 등 전체적인 정황을 고려하여 판단하여야 한다.[60]

이 경우 사실적시와 의견표현이 혼재되어 있는 경우 이를 전체적으로 보아 사실의 적시에 해당하는지 여부를 판단하여야 하며, 의견표현과 사실의 적시 부분을 분리하여 별개로 범죄의 성립여부를 논해서는 안 된다는 것이 대법원 판례의 입장이다.[61]

후보자비방죄가 성립하기 위해서는 사실을 적시하여 후보자 등을 비방하여야 하므로, 사실의 적시는 내용상 비방에 충분한 사실, 즉 후보자 등의 사회적 가치 내지 평가가 침해될 가능성이 있을 정도로 구체성을 띠어야 한다. 만일 구체성이 없는 사실의 표현이나 가치판단 또는 평가와 같은 표현은 후보자비방죄의 구성요건인 사실의 적시에 해당하지 않는다.

판례는 "조강지처 버리고 잘된 사내가 없다"는 표현만으로는 추상적인 의견표시에 불과하지만, 그 직전에 "어떻게 이혼을 했는지 그 소문을 이 자리에서 입이 부끄러워서 얘기하지 않겠습니다"라고 한 발언과 종합하여 보면 "입이 부끄러워 얘기하지 않겠다"는 표현만으로도 선거인으로 하여금 후보자가 이혼에 이른 과정을 그릇되게 추단하여 그의 평가를 저하시킬 수 있다고 보아 사실을 적시하여 후보자를 비방한 것으로 판단하였다.[62]

---

59) 대법원 1997. 4. 25. 선고 96도2910 판결
60) 대법원 1997. 4. 25. 선고 96도2910 판결
61) 대법원 2004. 6. 25. 선고 2004도2062 판결
62) 대법원 2002. 6. 14. 선고 2000도4595 판결

라. 비방의 의미

'비방'이란 정당한 이유 없이 상대방을 깎아 내리거나 헐뜯어 그 사회적 가치평가를 저하시키는 것을 의미한다.[63] 따라서 비방은 주로 합리적인 관련성이 없는 사실, 예컨대 공직의 수행 능력이나 자질과는 무관한 극히 사적이거나 개인의 내밀한 영역에 속하는 사항을 폭로 또는 공표한다거나 날조된 허구의 사실을 전파하는 등의 방법으로 행하여진다.[64]

상대방 후보자의 정치적 활동에 관한 진술이더라도 그 표현방법이나 내용에 비추어 상대방의 정치역량을 객관적으로 언급하는 것이 아니라 인격적으로 비하하는 취지일 경우에는 비방에 해당될 수 있다.[65]

다만, 선거운동은 본질적으로 상대방 후보에 대한 비판적 기능을 포함하고 있으므로, 이를 과도하게 제한할 경우 국민의 기본권으로서의 표현의 자유와 선거권을 침해하게 되는 점에 비추어 정치활동 등 공적 생활에 관한 사실을 적시한 경우에는 사생활 비방에 필적할 정도로 후보자 등의 인격적 가치를 훼손시키는지 여부에 따라 후보자비방죄의 성립 여부를 판단하여야 한다.[66]

3. 후보자비방죄의 위법성 조각사유

가. 위법성 조각사유를 둔 취지

공정하고 자유로운 선거를 구현하기 위해서는 후보자의 공직 적격성과 후보자가 제시한 정책과 공약의 타당성을 검증하기 위하여 표현의

---

63) 대법원 2009. 6. 25. 선고 2009도1936 판결, 대법원 2008. 7. 10. 선고 2008도3261 판결
64) 부산고등법원 1992. 6. 17. 선고 92노215 판결
65) 대법원 1996. 11. 22. 선고 96도1741 판결
66) 부산지방법원 2009. 7. 17. 선고 2008고합649 판결

자유가 최대한 보장되어야 한다. 헌법재판소도 선거에서는 선거의 공정
을 해치지 않는 한도에서는 원칙적으로 정치적 표현의 자유가 한껏 보
장되어야 한다고 판시한 바 있다.[67]

특히 선거운동에서의 표현행위는 정치적인 의견투쟁이 최고도로 강
화되는 상황에서 이루어지는 것이고, 후보자 상호 간 격렬하게 비판 또
는 비난하는 과정에서 단순화·과장·비유 등 여러 가지 표현기법을 구
사하여 상대방을 신랄하게 공격하는 것이 예사이므로, 후보자들의 발언
을 대하는 선거인 역시 그러한 사정을 이해하고 있는 것으로 보아야 할
것이다.[68]

이와 같은 취지에서 공직선거법에 후보자비방죄를 규정하되, 비방의
내용이 진실한 사실인 경우에는 형법상 명예훼손죄와 정보통신망법에
따른 사이버명예훼손죄에 비하여 위법성 조각사유를 폭넓게 인정함에
따라 선거에 관한 표현의 자유를 상대적으로 두텁게 보장하고 있다.

반면에 공직선거법상 표현범죄는 인간의 존엄성에 기초한 개인의 인
격권 보호는 물론 객관적 선거질서로서 후보자에 대한 유권자의 판단
의 자유를 함께 보호하기 위한 것이 입법목적이므로 형법상 단순 명예
훼손죄와 달리 반의사불벌죄가 아니다.

따라서 후보자를 비방한 사람이 피해자에게 진심어린 사과를 하고,
피해자가 가해자의 처벌을 원치 않는다는 민형사상 합의를 하였더라도
국가의 형벌권 행사에는 아무런 지장이 없다.

나. 위법성 조각의 요건

위탁선거법 제62조의 단서는 사실을 적시한 비방행위가 있더라도 진
실한 사실로서 공공의 이익에 관한 때에는 처벌되지 않도록 후보자비
방죄의 위법성 조각사유를 규정하고 있다.

---

67) 헌법재판소 2003. 1. 30. 선고 2001헌가4 결정
68) 부산고등법원 1992. 6. 17. 선고 92노215 판결

사실의 적시에 의한 비방행위가 본 단서에 따라 위법성이 조각되기 위해서는, 첫째, 적시된 사실이 전체적으로 보아 진실에 부합할 것, 둘째, 그 내용이 객관적으로 공공의 이익에 관한 것일 것, 셋째, 행위자도 공공의 이익을 위한다는 동기를 가지고 있을 것이라는 요건을 모두 갖추어야 한다.[69]

우선 '진실한 사실'이란, 세세한 부분에 있어서 약간의 차이가 있거나 다소 과장된 표현이 있어도 전체적으로 보아 객관적 진실에 부합하면 진실한 사실로 본다.[70]

'공공의 이익'이란 국가·사회 또는 다수인 일반의 이익에 관한 것뿐만 아니라 특정한 사회집단이나 그 구성원 전체의 관심과 이익에 관한 것도 포함된다.[71]

적시된 사실이 공공의 이익에 관한 것인지 여부는 적시된 사실의 내용과 성질, 해당 사실의 공표가 이루어진 상대방의 범위, 사실적시의 표현방법 등 그 표현 자체에 관한 제반 사정과 그 표현에 의하여 훼손되거나 훼손될 수 있는 명예의 침해 정도 등을 종합적으로 고려하여 결정한다.[72]

후보자의 사적인 신상에 관한 사실이라도 해당 후보자가 관계하는 사회적 활동의 성질이나 이를 통하여 사회에 미치는 영향력의 정도에 따라서는 그 사회적 활동에 대한 비판 내지 평가의 한 자료가 될 수 있는 경우 이를 적시하는 것은 공공의 이익을 목적으로 하는 행위로 인정될 수 있다.[73]

위법성 조각의 마지막 조건으로서 행위자도 공공의 이익을 위한 동기를 가지고 있어야 한다는 것은 행위자도 최소한 공공의 이익을 위하

---

69) 대법원 2011. 3. 10. 선고 2011도168 판결
70) 대법원 2004. 10. 27. 선고 2004도3919 판결, 대법원 2004. 6. 25. 선고 2004도2062 판결
71) 대법원 1999. 6. 8. 선고 99도1543 판결, 1998. 10. 9. 선고 97도158 판결
72) 대법원 2003. 11. 13. 선고 2003도3606 판결
73) 대법원 1996. 4. 12. 선고 94도3309 판결

여 그 사실을 적시한다는 동기를 가지고 있어야 한다는 의미이다. 이 경우 그 동기는 반드시 공공의 이익이 사적 이익보다 우월하지는 않더라도 양자가 동시에 존재하고 거기에 상당성이 인정되어야 한다.[74]

적시된 사실의 진실성과 공공의 이익에 대한 입증책임은 이를 주장하는 피고인에게 있다.[75] 이러한 이유로 허위사실에 대한 입증이 곤란하여 허위사실 공표죄로 공소유지가 어려운 경우 사실관계의 동일성을 유지하면서 적용법조만을 후보자비방죄로 공소장을 변경하여 적시된 사실의 진실성과 공공의 이익에 대한 입증책임을 피고인에게 전환시킨 판례를 간혹 발견할 수 있다.

다만, 적시한 사실이 진실한 것이라는 증명이 없더라도 행위자가 진실한 것으로 믿었고, 또 그렇게 믿을 만한 상당한 이유가 있는 경우에는 위법성이 조각된다.[76]

다. 위법성 조각사유를 인정한 예

상대 후보자가 구의원 재직시 의료법위반죄로 구속영장이 신청된 사실을 보도한 신문을 연설회에서 낭독한 사안에서, 판례는 후보자의 전과사실은 비록 그것이 공직 수행과정에서의 범죄나 비리와 직접적으로 관련된 것이 아니더라도 그의 사회적 활동에 대한 비판 내지 평가의 한 자료가 되어 공직 후보자로서의 자질과 적격성을 판단하는 데 중요한 자료가 될 뿐만 아니라 법원의 사법적 판단까지 받은 것이므로 공적 이익에 관한 사실로 보아 위법성 조각사유를 인정하였다.[77]

한편, '장인이 인민위원장 빨치산 출신인데 애국지사 11명을 죽이고

---

74) 대법원 1998. 9. 22. 선고 98도1992 판결
75) 대검찰청 앞의 책 428면.
76) 대법원 1996. 4. 23. 선고 96도519 판결
77) 대법원 1996. 6. 28. 선고 96도977 판결. 본 사건은 상대 후보자가 구의원으로 재직 당시 한약업사 자격만 보유하고 있었음에도 한의사 면허를 빌려 무면허 의료행위를 한 사실이 적발되어 유죄판결이 확정된 사안이다.

형무소에서 공산당 만세를 부르다 죽었다'는 연설로 기소된 사안에서, 판례는 일부 과장된 표현이 있더라도 전체적으로 객관적 진실에 부합하는 내용이고, 유권자들이 적절하게 선거권을 행사하도록 자료를 제공하려는 공공의 이익 또한 인정되며, 거기에 상당성도 있다고 보아 위법성이 조각된다고 판단하였다.[78]

또한 상대방 후보자가 부시장 재직시절 운전기사를 통해 갈비세트를 받았다가 적발되었으나 운전기사만 처벌받았다는 내용을 기자들에게 이메일로 발송한 사안에서, 판례는 적시한 사실이 전체적으로 진실에 부합하고 공직 후보자로서의 역량과 자질을 판단하는 자료가 될 수 있다는 점에서 공공의 이익에 관한 것으로 볼 수 있어 위법성이 조각되는 것으로 보았다.[79]

라. 위법성 조각사유를 부인否認한 예

상대 후보자의 재산증가가 소유 부동산의 공시지가 상승에 따른 것이고, 상대 후보자와 그의 장남이 질병으로 치료를 받았음에도 부정한 방법으로 재산증식과 병역면제가 이루어졌을 것이라는 취지의 의혹을 제기한 사안에서, 판례는 비록 단정적인 표현을 사용하지는 않았으나 상대 후보자에 대한 의혹을 간접적, 우회적으로 표현한 것으로 의혹이 진실이라는 증명이 없는 이상 위법성이 조각된다고 볼 수 없다고 보았다.[80]

또한 뇌물수수죄로 기소되었으나 무죄가 확정된 후보자를 상대로 뇌물을 받았다는 취지로 발언한 사안에서, 판례는 이러한 표현은 해당 후보자의 사회적 평가를 저해할 정도로 헐뜯은 것으로 비방에 해당하고, 그 내용도 진실에 부합한다고 할 수 없어 위법성이 조각되지 않는다고

---

78) 대법원 2004. 10. 27. 선고 2004도3919 판결
79) 서울고등법원 2015. 4. 23. 선고 2015노815 판결
80) 대전고등법원 2011. 4. 2. 선고 2011노66 판결

판시하였다.[81]

한편, 상대 후보자가 언론 인터뷰에서 정부의 자기부상열차 시범사업
권 시행자 결정이 절차적 흠이 없는 객관적 결정이었다고 발언한 것을
두고 '자기부상열차 인천에 빼앗긴 결정 지지 발언'이란 문자메시지를
발송한 사안에서, 판례는 상대후보자의 정치적 견해를 왜곡되게 전달함
으로써 그를 낙선시키고 자신이 당선되겠다는 사적 이익이 결정적으로
중요한 동기가 되었으므로 위법성이 조각되지 않는다고 판시하였다.[82]

또한 후보자 일가의 비리를 언급한 인터넷 기사를 링크하면서 '도적
놈들, 더러운 놈들, 카악~~ 퇴퇫' 등을 추가로 기재한 사안에서, 판례
는 표현 내용에 비추어 후보자의 사회적 평가를 저하시키려는 사적인
의도가 있어 위법성이 조각되지 않는다고 판단하였다.[83]

해당 사례는 메시지에 인터넷 기사를 링크하지만 않았다면 전체적인
표현내용을 사실의 적시로 평가하기 곤란하여 형법 제311조의 모욕죄
만 다툴 수 있었던 사안으로 보인다.

4. 후보자비방죄와 표현의 자유

가. 표현범죄의 벌칙구조

표현범죄에 관한 우리나라 현행 법체계를 감안할 때, 다른 사람의 인
격권을 침해한 경우 기본적으로 형벌의 기본을 정하고 있는 형법 각칙
의 명예훼손죄가 적용되고, 인터넷과 SNS를 이용한 인격권 침해에는
정보통신망법 제70조에 따른 사이버명예훼손죄가 적용된다.

한편, 공공단체의 선거에서 선거운동을 목적으로 인격권을 침해한 경

---

81) 서울고등법원 2015. 5. 6. 선고 2015노44 판결
82) 대법원 2009. 6. 25. 선고 2009도1936 판결
83) 광주고등법원 2015. 2. 12. 선고 2014노551 판결

우, 즉 후보자에 관하여 허위사실을 공표하거나 후보자를 비방한 경우에는 해당 단체의 개별 법률에 규정된 선거 관련 범죄가 성립된다.

예컨대, 새마을금고법의 경우 임원선거에서 선거운동을 목적으로 허위사실을 공표하거나 후보자를 비방한 경우 제85조제3항에, 농협조합장선거에서 그러한 행위를 하면 농업협동조합법 제172조제3항에, 수협조합장선거에서 같은 행위를 하면 수산업협동조합법 제178조제4항에 따라 각각 처벌된다.

이 경우 각 개별 법률의 표현범죄는 행위 양태와 위탁여부에 따라 형법상의 명예훼손죄, 정보통신망법에 따른 사이버명예훼손죄 또는 위탁선거범죄와 상상적 경합이 성립될 것으로 보인다.

나. 위법성 조각사유 인정 여부와 그 범위

허위사실 공표로 인한 인격권의 침해행위는 정상참작의 여지가 전혀 없으므로 논외로 하고, 진실한 사실을 적시하여 다른 사람의 인격권을 침해한 경우 위법성 조각사유의 인정 여부와 그 범위를 살펴보자.

우선 형법 제307조는 공연히 사실을 적시하여 사람의 명예를 훼손한 자를 처벌하면서 같은 법 제310조에서 진실한 사실로서 '오로지 공공의 이익에 관한 때'에는 처벌하지 않도록 위법성 조각사유를 협소하게 규정하고 있고, 같은 법 제309조는 사람을 비방할 목적으로 출판물에 의한 명예훼손을 무겁게 처벌하면서 따로 위법성 조각사유를 두지 않고 있다.

한편, 정보통신망법 제70조는 벌칙을 규정하면서 사람을 비방할 목적으로 정보통신망을 통하여 공공연하게 사실을 드러내어 다른 사람의 명예를 훼손한 자를 처벌하면서 위법성조각사유를 인정하지 않는다.

다만, 형법에 따른 단순 명예훼손이든 정보통신망법에 따른 사이버명예훼손이든 모두 피해자의 명시한 의사에 반하여 공소를 제기할 수 없도록 반의사불벌죄로 규정하고 있다.

한편, 공공단체의 선거를 관할 선거관리위원회에 위탁하게 되면, 선거에 관하여는 위탁선거법이 우선 적용되므로(§5), 공연히 사실을 적시하여 후보자를 비방하더라도 그 내용이 진실하다면 특별한 사정이 없는 한 위법성이 조각되어 처벌되지 않는다.

우리는 여기서 인간의 존엄과 가치로부터 유래되는 인격권으로서 후보자의 명예와 기본권으로서 유권자의 표현의 자유가 조화되는 모습을 발견할 수 있다.

다. 후보자비방죄를 폐지할 경우의 효과

공정하고 민주적인 선거를 구현하기 위해서는 후보자 자질과 도덕성, 그리고 후보자가 제시한 공약과 정책의 타당성 검증을 위하여 선거의 공정성을 해치지 않는 한도 내에서는 표현의 자유가 한껏 보장되어야 한다84).

위탁선거법 제62조의 후보자비방죄를 폐지할 경우 그 단서에서 규정한 위법성 조각사유까지 함께 소멸된다. 그러면 진실한 사실을 적시하여 비방한 경우에도 처벌의 위험성에 노출되고 선거에 관한 공론의 장에서 표현의 자유가 위축될 우려가 있다. 목욕물을 버리면서 아기까지 함께 쏟아버리는 셈이다.

형벌규정을 폐지하였는데도 오히려 처벌 범위가 넓어지는 모순된 상황이 초래되는 것이다. 일종의 벌칙의 역설이다. 게다가 후보자비방죄를 폐지하더라도 인격권 침해를 처벌하는 다른 형벌규정이 함께 폐지되는 것이 아니다.

이제 후보자비방죄의 빈자리는 위법성 조각사유에 인색한 형법의 명예훼손죄, 위법성 조각사유를 두지 않은 정보통신망법의 사이버명예훼

---

84) 헌법재판소 2003. 1. 30. 2001헌가4 결정

손죄, 그리고 개별 법률의 선거 관련 벌칙이 차지하게 된다. 여기에서
표현의 자유가 숨 쉴 공간은 없다.

물론 위법성 조각사유가 없더라도 법원은 수많은 사법심사를 통하여
출판물이나 정보통신망으로 진실한 사실을 적시하여 비방한 경우에는
그 비방의 목적을 부인하는 방법으로 국민의 기본권인 표현의 자유를
보호하여 왔다.85) 그런데 경찰의 수사와 검찰의 기소도 아량을 베풀 것
인가?

---

85) 대법원 2011. 7. 14. 선고 2010도17173 판결

1. 사위등재죄

가. 구성요건과 법정형

위탁선거법 제63조제1항은 거짓의 방법으로 선거인명부에 오르게 한 자는 1년 이하의 징역 또는 1천만원 이하의 벌금에 처하도록 사위등재 죄를 규정하고 있다. 본 조는 투표의 전제가 되는 선거인명부의 진정한 작성과 투표소에서 투표용지의 정확한 교부를 통하여 공정한 선거의 실시를 보장하기 위한 규정이다.

나. 거짓의 방법으로의 의미

'거짓의 방법'이란 거짓으로 타인을 속이는 일체의 행위를 말하며 그 방법에 특별한 제한이 없으므로 형법상 사기죄와 같은 기망수단을 사용할 것을 요하지 않는다.

정당하게 선거인명부에 오를 자격이 있는 사람이더라도 거짓의 방법으로 선거인명부에 등재되게 한 때에는 본 죄가 성립한다. 이와는 반대로 거짓의 방법을 사용한 경우에도 선거인명부에 오르지 않았다면 본 죄는 성립하지 않는 것으로 보인다.

다. 사위등재죄 적용시기

사위등재죄는 그 적용시기에 제한이 없다. 따라서 선거일 1년 전의 행위라도 특정 지역신협의 이사장선거에서 오로지 투표할 목적으로 조합원 자격을 취득하고 선거인명부에 오르게 하였다면 사위등재죄가 성립할 수 있다.

공직선거법에 관한 판례는 오로지 투표권을 얻을 목적으로 형식적으로 주민등록만을 특정 선거구로 옮기는 등 위장전입의 방법으로 위법하게 투표권을 획득한 경우 그 투표권은 부정되어야 하고, 그가 한 투표는 무효라고 선언한 바 있다.[86)]

의무적으로 선거관리를 관할 선거관리위원회에 위탁해야 하는 지역신협의 이사장선거에서 선거인명부 작성의 기초가 되는 조합원 가입심사와 조합원명부 관리의 중요성을 반복해서 강조하는 이유이다. 오로지 투표할 목적으로 조합원 자격을 취득하고 선거인명부에 오르게 하였다면, 신협이 자율적으로 관리하는 임원선거라도 선거무효 또는 당선무효의 원인이 될 수 있고 행위 양태에 따라 업무방해죄로 처벌될 수도 있다.

2. 부실기재죄

가. 구성요건과 법정형

위탁선거법 제63조제2항은 선거인명부 작성에 관계 있는 사람이 선거인명부에 고의로 선거권자를 기재하지 않거나 거짓 사실을 기재하거나 하게 한 때에는 3년 이하의 징역 또는 3천만원 이하의 벌금에 처하

---

86) 대법원 2000. 10. 6. 선고 2000수70 판결

도록 부실기재죄를 규정하고 있다.

본조는 선거인명부 작성과 관련된 사람이 고의로 선거인명부에 부실한 기재를 하는 행위를 처벌함으로써 선거의 공정을 기하기 위한 규정이다. 정당한 선거권자를 선거인명부에 올리지 않거나, 자격이 없는 사람을 선거인명부에 올리거나, 정당한 선거권자라도 선거인명부에 그의 성명·주소·성별·생년월일 등을 사실과 다르게 기재하는 것이 부실기재죄의 대표적 사례에 해당할 것이다.

선거인명부 작성과 직접 관련이 없는 사람이라도 선거인명부 작성과 관련된 사람에게 정당한 선거권자를 누락하게 하거나 거짓 사실을 기재하도록 시킨 때에도 당연히 본 죄가 성립한다.

선거인명부 작성에 관계 있는 사람의 선거인명부 부실기재를 일반인의 사위등재보다 무겁게 처벌하는 이유는 선거인명부 작성 관계자에 대한 특별한 주의의무를 고려한 취지로 보인다.

나. 거짓 사실을 기재한 때의 의미

위탁선거법 제63조제2항의 부실기재죄는 선거인명부 작성에 관계 있는 사람의 작위作爲 또는 부작위不作爲에 따른 선거인명부 부실기재 행위를 처벌하기 위한 규정이다. 구체적으로 살펴보자.

신협법과 표준정관은 조합원이 다음 중 어느 하나에 해당하면 탈퇴한 것으로 보도록 간주규정을 두고 있다(신협법 §16②, 표준정관 §15②). 탈퇴의 효력에 반증을 허락하지 않는다. 다만, '① 조합원의 자격상실'에 관해서는 다른 탈퇴 간주와 달리 예외적으로 이사회의 결의가 있어야 자격상실의 효력이 발생한다.[87]

① 조합원의 자격상실

② 사망한 경우

---

87) 표준정관 제15조제3항 참조.

③ 파산한 경우

④ 피성년후견인이 된 경우

⑤ 조합원인 법인이 해산한 경우

⑥ 제명된 경우

표준정관에서는 조합원 가입신청서의 기재사항에 변경이 있거나 조합원 자격의 탈퇴사유가 발생하였을 때에는 지체없이 이를 조합에 신고하도록 조합원에게 의무를 규정하고 있으나(표준정관 §12), 사실상 조합원의 선의에 따른 자발적인 협조를 기대하기 어려울 것으로 보인다.

한편, 신협법은 정관에서 정하는 바에 따라 미성년자 또는 조합원 자격을 유지한 기간이 3개월 미만인 조합원의 선거권을 제한할 수 있도록 규정하고 있고(§19①), 표준정관에서는 조합원이라도 선거공고일 전일을 기준으로 다음 중 어느 하나에 해당하는 사람은 선거권이 없음을 확인하고 있다(§14).

① 민법상 미성년자

② 출자 1좌 미만이 된 조합원

③ 표준정관 제15조제4항에 따른 조합원[88]

④ 조합원 자격을 유지한 기간이 3월 미만인 조합원

따라서 선거인명부의 작성 업무를 담당하는 신협의 임직원이 조합원명부에 자격이 의심스러운 사람이 기재되어 있는 것을 알고 있다면, 조합의 자격상실 등 조합원 탈퇴 사유의 발생 여부를 확인하고 먼저 조합원명부를 정리하는 절차를 이행해야 한다.

만일 신협의 임직원이 위와 같은 조치를 취하지 않은 채 자격이 없는 조합원이 선거인명부에 등재되도록 하였다면, 이는 위탁선거법 제63조제2항에 규정된 소위 '거짓 사실을 기재하거나 하게 한 때'에 해당하여 부실기재죄로 처벌된다.[89]

---

88) 탈퇴 간주자에 해당하지만 신협에 대출금 또는 예탁금이 있어 해당 계약관계를 종료할 때까지는 잠정적으로 조합원의 자격이 부여된 사람을 말한다.

거듭 강조하지만, 조합원의 자격확인이나 조합원명부의 정리를 소홀히 하면 이를 기초로 작성되는 선거인명부 또한 부실해질 것이므로, 이러한 행위는 결과적으로 선거의 신뢰를 해치고 공정하고 투명한 선거관리에 지장을 초래하기 때문에 무겁게 처벌하는 것이다. 물론 위탁관리가 의무화된 지역신협에만 적용되는 벌칙이다.

3. 사위투표죄

위탁선거법 제64조제1항은 성명을 사칭하거나 신분증명서를 위조 또는 변조하여 사용하거나 그 밖에 거짓의 방법으로 투표하거나 투표하게 하거나 또는 투표를 하려고 한 사람은 1년 이하의 징역 또는 1천만원 이하의 벌금에 처하도록 사위투표죄를 규정하고 있다. 아울러 제2항은 투표사무원 등 선거관리 종사자가 이러한 행위를 한 때에는 3년 이하의 징역으로 가중처벌하도록 부진정신분범 규정을 두고 있다. 처단형에 벌금형 선택도 없다.

최근 공직선거에서 쟁점이 된 사위투표죄의 사례로는 사전투표를 한 후 그 사실을 숨기고 선거일에 다시 투표를 시도한 행위를 들 수 있다.[90)]

---

89) 대법원 2017. 4. 26. 선고 2016도14861 판결. 해당 사건은 2015. 3. 11. 경북의 모 수협조합장선거에서 현직 조합장이 조합원 실태조사를 전혀 실시하지 아니한 채 자격이 없는 사람 76명이 선거인명부에 등재되도록 하고, 해당 선거에서 자신이 출마하여 4표 차이로 재선에 성공하였으나 부실기재죄로 200만원의 벌금형이 확정됨에 따라 당선이 무효로 되고 4년간 조합장선거의 피선거권이 박탈되었다.
90) 창원지방법원 진주지원 2017. 9. 5. 선고 2017고합58 판결

1. 선거관리 관계자 폭행죄

가. 구성요건과 법정형 개요

위탁선거법 제65조제1호는 선거와 관련하여 선거관리위원회의 위원·직원, 공정선거지원단원,[91] 그 밖에 선거사무에 종사하는 사람을 폭행·협박·유인 또는 불법으로 체포·감금한 사람은 1년 이상 7년 이하의 징역 또는 1천만원 이상 7천만원 이하의 벌금에 처하도록 선거관리 관계자에 대한 폭행죄를 규정하고 있다.

본조는 선거사무관리·집행의 원활한 수행을 위하여 선거관리 관계자를 보호하기 위한 규정이다. 형법상 일반 공무집행방해죄의 법정형이 5년 이하의 징역 또는 1천만원 이하의 벌금인 것에 비하면(§136①) 본조 위반은 아주 무거운 법정형을 두고 있다.

위탁선거법의 벌칙 중 법정형이 가장 무거우므로 본죄가 성립될 경우에는 당선무효형의 선고가 불가피한 것으로 보인다.

'선거사무에 종사하는 사람'이란 위탁선거법에서 규정하고 있는 투표

---

91) 공정선거지원단은 위탁선거 위반행위의 예방 및 감시·단속활동을 위하여 관할 선거관리위원회가 중립적이고 공정한 사람으로 구성한 한시조직을 말한다. 공정선거지원단은 관할 선거관리위원회의 지휘를 받아 예방 및 감시·단속·조사활동을 할 수 있다. 위탁선거법 제10조 및 위탁선거규칙 제5조 참조.

사무원을 포함하여 관할 선거관리위원회가 내부규정에 따라 위촉한 사람으로서 해당 선거관리위원회의 지휘·감독하에 선거사무에 종사하는 사람도 포함된다.[92)

본 죄는 선거관리위원회의 위원·직원, 공정선거지원단원, 투표사무원, 개표사무원 등 선거사무에 종사하는 사람을 폭행하는 경우에 성립되는 범죄이므로, 폭행 상대방의 직위나 직책까지 정확하게 인식할 필요는 없고 선거사무에 종사하는 사람이라는 사실만 인식하면 성립한다.[93)

다만, 본 죄가 일종의 공무집행을 방해하는 범죄이므로 행위의 상대방이 선거관리위원회 직원 등의 지위에 있다는 사실만으로는 부족하고, 그 지위와 관련된 직무를 수행할 때 범해야만 비로소 본 죄가 성립한다는 일부 견해도 있다.[94)

그러나 대법원 판례는 폭행의 대상이 선거사무에 종사하는 사람이라는 점만 인식하면 족하고, 상대방이 선거사무를 수행 중인 상태에 있거나 상대방을 폭행하는 사람에게 선거사무를 방해할 의사가 있어야만 본 죄가 성립하는 것은 아니라고 보았다.[95)

나. 폭행·협박·유인·체포·감금의 의미

'폭행'은 사람의 신체에 대한 유형력의 행사를 말하는바, 형법 제260조 폭행죄의 폭행과 같은 개념이다. '협박'이란 공포심을 불러일으킬 목적으로 상대방에게 구체적으로 해악을 고지하는 것으로서 형법 제283조 협박죄의 협박과 같은 개념이다.[96)

따라서 해악의 고지 경위, 협박 당시의 주위 상황, 협박을 하는 사람

---

92) 대법원 2002. 4. 26. 선고 2001도4516 판결
93) 대법원 2008. 11. 13. 선고 2008도8302 판결
94) 대검찰청 앞의 책 335면 참조.
95) 대법원 2010. 12. 9. 선고 2010도13601 판결
96) 서울고등법원 1998. 1. 2. 선고 98초298 판결

의 성향, 협박자와 피협박자의 친숙 정도, 지위와 상호관계 등 여러 사정을 종합하여 고지하는 해악의 내용이 객관적으로 상대방으로 하여금 공포심을 느끼게 하기에 족하면 되고, 상대방이 해악에 외포畏怖되어 현실로 공포심을 일으킬 것까지 요구하는 것은 아니다.[97]

다만 고지하는 해악의 내용이 경미하여 상대방이 전혀 개의치 않을 정도인 경우에는 협박에 해당하지 않는다.

'유인'이란 기망이나 유혹의 수단으로 자기 또는 제3자의 실력적 지배하에 두는 것을 의미하며, 형법 제287조 약취유인죄의 유인과 같은 개념이다.

'체포'는 사람의 신체에 대하여 직접적인 구속을 가함으로써 행동의 자유를 박탈하는 것이고, '감금'은 일정한 구획을 가진 장소 안에서 사람의 행동의 자유를 속박하는 것으로서 각각 형법 제276조에서 규정한 감금죄에서의 감금, 체포죄에서의 체포와 같은 개념이다.

2. 투표소·개표소 등 소요·교란죄

가. 구성요건과 법정형 개요

위탁선거법 제65조제2호는 폭행하거나 협박하여 투표소·개표소 또는 선거관리위원회 사무소를 소요·교란한 사람은 1년 이상 7년 이하의 징역 또는 1천만원 이상 7천만원 이하의 벌금에 처하도록 투표소·개표소 등 소요·교란죄를 규정하고 있다.

본조는 선거사무의 관리와 집행의 원활한 수행을 위하여 선거 관련 시설의 질서를 평온하게 유지하기 위한 규정이다.

---

97) 대법원 2005. 3. 25. 선고 2004도8984 판결

나. 투표소 · 개표소 및 선거관리위원회 사무소의 범위

본 조의 선거관리위원회 사무소는 투표소·개표소와의 관계에 비추어 해당 선거의 관리·집행업무를 수행하는 사무소에 한하고, 해당 선거사무와 무관한 선거관리위원회의 시설은 본 죄의 객체에 해당하지 않는다.

반면, 투표소의 경우 그 시설 내부는 물론 그 건물이 지배하는 주위의 장소도 그곳에서의 소요·교란행위로 인하여 투표소의 질서와 평온을 해할 위험성이 있는 경우에는 본 조의 투표소에 포함될 수 있다.

다. 소요 · 교란의 의미

'소요'란 일정 장소에 있어서의 폭력적인 질서문란 행위를, '교란'이란 특정 구역내의 평온을 해치는 위계와 위력을 말하는 것으로서 상호 유사한 개념이다. 소요·교란의 방법에는 제한이 없다.

소요·교란은 투표소 또는 개표소에서 평온한 선거사무 집행을 불가능하게 하거나 현저히 곤란하게 할 정도를 요구하므로,[98] 선거관리위원회 직원이나 투표관리관 등 선거사무관계자가 용이하게 제지할 수 있을 정도의 소란한 언동은 이에 해당하지 않는다.

3. 선거관리 용구 · 장비 · 서류 등 은닉 · 파손 · 탈취죄

가. 구성요건과 법정형 개요

위탁선거법 제65조제3호는 투표용지·투표지·투표보조용구·전산조직 등 선거관리 및 단속사무와 관련한 시설·설비·장비·서류·인장 또

---

98) 대법원 1961. 3. 31. 선고 4294형상18 판결

는 선거인명부를 은닉·파손·훼손 또는 탈취한 사람은 1년 이상 7년
이하의 징역 또는 1천만원 이상 7천만원 이하의 벌금에 처하도록 선거
관리 용구·장비·서류 등 은닉·파손·탈취죄를 규정하고 있다.

나. 투표지 · 투표용지 · 투표보조용구

위탁선거법 제65조제3호에서 선거관리 및 단속사무와 관련한 서류의
은닉, 파손, 훼손 등 행위를 형법 제141조 제1항[99]에서 규정하는 공무
소에서 사용하는 서류의 손상, 은닉 등 행위보다 무겁게 처벌하는 취지
는 선거의 공정을 확보하기 위하여 선거관리 업무를 일반적인 공무보
다 더욱 엄중히 보호하려는 데 있다.[100]

선거관리 업무와 관련한 서류의 은닉, 파손, 훼손에 따른 범죄의 고
의는 해당 서류가 선거관리와 관련한 서류라는 사실과 그 효용을 해하
는 사실에 대한 인식이 있으면 족할 뿐, 훼손자에게 적극적으로 선거관
리를 방해할 의사까지 필요한 것은 아니다.

본조에서 훼손을 금지하는 '투표지'는 다른 사람의 투표지로 한정하
고 있지 않으므로 자신이 교부받은 투표지도 이에 포함된다. 따라서 선
거방해의 의사 없이 선거인 스스로 단지 잘못 기표한 투표지를 무효화
시키기 위하여 이를 훼손하거나,[101] 공개되어 무효로 된 투표지를 찢어
도[102] 본죄가 성립한다.

비록 기표소 안에서 몰래 투표지를 훼손하는 경우에는 현실적으로
이를 적발하기 어려울 수 있지만, 개표과정에서 훼손된 투표지가 발견
되면 그 경위를 둘러싸고 다툼이 발생할 수 있으므로, 선거의 공정과

---

99) 형법 제141조(공용서류 등의 무효, 공용물의 파괴) ① 공무소에서 사용하는 서류 기타
   물건 또는 전자기록등 특수매체기록을 손상 또는 은닉하거나 기타 방법으로 그 효용을
   해한 자는 7년 이하의 징역 또는 1천만원 이하의 벌금에 처한다.
100) 춘천지방법원 2016. 8. 9. 선고 2016고합45 판결
101) 대전지방법원 천안지원 2014. 8. 20. 선고 2014고합127 판결
102) 춘천지방법원 2016. 8. 9. 선고 2016고합45 판결

투표관리의 신뢰를 보호하기 위하여 고의로 자신의 투표지를 훼손하는 행위를 금지함이 마땅해 보인다.

아울러 선거인이 자유롭고 공정하게 투표하기 위해서는 투표소 내외의 평온한 질서를 유지하는 것이 필수적이다. 그런데 자신의 투표지를 스스로 훼손하는 행위라도 그러한 행위로 말미암아 소란이 발생하여 투표소의 평온을 해할 위험성이 크므로 투표소의 평온을 보장하기 위해서라도 이를 금지할 필요성이 있다.103)

'투표용지'란 관할 선거관리위원회가 법정 규격에 따라 작성·제작한 진정한 투표용지를 말하고, '투표지'는 관할 선거관리위원회가 작성·제작한 정규의 투표용지에 선거인이 기표절차를 마친 것을 말한다. 투표의 유효 또는 무효 여부를 따지지 않는다.

'투표보조용구'란 선거인이 사용하는 기표용구와 시각장애인을 위한 투표보조용구 등을 말하고, '선거관리 및 단속사무에 관한 서류'란 선거인명부, 투·개표록, 문답서 등 선거 및 단속사무의 수행에 필요한 제반 서류를 말한다.

다. 단속사무와 관련한 장비

위탁선거법 제65조제3호의 '단속사무와 관련한 장비'란 공정선거지원단 등이 불법 선거운동의 단속사무에 사용하기 위하여 소지하고 있는 장비를 의미한다.

단속사무와 관련한 장비를 '탈취'한다 함은 유형력을 행사하여 그 소지자의 의사에 반하여 그 장비를 자신의 지배 아래로 옮기는 행위를 뜻하므로, 단속사무와 관련한 장비임을 알면서 이를 탈취하면 본조의 죄가 성립한다.

따라서 단속사무와 관련한 장비의 탈취 당시 그 소지자가 단속업무

---

103) 광주지방법원 2020. 7. 10. 선고 2020고합151 판결

를 수행 중인 상태에 있거나 탈취자에게 단속사무를 방해할 의사가 있어야만 본조의 죄가 성립하는 것은 아니다.[104]

판례는 선거관리위원회의 단속활동에 항의하는 모습을 촬영하고 있는 공정선거지원단원의 휴대전화를 낚아챔으로써 자신의 지배하로 이전시킨 사실이 있는 이상, 설사 휴대전화를 나중에 돌려주었더라도 이는 '탈취'에 해당한다고 보았다.[105]

라. 단속사무와 관련한 서류

본 조에서 규정한 '단속사무와 관련한 서류'는 관인이 날인되어 있는지, 정당한 결재를 거친 서류인지, 법규에서 규정하는 서류인지, 서류의 명칭이나 작성자 명의가 있는지, 조사기록에 편철되어 있는지를 가리지 않는다.

따라서 선거관리위원회 직원이 선거법 위반행위를 조사하는 과정에서 작성한 것으로서 금품을 교부받은 사람들에게 질문할 항목과 조사대상자의 전화번호 등을 적은 서류도 단속사무와 관련한 서류에 해당한다.[106]

또한 후보자가 되려는 사람으로부터 식사를 제공받은 혐의로 선거관리위원회 직원의 조사를 받고 그 조사 내용이 기재된 문답서를 건네받은 다음 선거관리위원회 직원이 그 문답서에 서명날인을 요구한다는 이유로 이를 찢어버린 행위도 단속사무와 관련한 서류를 훼손한 행위에 해당한다.[107]

104) 대법원 2007. 1. 25. 선고 2006도8588 판결
105) 수원고등법원 2019. 7. 25. 선고 2019노125 판결
106) 대법원 2007. 1. 25. 선고 2006도7242 판결
107) 서울서부지방법원 2006. 4. 27. 선고 2006고합43 판결

마. 은닉 · 파손 · 훼손 · 탈취의 의미

'은닉'은 투표함이나 투표지의 소재 발견을 불능 또는 현저히 곤란한 상태에 두는 것을 말하고, '파손'은 투표함을 부수어 버리거나 투표지의 효능을 상실시키는 것이다.

'훼손'은 투표지 등을 손상하여 물질적으로 효용가치가 없도록 만드는 것이고, '탈취'는 유형력을 행사하여 투표함이나 투표지를 빼앗아 자기의 지배하에 두는 것을 의미한다.

1. 각종 제한규정 위반죄 개요

위탁선거법 제66조는 지위를 이용한 선거운동, 선거일 후 답례금지, 선거범죄 조사불응, 선거범죄 신고자 누설의 죄를 범한 사람은 각각 2년 이하의 징역 또는 2천만원 이하의 벌금에 처하도록 각종 제한규정위반죄를 규정하고 있다.

지위를 이용한 선거운동은 제2장 제5절에서, 그리고 선거일 후 답례금지는 제2장 제4절에서 이미 설명한 바 있고, 선거범죄 조사불응죄는 제8장에서 따로 자세히 설명할 예정이니, 여기에서는 선거범죄신고자 누설죄에 관해서만 논하기로 한다.

2. 선거범죄 신고자 누설죄

위탁선거법 제66조제13호는 누구든지 보호되고 있는 선거범죄 신고자라는 사정을 알면서 그 인적사항 또는 신고자임을 알 수 있는 사실을 다른 사람에게 알려주거나 공개 또는 보도한 사람은 2년 이하의 징역 또는 2천만원 이하의 벌금형에 처하도록 선거범죄 신고자 누설죄를 규정하고 있다.

여기에서 보호되고 있는 선거범죄신고자란 특정범죄신고자 등 보호법 제7조에 따라 조서 기타 서류에 선거범죄신고자의 인적사항의 기재가 생략되고 신원관리카드에 그 인적사항이 등재된 선거범죄신고자를 말한다.

따라서 선거범죄 신고를 접수하여 수사한 경찰이 조서 기타 서류에 신고자 인적사항의 기재를 생략하고 선거범죄신고자 신원관리카드에 등재하는 등 특정범죄신고자 등 보호법에 따라 필요한 보호조치를 취하지 않은 경우 그 신고자는 법률상 보호되는 선거범죄신고자에 해당하지 않는다.108)

아무리 선거범죄신고자라는 실질이 중요하더라도 형식적으로 신원관리카드 등 관계법령에 따른 절차를 취하지 않으면 그 신고자는 법적으로 보호받지 못한다는 의미이다.

---

108) 대법원 2006. 5. 25. 선고, 2005도2049 판결

제8장

위탁선거의
선거범죄 신고와 조사

일단 선거범죄가 발생하면 사후적 처벌만으로는 이미 침해된 선거의 공정을 회복하기 어렵다. 특히 은밀한 매수행위와 선거기간에 집중되는 선거범죄에 신속하고 효과적인 대응도 긴요하다.

이에 따라 위탁선거법에서는 선거관리위원회 위원·직원에게 강력한 조사권을 부여하여 위탁선거 위반행위를 예방하고 확산을 차단하여 선거의 공정을 확보할 수 있는 버팀목으로 활용하고 있다.

이 장에서는 조사권의 내용, 조사권 행사시 지켜야 할 원칙과 위법수집증거 배제의 법칙, 피조사자의 권리 등에 관하여 살펴본다.

1. 조사권 행사의 주체

위탁선거 위반행위를 조사할 수 있는 권한을 가진 사람은 선거관리위원회의 위원과 직원이다. 선거관리위원회의 위원이 비상근 명예직이라는 점을 고려한다면 실질적으로 조사권을 행사하는 주체는 대체로 선거관리위원회 소속 전임 공무원이다.

거듭 강조하지만, 위탁선거 위반행위에는 위탁선거법의 벌칙에 해당하는 행위는 물론이고, 신협법의 선거 관련 벌칙에 해당하거나, 신협의 정관이나 규약에 위반되는 행위까지 포함된다. 위탁선거법 제7조제3호[1]의 규범력 때문이다.

조사권 행사의 주체에 관하여 위탁선거법은 공직선거법과 달리 읍·면·동선거관리위원회를 명시적으로 제외하지는 않고 있는데, 이는 입법오류로 보인다. 읍·면·동선거관리위원회에는 선거관리위원회 소속 전임 공무원이 없이[2] 지방자치단체 소속 공무원을 간사·서기로 위촉

---

1) 제7조(위탁선거의 관리 범위) 관할위원회가 관리하는 위탁선거 사무의 범위는 다음 각 호와 같다. 1.·2. (생 략)
   3. 위탁선거 위반행위[이 법 또는 위탁선거와 관련하여 다른 법령(해당 정관등을 포함한다)을 위반한 행위를 말한다. 이하 같다]에 대한 단속과 조사에 관한 사무
2) 우리나라의 읍·면·동수는 3,500여 개인 반면, 선거관리위원회의 직업 공무원수는 총 3천여 명에 불과하다.

하여 선거공보와 투표안내문 발송업무를 담당하거나 투표관리 업무를
수행하고 있기 때문이다.

한편, 위탁선거법은 관할 선거관리위원회가 위탁선거 위반행위의 예
방 및 감시·단속활동을 위하여 위탁신청을 받은 날부터 선거일까지 중
립적이고 공정한 사람으로 구성된 공정선거지원단을 둘 수 있도록 규
정하고 있다(§10①).

공정선거지원단은 위탁선거 위반행위에 대하여 관할 선거관리위원회
의 지휘를 받아 사전안내·예방 및 감시·단속·조사활동을 할 수 있지
만(§10②), 독자적인 판단이나 독립적인 의사로 위탁선거 위반행위에 대
한 조사권을 행사할 수는 없다.

2. 선거관리위원회에 조사권을 부여한 취지

대의민주정치의 기능적인 출발은 주권자의 의사가 굴절 없이 대의기
관의 구성에 반영됨으로써 해당 대의기관의 정책결정이 국민의 뜻에
따라 이루어지는 데 있으므로, 공정한 선거의 정착을 통한 대의민주주
의의 실현이라는 헌법적 과제는 우리 헌법질서의 가장 중추적인 과제
의 하나이다.[3]

이러한 측면에서 국민주권의 원리를 대의민주주의 방식으로 실현하
는 우리의 정치체제에서 자유롭고 정의로운 선거질서의 확립은 국민주
권을 실현하기 위한 필수적 전제조건이 된다.

이에 따라 선거관리위원회의 본질적 기능이 선거의 공정한 관리 등
행정기능임에도 불구하고 그 효과적인 기능수행과 집행의 실효성을 확
보하기 위한 수단으로 공직선거법은 선거관리위원회 위원과 직원에게
선거범죄 조사권을 부여하였고, 위탁선거법은 다시 공직선거법의 입법

---

3) 헌법재판소 2019. 9. 26. 2016헌바381 결정

예를 좇아 선거관리위원회 위원과 직원에게 위탁선거 위반행위에 대한 조사권을 인정하고 있다.

우리의 형사사법 체계상 경찰 등 수사기관에서 선거범죄를 단속할 수 있음에도 불구하고 선거관리위원회의 위원과 직원에게 따로 조사권을 부여한 취지는 기관의 독립성과 정치적 중립성이 고도로 보장되는 점에 터 잡아 그 조사·단속활동에 있어서도 공정성을 담보할 수 있기 때문이다.

선거는 다수 유권자들의 참여를 전제로 하고, 대부분의 선거범죄는 선거가 임박한 시점에 집중적으로 이루어지기 때문에 선거결과에 영향을 미칠 가능성이 매우 크다. 따라서 짧은 선거기간에 집중되는 선거범죄에 대하여는 보다 신속한 조사를 통하여 위법행위를 차단하는 등 즉각적으로 대처할 필요가 있다.

이에 따라 선거현장에서 위법상태를 신속하게 제거하고, 위법행위의 확산을 방지하는 한편, 불법행위로 인한 득표상의 이익을 박탈하여 선거의 공정을 회복하기 위한 제도적 안전판으로 삼기 위하여 위탁선거법은 선거관리위원회 위원과 직원에게 위탁선거 위반행위에 대한 조사권을 부여한 것이다.

도치된 어법이지만 선거는 민주주의의 꽃이라 한다. 그러나 헌법이 스스로를 보호하지 못하듯 민주주의 꽃 또한 저절로 피어나지 않는다. 주권자의 참여로 비옥한 토양을 만들고, 공정하고 투명한 관리로 물을 주며, 조사권의 적정한 행사로 나쁜 벌레를 막아야만 비로소 그 예쁜 꽃을 피울 수 있다.

3. 조사권의 주요내용

가. 위반행위 중지·경고 및 시정명령권

선거관리위원회의 위원·직원이 직무수행 중 위탁선거 위반행위를

발견한 때에는 중지·경고 또는 시정명령을 하여야 한다(위탁선거법 §72
①). 조직법규인 선거관리위원회법에서도 각급 선거관리위원회 위원·
직원이 선거법위반행위를 발견한 경우 중지·경고, 시정명령을 할 수
있도록 규정하고 있다(§14의2).

그러나 법률의 입법연혁적 측면에서 살펴볼 때 이러한 권한이 위탁
선거 위반행위에도 적용되는 것으로 보기 어렵기 때문에 선거관리위원
회법에 규정된 내용을 작용법규인 위탁선거법에도 직접 규정한 것으로
보인다.

이와 같이 위탁선거법에서 선거관리위원회의 위원과 직원에게 위반
행위에 대한 중지·경고 및 시정명령권을 부여한 것은 조사권 행사의
근본 목적이 위반자에 대한 사후적 처벌보다 위법행위의 사전적 억제
를 통하여 선거의 자유와 공정을 확보하는 데 있다는 점을 상징적으로
드러내는 단면으로 보인다.

나. 질문·조사권

위탁선거 위반행위 가능성이 있다고 인정되는 경우 선거관리위원회
의 위원과 직원은 해당 장소에 출입하거나 관계자에게 동행 또는 출석
을 요구하여 질문·조사할 수 있다(위탁선거법 §73①·④).

질문·조사권은 실체적 진실을 발견하고 범죄혐의를 명백히 하기 위
하여 관계인에게 질문하거나 추궁할 수 있는 권한으로서 선거관리위원
회의 위원과 직원이 행하는 조사활동의 중심을 이루는 권한이다.

다만, 질문·조사권도 형사소송법에 따른 피의자 진술과[4] 마찬가지
로 피조사자의 진술을 강제할 수 없으므로, 선거관리위원회 위원이나
직원의 질문·조사에 불응하는 사람을 처벌할 수 없다.

---

4) 형사소송법 제200조(피의자의 출석요구) 검사 또는 사법경찰관은 수사에 필요한 때에는
　피의자의 출석을 요구하여 진술을 들을 수 있다.

선거관리위원회 위원이나 직원의 질문·조사권은 선거범죄의 혐의가 있는 장소에 한정되지 않고 관계자에 대한 동행 또는 출석을 요구하여 질문하거나, 직접 방문하여 조사하거나, 서면답변을 요구하는 방식으로도 행사할 수 있다.

한편, 질문·조사의 상대방이 되는 관계인이란 해당 혐의사실을 알거나 알고 있을 것으로 보이는 사람과 그 혐의사실과 관련된 자료를 소지한 사람을 모두 포함한다. 따라서 해당 혐의자 본인이라 하여 관계인의 범위에서 제외되는 것은 아니다.5)

다. 자료제출 요구권

선거관리위원회의 위원·직원이 현행범의 신고를 받거나 위탁선거 위반행위 가능성이 있다고 인정되는 경우에는 관계인에게 조사에 필요한 자료의 제출을 요구할 수 있다(위탁선거법 §73①).

자료제출 요구권은 선거범죄에 관하여 전문성을 가지고 있는 선거관리위원회 위원·직원으로 하여금 이를 조사할 수 있는 법적 근거를 명확히 함과 아울러 그 단속활동의 신속성, 효율성, 실효성을 확보하기 위한 권한이다.6)

위탁선거법, 형사소송법 등에서 진술과 자료를 구별하고 있고, '진술'의 사전적 의미는 개인의 생각이나 지식, 경험사실을 정신작용의 일환인 언어를 통하여 표출하는 것인 반면, '자료'의 사전적 의미는 조사의 바탕이 되는 재료인 점에 본질적인 차이가 있다.

질문·조사권과 마찬가지로 자료제출 요구권도 반드시 해당 장소에 출입한 경우에 한하여 행사할 수 있는 것이 아니므로 장소출입과 별도로 자료제출을 요구할 수도 있다(위탁선거규칙 §35④).

자료제출을 요구하는 방법은 공문으로 발송하는 것이 타당하겠지만,

5) 대법원 2001. 7. 13. 선고 2001도16 판결
6) 헌법재판소 2019. 9. 26. 선고 2016헌바381 결정

판례는 위탁선거 위반행위 조사의 형편상 현장에서 말로 요구하거나, 전화로 요구하는 것도 자료제출 요구의 적법한 방법으로 인정하고 있다.[7]

한편, 위탁선거법은 자료제출요구에 불응할 경우 형벌을 적용하여 처벌함으로써 사실상 자료제출을 강제하고 있다(위탁선거법 §66 12.). 따라서 선거관리위원회 위원이나 직원이 자료의 소유·점유자의 의사에 반하여 물리력을 행사하는 등의 방법으로 자료를 취득하는 행위는 원칙적으로 허용되지 않는다. 이것은 영장주의가 적용되는 수사기관의 압수에 해당하기 때문이다.

자료제출요구에 따라 제출해야 하는 대상은 조사의 바탕이 되는 자료를 사실적 상태 그대로 제출하는 것을 의미하고, 자료제출요구가 실질적으로 관계자 등의 진술을 요구하는 때에는 진술거부권에 대한 침해가 되어 허용되지 않는다.

다만, 혐의사실에 관련된 자료인 한 반드시 기존에 작성되어 있는 자료에 한정되는 것은 아니다.[8] 예컨대, 제출을 요구받은 자료의 대상이 문자메시지 전송용 전화번호, 문자메시지 전송에 이용한 인터넷 문자메시지 발송사이트의 명칭과 URL주소인 경우, 판례는 해당 자료가 통상적인 선거운동과 관련하여 생성·보존·관리되는 자료로서 이는 위반행위 조사의 바탕이 되는 재료에 불과할 뿐 진술에 해당하지 않는 것으로 보았다.[9]

자료제출요구에 불응하거나 허위의 자료를 제출한 경우에는 위탁선거법의 형벌이 적용되어 2년 이하의 징역 또는 2천만원 이하의 벌금형으로 처벌된다(§66. 12.). 여기에서 자료제출 요구에 불응한 사람이란 해

---

7) 부산지방법원 2017. 6. 16. 선고 2016고합683·706(병합) 판결. 광주지방법원 해남지원 2007. 1. 10. 선고 2006고합48 판결 등.
8) 부산지방법원 2014. 10. 17. 선고 2014고합473 판결
9) 부산지방법원 2014. 10. 17. 선고 2014고합473 판결

당 자료를 소지하고 있음에도 불구하고 이를 제출하지 않은 사람을 말한다.10)

대법원 판례에 따르면, 조합장선거의 입후보예정자가 3회에 걸쳐 총 2,838통의 연하장을 발송한 행위에 대하여 선거관리위원회 직원이 그 연하장 발송에 관한 우편물 영수증 제출을 요구하자, 해당 입후보예정자는 누구인지 모르는 사람이 347통의 연하장을 발송한 영수증을 구하여 그 영수증을 마치 자신이 발송한 연하장의 영수증인 것처럼 선거관리위원회 직원에게 제출함에 따라 허위자료 제출로 처벌받은 사례가 있다.11)

그 밖에 선거관리위원회 직원이 직접 들고 온 자료제출 독촉장의 수령을 거부한 사람,12) 선거관리위원회의 자료제출 요구가 부당하다고 판단하여 거부 소명서를 제출한 후 해당 자료를 제출하지 않은 사람도 유죄판결을 피하지 못했다.13)

라. 장소출입권

선거관리위원회의 위원·직원이 현행범의 신고를 받거나 위탁선거 위반행위 가능성이 있다고 인정되는 경우에는 그 장소에 출입하여 조사권을 행사할 수 있다(위탁선거법 §73①).

장소출입권은 영장주의 원칙의 예외로서 관계인의 의사에 상관없이 범죄의 혐의가 있는 장소에 진입할 수 있는 권한이다.14) 이 경우 관계인의 거부나 방해가 있을 경우 물리력을 행사하여 이를 진압하고 강제로 출입할 수 있는지 여부가 쟁점이 된다.

장소출입권을 행정상 즉시강제로 보는 견해나 영장주의의 예외로서

---

10) 대법원 2001. 7. 13. 선고 2001도16 판결
11) 대법원 2021. 2. 2. 선고 2020도17313 판결
12) 광주지방법원 2003. 1. 30. 선고 2002고합528 판결
13) 전주지방법원 2009. 11. 5. 선고 2009고합154 판결
14) 대법원 2008. 11. 13. 선고 2008도6228 판결

관계인의 의사에 상관없이 출입할 권한이라고 보는 판례의 태도[15])에 따르면 물리력을 행사하여 강제적인 출입도 가능하다고 볼 여지는 있다.

반면, 선거관리위원회의 조사권은 그 본질이 행정조사의 일종으로서 물리력 행사의 명시적 규정이 없는 점, 물리력까지 활용하여 장소에 출입할 경우 기본권 침해의 소지가 큰 점, 출입 방해행위에 대하여 위탁선거법에 형벌규정을 두고 있는 점 등에 비추어 보면 직접적인 물리력의 행사는 지극히 신중하여야 할 것이다.[16])

헌법재판소는 행정상 즉시강제는 행정상의 장해가 목전에 급박하고, 다른 수단으로는 행정목적을 달성할 수 없는 경우이어야 하며, 이러한 경우에도 그 행사는 필요 최소한도에 그쳐야 하는 조리상의 한계에 기속된다고 판시한 바 있다.[17])

한편, 장소출입권에 기하여 출입할 수 있는 장소적 범위에 관해서는 범죄현장에 한하여 증거물 수거가 가능한 점, 영장주의의 예외규정으로서 엄격한 해석을 요한다는 점 등을 고려하면 범행의 혐의가 있는 현장으로 한정하여야 할 것이다.[18])

선거관리위원회 위원이나 직원이 범죄의 혐의가 있는 장소에 출입하는 경우 관계인에게 그 신분을 표시하는 증표를 제시하며 소속과 성명을 밝히고 그 목적과 이유를 설명하여야 한다(위탁선거법 §73⑤). 소위 말하는 조사권 행사의 미란다 원칙이다.

만일 관계인이 해당 장소에 출입하려는 선거관리위원회 위원·직원에게 증표제시를 요구하지 않았거나, 해당 장소에 출입하려는 사람이 선거관리위원회 위원·직원이라는 사실을 이미 알고 있더라도 이러한

---

15) 헌법재판소 2002. 10. 31. 2000헌가12 결정
16) 검찰은 선거관리위원회의 조사는 수사기관의 수사와는 구분이 되고 행정목적 범위 안에서 허용되는 것이므로 강제조사는 허용되지 않는 것으로 보고 있다. 대검찰청 2020. 3. 『공직선거법 벌칙해설』제10개정판 166면 참조.
17) 헌법재판소 2002. 10. 31. 2000헌가12 결정
18) 대검찰청 앞의 책 768~770쪽 참조.

절차적 요건은 반드시 준수되어야 한다.[19]

이상의 실체적·절차적 요건 중 어느 하나라도 갖추지 못한 경우에는 선거관리위원회 위원이나 직원에게 해당 장소에 적법하게 출입할 권한이 인정되지 않으므로, 관계인이 장소출입 요구에 불응하여도 출입방해죄가 성립되지 않는다.[20]

마. 증거물품 수거권

선거관리위원회의 위원·직원은 위탁선거 위반행위에 사용된 증거물품으로서 증거인멸의 우려가 있다고 인정되는 때에는 조사에 필요한 범위에서 위탁선거 위반행위 현장에서 이를 수거할 수 있다(위탁선거법 §73② 전단).

선거관리위원회의 위원과 직원이 위탁선거 위반행위에 사용된 증거물품을 수거한 때에는 그 목록 2부를 작성하여 그 중 1부는 해당 물품을 소유·점유 또는 관리하는 사람에게 교부하고, 나머지 1부는 관할 선거관리위원회에 제출하여야 한다(위탁선거규칙 §35⑤).

선거관리위원회의 위원·직원이 수거한 증거물품은 그와 관련된 위탁선거 위반행위에 대하여 고발 또는 수사의뢰 조치를 한 때에는 관계 수사기관에 송부하고, 경고·주의 등 자체 종결한 경우에는 그 소유·점유·관리하는 사람에게 지체 없이 반환하여야 한다(위탁선거법 §73② 후단).

위탁선거 위반행위에 사용된 증거물품은 해석상 선거범죄에 직접 사용된 물품뿐만 아니라 범죄의 실행과 밀접한 관계가 있는 행위에 사용된 물건을 포함하는 것으로 보인다.

'증거인멸의 우려가 있다고 인정되는 때'란 증거를 은닉·위조·변조 등의 방법으로 증거의 현출이나 그 효능 또는 가치를 멸실·감소시킬

---

19) 대법원 2008. 11. 13. 선고 2008도6228 판결
20) 대법원 2008. 11. 13. 선고 2008도6228 판결

개연성이 높은 상황을 의미하는 것이므로, 현장에서의 자료제출 요구나 추후 수사기관의 압수·수색 등 다른 수단에 의할 경우 목적달성이 현저히 곤란하거나 증거인멸의 우려가 있는 경우에 한하여 증거물품을 수거해야 할 것이다.

'조사에 필요한 범위'란 해당 위탁선거 위반행위를 조사하기 위하여 증거물품의 수거가 범죄의 실체적 진실을 밝히는 목적달성에 필요최소한의 범위에서 이루어져야 하고, 비례의 원칙을 준수하여 관계인의 재산권 침해를 최소화하여야 한다는 의미이다.

관계인이 증거물품의 수거를 방해할 경우 물리력을 행사하여 강제로 수거할 수 있는지 여부가 쟁점이 되는 바, 이 또한 장소출입권의 물리력 행사의 예와 같이 엄격한 요건하에서 행사하되, 그 행사 정도는 조리상의 한계를 준수하여야 할 것이다.

바. 동행·출석요구권

선거관리위원회의 위원·직원은 위탁선거 위반행위에 관하여 관계자에게 질문·조사하기 위하여 필요하다고 인정되는 때에는 선거관리위원회에 동행 또는 출석할 것을 요구할 수 있다. 다만, 선거기간 중 후보자에 대하여는 동행 또는 출석을 요구할 수 없다(위탁선거법 §73④).

동행·출석요구권은 선거범죄의 억제와 확산방지를 위해 신속한 조사의 필요성이 인정되고, 조직적이고 다수인 관련성이라는 선거범죄의 특성상 제한된 선거관리위원회 인력으로는 방문조사가 불가능한 현실적 한계 등을 고려하여 부여된 권한이다. 따라서 질문·조사의 필요성이 인정되는 이상 그 실효성을 확보하기 위한 수단으로서 동행·출석요구권을 인정한 것은 자연스러워 보인다.

선거관리위원회 위원·직원이 관계자에게 동행을 요구하는 때에는 말로 할 수 있으며, 출석을 요구하는 때에는 서면으로 하여야 한다. 현

행범인 또는 준현행범인에 해당하는 관계자에게 동행을 요구할 경우에
는 정당한 사유 없이 동행요구에 응하지 않으면 과태료에 처할 수 있음
을 알려야 한다(위탁선거규칙 §35⑥).

동행·출석요구는 관계인에 대한 질문·조사를 전제로 행사되는 것이
고, 진술거부권은 헌법상 보장된 권리이기 때문에 선거관리위원회 위원
이나 직원의 동행·출석요구에 응할지는 전적으로 당사자의 임의적 의
사에 맡겨져야 한다.

동행의 임의성은 동행의 시간과 장소, 동행의 방법, 동행 거부의사의
유무, 동행 이후의 조사방법, 피조사자의 퇴거의사 유무 등 여러 사정
을 종합하여 객관적인 상황을 기준으로 판단하여야 한다.[21]

4. 조사권 행사의 요건

가. 위탁선거 위반행위 가능성이 있는 경우

위탁선거법은 위탁선거 위반행위에 대한 조사권을 규정하면서 '위탁
선거 위반행위의 가능성이 있다고 인정되는 경우' 선거관리위원회의 위
원 또는 직원이 조사권을 행사할 수 있도록 규정하고 있다(§73① 1.).

여기에서 '위탁선거 위반행위의 가능성이 있다고 인정되는 경우'란
조사자의 주관적 판단으로 족하고 객관적 혐의까지 요구하는 것은 아
니다.

따라서 조사 착수시점에서 위탁선거 위반행위의 의심을 갖기에 상당
한 이유가 있는 것으로 인정되는 이상, 추후 위탁선거 위반행위에 해당
하지 않더라도 선거관리위원회 위원이나 직원의 조사권 행사는 정당한
것이다.

판례는 후보자가 되려는 사람의 이례적인 연하장 발송행위에 대하여

---

21) 대법원 1993. 11. 23. 선고 93다35155 판결

선거관리위원회 직원이 사전선거운동에 해당한다는 혐의를 갖기에 상당한 이유가 있는 것으로 인정하고, 그와 같은 이유가 있는 이상 추후 선거범죄에 해당하지 않더라도 당사자에게 선거관리위원회 위원이나 직원의 자료제출 요구에 응할 의무가 있다고 보았다.[22]

나. 후보자의 소명이 이유 있는 경우

위탁선거법은 '후보자가 제기한 위탁선거 위반행위의 가능성이 있다는 소명이 이유 있다고 인정되는 경우'에도 선거관리위원회의 위원·직원이 조사권을 행사할 수 있도록 규정하고 있다(§73① 2.).

공직선거법은 후보자 등이 선거관리위원회에 범죄의 혐의를 제기하는 때에는 그 범죄혐의에 관한 소명자료를 첨부하여 서면으로 하도록 요구하고 있으나(공직선거관리규칙 §146의2①), 위탁선거법에서는 범죄의 혐의를 제기하는 사람에게 이러한 의무를 부과하지 않고 있다.

결국 위탁선거에서는 후보자뿐만 아니라 누구든지 방법을 불문하고 관할 선거관리위원회에 소명자료를 제출해야 하는 부담이 없이 위탁선거 위반행위를 신고할 수 있고, 이 경우 선거관리위원회 위원과 직원의 조사권 행사의 요건은 모두 '위탁선거 위반행위의 가능성이 있다고 인정되는 경우'로 수렴된다.

다. 현행범의 신고를 받은 경우

위탁선거법은 '현행범의 신고를 받은 경우' 선거관리위원회의 위원·직원이 조사권을 행사할 수 있도록 규정하고 있다(§73① 3.). 현행범의 신고는 진실한 것이든 허위이든 가리지 않는다.

다만, 형식상 현행범의 신고를 받은 경우라도 신고내용 자체로 보아 위탁선거에 관한 범죄가 아니거나 위탁선거에 관한 사항이더라도 범죄

---

22) 대법원 2003. 1. 10. 선고 2002도5981 판결

의 혐의가 전혀 인정되지 않는 경우에는 현행범의 신고라 볼 수 없다.

예컨대, 지역신협의 임직원이 조합원이 아닌 고객에게 신협법에서 금지한 동일인에 대한 대출한도를 초과하여 대출을 해 준 경우, 비록 이러한 행위는 신협법에 따른 범죄이기는 하지만[23] 임원선거와 관련한 범죄가 아니고 위탁선거에 규정된 범죄는 더더욱 아니므로, 그 현행범의 신고가 있더라도 관할 선거관리위원회의 위원이나 직원이 조사권을 행사할 수 없다.

다만, 그 대출을 받은 사람의 신분이 조합원으로서 선거인명부에 오를 자격이 있고, 대출시점이 기부행위 제한기간 중 이루어졌으며, 해당 신협의 이사장이 선거에 출마하려는 사람인 경우에는 위탁선거법 제59조에 따른 기부행위위반죄의 성립여부를 면밀하게 살펴봐야 한다.

비록 대출의 실행이라는 유상계약의 형식을 취하였지만, 불법대출을 통하여 해당 조합원에게 다른 일반인이 얻기 어려운 재산상의 이익을 제공한 것이기 때문이다.[24]

한편, 현행범이란 범죄를 실행 중이거나 실행 직후인 사람, 범인으로 호창되어 추적되고 있는 사람, 장물이나 범죄에 사용되었다고 인정함에 충분한 흉기 기타의 물건을 소지하고 있는 사람, 신체 또는 의복류에 현저한 증적이 있는 사람 등을 의미한다(형사소송법 §211).

판례는 '범죄의 실행행위를 종료한 직후'를 범죄행위를 실행하여 끝마친 순간 또는 이에 아주 접착된 시간적 단계를 의미하는 것으로 해석하여, 이에 해당하는 사람은 시간적으로나 장소적으로 보았을 때 방금 범죄를 실행한 범인이라는 점에 관한 죄증이 명백히 존재하는 것으로 인정되는 경우에만 현행범인으로 볼 수 있다고 판시한 바 있다.[25]

---

23) 신협법 제42조와 이에 따른 시행령 제16조의4제1항에서는 해당 신협의 직전 사업연도 말 자기자본의 100분의 20과 자산총액의 100분의 1 중 큰 금액을 초과하는 금액을 동일인에게 대출할 수 없도록 규정하고 있다. 이를 위반할 경우 제99조제2항제2호에 따라 2년 이하의 징역 또는 2천만원 이하의 벌금으로 처벌될 수 있다.

24) 대법원 1996. 12. 23. 선고 96도1558 판결.

354 제8장 위탁선거의 선거범죄 신고와 조사

다만, 위탁선거 위반행위의 혐의가 인정되는 경우에는 신고 당시에 현행범이면 족하고, 선거관리위원회의 위원이나 직원이 현장에 도착한 때까지 범죄의 실행 중이거나 실행 직후일 것을 요하지는 않는다. 따라서 일단 현행범의 신고가 있었다면 범인이 현장을 이탈하였더라도 해당 위원회의 위원과 직원은 그 장소에 출입하여 조사권을 행사할 수 있다.

5. 조사권 행사와 미란다원칙

가. 미란다원칙의 내용

선거관리위원회의 위원·직원이 범죄의 혐의가 있는 장소에 출입하거나 질문·조사 또는 자료제출을 요구하는 경우에는 관계인에게 그 신분을 표시하는 증표를 제시하며 소속과 성명을 밝히고 그 목적과 이유를 설명하여야 한다(위탁선거법 §73⑤).

위원·직원의 신분을 표시하는 증표는 관할 선거관리위원회가 발행하는 위원신분증이나 공무원증으로 갈음할 수 있다(위탁선거규칙 §35⑧). 위원이나 직원이 범죄의 혐의가 있는 장소에 출입하여 관계인에게 자료제출을 요구하는 때에는 정당한 사유 없이 출입을 방해하거나, 자료의 제출요구에 불응하거나, 허위의 자료를 제출하는 경우에는 위탁선거법 제66조제12호에 따라 처벌받을 수 있음을 알려야 한다(위탁선거규칙 §35①).

본 조항은 선거범죄 조사와 관련하여 피조사자의 사생활의 비밀과 자유, 개인정보 자기결정권, 재산권 등이 침해되지 않도록 보호하기 위한 규정이므로, 선거관리위원회 위원이나 직원이 관계인에게 사전에 설명해야할 조사의 목적과 이유에는 조사할 범죄혐의의 요지, 조사가 필

---

25) 대법원 1991. 9. 24. 선고 91도1314 판결

요한 이유뿐만 아니라 관계인의 진술을 기록 또는 녹음·녹화한다는 사실도 포함하여 알려야 한다.

이상과 같은 실체적·절차적 요건을 모두 갖추지 못한 경우 정당한 조사권의 행사로 보기 어려워 이에 불응하거나 저항하여도 출입방해죄 등의 범죄가 성립되지 않음은 물론이고,[26] 확보한 증거물은 위법수집증거 배제의 법칙에 따라 증거로 할 수도 없다.

나. 미란다원칙의 보완 검토

2013년 8월 13일 공직선거법의 개정으로 피조사자의 기본권을 두텁게 보호하기 위하여 선거관리위원회의 위원이나 직원이 조사권을 행사할 때에는 피조사자에게 진술거부권과 변호인의 조력을 받을 권리를 미리 알리도록 미란다 원칙을 확장한 바 있으나(공직선거법 §272의2⑦), 위탁선거법의 조사권 규정에서는 아직도 이를 수용하는 데 주저하고 있다.

과거 판례는 공직선거법에서 피조사자에 대한 진술거부권 고지 규정이 신설되기 전 선거관리위원회 직원이 선거범죄 조사를 하면서 미리 진술거부권을 고지하지 않은 사안에 대하여 조사절차의 위법성이 없다고 보아 그 과정에서 선거관리위원회 직원이 작성한 문답서의 증거능력을 인정한 바 있다.[27]

이는 피조사자에게 진술거부권을 고지해야 할 법률상 의무가 없던 시기였으므로, 당시 판결은 수집된 증거물이 위법수집증거에 해당하지 않음을 밝혔을 뿐, 결코 피조사자의 방어권 행사와 국민의 기본권보장을 소홀히 해도 무방하다는 취지가 아니다.

진술거부권과 변호인의 조력을 받을 권리가 국민의 기본적 권리인 이상, 그 고지에 관하여 공직선거법 위반혐의에 따른 피조사자와 위탁

---

26) 대법원 2008. 11. 13. 선고 2008도6228 판결
27) 대법원 2014. 1. 16. 선고 2013도5441 판결

선거법 위반혐의에 따른 피조사자를 차별하는 것은 헌법상 평등권을 침해하여 위헌 소지도 있다고 본다.

따라서 이와 같은 문제는 위탁선거법의 개정을 기다릴 필요가 없이 위탁선거 위반행위를 조사할 경우 상대방에게 진술거부권과 변호인의 조력을 받을 권리가 있다는 점을 미리 알리도록 실무적 관행으로 먼저 수용할 필요가 있다.

위탁선거법 개정 전이라도 위탁선거규칙을 개정하여 이를 반영하는 방법은 더욱 바람직하다고 생각한다. 헌법제정권자가 부여한 위임입법권은 이렇게 헌법합치적으로 행사되어야 하고, 헌법기관의 권위는 바로 여기에서 나온다.

진술거부권을 고지받을 권리는 헌법 제12조제2항에서 도출되는 헌법상의 권리이므로, 국회가 위탁선거법을 제정하면서 진술거부권 고지규정을 두지 않은 것은 입법상의 과오라는 주장[28]도 깊이 음미할 필요가 있다.

국민의 기본권인 참정권을 수호하는 헌법기관이 이를 핑계로 국민의 다른 기본권을 침해하는 것은 일종의 자기부정이 될 수 있다. 국가는 국민의 기본권을 보호해야 할 무한한 책무를 지고 있으므로 이를 부인하는 순간 그것은 이미 정상적인 국가의 모습이 아니고 자유롭고 정의로운 선거질서를 지켜내야 할 수호자의 모습은 더욱 아니다.

6. 피조사자의 권리

가. 불리한 진술 거부권

진술거부권의 보호대상이 되는 '진술'이란 언어적 표출, 즉 개인의 생각이나 지식, 경험사실을 정신작용의 일환인 언어를 통하여 표출하는

---

28) 이용복 『위탁선거법강의』 2022. 10. 박영사 454쪽 참조.

것을 의미한다.29)

헌법 제12조제2항은 '모든 국민은 고문을 받지 아니하며, 형사상 자기에게 불리한 진술을 강요당하지 아니한다'고 규정하여 진술거부권을 국민의 기본적 권리로 보장하고 있다. 이는 형사책임과 관련하여 비인간적인 자백의 강요와 고문을 근절하고 인간의 존엄성과 가치를 보장하려는 데 그 취지가 있다.30)

우리 헌법이 이와 같이 진술거부권을 국민의 기본적 권리로 보장하는 것은, 실체적 진실발견이나 사회정의의 실현이라는 국가이익보다 피고인 또는 피의자의 인권을 우선적으로 보호하겠다는 뜻을 분명히 밝히고 있다는 점에 큰 의의가 있다.

헌법재판소는 이와 같은 진술거부권은 형사절차뿐만 아니라 행정절차나 국회의 조사절차에서도 보장되며, 피의자나 피고인으로서 현재 수사 또는 공판절차에 계속 중인 사람뿐만 아니라 장차 피의자나 피고인이 될 사람에게도 보장된다고 판시하였다.31)

따라서 선거관리위원회의 위원이나 직원이 위탁선거 위반행위를 조사하는 과정에서도 피조사자의 진술내용이 자신의 형사책임과 관련되는 것일 때에는 당연히 그 진술을 강요당하지 않을 권리가 인정되는 것으로 보아야 한다.

여기에서 우리는 최근의 형사소송법의 개정방향이 피의자의 권리를 강화하면서 헌법의 기본권을 점점 더 구체화해 가는 추세를 확인할 수 있다. 이와 발맞추어 행정조사 또한 형사소송법의 개정 취지를 수용하고 피조사자의 권리를 더욱 확대하는 경향을 목격할 수 있다.

형사소송법은 점점 헌법화되어 권리장전으로 진화되고 있고, 이러한 경향은 다시 행정조사에도 영향을 미쳐 결국 공권력의 행사로부터 국

---

29) 헌법재판소 2005. 12. 22. 2004헌바25 결정
30) 대법원 2014. 1. 16. 선고 2013도5441 판결
31) 헌법재판소 1997. 3. 27. 96헌가11 결정

민의 기본권을 더욱 두텁게 보호하려는 것이다. 여기에서 우리는 민주공화국이 전진하는 모습을 본다.

나. 변호인의 조력을 받을 권리

변호인의 조력을 받을 권리란, 국가권력의 일방적인 형벌권 행사에 대항하여 자신에게 부여된 헌법상, 소송법상의 권리를 효율적이고 독립적으로 행사하기 위하여 변호인의 도움을 얻을 수 있는 피의자 또는 피고인의 권리를 말한다.[32]

우리 헌법 제12조제4항 본문은 '누구든지 체포 또는 구속을 당한 때에는 즉시 변호인의 조력을 받을 권리를 가진다'고 규정하여 변호인의 조력을 받을 권리를 기본권으로 명문화하고 있다.

문제는 이러한 변호인의 조력을 받을 권리가 행정절차의 피조사자에게도 인정되는가 하는 점이다. 과거 학설과 판례에서 논란이 되었던 이러한 문제는 2007년 5월 17일 행정조사기본법이 제정·공포되면서 입법적으로 해결되었다.

해당 법률 제23조제2항에서 '조사대상자는 법률·회계 등에 대하여 전문지식이 있는 관계 전문가로 하여금 행정조사를 받는 과정에 입회하게 하거나 의견을 진술하게 할 수 있다'고 규정함에 따라 행정조사의 피조사자에게도 변호인의 조력을 받을 권리가 있음을 입법적으로 명확하게 확인하였기 때문이다.

행정조사기본법은 행정조사에 관한 기본원칙, 행정조사의 절차와 방법 등에 관한 공통사항을 규정함으로써 행정의 공정성·투명성 및 효율성을 높이고, 국민의 권익을 보호함을 목적으로 제정된 법률이다.[33]

다만, 행정조사기본법이 적용되지 않는[34] 공직선거법의 경우에는

---

32) 헌법재판소 2004. 9. 23. 2000헌마138 결정
33) 행정조사기본법 제1조.
34) 행정조사기본법 제3조제1항은 다른 법률에 특별한 규정이 있는 경우 해당 법률이 적용

2013년 8월 13일의 개정에 따라 선거범죄의 조사절차에서 변호인의 조력을 받을 권리의 고지 의무와 변호인의 조사절차 참여 및 의견진술권을 신설하였음은 앞서 살펴본 바와 같다(공직선거법 §272의2⑧).

변호인의 조력권이 본래 형사절차에서 피고인이나 피의자의 인권을 보장하려는데 그 제도의 취지가 있었으나,[35] 행정조사의 피조사자에게도 전면적으로 확대 적용된 점을 고려하면, 위탁선거 위반행위 관계자에게도 당연히 변호인의 조력을 받을 권리가 인정된다고 보아야 할 것이다.

한편, 변호인의 조력을 받을 권리도 다른 기본권과 조화를 이루어야 하므로 위법한 조력을 받을 권리까지도 보장하는 것은 아니다. 판례는 피의자 신문에 입회한 변호인이 신문을 방해하거나 수사기밀을 누설하는 등의 경우에는 해당 변호인의 참여를 제한할 수 있다고 보았다.[36]

따라서 조사 중 입회한 변호인이 피조사자를 대신하여 직접 답변하거나, 특정 답변을 유도하거나, 진술번복을 유도하는 등 조사를 방해하거나, 조사내용을 녹음·녹취하는 등 조사기밀을 누설하거나, 다른 관계인과의 담합 우려가 있는 경우에는 해당 변호인의 참여를 제한하는 것이 타당할 것이다.

되지 않음을 밝히고 있다.
35) 헌법재판소 2004. 9. 23. 2000헌마138 결정
36) 대법원 2005. 5. 9. 선고 2004모24 판결

1. 위법수집증거 배제법칙의 의의

헌법과 형사소송법이 정한 절차에 따르지 않고 수집한 증거는 기본적 인권 보장을 위해 마련된 적법한 절차에 따르지 않은 것으로서 원칙적으로 유죄 인정의 증거로 삼을 수 없다.

판례는 수사기관의 위법한 압수수색을 억제하고 재발을 방지하는 가장 효과적이고 확실한 대응책은 위법한 압수수색을 통하여 수집한 증거는 물론 이를 기초로 획득한 2차 증거도 유죄 인정의 증거로 삼을 수 없도록 하는 것이라 힘주어 판시한 바 있다.[37]

입법권자는 오랜 기간의 논의를 토대로 2007년 6월 1일 형사송법을 개정하여 제308조의2를 신설함으로써 '적법한 절차에 의하지 아니하고 수집한 증거는 증거로 할 수 없다'는 위법수집증거의 배제 원칙을 전면적으로 수용하였다.

이는 세계 최초로 위법수집증거 배제의 원칙을 입법적으로 명문화하였다는 점에 큰 의의가 있다. 이러한 입법추세의 핵심은 형사절차에 요구되는 위법수집증거 배제의 법칙이 행정조사의 일종인 위탁선거범죄 조사절차에도 광범위하게 적용된다는 점이다.

---

37) 대법원 2007. 11. 15. 선고 2007도3061 판결

판례도 선거관리위원회의 설치목적, 선거범죄에 대한 조사권한, 수사기관에 대한 고발 또는 수사의뢰시 수사자료를 송부하는 점 등을 종합적으로 고려하면, 비록 선거관리위원회가 수사기관은 아니지만 수사에 준하는 조사권한을 보유한 기관으로서 선거범죄를 조사하거나 증거를 수집하는 활동을 하는 때에는 당연히 적법절차를 준수하여야 할 의무가 있다고 강조한다.[38]

현대사회에서 민주주의와 공화국을 지켜나가는 비결은 과거와 같이 쿠데타나 폭력혁명을 진압하기 위한 비장한 투쟁이 아니다. 이제는 일상의 영역에서 법치국가의 원리에 따른 적법절차의 준수만으로도 충분할 수 있다. 권력 행사에 대한 언론과 시민사회의 적극적이고 지속적인 감시가 필요한 이유이다.

2. 위법수집증거로 판단한 사례

가. 일시적 현출자료 압수 및 압수목록 미교부

2007년 6월 1일 위법수집증거 배제의 원칙을 명시적으로 수용한 개정 형사소송법[39]이 공포되기 전까지 우리나라 대법원 판례는 비진술증거인 증거물의 압수에 관하여 '압수물은 압수절차가 위법하더라도 물건 자체의 성질·형상에 변경을 가져오는 것은 아니어서 그 형태 등에 관한 증거가치에는 변함이 없으므로 증거능력이 있다'는 소위 '성질형상 불변론'에 터잡아 적정절차의 원리보다 실체진실주의를 더욱 강조하는 입장을 취하여 왔다[40].

위법수집증거 배제의 원칙을 수용한 개정 형사소송법이 공포된 후

---

38) 대전고등법원 2021. 9. 10. 선고 2021노103 판결
39) 형사소송법 제308조의2(위법수집증거의 배제) 적법한 절차에 따르지 아니하고 수집한 증거는 증거로 할 수 없다.
40) 대법원 1968. 9. 17. 선고 68도932 판결, 대법원 2006. 7. 27. 선고 2006도3194 판결 등.

그 시행을 앞두고[41] 대법원은 2007년 11월 15일 제주도지사선거와 관련한 선거법 위반 재판에서 종전의 판례를 변경하여 비진술증거인 증거물에 대하여도 위법수집증거 배제의 법칙을 전면적으로 수용하기에 이르렀다.[42]

당시 해당 사건에서 쟁점이 되어 대법원이 위법수집증거로 판단하고 압수물의 증거능력을 부인한 부분은 크게 두 가지다.

첫째 원래 도지사 집무실에 보관 중이던 업무일지를 도지사를 보좌하는 공무원이 압수수색이 진행 중이던 비서실에 일시적으로 가져온 경우, 이는 영장에 기재된 압수대상인 비서실에 보관 중인 물건이 아니라 일시적으로 비서실에 현출된 물건이므로 이를 압수한 것은 위법하다.

둘째, 압수목록이 무려 5개월이나 지난 뒤에 작성·교부되었고, 작성자가 압수물을 제대로 확인하고 압수목록을 작성한 것이 아니라 제3자가 작성한 것을 그대로 옮겨 적었으며, 압수경위가 임의제출로 잘못 기재되었고, 압수목록의 작성일자도 누락된 점 등에 비추어 볼 때 압수가 위법하다.

이에 따라 공무원 선거개입의 핵심증거로서 공소유지의 종합선물세트였던 업무일지와 이를 토대로 수집한 2차 증거까지 모두 증거능력이 부인되었다. 판례변경에 따라 인권보호는 확대되었고, 중립의무를 위반하여 선거에 개입한 공무원들은 처벌을 면하였다.

그 면죄부는 헌법으로 장식되었고, 새겨진 내용은 일사부재리의 원칙이었다.

---

41) 위법수집증거 배제법칙을 신설하고, 재판에 공판중심주의를 도입하며, 재정신청을 전면적으로 확대하는 것을 주요 내용으로 한 개정 형사소송법은 2007년 6월 1일 공포되었으나, 부칙에 경과조치를 두어 2008년 1월 1일부터 시행되었다.
42) 대법원 2007. 11. 15. 선고 2007도3061 판결

나. 녹음 미고지 후 수집한 녹음파일

위탁선거범죄 조사권 행사의 일환으로서 선거관리위원회의 위원과 직원은 관계인에 대하여 질문·조사할 수 있고(위탁선거법 §73①), 위원 또는 직원이 조사업무 수행 중 필요하다고 인정되는 때에는 질문·답변 내용의 기록, 녹음·녹화, 사진촬영, 선거범죄와 관련 있는 서류의 복사 또는 수집 기타 필요한 조치를 할 수 있다(위탁선거규칙 §35③).

선거관리위원회의 위원이나 직원이 조사권을 행사하는 때에는 미란 다 원칙의 일환으로서 관계인에게 그 신분을 표시하는 증표를 제시하 며 소속과 성명을 밝히고 그 목적과 이유를 설명해야 한다(위탁선거법 §73⑤).

판례는 해당 규정을 선거범죄 조사와 관련하여 조사를 받는 관계인 의 사생활의 비밀과 자유 내지 자신에 대한 정보를 결정할 자유와 재산 권 등이 침해되지 않도록 하기 위한 절차적 규정이므로, 선거관리위원 회 직원이 관계인에게 사전에 설명할 '조사의 목적과 이유'에는 조사할 선거범죄 혐의의 요지, 관계인에 대한 조사가 필요한 이유뿐만 아니라 관계인의 진술을 기록 또는 녹음·녹화한다는 점도 포함된다고 판시하 고 있다.[43]

입법자가 미처 인쇄하지 못한 문장을 법원이 찾아낸 것이다.

만일 선거관리위원회의 위원과 직원이 관계인에게 녹음된다는 사실 을 미리 알려 주지 않고 그의 진술을 녹음하였다면, 그와 같은 조사절 차에 의하여 수집한 녹음파일은 형사소송법 제308조의2에서 정하는 '적 법한 절차에 따르지 않고 수집한 증거'에 해당하여 원칙적으로 유죄의 증거로 쓸 수 없다.[44]

이에 따라 조합장선거의 후보자가 조합원에게 금품을 제공하였다는

---

43) 대법원 2014. 10. 15. 선고 2011도3509 판결
44) 대법원 2014. 10. 15. 선고 2011도3509 판결

혐의를 조사하던 선거관리위원회 직원이 피조사자에게 그 진술을 녹음한다는 사실을 알리지 않고 이를 녹음한 후 그 녹음파일과 이에 터잡아 작성된 녹취록을 핵심증거로 공소를 유지한 사안에 대하여, 법원은 그 녹음파일 내지 녹취록은 적법한 절차에 따르지 않고 수집한 증거에 해당하므로 증거능력이 없다고 판시하였다.

이에 더하여 법원은 위법하게 수집된 1차 증거인 녹음파일과 녹취록을 기초로 수집된 2차적 증거로서 다른 참고인에 대한 검찰의 진술조서 역시 증거능력을 부인하여 조합장선거의 후보자가 조합원에게 선거운동과 관련한 금품을 제공하였다는 공소사실에 대하여 무죄를 선고하였다.45) 이후 검사의 상고를 대법원이 기각함으로써 원심 판결이 확정되었다.

다. 핸드폰에서 우연히 발견한 별도의 혐의

(1) 사건의 경위

2020년 제21대 국회의원 총선거를 앞둔 시점에서 오전에 출마 기자회견을 한 예비후보자가 당일 오후 지지자 모임을 공지하고 실제 모임에 참석한 사람들에게 치킨과 맥주를 제공한 혐의에 대하여 선거관리위원회 직원이 해당 예비후보자를 소환하여 문답조사를 하던 중 피조사자의 핸드폰을 임의제출받아 디지털 포렌식을 하게 되었다.

문답조사 종료 전 예비후보자의 핸드폰에 대한 디지털 포렌식을 완료한 결과 당일 오전의 기자회견과 오후의 모임에서 치킨과 맥주를 제공한 일련의 행위가 사전선거운동과 기부행위 위반죄에 해당된다는 증거를 확보하였다.

문제는 디지털 포렌식 과정에서 자원봉사자들에게 금품을 제공한 정

황이 담겨 있는 별도의 문자메시지를 우연히 발견함에 따라 선거관리
위원회가 검찰에 사전선거운동과 기부행위 위반으로 해당 예비후보자
를 고발하면서 핸드폰에서 우연히 발견한 자원봉사자 매수혐의에 대하
여도 부가적으로 수사의뢰 조치를 한 데에서 발생하였다.

(2) 법원의 판단

해당 사안에 관하여 법원은 선거관리위원회의 조사과정에서 휴대폰
및 이에 저장된 전자정보를 임의제출한 피조사자에게는 제출할 자료의
범위를 결정할 권한이 있다고 보면서, 조사직원은 피조사자가 임의제출
한 핸드폰에 내장된 전자정보 전체가 아니라 내장된 정보 중 조사하는
사건과 관련성이 있는 정보만을 선별하여 수집할 수 있다고 보았다.[46]

한편, 검사는 항고이유서에서 선거관리위원회 직원이 선거범죄 조사
권에 기초하여 핸드폰 제출을 요구한 것이므로 피조사자가 핸드폰 저
장정보에 대한 임의제출의 범위를 정할 수 없다고 반박하였다.

이에 대하여 법원은 선거범죄 조사권은 범죄의 혐의가 있는 경우에
한하여 행사할 수 있는 것이고, 자원봉사자에게 금품 제공의 혐의는 핸
드폰 저장정보에서 기자회견 및 치킨과 맥주모임에 관한 증거를 탐색
하는 과정에서 우연히 발견된 경우에 불과하여 핸드폰 제출 요구 당시
에 선거관리위원회 직원에게 자원봉사자 금품제공에 대한 혐의가 형성
되었다고 볼 수 없으므로, 해당 직원은 조사대상 사안이 아닌 매수죄와
관련된 자료제출 요구권을 행사할 수 없는 것으로 보았다.

한편, 중앙선거관리위원회의 훈령인 디지털 증거 및 전자게시물 정보
의 수집·분석·관리 등에 관한 규정은 선거관리위원회가 수집·분석한
디지털 증거가 불필요하게 되었을 경우에는 지체 없이 이를 폐기하도
록 규정하고 있다(§19②). 그러나 해당 사건에서는 관할 선거관리위원회
가 자원봉사자에 대한 매수혐의가 포함되어 있는 전자정보를 폐기하지

---

46) 대전고등법원 2021. 9. 10. 선고 2021노103 판결

않고 보관하고 있던 중 법원의 압수영장에 의하여 검사에게 제출하게 되었다.

이에 대하여 법원은 압수영장에 의하여 매수죄 혐의가 있는 전자정보를 검찰이 점유할 수 있는 권한을 갖게 된 것일 뿐, 선거관리위원회가 적법한 임의제출 절차를 거치지 않은 채 수집한 당초의 전자정보가 위법하게 수집된 증거라는 본질에는 변함이 없다고 보았다.

법원은 선거관리위원회가 위법하게 수집한 증거에 대하여 법원의 압수영장을 받아 압수하기만 하면 그 위법상태가 제거된다고 볼 경우, 헌법과 형사소송법이 정하고 있는 적법절차의 원리가 심각하게 침해될 우려가 있다고 판단한 것이다.

이 사안은 다시 검사가 상고하였으나, 대법원은 상고를 기각하였다.[47] 판결문에는 원심이 위법수집증거 배제의 법칙과 증거능력에 관한 법리를 오해한 잘못이 없다는 대법원의 단호한 입장이 실려 있다.

당시 치킨과 맥주모임에 참석한 사람 3명의 회비 각 1만원씩 총 3만원을 부담한 사람과 4명의 회비 4만원을 대신 내준 예비후보자의 회계책임자는 기부행위위반죄로 처벌되었고, 해당 예비후보자는 소속 정당으로부터 자격을 박탈당하였다.

라. 조사공무원이 증거형성에 가담

(1) 사건의 경위

2012년 4월 실시된 제19대 국회의원선거에서 당선된 사람이 선거운동을 도와준 고향 후배를 국회의원 지역사무실에 유급사무원으로 채용한 것처럼 위장하여 급여 명목으로 해당 후배의 계좌에 선거운동과 관련한 금전을 입금하였다.

---

47) 대법원 2021. 12. 30. 선고 2021도13149 판결

이에 선거운동 대가를 지급받은 사람이 포상금을 기대하며 선거관리
위원회에 신고하였으나, 선거관리위원회의 조사직원은 계좌로 입금된
돈이 선거운동의 대가로 지급된 것임을 입증할 직접 증거가 없는 것으
로 판단하였다.

이에 선거관리위원회 조사직원은 신고자로 하여금 당선자에게 전화
를 걸어 신고자의 계좌에 입금된 금전이 선거운동의 대가로 지급된 것
이라는 사실을 확인하는 내용으로 통화를 하고 이를 녹음하여 제출하
도록 요구하였다.

문제는 선거관리위원회 직원이 단순히 신고자가 보관하고 있는 증거
의 제출을 요구한 것이 아니라 당선인에게 어떠한 질문을 하여 혐의 사
실 입증에 필요한 진술을 유도할 것인지, 그리고 당선인으로부터 이끌
어내야 할 진술의 구체적 내용과 당선인이 나중에 진술을 번복할 것에
대비하여 주의하여야 할 점 등을 신고자에게 상세히 설명한 점이다.

신고자는 실제 선거관리위원회 직원의 지시에 따라 당선자에게 전화
를 걸고 이를 녹음하여 선거관리위원회에 제출하였다.

(2) 법원의 판단

해당 사안에 관하여 1심 법원은 선거관리위원회 직원의 이러한 행
위는 조사기관이 사실상 범죄 혐의에 대한 증거를 스스로 만들어낸 것
과 마찬가지이므로, 행정조사 또는 준수사기관으로서 선거관리위원회
의 직무범위를 일탈한 것이라 평가하면서 신고자가 제출한 녹음파일의
증거능력을 부인하였다.[48]

2심 법원 또한 신고자가 제출한 녹음파일은 선거관리위원회 직원들
의 직·간접직인 지시에 따라 작성된 것으로서 이러한 증거수집 방법은
행정조사기관으로서의 직무상 권한 범위를 넘는 것으로 보았다.

또한 이러한 행위는 행정조사기관이 피조사자를 이용하여 사실상 압

---

48) 수원지방법원 2012. 12. 5. 선고 2012고합971-1(분리) 판결

수수색 또는 감청의 효과를 달성하는 셈이고 나아가 헌법상의 영장주의를 잠탈하는 결과로 이어지는 것이어서 허용될 수 없으므로 역시 그 증거능력을 인정하기 어렵다고 판단하였다.[49)]

아울러 2심 법원은 이러한 녹음파일들에 기초한 관련 녹취록, 신고자와 당선인의 1심 법정에서의 관련 진술 등 2차적 증거 역시 그 증거능력을 모두 부인하였다.

대법원 또한 해당 전화통화 녹음파일의 증거능력을 배척하고 그 파일을 근거로 작성된 녹취록과 신고자에 대한 검찰의 피의자신문조서 및 신고인의 법정진술도 모두 증거능력이 없다고 판시하였다.[50)]

그나마 위안이 되는 점은 위법하게 수집된 증거를 제외하더라도 오염되지 않은 다른 증거들에 터 잡아 해당 국회의원에게 300만원의 벌금형이 확정되어 당선이 무효로 된 점이다.

이번 사안은 선거범죄 조사에서도 실체적 진실발견을 통한 사법정의와 공정한 선거의 실현보다 적법절차의 준수를 통한 인권의 보호가 우선적 가치라는 것을 법원이 다시 한번 분명하게 확인하였다는 점에 그 의의가 있다.

선거관리위원회의 조사권 등 공권력은 결코 국민을 배반할 수 없다. 국민주권의 원리를 부인하지 못하는 한 국민은 공권력의 어머니이기 때문이다.

---

49) 서울고등법원 2013. 5. 2. 선고 2013노120 판결
50) 대법원 2014. 1. 16. 선고 2013도5441 판결

1. 위탁선거 위반행위 조사·수사

가. 조사·수사기관

선거범죄에 관하여 조사 또는 수사할 수 있는 기관을 살펴보면 우선적으로 검찰, 경찰, 그리고 선거관리위원회를 고려할 수 있을 것이다.

검찰의 경우 검사의 정원 2,292명[51]에 더하여 6,200여 명의 검찰수사관이 수사를 담당하고 있고, 경찰은 14만여 명의 정원 중 국가수사본부 소속 35,000여 명이 수사를 담당하는 것으로 알려져 있다. 선거관리위원회는 전체 3,000여 명의 정원 중 대략 1,000여 명 정도가 조사·단속 업무를 담당하고 있다.

검찰의 경우 2022년 검찰청법 개정에 따라 경찰과 수사권이 조정됨으로써 검사가 수사를 개시할 수 있는 범죄가 한정되었다. 검찰청법의 위임에 따른 대통령령으로서 검사의 수사개시 범죄 범위에 관한 규정 제2조제1호는 검사가 수사를 개시할 수 있는 부패범죄의 유형을 별표 1로 정하고 있다.

해당 대통령령의 별표 1에는 정치 또는 선거와 관련하여 검사가 수

---

51) 검사정원법 제1조(검사의 정원) 「검찰청법」 제36조제1항에 따라 검사의 정원을 2,292 명으로 한다.

사를 개시할 수 있는 부패범죄로 공직선거법의 공무원 선거개입 범죄
와 기부행위위반죄, 정당법의 당대표 경선 등의 매수죄, 정치자금법의
각종 제한규정위반죄, 각종 의무규정위반죄 및 선거비용 관련 범죄를
열거하고 있다.[52]

개정된 대통령령에 따라 검사는 위탁선거범죄에 대한 수사를 개시할
권한이 없으므로, 위탁선거 위반행위를 조사 또는 수사할 수 있는 기관
은 선거관리위원회와 경찰로 그 범위가 압축된다.

나. 신고 대상기관

경찰과 선거관리위원회는 설립목적과 추구하는 가치가 서로 다르고,
기관 구성에 있어서도 중립성과 공정성 확보에 상당한 차이가 있으며,
취급하는 범죄의 범위와 업무수행 방식에도 큰 차이가 있다. 따라서 위
탁선거 위반행위에 대한 신고를 접수할 경우 그 처리방식에 있어서도
기관간 상당한 차이를 보일 수 밖에 없을 것으로 보인다.

결국 위탁선거 위반행위에 대하여 신고하거나 고소 또는 고발하려는
사람은 이러한 기관의 특성과 위반행위의 유형, 그리고 선거의 정황과
해당 위반행위가 선거에 미치는 영향 등을 종합적으로 고려하여 신고
대상기관을 선택하는 것이 합리적일 것이다.

만일 동일한 사안을 경찰과 선거관리위원회에 중첩하여 신고하거나
고소 또는 고발한 경우 선거관리위원회는 그 내용을 경찰에 이첩하고
사안을 종결한다.

선거관리위원회가 조사를 통하여 검찰이나 경찰에 고발 또는 수사의
뢰 조치를 하는 경우 그 조치의 형사소송법적 효과는 피고발인에 대한
공소유지를 통하여 사법정의를 실현하거나, 위반혐의에 대한 강제수사

---

52) 선거범죄 중 가장 가벌성이 높은 것으로 평가할 수 있는 매수죄, 그리고 정치자금범죄
   중 가장 가벌성이 높은 것으로 보이는 정치자금 부정수수죄가 검사의 수사개시 대상 범
   죄에서 제외된 것은 다소 의외로 보인다. 그 깊은 속뜻을 알기 어렵다.

권 발동을 촉구하여 실체적 진실을 밝혀 달라는 의사표시이다.

그러므로 이미 수사기관에 선거관리위원회와 동일한 내용의 신고나 고소 또는 고발이 접수된 경우 관할 선거관리위원회가 별도로 해당 신고내용을 조사할 실익이 없다. 아울러 여러 기관의 중복조사에 따른 비효율은 물론이고 피조사자에 대한 과도한 기본권 침해의 우려도 있다.

다만, 위탁선거범죄를 신고하는 경우 어느 기관에 신고하든 모두 자수자의 특례가 적용되고 위탁선거범죄 신고자로 보호를 받는 점은 동일하다.[53]

2. 경찰에 신고할 경우의 장점

선거관리위원회가 비록 전국적 조직이기는 하지만, 직원 수는 각구·시·군마다 6명 내지 13명 정도에 불과하므로 대규모 또는 다수인이 가담한 범죄를 현장에서 진압하기에는 어려움이 있다.

따라서 상대방 후보자나 그 지지자들에 의하여 대규모 선거운동 방해행위가 발생한 경우 현장에서 이를 진압하기 위해서는 경찰이 보유한 압도적인 물리력의 행사가 필요할 것이다.

또한 광범위한 선거인을 대상으로 조직적인 매수행위가 현재 진행되고 있는 상황이라면 범인의 체포와 증거확보를 위한 강제수사가 시급하게 필요할 것이므로, 이러한 경우에도 경찰에 신고하여 즉각적으로 전방위적인 강제수사에 착수하도록 하는 방법이 선거범죄의 진압을 위한 효율적인 대응방안으로 보인다.

만일, 경찰에 신고한 위탁선거 범죄를 부적절하게 처리히는 경우, 예컨대 신고한 위탁선거범죄의 수사에 관한 직무를 유기하거나 직권을 남용하는 경우에는 검찰에 신고하는 방안도 검토할 수 있을 것이다.

---

53) 위탁선거법 제74조 및 제75조 참조.

위탁선거범죄 자체는 검사의 수사개시 대상 범죄가 아니지만, 검찰청
법에 따라 경찰공무원이 범한 범죄에 대하여는 검사가 수사를 개시할
수 있기 때문이다(검찰청법 §4① 1. 나.).

3. 선거관리위원회에 신고할 경우의 장점

선거관리위원회는 선거와 국민투표의 공정한 관리를 위하여 설치된
헌법상 독립기관이다. 시·도선거관리위원회 이하의 조직은 위원의 구
성방식부터 이해 당사자인 정당에서 추천한 사람이 위원으로 참여하여
직무수행의 공정성과 투명성을 담보하고 있다.

또한 1963년 창설 이래 60여 년간 선거법을 운용해 오면서 누적된
높은 수준의 전문성도 갖추었다. 따라서 선거관리위원회는 다중의 위력
을 발휘하는 선거관리 침해와 선거의 자유 방해 같은 폭력적인 질서문
란 상황에 관해서는 효과적인 대응에 어려움이 있으나, 그 나머지 영역
에서는 위탁선거 위반행위를 효율적으로 억제하며 공정한 심판으로서
의 책무를 다할 수 있다.

특히 정관이나 선거규약 같은 자치법규 위반행위에 대해서도 조사권
을 행사하여 경고·주의 또는 중지·시정명령 등 적절한 행정조치를 통
하여 위탁선거 위반행위를 억제하고 공정한 선거를 수호할 수 있으리
라 본다.

정관이나 선거규약 등 자치법규를 위반한 사안에 대하여는 해당 위
반행위가 아무리 선거에 중대한 영향을 미치고 선거의 공정을 침해하
는 행위라도 범죄혐의를 전제로 하는 경찰의 강제수사권은 발동되지
않는다.

그러나 자치법규 위반행위에도 조사권을 행사하여 적절한 조치를 취
해야 하는 것이 바로 관할 선거관리위원회의 법률상 의무이다. 만일 관

할 선거관리위원회가 위탁선거 위반행위를 묵인하거나 방치할 경우에
는 오히려 선거무효의 원인으로 삼을 수 있다.

　최근 선거관리위원회가 공정성 시비나 사전투표 정책실패 등으로 신
뢰의 위기를 겪고 있으나, 이는 주로 인사권자와 고위 정책결정권자에
게 책임이 있는 것으로서 신협 이사장선거의 수탁관리를 담당하는 일
선의 선거관리위원회 위원이나 직원들에게는 아무런 고의과실이 없다.
그들에 대한 신뢰를 거두어서는 안 된다.

　2020년 4월 실시된 제21대 총선에서 중앙선거관리위원회가 '위선정
권·무능정권·내로남불정권'이라는 표현은 선거법에 위반되고 '적폐청
산·친일청산'이라는 표현은 선거법에 위반되지 않는다고 해석한 것은
주권자의 건전한 상식과 통상적인 법감정에서 너무나도 멀리 벗어났다.
법 왜곡죄가[54] 없는 것이 천만다행이었다.

　법리적인 측면에서 백번 옳더라도 선거관리위원회의 중립성과 공정
성에 대한 신뢰를 잃었다. 법리는 선거의 공정을 지켜내기 위한 수단일
뿐 그 자체가 목적이 아니다. 법적 안정성이라는 미덕도 동굴에 갇히면
국민의 신뢰를 자해自害한다.

　하물며 성추행과 관련된 현직시장의 극단적 선택에 따라 실시된 2021
년 4월의 서울시장보궐선거를 앞두고 한 여성단체가 '이번 선거 왜하
니?'라는 슬픈 화두를 던지자 그 질문조차 봉쇄하고 나선 중앙선거관리
위원회의 조치는 아무리 세련된 언어로도 변명하기 어렵다.[55]

　이제는 선거관리위원회의 가슴에 새겨진 주홍글씨가 되었다.

---

54) 법 왜곡죄는 공무원이 당사자 일방에게 유리 또는 불리하게 법률을 왜곡하는 행위를 범
　　죄로 처벌한다. 독일의 경우 1년 이상 5년 이하의 자유형에 처한다. 우리나라도 이를
　　모델로 21대 국회에서 법 왜곡죄 도입을 위한 형법 개정안이 발의되었다.
55) 중앙선거관리위원회가 해당 표현을 위법으로 판단한 근거가 되는 공직선거법 제90조제
　　1항에 대한 헌법심판에서 헌법재판소는 심판대상 조항이 당초의 입법취지에서 벗어나
　　선거와 관련한 국민의 자유로운 목소리를 상시적으로 억압하는 결과를 초래할 수 있다
　　며 헌법불합치로 결정하였다. 헌법재판소 2022. 7. 21. 2017헌바100, 2021헌가5·6,
　　2021헌바19·207·232·298(병합) 결정 참조.

4. 사안별 신고 · 고소 · 고발 대상기관

가. 현행범의 경우

형사소송법 제212조에 따라 현행범인은 누구든지 영장 없이 체포할 수 있다. 다만, 검사 또는 경찰이 아닌 사람이 현행범인을 체포한 때에는 즉시 검사 또는 경찰에게 인도하여야 한다(형사소송법 §213①).

위탁선거 위반행위자 중 선거범죄를 범한 사람의 저항이 완강하여 현행범으로 체포할 수 없거나, 그 밖의 사유로 체포가 곤란한 경우에는 바로 경찰에 신고하는 것이 최선의 방법이다.

비록 선거관리위원회가 조사권을 보유하고는 있지만, 물리적 강제력을 행사할 수 있는 수사권과 달리 테이저건 · 가스총 · 수갑 등 현행범을 제압할 수 있는 장비를 활용할 수 없기 때문이다. 설사 체포하더라도 즉시 경찰에 인도하여야 한다.

실무적으로 다수인에 의한 소요 또는 교란 등의 방법으로 선거방해가 이루어지는 현장에서 선거관리위원회에 현행범의 신고를 한 경우 그 신고를 접수한 관할 선거관리위원회는 경찰에 협조를 요청하여 함께 대응하는 것이 일반적이다.

나. 즉각적인 압수수색이 필요한 경우

범행 종료 후 증거를 인멸하거나 범행에 관한 진술에 관하여 담합할 우려가 있는 경우에도 즉각적인 압수수색을 통하여 증거확보가 필요할 것이므로, 이 경우에는 곧바로 경찰에 범죄신고를 하는 것이 실체적 진실발견과 사법정의 실현에 도움이 될 것이다.

이때 신고의 내용과 증거인멸의 가능성 등 범죄정황에 따라 경찰에서 압수수색의 필요성 여부를 판단하게 될 것이다.

만일 해당 사안을 관할 선거관리위원회에 신고를 하게 되면 고발장

또는 수사의뢰서 작성과 결재 등 내부적 의사결정 과정에 상당한 시간
이 소요되므로 선거범죄를 범한 사람에게 증거인멸에 필요한 시간을
선사하는 셈이 된다.

다. 처벌을 원하는 경우

이사장선거와 관련된 죄를 범한 사람이 반성하지 않고 피해자에게
대한 배상도 거부하여 피해 회복이 전혀 이루어지지 않는 경우에는 경
찰에 고소를 해야 나중에 해당 사안이 기소되지 않더라도 형사소송법
에 따른 재정신청 제도를 활용하여[56] 검사의 불기소 처분이 정당한지
한 번 더 다투어볼 기회가 있다.

공직선거법에서는 매수죄, 기부행위위반죄, 허위사실 공표죄, 선거
의 자유 방해죄 등 중요 선거범죄에 대하여 고발을 한 선거관리위원회
는 검사가 해당 사건을 기소하지 않을 경우 그 검사 소속의 지방검찰
청 소재지를 관할하는 고등법원에 그 당부에 관한 재정신청을 할 수
있으나(§273①), 위탁선거법은 선거관리위원회의 재정신청권을 인정하
지 않는다.

따라서 선거관리위원회에 위탁선거범죄를 신고하고 관할 선거관리위
원회가 이를 조사하여 고발조치를 하였으나, 검사가 해당 사건을 기소
하지 않은 경우 선거관리위원회로서는 검찰항고 외에는 더 이상의 추
가적인 조치를 할 수 없다.

그러나 고소권자로서 고소를 한 사람은 형사소송법의 일반조항에
따라 누구든지 검사의 불기소 처분에 대하여 재정신청을 할 수 있으므
로, 피해자가 관할 선거관리위원회에 위탁선거범죄를 신고한 경우 선
거관리위원회의 고발조치를 기다려 경찰에 고소함으로써 검찰이 불기

---

56) 형사소송법 제260조제1항에서는 고소권자로서 고소를 한 사람이 검사로부터 공소를 제
   기하지 않는다는 통지를 받은 때에는 그 검사 소속의 지방검찰청 소재지를 관할하는 고
   등법원에 그 당부에 관한 재정을 신청할 수 있도록 규정하고 있다.

소 처분을 할 경우 그에 대한 불복절차인 재정신청을 활용할 수 있을 것이다.

라. 복잡한 법리해석을 요구하는 경우

위탁선거범죄를 포함하여 대부분의 선거범죄는 객관적 구성요건도 복잡하거니와 그 주관적 구성요건이 고의 외에 초주관적 요소로서 선거운동 목적을 요구하는 등 목적범 규정이 많아 법규운용에 상당한 전문성이 요구된다.

따라서 형법과 특별형법 등 광범위한 범죄에 대한 수사를 주된 업무영역으로 하는 경찰의 입장에서는 후보자비방죄 또는 허위사실 공표죄 등 평소 자주 다루어 보지 못한 선거범죄의 처리에 상당한 어려움을 겪을 수 있다.

예컨대 형법상의 명예훼손이나 정보통신망법에 따른 사이버명예훼손에 적용되는 일반적인 법리와 선거에서 허위사실공표죄나 후보자비방죄에 적용되는 법리에 많은 차이가 있기 때문이다. 법리적으로 구성요건이 복잡한 위탁선거범죄는 가급적 관할 선거관리위원회에 신고를 권장한다.

마. 자치법규를 위반한 경우

이사장선거에서 신협법이나 위탁선거법을 위반한 경우는 물론이고 표준정관이나 선거규약 같은 자치규범을 위반하여 선거의 자유와 공정이 현저하게 침해된 경우에도 선거무효의 사유가 될 수 있다.

그러나 신협법이나 위탁선거법의 범죄가 아닌 행위, 예컨대, 표준정관과 선거규약 위반행위는 범죄가 아니므로 사적자치私的自治의 원칙상 경찰은 개입할 수도 또 개입해서도 안 된다.

따라서 정관이나 임원선거규약을 위반한 행위에 대하여는 오직 관할 선거관리위원회에 신고하여 위법행위의 중단·시정명령, 경고 또는 주의조치 등 행정지도를 통하여 위탁선거 위반행위를 억제하는 것이 현실적이고 효율적인 대응방법으로 보인다.

바. 위법하지만 경미한 사안

경고나 주의조치 등 행정조치로 종결될 정도의 경미한 위탁선거 위반행위에 대하여는 강제수사의 공권력보다는 관할 선거관리위원회에 신고하여 행위자의 경각심을 고취하고 추가적인 위반행위를 방지하는 것이 위반행위 억제와 선거의 후유증을 최소화하기 위한 합리적 방법으로 보인다.

사. 예비·음모 또는 미수 단계의 경우

예비豫備·음모陰謀란 특정 범죄를 저지를 것을 계획하거나 그 범죄를 저지를 것을 준비하는 것을 말하고, 범죄의 실행에 착수하였지만 그 행위를 끝내지 못하였거나 결과가 발생하지 않은 경우를 미수라 한다.

예비豫備·음모陰謀는 형법의 일반원칙에 따라 법률에 특별한 규정이 없는 한 벌하지 않고, 미수범을 처벌하는 경우에는 해당 죄에서 정한다.[57] 그러나 위탁선거법의 벌칙에서는 예비豫備·음모陰謀나 미수범을 처벌하는 규정이 없으므로, 그 단계의 위탁선거 위반행위를 경찰에 신고하더라도 강제수사권은 발동할 수 없다.

한편, 공직선거법은 선거관리위원회 위원과 직원에게 선거의 자유와 공정을 현저하게 해할 우려가 있는 위법행위가 눈앞에 행하여지고 있거나, 행하여질 것이 명백하다고 인정되는 경우에는 절제된 물리력을 행사하여 행위의 중단 또는 예방에 필요한 조치를 할 수 있도록 예방조치권을 부여하고 있다(§272의2⑤).

---

57) 형법 제28조 및 제29조 참조.

아쉽게도 위탁선거법에는 이러한 권한이 명시되지 않았지만, 이사장 선거에서 중대한 위반행위가 선거관리위원회 직원의 눈앞에서 진행되고 있거나 진행될 가능성이 있다면, 해당 직원은 주저하지 않고 현장에서 위법행위를 제지하려 나설 가능이 높다. 조심스럽게 관할 선거관리위원회에 신고를 권해 본다.

역설적으로 공직선거법에서 예방조치권이 명문화된 이유가 바로 법적 근거가 없던 시기에도 선거관리위원회 직원들이 예비·음모 또는 미수에 해당하는 행위를 현장에서 제지하는 등 적극적으로 개입하여 위법행위를 억제하여 왔기 때문에 입법권자의 응원과 격려를 통하여 예방조치권이 제도적으로 수용된 것이다.

선거관리위원회 위원과 직원에게 조사권의 일종인 예방조치권을 부여한 궁극적 목적은 위반자에 대한 처벌이 아니라 선거의 공정을 확보하기 위한 것이기 때문이다.

아. 신고 포상금을 원하는 경우

이사장선거에서 선거관리위원회가 인지하기 전에 위탁선거 위반행위를 신고한 사람에게는 최대 1억원까지 포상금이 지급된다. 신고형식은 단순한 신고이든, 금전을 받은 사람이 자신의 범죄를 신고하는 자수이든, 위탁선거 위반행위를 한 사람을 처벌하여 달라는 의사표시인 고소나 고발을 가리지 않는다.

신고대상 행위가 범죄인지 행정질서벌인 과태료 부과대상인지 여부를 가리지 않고 정관이나 선거규약 위반행위도 포상금 지급대상이다. 다만, 신고, 고소 또는 고발한 사람이 피신고인 등 상대방과 대립하는 이해관계를 가진 사람, 예컨대 후보자와 그 가족이 상대방 후보자의 위탁선거 위반행위를 신고하거나, 고소 또는 고발한 경우에는 포상금 지급이 제한될 수 있다.

위탁선거 위반행위에 대한 신고포상금 제도는 당사자간 은밀하게 이루어지는 금품수수 행위를 적발하기 위해 도입된 제도이므로, 제도도입의 취지에 반하여 경쟁후보자에 대한 모함이나 정략으로 악용되어서는 안 되기 때문이다.

위탁선거 위반행위를 경찰에 신고한 경우에는 포상금을 지급하지 않는다. 간첩신고를 제외하고는 포상금 지급에 정부의 인심이 후했던 적이 없다.

자. 위탁신청 전 위법행위

지역신협 이사장선거의 관리를 의무적으로 관할 선거관리위원회에 위탁하는 것을 주요 내용으로 하는 개정 신협법은 2023년 10월 19일에 시행되었으나, 부칙 제5조에 경과조치를 두어 최초로 참여하는 동시이사장선거부터 의무위탁을 적용하도록 하였다.

문제는 관할 선거관리위원회의 위탁선거 위반행위에 대한 조사권은 원칙적으로 이사장선거의 위탁신청이 접수된 때부터 행사할 수 있다는 점이다. 신협의 합병이나 해산 등의 사유로 예기치 않게 선거를 실시하지 못하게 되거나, 공동유대의 변경 또는 자산의 감소로 의무적 위탁관리의 대상에서 제외되는 상황도 발생할 수 있기 때문이다.

선거관리위원회가 오래전부터 의무적 위탁관리를 해온 농업협동조합 등 조합장선거에서도 이와 같이 운용하고 있다.

신협 이사장선거의 위탁관리 신청은 임기만료일전 180일까지 해야 하고(위탁선거법 §8 1.), 2025년 11월 12일 실시하는 제1회 동시이사장선거에 참여하는 신협의 이사장 임기는 같은 해 11월 20일에 만료되므로,[58] 개별 신협마다 2025년 5월 24일까지 각각 관할 선거관리위원회에 위탁관리를 신청해야 한다.

---

58) 2023년 7월 18일 공포된 신협법(법률 제19565호) 부칙 제4조제1항 참조.

일단 위탁신청을 접수하면 관할 선거관리위원회는 위탁신청이 접수되기 전의 위반행위도 조사할 수 있고, 선거가 종료된 후에도 공소시효가 완성되기 전까지는 사후매수나 선거일 후 답례금지 규정을 위반하지는 않는지 주의 깊게 살펴본다.

그러나 이사장선거 관리의 위탁신청을 공식적으로 접수하기 전까지 발생하는 신협법의 선거 관련 규정 위반행위와[59] 위탁선거법 위반행위는[60] 관할 선거관리위원회가 개입하지 않으므로, 중앙선거관리위원회의 위탁선거 관리정책에 변경이 없는 한 해당 위반행위는 경찰에 신고하는 것이 적절해 보인다.

---

59) 대표적인 사례가 신협법 제27조의2제2항에 따른 사전선거운동을 들 수 있다.
60) 대표적인 사례로 위탁선거법 제59조에 따른 기부행위위반죄, 제61조에 따른 허위사실공표죄, 제62조에 따른 후보자비방죄, 제66조제8호에 따른 지위를 이용한 선거운동죄를 들 수 있다.

제9장

위탁선거의
특별 형사제도와 과태료

선거에서 매수행위 등 위법행위를 억제하고 공정성을 확보해야만 선출된 대표자는 다수의 지지와 깨끗한 선거에 따른 정당성을 기초로 조직 혁신을 위한 강력한 리더십을 발휘할 수 있다.

위탁선거법은 선거결과를 조속히 안정시키기 위한 단기의 공소시효, 자수자에 대한 특례, 범죄신고자 포상·보호제도 등 특별 형사제도를 두는 한편, 과태료 부과·징수에도 특례를 규정하고 있다.

이 장에서는 특별 형사제도와 과태료 특례를 살펴보고, 형의 분리선고 등에 관한 신협법의 입법보완 필요성을 검토하기로 한다.

1. 위탁선거법의 선거범죄 공소시효

가. 선거범죄 공소시효

지역신협의 이사장선거 관리를 의무적으로 관할 선거관리위원회에 위탁한 경우에 적용되는 위탁선거법에서는 해당 선거범죄의 공소시효가 선거일 후 6개월을 경과함으로써 완성되도록 공소시효에 특례를 규정하고 있다.

다만, 선거일 후에 이루어진 범죄는 그 행위를 한 날부터 6개월을 경과함으로써 공소시효가 완성되고, 범인이 도피하거나 범인이 공범 또는 범죄의 증명에 필요한 참고인을 도피시킨 경우에는 그 시효를 3년으로 연장한다(위탁선거법 §71).

공소시효는 원칙적으로 범죄행위가 종료한 때로부터 진행하여 법정형에 따라 정해진 일정 기간의 경과로 완성된다. 그러나 대부분 선거 관련 법률에서는 공소시효의 진행을 선거일 후부터 기산하도록 규정하고 있다.

그 취지는 해당 선거에서 선거일까지 발생한 범죄에 대하여는 범행시기가 언제인지를 묻지 않고 공소시효의 진행을 정지하였다가 선거일 후에 일괄하여 공소시효가 진행되도록 하고,[1] 그 시효가 완성되면 해당 선거에서 발생한 선거범죄에 관해서는 더이상 소추할 수 없도록 하여 선거결과를 확정시키려는 데 있다.

나. 단기의 공소시효를 둔 취지

공소시효는 범죄 성립시부터 기산하여 국가가 형벌권을 행사할 수 있는 기한을 의미한다. 범인의 장기간 도피생활에 따른 고통과 반성을 고려하고, 세월의 경과에 따라 증인의 기억이 흐려지거나 심지어 사망할 가능성도 있으며, 증거가 유실됨에 따라 현실적으로 범죄입증이 곤란한 점 등을 고려한 것이다.

형사소송법은 공소시효의 기간을 장기 10년 미만의 징역 또는 금고에 해당하는 범죄는 7년, 장기 5년 미만의 징역이나 금고 또는 벌금에 해당하는 범죄는 5년으로 정하고 있다(§249①).

반면, 선거범죄에 관하여는 공직선거법과 위탁선거법을 비롯하여 새마을금고법, 농업협동조합법 등 개별 법률에서 짧은 공소시효를 규정하여[2] 선거결과를 조속히 확정하고 당선인 지위의 불안정성을 제거하여 직무에 전념할 수 있도록 배려하고 있다.

다만, 공소시효가 단기임을 악용하여 중요 참고인을 도피시킨 경우에는 공소시효를 3년으로 연장하고, 선거일이 상당히 지난 후에 선거운동의 대가를 제공하는 등 사후매수에 대하여는 행위 시점을 공소시효 기산일로 하여 선거부정을 억제하고 있다.

이러한 측면에서 아직 신협법에서 선거 관련 범죄에 관하여 단기의 공소시효 특례를 정하지 않고 있는 입법부작위는 새마을금고법, 농업협동조합법 등 유사법제와의 형평성이나 법적 안정성의 측면에서도 상당한 문제가 있다고 본다.

---

1) 대법원 2012. 10. 11. 선고 2011도17404 판결
2) 새마을금고법 제85조제6항, 농업협동조합법 제172조제4항 등 참조.

다. 공소시효 기산 기준일

'해당 선거일'이란 선거범죄와 직접 관련된 선거의 투표일을 말한다. 따라서 지난 선거와 다음 선거의 중간에 범행이 이루어진 경우 그 선거범죄가 범행 전후의 어느 선거와 관련하여 행하여진 것인지에 따라 공소시효의 기산일을 판단한다.[3]

'선거일 후'란 선거일 다음 날부터를 의미한다. 예컨대 신협의 제1회 동시이사장선거일인 2025년 11월 12일 이전에 행하여진 위탁선거법의 범죄는 2026년 5월 12일까지 기소할 수 있다.

한편, 선거일 후 행하여진 범죄란 선거일 후에 행하여진 일체의 선거범죄를 의미한다.[4] 따라서 선거일 후 10개월이 지난 후에 이미 실시된 선거의 선거운동 관련 대가를 지급한 경우에도 그 행위가 있는 날부터 6월까지 기소가 가능하다.

2. 도피한 경우 공소시효의 연장

범인이 스스로 도피하거나 범인이 공범이나 참고인을 도피시킨 경우에는 공소시효가 3년으로 연장된다. 다만, 공범이나 참고인이 범인과 공모함이 없이 자발적 의사에 따라 도피한 경우에는 공소시효가 연장되지 않는다.

'범인'이란 실제로 범행을 한 사람으로서 수사기관에 의하여 범인으로 지목되어 수사의 대상이 된 사람을 의미하므로 반드시 피의자로 입건된 사람임을 요하지 않는다.

'범인이 도피한 때'란 범인이 주관적으로 수사기관의 검거·추적으로

---

3) 대법원 2006. 8. 25. 선고 2006도3026 판결
4) 대검찰청 2020. 3. 『공직선거법 벌칙해설』 제10개정판 158쪽 참조.

386 제9장 위탁선거의 특별 형사제도와 과태료

부터 벗어나려는 도피의사가 있어야 하고, 객관적으로는 수사기관의 검거 · 추적이 불가능한 도피상태에 있어야 한다.

범인에게 도피의사가 인정되지 않는 경우나, 범인의 인적사항이 불명이거나, 수사기관이 범인의 소재를 알지 못하거나, 단순히 수사기관의 소환에 응하지 않고 있을 뿐 강제수사가 가능한 경우에는 도피상태라 볼 수 없어 공소시효가 정지되지 않는다.[5]

'공범'이란 공동정범, 교사범, 방조범을 말하고, 참고인은 피의자가 아닌 자로서 수사상 필요에 따라 일정한 장소에 출석요구를 받은 사람을 의미한다. 다만, 참고인은 아직 그와 같은 출석요구를 받지 않았더라도 향후 선거범죄의 증명에 필요하여 출석요구를 받을 것으로 예상되는 제3자가 포함된다는 견해[6]도 있다.

'도피시킨 때'란 형법 제151조의 범인도피죄에서 말하는 '도피하게 하는 행위'와 같은 의미로 해석된다.[7] 이는 범인 은닉 이외의 방법으로 범인에 대한 수사, 재판, 형의 집행 등 형사사법의 작용을 곤란하게 하거나 불가능하게 하는 일체의 행위를 말하는 것으로서 그 수단과 방법에는 아무런 제한이 없다.

판례는 범인이 아닌 자가 수사기관에 범인임을 자처하고 허위사실을 진술함에 따라 수사에 혼선을 주어 진범의 체포와 발견에 지장을 초래한 행위도 범인도피죄에 해당한다고 보았다.[8]

3. 공소시효의 정지

공소시효는 공소의 제기로 진행이 정지되고, 공소기각 또는 관할위반

---

5) 대법원 2010. 5. 13. 선고 2010도1386 판결
6) 황정근 2005. 2. 10. 『선거부정방지법』 제2판 법영사 74쪽 참조.
7) 대법원 2000. 11. 24. 선고 2000도4078 판결
8) 대법원 2000. 11. 24. 선고 2000도4078 판결

의 재판이 확정된 때로부터 다시 진행된다(형사소송법 §253①). 고소권자
로서 고소를 한 사람이 검사의 불기소처분에 불복하여 재정신청을 할
경우에는 그때부터 고등법원의 재정결정이 확정될 때까지 공소시효의
진행이 정지된다(형사소송법 §262의4①).

공범의 1인에 대한 공소시효의 정지는 다른 공범자에 대하여도 효력
이 미치고, 해당 사건의 재판이 확정된 때부터 다시 공소시효가 진행된
다(형사소송법 §253②).

공소장 변경이 있는 경우 공소시효의 정지 여부는 당초의 공소제기
시점을 기준으로 판단한다.9) 공소장 변경은 공소사실의 동일성을 해하
지 않는 범위에서 적용법조만 달리하기 때문이다.

예컨대, 공소장일본주의 위반으로 공소기각 판결이 확정된 후 동일
한 공소사실에 적용법조만 변경하여 다시 기소된 사안의 공소시효는
당초의 공소가 제기된 때부터 공소기각의 재판이 확정된 때까지 정지
된 것으로 본다.10)

한편, 범인이 형사처분을 면할 목적으로 국외에 있는 경우 그 기간
동안 공소시효는 정지된다(형사소송법 §253③). 해당 조항의 입법 취지는
범인이 우리나라의 사법권이 미치지 못하는 외국에 도피의 수단으로
체류한 경우에 그 기간은 공소시효가 진행되는 것을 저지하여 형벌권
을 적정하게 행사하기 위한 것이다.11)

따라서 범인이 외국으로 도피한 경우 위탁선거법에 형사소송법상의
공소시효 정지에 관한 규정을 명시적으로 배제하는 규정을 두고 있지
않으므로, 이사장선거의 범죄자가 외국으로 도피한 경우 그 공소시효가
정지되는 것으로 보아야 할 것이다.12)

---

9) 대법원 2002. 1. 22. 선고 2001도4014 판결
10) 광주고등법원(전주) 2017. 9. 15. 선고 2017노89 판결
11) 대법원 2022. 9. 29. 선고 2020도13547 판결
12) 대검찰청 앞의 책 161쪽 참조..

4. 신협법에 공소시효 특례 도입의 필요성

앞서 살펴본 바와 같이 위탁선거법은 새마을금고법, 농업협동조합법, 수산업협동조합법 등 개별 법률의 선거범죄와 동일하게 짧은 공소시효의 특례를 규정하여 선거결과를 조속히 확정하고 당선인 지위의 불안정성을 제거하고 있다.

그러나 신협법에서는 선거범죄의 공소시효에 관한 특례를 정하지 않고 있으므로, 신협법에 규정된 선거범죄의 공소시효는 형사소송법의 일반규정에[13] 따라야 한다.

이 경우 신협법 선거범죄의 법정형이 1년 이하의 징역 또는 1천만원 이하의 벌금이므로, 선거기간 중 선거범죄를 범한 경우 그 범죄의 공소시효는 해당 선거에서 선출된 당선인의 임기가 지난 후에야 완성되는 문제가 발생한다.

예컨대, 의무위탁된 지역신협의 이사장선거에서 선거운동을 목적으로 선거인에게 금품을 제공한 경우 위탁선거법의 매수죄와 신협법의 매수죄가 동시에 성립되고, 위탁선거법상 공소시효는 선거일 후 6개월을 경과함으로써 완성되지만, 신협법의 공소시효는 행위 종료시부터 5년이 지나야 완성되기 때문이다.

특히 의무위탁된 이사장선거에서 허위사실 공표죄, 후보자 비방죄, 선거관리 침해죄 등은 중대 선거범죄이지만, 해당 범죄는 위탁선거법의 범죄이므로 선거일 후 6개월을 경과함으로써 공소시효가 완성되는 반면, 사전선거운동이나 선거운동 방법을 위반한 행위는 법익침해와 가벌성이 낮음에도 불구하고 신협법에 규정된 선거범죄이기 때문에 공소시효의 특례가 적용되지 않는다.

---

13) 형사소송법 제249조제1항제4호에서는 장기 5년 미만의 징역 또는 금고 또는 벌금에 해당하는 범죄의 공소시효를 5년으로 정하고 있다.

관할 선거관리위원회에 위탁할 필요가 없는 신협의 임원선거에서도
이와 동일한 문제가 발생한다. 이 또한 법체계의 전체적 조정에 유의하
지 아니한 입법정책 내지 입법기술의 졸렬에서 기인한 체계부조화의
문제로 보인다.

이를 해결하기 위한 입법기술적 방법으로 위탁선거법에 임원선거와
관련한 모든 법률의 선거범죄 공소시효에 특례를 두는 방안을 검토할
수도 있으나, 그 타당성 여부는 별론으로 하더라도 위탁선거법은 공공
단체의 선거를 관할 선거관리위원회에 위탁한 경우를 전제로 적용되는
것이므로(§4), 위탁대상이 아닌 선거는 여전히 적용범위에서 제외되는
문제가 남는다.

따라서 가장 합리적 방안은 신협법에서 새마을금고법, 농업협동조합
법, 수산업협동조합 등 유사법제의 입법례에[14] 따라 신협법에 규정된
선거범죄의 공소시효에 관하여 특례를 규정하는 것이 적절해 보인다.

---

14) 새마을금고법 제85조제6항, 농업협동조합법 제172조제4항, 수산업협동조합법 제178조
    제5항 등 참조.

1. 자수자 특례규정의 주요내용

이사장선거를 의무적으로 관할 선거관리위원회에 위탁한 경우에 적용되는 위탁선거법은 자수자에게 필요적으로 그 형을 감경 또는 면제하도록 형벌적용의 특례를 규정하고 있다.

다만, 위탁선거법의 자수자에 대한 특례는 위탁선거법에 규정된 모든 범죄의 자수자에게 적용되는 것이 아니라 매수죄 또는 기부행위위반죄를 범한 사람 중 금전·물품 또는 그 밖의 이익을 받거나 받기로 승낙한 사람이 자수한 경우에만 적용된다.

또한 후보자 또는 그 가족이 자수하거나 거짓의 방법으로 금품 등 이익을 받거나 받기로 승낙한 사람이 자수한 경우에는 특례를 적용하지 않는다(위탁선거법 §74①).

후보자나 그 가족이 상대방 후보자로부터 매수를 받고 자수한 경우에는 경쟁 후보자에 대한 처벌이나 당선무효를 유도하는 행위로 악용될 우려가 있고, 거짓의 방법으로 금품 등 이익을 받거나 받기로 승낙한 사람이 자수한 경우에는 그 진정성을 담보하기 어렵기 때문이다.[15]

---

15) 1994년 3월 16일 제정된 공직선거 및 선거부정방지법은 금품을 받은 사람이 자수한 경우에는 그 형을 면제하도록 필요적 면제를 규정하였으나, 그 부작용이 지적되자 2000년 2월 16일 필요적 감경 또는 면제로 개정하였다.

다만, 후보자나 그 가족이 자수를 하는 경우 위탁선거법의 특례를 적용받지는 못하지만 형법상 일반원칙에 따라 임의적으로 그 형을 감면받을 수는 있다.

기부행위를 하거나, 매수행위를 하거나, 허위사실을 공표하거나, 후보자를 비방하거나, 선거관리를 방해하는 등 비록 위탁선거법에 규정된 범죄이긴 하지만 자수자에 대한 특례가 적용되지 않는 범죄를 범한 사람이 자수한 경우에도 또한 같다.

참고적으로 새마을금고법, 농업협동조합법, 수산업협동조합법 등 유사법제에서도 신협법과 달리 오래전부터 자수자에 대한 특례규정을 두고 있다.[16]

2. 자수자 특례를 둔 취지

자수는 범죄를 스스로 뉘우치고 개전의 정을 표시하는 것이므로 비난가능성이 약하고, 자수를 하면 수사가 용이할 뿐만 아니라 국가의 형벌권을 정확하게 행사할 수 있어 죄 없는 사람에 대한 처벌을 방지할 수도 있다.[17] 다만, 자수의 효과 중 비난가능성이 약한 측면을 중시할 것인지 아니면 국가 형벌권 행사의 적정성 확보라는 측면을 더 중시할 것인지에 따라 형법이나 개별 법률에서 자수자에 대한 형을 감면하는 정도를 각각 달리 정하고 있다.

형법 제52조제1항은 죄를 지은 후 수사기관에 자수한 경우에는 형을 감경하거나 면제할 수 있도록 임의적 감면을 규정하여 형을 감면할 것인지가 재판부의 재량에 맡겨져 있으나, 위탁선거법은 금품 등을 받은 죄를 지은 후 자수한 사람에게는 반드시 형을 감경 또는 면제하도록 필

---

16) 새마을금고법 제87조, 농업협동조합법 제177조, 수산업협동조합법 제183조, 산림조합법 제137조 등 참조.
17) 대법원 1997. 3. 20. 선고 96도1167 전원합의체 판결

요적 감면을 규정하고 있다.

공직선거법 등 선거 관계법에서 자수자 특례규정은 매수행위나 기부행위가 당사자 사이에 은밀하게 이루어져 단속이 어렵다는 점을 고려하여 금품이나 이익을 제공받는 상대방으로 하여금 이의 신고를 유도함으로써 매수행위와 기부행위를 보다 효과적으로 단속하기 위하여 마련된 것이다.[18]

따라서 선거 관계법의 자수자 특례규정에 따른 형의 필요적 감면제도는 금품 등 이익을 제공한 사람를 효과적으로 처벌하기 위한 것이므로 자수에 따른 비난가능성이 약하다는 측면보다는 선거부정을 방지하고 국가 형벌권 행사의 적정성 확보라는 측면에 더 무게중심을 둔 것으로 보인다.

3. 자수의 요건

가. 자수의 정의

자수란 범인이 자발적으로 자신의 범죄사실을 수사기관에 신고하여 그 소추를 구하는 의사표시를 말한다. 자수의 시기에 관하여 아무런 제한을 두고 있지 않으므로 범죄가 발각된 후에도 체포 전에 범인이 자발적으로 자기의 범죄사실을 수사기관에 신고한 경우에는 이를 자수로 본다.[19]

물론 거짓의 방법으로 금품 또는 이익을 받거나 받기로 승낙한 사람이 자수한 경우에는 범죄의 실체적 진실발견이나 국가 형벌권의 적정한 행사에 기여한 점이 없으므로 법규에 명시적 규정을 두지 않았더라도 자수자에 대한 특례를 적용할 수 없을 것이다.

---

18) 한원도 1996. 2. 『공직선거및선거부정방지법 축조해설』 법전출판사 685쪽 참조.
19) 대법원 1997. 3. 20. 선고 96도1167 전원합의체 판결

또한 자수는 자발적이어야 하므로 수사기관의 직무상의 질문 또는 조사에 응하여 범죄사실을 진술하는 것은 자백일 뿐 자수에는 해당하지 않는다. 예컨대, 수사관이 국립과학수사연구소의 감정의뢰회보를 토대로 피의자의 여죄를 추궁하자 해당 피의자가 다른 범죄사실을 실토한 경우에는 이를 자수로 보지 않는다.[20]

한편, 선거관리위원회가 수사기관은 아니지만, 선거범죄를 범한 사람이 자신의 범죄를 신고하고 해당 선거관리위원회가 이를 수사기관에 통보한 경우에는 자수로 인정한다. 다만, 투표사무원에 대한 자수는 형벌적용의 특례가 인정되는 자수가 아니다.[21] 투표사무원은 선거관리위원회법에 따른 신분이 아니기 때문이다.

일단 자수가 성립한 이상 자수의 효력은 확정적으로 발생한다. 따라서 자수한 범인이 나중에 진술을 번복하여 수사기관이나 법정에서 범행을 부인하더라도 일단 발생한 자수의 효력은 소멸되지 않는다.[22]

나. 자수시점에 대한 판단

자수는 범인이 수사기관에 의사표시를 함으로써 성립하기 때문에 내심적 의사만으로는 부족하고 그 의사가 외부로 표시되어야 한다. 원칙적으로 매수죄 또는 기부행위위반죄를 범한 사람 중 금품 등 이익을 받거나 받기로 승낙한 사람이 경찰이나 검찰 등 수사기관에 자신의 범죄사실을 알린 때가 자수시점이다.

그러나 위탁선거법에서는 자수자 특례적용 대상자가 선거관리위원회에 자신의 범죄사실을 신고하고 선거관리위원회가 이를 수사기관에 통보한 때에는 그 자수시점을 소급하여 선거관리위원회에 신고한 시점을 자수한 때로 본다(위탁선거법 §74②).

---

20) 대법원 2006. 9. 22. 선고 2006도4883 판결
21) 대법원 2015. 6. 26. 선고 2015도5474 판결
22) 대법원 2004. 10. 14. 선고 2003도3133 판결

4. 이사장선거에 자수자 특례의 적용

가. 자수자 특례 적용대상 범죄

이사장선거에서 자수자에 대한 형벌적용의 특례는 오직 위탁선거법에만 근거를 두고 있고, 그 적용대상도 위탁선거법의 매수죄나 기부행위위반죄를 범한 사람 중 금품 또는 그 밖의 이익을 받거나 받기로 승낙한 사람이 자수한 경우에 한정된다.

따라서 위탁선거법에 규정된 범죄라도 사위등재죄, 부정선거운동죄, 선거관리침해죄 등을 범한 사람이 자수를 하면 해당 법률의 자수자 특례규정은 적용되지 않고 형법 제52조의[23] 일반원칙에 따라 그 형이 임의적으로 감면될 뿐이다.

아울러 의무적으로 위탁된 이사장선거에서도 선거운동 기간이나 방법 위반은 신협법에 따른 범죄이므로, 해당 범죄를 범한 사람이 자수를 하더라도 위탁선거법에 따른 자수자 특례규정은 적용되지 않는다. 이 경우 형법의 일반원칙에 따라 그 형이 임의적으로 감면될 수는 있다.

나. 자수자의 요건에 관한 판단기준

판례는 뇌물수수에 관한 자신의 범죄사실을 신고하였으나, 그 수뢰액을 실제보다 적게 신고함으로써 적용법조와 법정형이 달라지게 된 경우에는 비록 자수 당시의 신고가 아무리 자발적이었더라도 본래의 죄에 관하여 신고한 것이 아니므로 자수로 인정하지 않았다.[24]

---

23) 형법 제52조(자수, 자복) ① 죄를 지은 후 수사기관에 자수한 경우에는 형을 감경하거나 면제할 수 있다.
   ② 피해자의 의사에 반하여 처벌할 수 없는 범죄의 경우에는 피해자에게 죄를 자복(自服)하였을 때에도 형을 감경하거나 면제할 수 있다.
24) 대법원 2004. 6. 24. 선고 2004도2003 판결 참조. 해당 사안은 실제 5천만 원의 뇌물을 받았으나, 수사망이 좁혀오자 특정범죄 가중처벌 등에 관한 법률의 적용에 따른 중형을 피하기 위하여 3천만 원의 뇌물을 받았다고 축소하여 자수한 사건이다.

해당 판례의 기준에 따르면 위탁선거에서 100만원을 초과하는 금품의 기부행위를 받아 형벌이 적용되어야 하는 사람이 과태료 부과대상인 100만원 이하의 금품을 받았다고 거짓으로 자수한 경우 법리적으로 복잡한 상황이 발생할 것으로 보인다.

이 경우 받은 금액을 실제보다 적게 신고함으로써 위탁선거법 제59조에 따른 기부행위위반죄가 아니라 같은 법 제68조제3항에 따른 50배 과태료 부과대상으로 적용법조와 법정형이 모두 변경되므로 본래의 죄에 관하여 자수한 것이 아니기 때문이다.

사견으로는 자수자 특례제도의 입법취지를 고려하고 금품 제공자를 적발하여 처벌하는 데 기여한 공로를 참작한다면, 이를 필요적 면제가 적용되는 자수로 인정하는 것이 타당해 보인다.

1. 당선무효 제도의 취지

위탁선거법은 공공단체의 선거가 깨끗하고 공정하게 이루어지도록
함으로써 공공단체의 건전한 발전과 민주사회 발전에 기여함을 목적으
로 한다. 따라서 위법하거나 부정한 방법으로 당선인의 지위를 취득하
였다면 당연히 그 지위를 박탈하여 향유할 수 없도록 하는 것이 위탁선
거법의 입법취지에 부합될 것이다.

아울러 선거에서 당선인의 배우자나 그의 직계존비속이 저지른 매수
와 기부행위는 전적으로 후보자의 당선을 위한 행위로서 총체적으로는
후보자의 의사지배하에서 이루어진 것이므로 해당 후보자를 공범으로
형사처벌은 못하더라도 그 당선을 무효로 하여 불법행위에 따른 이익
을 박탈하는 것이 바람직할 것이다.

헌법재판소는 배우자의 선거범죄로 인한 당선무효 규정에 대하여 배
우자가 죄를 저질렀다는 이유만으로 후보자에게 불이익을 주는 연좌제
가 아니라 후보자와 불가분의 선거운명공동체를 형성하여 활동한 배우
자의 실질적 지위와 역할을 근거로 후보자에게 연대책임을 부여한 것
으로 보았다[25].

---

25) 헌법재판소 2005. 12. 22. 2005헌마19 결정

2. 당선무효의 요건

가. 신협법의 당선무효 효과

신협법에서는 해당 법률에 규정된 범죄로 벌금형 이상의 형을 선고받은 경우 임원의 결격사유로 정하고 있고(§28① 5.), 재임 중 그러한 사정이 발생한 경우 해당 임원은 즉시 면직되도록 규정하고 있다(신협법 §28②).

따라서 신협의 임원선거에서는 그 범죄의 종류가 선거범인지 여부를 묻지 않고 일단 신협법에 따라 소액의 벌금형이라도 형이 확정되면 임원의 결격사유에 해당하여 실질적으로는 당선무효의 효과가 발생한다.

다만, 이러한 효과는 선거에서 후보자의 위법행위에 따라 해당 당선의 효력을 무효화하겠다는 입법자의 의도보다는 신협법에서 임원의 결격사유를 엄격하게 규정함에 따른 반사적·부수적 효과로 평가하는 것이 적절해 보인다.

나. 위탁선거법의 당선무효 요건

당선인이 해당 선거에서 위탁선거법에 규정된 죄를 범하여 징역형 또는 100만원 이상의 벌금형을 선고받은 경우 그 당선을 무효로 한다. 아울러 당선인의 배우자나 그의 직계존비속이 해당 선거에서 매수죄 또는 기부행위 위반죄를 범하여 징역형 또는 300만원 이상의 벌금형을 선고받은 때에도 그 당선을 무효로 한다(위탁선거법 §70).

다만, 다른 사람의 유도 또는 도발에 의하여 당선인의 배우자나 직계존비속이 해낭 낙선인의 당선을 무효로 하는 죄를 범한 때에는 예외로 한다(위탁선거법 §70 2. 단서). 이러한 기준은 공직선거의 당선무효 요건과 같다.[26]

당선무효 제도에서 당선인은 관할 선거관리위원회가 당선인으로 결정한 사람을 말한다. 해당 선거에서 당선인으로 결정된 이상 임기가 개시된 후에도 법원의 판결 등으로 당선무효 사유가 발생하면 그 지위가 박탈된다.

이 경우 당초 당선의 효력이 무효로 되었으니 새로운 대표자를 선출하는 선거는 보궐선거가 아니라 재선거가 된다.

---

26) 공직선거법 제264조 및 제265조 참조.

1. 위탁선거 위반행위 신고자 포상

가. 위탁선거법의 포상금 지급제도

선거관리위원회가 인지하기 전에 위탁선거 위반행위를 신고한 사람에게는 중앙선거관리위원회규칙으로 정하는 바에 따라 관할 선거관리위원회가 포상금을 지급할 수 있다(위탁선거법 §76).

포상금 지급요건이 위탁선거 위반행위이므로, 위탁선거법의 벌칙에 규정된 형벌이나 과태료가 적용되는 행위를 신고한 사람은 물론이고, 신협법에 규정된 선거범죄나 표준정관 또는 선거규약 위반행위를 신고한 사람도 모두 포상금 지급대상이 된다.

거듭 강조하지만, 위탁선거 위반행위의 범주에 위탁선거법 위반행위뿐만 아니라 각 개별 법률에 규정된 선거와 관련한 위반행위는 물론이고 심지어 정관과 선거규약 등 내부규범 위반행위까지 포함되기 때문이다(위탁선거법 §7 3.).

여기에서 내부규범의 의미는 위탁단체의 정관, 규약, 규정, 준칙은 물론이고, 그 밖에 위탁단체의 조직과 활동을 규율하는 자치규범을 총칭하는 개념이다(위탁선거법 §3 8.).

나. 포상금 지급제도의 취지

위탁선거 위반행위 신고자 포상금 지급제도는 선거관리위원회가 인지하기 전에 해당 선거의 위반행위를 신고한 사람에게 포상금을 지급하여 당사자간 은밀하게 이루어지는 매수행위 등 위법행위에 대한 신고를 유도하기 위한 목적으로 도입되었다.

포상금 지급은 선거관리위원회에 신고한 경우에 한하므로, 경찰 등 수사기관에 신고한 경우는 포상금 지급대상이 아니다. 위탁선거에서도 자유롭고 정의로운 선거질서를 수호할 일차적 책무는 우선적으로 관할 선거관리위원회에 부과되어 있기 때문이다.

한편, 공직선거에서는 2013년 8월 13일 공직선거법의 개정으로 포상금을 지급한 후 불기소 처분이 있거나 무죄판결이 확정된 경우 포상금을 반환하도록 규정하고 있으나, 위탁선거법에서는 이를 준용하지 않고 있다.

사견으로는 선거범죄 신고자 포상금 지급제도의 입법취지를 고려하면 포상금 반환에 관하여 피고인의 무죄판결 여부보다 포상금을 지급한 신고자에 대한 신뢰보호가 더 중요하다고 본다.

다. 포상금 지급기준과 포상방법

위탁선거 위반행위를 신고한 사람에 대한 포상은 시·도선거관리위원회에 설치된 포상금심사위원회의 의결을 거쳐 최대 1억원의 범위에서 관할 선거관리위원회 위원장이 하되, 신고자 보호를 위하여 포상대상자를 익명으로도 할 수 있다(위탁선거규칙 §37①).

만일 하나의 사건에 신고자가 2명 이상인 경우 그 공로를 참작하여 포상금심사위원회가 결정한 포상금을 배분·지급한다. 다만, 포상금을 지급받을 사람들이 배분 방법에 관하여 미리 합의하여 포상금의 지급을 신청한 경우에는 그 합의내용에 따라 포상금을 지급한다(위탁선거규칙 §37②, 공직선거관리규칙 §143의4⑥).

공직선거법에서는 해당 선거범죄에 대한 신고로 당선무효에 해당하는 형이 확정된 경우 추가로 포상할 수 있으나, 위탁선거법에서는 해당 규정을 준용하지 않는다. 포상금 최고액도 공직선거는 5억원, 농업협동조합 등 동시조합장선거는 3억원인 반면, 지역신협 이사장선거의 경우에는 1억원에 그치는 점도[27] 선거범죄 신고자에 대한 포상금 지급제도의 취지를 살리기 어렵다고 본다.

따라서 위탁선거규칙을 개정하여 신협의 이사장선거에서 포상금 상한액을 상향 조정하거나, 신협 자체에서 관할 선거관리위원회의 포상과 별도로 추가적으로 포상금을 지급하는 방안도 검토할 필요가 있다. 이 경우 신협과 관할 선거관리위원회의 포상금 중복지급은 아무런 문제가 되지 않는다. 실제 동시조합장선거에서 적용하는 방식이다.

2. 위탁선거범죄 신고자 보호 요건

가. 신고자 보호제도 개요

선거범죄의 근절을 위해서는 자수자에 대한 형의 필요적 감면이나 신고자에 대한 포상금 지급만으로는 그 실효성 확보에 한계가 있다. 매수행위와 허위사실 공표 등 중대한 선거범죄는 그 성질상 후보자와 밀접한 유대를 맺고 있는 그 주변 인물들 사이에서 은밀하게 이루어지기 때문에 밀고자, 배신자라는 비난이 두려워 신고나 자수를 꺼리기 때문이다.

이에 따라 후보자와 공범관계 등 선거범죄를 잘 알고 있는 사람이 안심하고 신고하여 선거범죄 적발에 협조할 수 있도록 그 신원을 보호할

---

27) 공직선거관리규칙 제143조의4제1항, 위탁선거관리규칙 제37조제1항 참조.

필요가 있다. 위탁선거범죄 신고자 보호제도는 선거범죄를 근절하기 위한 제도적 완성으로서 그 마지막 퍼즐 조각을 맞춘 것으로 평가할 수 있다.

위탁선거법에 규정된 범죄에 관한 신고·진정·고소·고발 등의 방법으로 조사 또는 수사의 단서를 제공하거나, 진술 또는 증언을 하거나, 자료를 제출하거나, 범인 검거를 위한 제보를 한 사람이 그와 관련하여 피해를 입거나 입을 우려가 있는 경우에는 특정범죄신고자 등 보호법을 준용하여 해당 범죄에 대한 선거관리위원회의 조사과정과 이후의 형사절차에서 신고자의 신원을 보호한다(위탁선거법 §75①).

선거범죄 신고자 보호에서 '피해를 입거나 입을 우려가 있다고 인정할 만한 상당한 이유'란 범죄신고와 관련하여 생명 또는 신체에 대한 위해나 재산에 대한 피해를 입거나 입을 우려가 있다고 인정하기에 충분한 정도까지의 이유를 요구하는 것은 아니다.

예컨대, 신고자가 위탁선거범죄의 용의자로 자신이 신고한 사람이나 그 측근과 같은 지역에 거주하면서 조우할 가능성이 있는 경우는 물론이고, 같은 지역에 거주하는 지역주민들로부터 신고자로 낙인 찍힐 가능성이 있는 경우 등 널리 일상생활에서 겪게 되는 불편함까지도 그 이유에 포함된다.[28)]

나. 보호되는 신고자의 범위

위탁선거법의 선거범죄 신고자 보호규정은 포상금 지급대상자와 달리 신고자의 범위를 위탁선거법에 규정된 범죄로 한정함에 따라 50배 과태료에 해당하는 위법행위를 신고한 사람을 보호대상에서 제외하고 있다.

다행히 위탁선거규칙에서 50배 과태료 부과대상자가 자수한 경우 관

---

28) 대전고등법원 2015. 7. 6. 선고 2015노158 판결

할 선거관리위원회는 선거범죄 신고자 보호규정에 따라 보호하도록 규정하여 법의 공백을 적절히 메우고 있다(위탁선거규칙 §34⑥). 이 경우 포상금도 지급한다. 헌법이 중앙선거관리위원회에 부여한 위임입법권을 적절하게 행사한 모범사례를 본다.

위탁선거법에서 보호대상이 되는 위탁선거범죄 신고자란 특정범죄신고자 등 보호법 제7조에 따라 조서 기타 서류에 신고자의 인적사항 기재가 생략되고 신원관리카드에 그 인적사항이 등재된 신고자를 말한다.[29] 그러므로 위탁선거범죄의 신고자로 보호 받으려면 신고자라는 실질과 신원관리카드에 등재되는 등 형식적 요건을 모두 갖추어야 한다.

따라서 관할 선거관리위원회나 수사기관에 위탁선거범죄를 신고하는 사람은 담당 공무원에게 관계법령에 따른 신고자 보호요건을 갖추어 달라고 적극적으로 요구할 필요가 있다.

다. 신고자 공개와 불이익 처우 금지

누구든지 보호되고 있는 위탁선거범죄 신고자라는 사실을 알면서 그 인적사항 또는 신고자임을 알 수 있는 사실을 다른 사람에게 알려주거나 공개하거나 보도하는 경우 위탁선거법의 각종 제한규정 위반죄로 2년 이하의 징역 또는 2천만원 이하의 벌금에 처해질 수 있다(위탁선거법 §66 13., §75②).

또한 위탁선거범죄 신고자를 고용하고 있는 사람이나 고용주를 위하여 근로자에 관한 업무를 행하는 사람은 피고용자가 범죄신고를 하였다는 이유로 해고 기타 불이익한 처우를 해서는 안 된다(특정범죄신고자 등 보호법 §5).

---

29) 대법원 2006. 5. 25. 선고 2005도2049 판결

3. 행정조사와 형사절차에서 신고자 보호

가. 선거관리위원회 조사

관할 선거관리위원회의 위원과 직원은 선거범죄신고와 관련하여 문답서·확인서 그 밖의 서류를 작성하는 경우 위탁선거범죄에 관한 신고·진술·증언 그 밖의 자료제출 행위 등을 한 사람의 성명·주소·연령·직업 등 신원을 알 수 있는 사항의 전부 또는 일부를 기재하지 않을 수 있다(위탁선거규칙 §36①).

아울러 위탁선거범죄에 관한 신고·진술·증언 그 밖의 자료제출행위 등을 한 사람은 관할 선거관리위원회의 위원이나 직원의 승인을 받아 문답서 등에 인적사항의 전부 또는 일부를 기재하지 않을 수 있다(위탁선거규칙 §36②).

관할 선거관리위원회의 위원이나 직원은 문답서 등에 기재하지 않은 신고자의 인적사항을 신원관리카드에 등재해야 하고, 관할 선거관리위원회가 고발 또는 수사의뢰를 하는 때에는 조사서류와 별도로 신원관리카드를 봉인하여 조사기록과 함께 관할 경찰관서에 제출하여야 한다.

나. 수사절차

검사[30] 또는 사법경찰관이 범죄신고와 관련하여 조서나 그 밖의 서류를 작성할 때 범죄신고자나 그 친족 등이 보복을 당할 우려가 있는 경우에는 그 취지를 조서 등에 기재하고 범죄신고자의 성명·연령·주소·직업 등 신원을 알 수 있는 사항의 전부 또는 일부를 기재하지 않

---

30) 2022년 검경 수사권 조정을 위한 검찰청법과 검사의 수사개시 범죄 범위에 관한 규정의 개정에 따라 신협법의 선거범죄와 위탁선거법의 범죄는 검사의 수사개시 대상 범죄에서 제외되었다. 그러나 검사는 기소독점주의 원칙에 따라 여전히 공소장 작성과 공판에 참여하게 되므로 범죄신고자 보호의 주체로 적시된 것으로 보인다.

는다(특정범죄신고자 등 보호법 §7①).

범죄신고자나 그 법정대리인은 검사 또는 사법경찰관에게 신고자 보호에 따른 조치를 하도록 신청할 수 있다. 이 경우 검사 또는 사법경찰관은 특별한 사유가 없으면 그 조치를 하여야 한다(특정범죄신고자 등 보호법 §7⑥).

사법경찰관이 조서 등에 범죄신고자의 인적사항의 전부 또는 일부를 기재하지 않는 경우에는 즉시 검사에게 보고하여야 하고, 검사 또는 사법경찰관은 조서 등에 기재하지 않은 인적사항을 신원관리카드에 등재하여야 한다(특정범죄신고자 등 보호법 §7②·③).

조서 등에 범죄신고자의 성명을 기재하지 않은 경우에는 범죄신고자로 하여금 조서 등에 서명은 가명으로, 간인 및 날인은 무인으로 한다. 이 경우 가명으로 된 서명은 본명의 서명과 동일한 효력이 있다(특정범죄신고자 등 보호법 §7④).

검사 또는 경찰서장은 범죄신고자나 그 친족이 보복을 당할 우려가 있는 경우에는 일정 기간 해당 검찰청 또는 경찰서 소속 공무원으로 하여금 신변안전을 위하여 필요한 조치를 하게 하거나 대상자의 주거지 또는 현재지現在地를 관할하는 경찰서장에게 신변안전조치[31]를 하도록 요청할 수 있다. 이 경우 요청을 받은 경찰서장은 특별한 사유가 없으면 즉시 신변안전조치를 하여야 한다(특정범죄신고자 등 보호법 §13①).

범죄신고자나 그 법정대리인 또는 친족은 재판장·검사 또는 주거지나 현재지를 관할하는 경찰서장에게 신변안전조치를 하여 줄 것을 신청할 수 있다(특정범죄신고자 등 보호법 §13③).

---

31) 신변안전조치의 종류는 일정 기간의 특정시설에서 보호, 일정 기간의 신변경호, 신고자의 주거에 대한 주기적 순찰이나 폐쇄회로 텔레비전의 설치 등 주거에 대한 보호가 있다. 특정범죄신고자 등 보호법 제13조의2 참조.

다. 재판과정

범죄신고자에 대하여 증인신문을 하는 경우 판사는 직권 또는 검사의 신청에 의하여 그 과정을 영상물로 촬영할 것을 명할 수 있다. 이 경우 촬영한 영상물에 수록된 범죄신고자의 진술은 증거로 할 수 있다(특정범죄신고자 등 보호법 §10).

법원이 조서 등에 인적사항이 기재되지 않은 범죄신고자를 증인으로 소환할 때에는 검사에게 소환장을 송달하도록 하여 증인소환에 특례를 두고 있다(특정범죄신고자 등 보호법 §11①).

재판장 또는 판사는 소환된 증인의 인적사항이 신원확인·증인선서·증언 등 증인신문의 모든 과정에서 공개되지 않도록 해야 한다(특정범죄신고자 등 보호법 §11③). 이 경우 소환된 증인의 신원확인은 검사가 제시하는 신원관리카드에 의한다.

공판조서에 인적 사항을 기재하지 않는 경우 재판장 또는 판사는 범죄신고자로 하여금 선서서에 가명으로 서명·무인하게 하여야 한다. 이 경우 가명으로 된 서명은 본명의 서명과 동일한 효력이 있다(특정범죄신고자 등 보호법 §11④).

증인으로 소환받은 범죄신고자가 피해를 당할 우려가 있는 경우 재판장과 판사는 직권 또는 해당 범죄신고자의 신청에 따라 피고인이나 방청인을 퇴정시키거나 공개법정 외의 장소에서 증인신문을 할 수 있다(특정범죄신고자 등 보호법 §11⑥).

범죄신고를 함으로써 그와 관련된 자신의 범죄가 발견된 경우 그 신고자에 대하여는 형을 감경 또는 면제할 수 있다(특정범죄신고자 등 보호법 §16).

1. 분리선고제도 도입의 필요성

가. 피선거권 보호

법원이 선거범죄와 일반범죄의 실체적 경합범을 병합하여 심리한다면 형법의 일반원칙에 따라 같은 종류의 형인 경우 가장 무거운 죄에 정한 형의 장기 또는 다액多額에 그 2분의 1까지 가중하여 선고해야 한다(형법 §38① 2.). 이 경우 임원 자격의 제한 여부의 기준이 되어야 할 선거범죄 등 피선거권을 제한하는 범죄의 죄질이나 가벌성 정도와는 상관없이 일반범죄의 가벌성이 선고형에 큰 영향을 주어 피선거권이 박탈될 위험성이 있다.

따라서 선거범이 아닌 다른 죄가 선거범의 양형에 미치는 영향을 최소화하기 위하여 형법상 경합범 처벌례에 관한 일반조항의 적용을 배척하고 피선거권이 제한되는 범죄는 일반 범죄와 분리 심리하여 형을 따로 선고할 필요가 있다.[32]

현재 신협의 임원선거에서 벌금형에 따른 피선거권 제한은 신협법과 금융관계법령을 위반한 경우로 한정하고 있지만, 해당 범죄로 소액의 벌금형이라도 유죄가 확정되면 5년간 피선거권이 박탈된다.

---

32) 대법원 2004. 2. 13. 선고 2003도3090 판결

따라서 신협법의 범죄를 일반 범죄와 병합심리하여 하나의 형을 선고하더라도 신협법의 유죄 또는 무죄에 따라 피선거권의 박탈 여부가 결정될 뿐, 병합심리하는 일반범죄의 양형이 임원선거의 피선거권에 영향을 미칠 가능성이 없다. 그러므로 현재로서는 분리심리의 실익 또한 없다.

또한 임원선거에서 금고 이상의 실형을 선고 받은 경우에는 신협법의 일반규정에 따라 범죄의 종류를 불문하고 그 집행이 끝나거나 면제된 날부터 3년이 지나기 전까지는 어차피 피선거권이 제한되므로,33) 이 경우에도 어차피 분리선고의 실익이 없다.

그러나 향후 유사법제의 입법례를 수용하여 위탁선거법의 범죄 또는 직장내 갑질이나 성폭력 범죄로 일정금액 이상의 벌금형의 선고를 받은 사람에게 임원선거의 피선거권을 제한하는 신협법 개정이 이루어질 경우 문제가 완전히 달라진다. 이때 해당 범죄와 일반 범죄의 경합범에 대한 분리선고제도를 함께 도입하지 않는다면 헌법에 위반될 가능성이 매우 높기 때문이다.

새마을금고법의 경우 형법상 경합범에 대한 처벌례에도 불구하고 일정 금액의 벌금형만으로도 피선거권이 제한되는 범죄,34) 즉 위탁선거법의 선거범죄, 상해·폭행·강요 등 직장 내 갑질 범죄,35) 간음·추행 등 직장내 성폭력 범죄와36) 다른 죄의 경합범競合犯에 대하여 벌금형을 선고하는 경우 이를 분리하여 선고하도록 규정하고 있다(새마을금고법 §21의2).

---

33) 신협법 제28조제1항제2호 참조.
34) 여기에서 분리선고 대상으로 적시된 범죄들은 모두 새마을금고법 제21조제1항 제8호·11호의2·제11호의3에서 100만원 또는 300만원 이상의 벌금형 확정시 임원의 결격 사유로 열거된 것이다.
35) 형법 제257조제1항의 상해죄, 제260조제1항의 폭행죄, 제261조의 특수폭행죄, 제262조의 폭행치사상죄 및 제324조의 강요죄를 말한다.
36) 형법 제303조제1항의 업무상 위력 등에 의한 간음죄, 또는 성폭력범죄의 처벌 등에 관한 특례법 제10조제1항에 따른 업무상 위력 등에 의한 추행죄를 말한다.

이러한 분리선고제도는 새마을금고법뿐만 아니라 농업협동조합법, 수산업협동조합법, 중소기업협동조합법 등 유사법제에서도 대부분 도입되었다.37) 특히 새마을금고법의 분리선고 제도는 선거범죄와 비선거범죄를 분리 심리하여 따로 선고하는 규정을 두지 않았던 구법 규정에 대한 헌법불합치결정38)에 따라 2015년 7월 20일 유사법제 중 최초로 도입되었다는 점에 의의가 있다.

헌법불합치결정의 이유는 심판대상 조항이 비선거범죄가 선거범죄의 양형에 영향을 미치는 것을 최소화하기 위한 분리 선고 규정을 두지 않아서 선고형 전부를 선거범죄에 대한 형으로 의제함에 따라 과잉금지원칙에 반하여 현직 임원이나 임원이 되려는 사람의 직업선택의 자유를 침해한다고 보았다.

선거범죄가 경미할 경우 그것만으로 처벌되는 때에는 100만원 미만의 벌금형을 선고받을 수 있음에도 불구하고 다른 범죄와 경합범으로 함께 처벌되면 100만원 이상의 벌금형을 선고받아 임원직을 상실할 가능성이 있기 때문이다.

앞으로 신협법에서 100만원 이상의 위탁선거범죄 또는 직장내 갑질이나 성폭행과 관련된 범죄 등으로 일정액 이상의 벌금형을 선고받은 사람에게 임원의 자격을 제한하는 개정입법을 추진할 경우 반드시 해당 범죄와 일반 범죄의 경합범에 대한 분리선고제도를 함께 도입해야 할 것이다.

---

37) 농업협동조합법은 2016. 12. 27. 제49조의2를, 수산업협동조합법은 2016. 5. 29. 제51조의2를, 중소기업협동조합법은 2018. 12. 11. 제51조의2를 각각 신설하여 형의 분리선고 제도를 도입한 바 있다.

38) 헌법재판소 2014. 9. 25. 선고 2013헌바208 결정. 이 사안은 2012. 2. 실시된 새마을금고 이사장선거의 당선자가 회원에게 양주와 와인을 제공하고 전임 이사장의 명예를 훼손한 행위로 새마을금고법의 매수죄와 형법상 명예훼손죄의 경합범으로 벌금 200만원을 선고받아 당선무효의 위기에 처하자 헌법소원심판을 청구한 사건이다.

나. 선거결과 보호

위탁선거법은 당선인의 배우자나 직계존비속이 해당 선거에서 매수죄나 기부행위 위반죄로 징역형 또는 300만원 이상의 벌금형을 선고받은 때에는 해당 당선을 무효로 하도록 규정하고 있다(§70 2.). 그러나 그 가족의 당선무효 대상 범죄와 위탁선거법의 다른 선거범죄의 경합범에 대하여는 이를 분리 심리하여 따로 선고하는 규정이 없다.

이 경우 당선인 가족의 당선무효 대상 선거범죄가 경미하여 그것만으로 처벌되는 때에는 300만원 미만의 벌금형을 선고받아 당선의 효력을 유지할 수 있음에도 불구하고 위탁선거법의 당선무효 대상이 아닌 다른 범죄와 경합범으로 함께 처벌되면 300만원 이상의 벌금형을 선고받아 당선이 무효로 될 가능성이 있다.

예컨대, 후보자의 배우자가 당선무효에 해당하는 범죄인 기부행위 위반죄와 당선무효에 해당하지 않는 낙선목적 허위사실 공표죄의 경합범으로 기소된 경우에는 하나의 형을 선고하게 되므로, 기부행위가 경미하여 그 자체만으로는 수십만원의 벌금형에 처해질 가능성이 있음에도 낙선목적 허위사실 공표죄의 가벌성이 높아 300만 원 이상의 벌금형이 선고될 수 있기 때문이다.[39]

선거는 후보자 등록, 선거인명부 작성, 선거운동, 투표와 개표과정을 거쳐 당선인 결정이라는 선거결과를 형성하기 위한 다수의 집합적 합성행위이다. 그런데, 당선인 가족이 범한 당선무효 대상이 아닌 선거범죄와 당선무효 대상이 되는 선거범죄의 병합심리라는 우연한 사정에 따라 당선무효가 결정된다면, 해당 당선인을 선출한 선거인의 의사가 무시되고 선거결과가 부정되며 재선거의 실시로 인한 사회적 낭비를

---

39) 기부행위 위반죄의 법정형은 3년 이하의 징역 또는 3천만원 이하의 벌금이지만, 낙선목적의 허위사실 공표죄의 법정형은 5년 이하의 징역 또는 500만원 이상 5천만원 이하의 벌금으로 규정되어 있다. 위탁선거법 제59조 및 제61조제2항 참조.

초래하게 된다.

이에 따라 각 법률에서는 당선인의 가족이 해당 선거에서 특정 범죄로 일정 금액 이상의 벌금형을 선고받으면 당선을 무효로 하는 경우,[40) 당선무효에 해당하는 신분이 당선무효에 해당하는 범죄와 다른 죄의 경합범으로 기소되어 형을 선고하는 때에는 이를 분리하여 따로 선고하도록 규정하고 있다.[41)

이와 같이 경합범에 관한 형의 분리선고제도는 당선무효를 규정한 해당 법률에서 입법하는 것이 일반적이고, 신협법에는 당선인 가족의 선거범죄에 따른 당선무효 제도를 두지 않고 있으므로, 위탁선거법에 형의 분리선고제도를 반영할 필요가 있다.

새마을금고법의 관련 규정에 대한 헌법불합치 결정의 취지를 고려한다면, 신협의 임원선거에서 경합범에 관한 형의 분리선고제도의 도입은 입법기술적 재량에 관한 문제가 아니라 헌법합치적 규범형성을 위한 입법자의 의무라 생각한다.

2. 형의 분리선고 요건

가. 법령에 근거 없이 분리선고 가능 여부

판결이 확정되지 않은 여러 개의 죄를 동시에 판결하는 때에는 형법 제38조가 정하는 일반원칙에 따라 처벌하여야 하므로, 경합범으로 공소제기된 여러 개의 죄에 대하여 형법 제38조의 적용을 배제하고 따로 형을 선고하려면 그 예외를 인정한 명문의 규정이 있어야 한다.[42)

따라서 당선인의 배우자와 직계존비속의 당선무효 사유에 해당하는

---

40) 농업협동조합법 제173조, 수산업협동조합법 제179조, 산림조합법 제133조 참조.
41) 농업협동조합법 제49조의2, 수산업협동조합법 제51조의2, 산림조합법 제39조의2 참조.
    다만, 새마을금고법은 아직까지 당선무효와 관련한 보완입법에 주저하고 있다.
42) 대법원 2011. 8. 18. 선고 2011도6311 판결

선거범과 그 밖의 선거범을 분리하여 따로 형을 선고하도록 명문의 규정을 두고 있지 않다면, 다른 선거범죄의 양형이 당선무효 대상 범죄의 양형에 영향을 미쳐 후보자의 당선이 무효로 되더라도 달리 구제할 방법이 없다.

과거 선거범과 다른 죄의 경합범에 대한 분리 선고제도가 도입되기 전 구 농업협동조합법이 적용된 임원의 선거범죄 재판에서 법원은 농업협동조합 임원의 선거에서도 선거범이 아닌 다른 죄가 선거범의 양형에 영향을 미치는 것을 최소화할 필요가 있다는 점은 인정하였다. 그러나, 이를 위하여 형법 제38조의 규정과 달리 선거범이 아닌 다른 죄를 분리 심리하여 따로 선고하도록 할 것인지 여부는 법원의 해석의 영역이 아니라 입법자의 결단에 따라 해결되어야 할 사안으로 보았다.[43]

이에 따라 법원은 그러한 입법조치가 없는 마당에 선거범죄와 다른 범죄의 경합범에 관하여 분리 심리하여 따로 선고하는 공직선거법의 분리선고제도를 농협 임원의 선거범 재판절차에 유추 적용할 수는 없다고 판단하였다. 신협법과 위탁선거법의 개정을 통하여 분리선고제도를 수용하는 입법이 반드시 필요한 이유다.

나. 선거범과 상상적 경합범의 처리

선거범과 상상적 경합관계에 있는 다른 범죄에 대하여는 여전히 형법 제40조에 따라 그중 가장 중한 죄에 정한 형으로 처벌해야 하고, 이때 처벌받는 가장 중한 죄가 선거범인지 여부를 묻지 않고 선거범과 상상적 경합관계에 있는 모든 죄는 통틀어 선거범으로 취급한다.[44]

---

43) 대법원 2004. 4. 9. 선고 2004도606 판결. 해당 사안은 피고인이 인터넷 홈페이지 게시판에 '진정서'라는 제목으로 현직 조합장에 대한 허위의 내용을 게재함에 따른 정보통신망법의 사이버명예훼손죄와 조합장선거에서 후보자에 관한 허위의 사실이 적시된 유인물을 조합원들에게 우송함에 따른 농업협동조합법의 허위사실공표죄가 실체적 경합범으로 기소되었던 사건이다.

44) 대법원 1999. 4. 23. 선고 99도636 판결

예컨대, 다른 사람의 자동차운전면허증을 제시하여 그 사람의 성명을 사칭하는 방법으로 투표하는 경우 이는 형법 제230조의 공문서부정행사죄와 위탁선거법 제64조의 사위투표죄의 상상적 경합에 해당하고 이를 통틀어 선거범으로 취급하는 것이다.[45)]

3. 분리선고에 따른 공판절차

벌금형만으로 피선거권이 제한되는 선거범죄 등과 다른 범죄의 경합범의 분리심리를 위한 공판절차의 진행은 사건기록을 분리할 필요가 없이 처음 공판기일에 선거범죄 등을 다른 죄와 분리 심리할 것을 결정·고지하고 같은 기록에 별도의 공판조서를 작성하여 진행한다.

판결은 특별한 사정이 없는 한 하나의 판결문으로 선고하되, 형만을 분리하여 선거범죄 등에 대한 형벌과 그 밖의 죄에 대한 형벌로 나누어 정하면 된다.

만일 공소사실에 불명확한 점이 있어 선거범죄 등과 다른 죄가 형법 제38조의 적용을 받는 경합범으로 기소되어 있는지가 분명하지 않다면, 법원은 그 불명확한 점에 관하여 석명을 구하는 등의 방법으로 공소사실을 특정한 후 사건을 선거범죄 등과 다른 죄로 분리하여 심리하여야 한다.[46)]

---

45) 서울고등법원 2015. 2. 11. 선고 2014노3562 판결
46) 대법원 1999. 4. 23. 선고 99도636 판결

1. 위탁선거법의 과태료 처분

가. 과태료 처분대상

과태료는 형벌과 더불어 벌칙의 일종이다. 지역신협의 이사장선거를 관할 선거관리위원회에 의무적으로 위탁한 경우 적용되는 위탁선거법의 과태료는 총 3가지뿐이다. 구체적으로는 살펴보면 다음과 같다.

첫째, 위탁선거범죄의 현행범 또는 준현행범[47]으로서 선거범죄 조사를 위한 선거관리위원회 위원 또는 직원의 동행요구에 응하지 않은 사람에게는 매회 300만원의 과태료를 부과한다(위탁선거법 §68①, 위탁선거규칙 §34①).

둘째, 위탁선거 위반행위 조사를 위한 선거관리위원회 위원 또는 직원의 출석요구에 정당한 사유 없이 응하지 않은 사람 중 당사자에게는 매회 100만원, 관계인에게는 매회 50만원의 과태료를 부과한다(위탁선거법 §68② 2., 위탁선거규칙 §34①).

이 경우 위탁선거 위반행위에는 표준정관이나 선거규약 등 자치법규

---

47) 형사소송법 제211조에 따른 현행범인과 준현행범인을 말한다. 범죄를 실행하고 있거나 실행하고 난 직후의 사람. 장물이나 범죄에 사용되었다고 인정하기에 충분한 흉기나 그 밖의 물건을 소지하고 있거나. 신체나 의복류에 증거가 될 만한 뚜렷한 흔적이 있는 사람을 현행범 또는 준현행범이라 한다.

위반행위가 포함되므로, 자치법규를 위반하고 출석요구에 불응하면 일단 과태료를 부과할 수 있는 것으로 보인다.

그러나 자치법규의 효력은 내부에만 미치고 과태료는 의무위반에 따라 부과되는 벌칙이므로, 조합원이 아닌 사람에게 해당 신협의 자치법규 위반에 따른 출석요구 불응을 이유로 과태료를 부과하는 처분에는 신중할 필요가 있다고 본다.

셋째, 기부행위가 제한된 사람으로부터 100만원 이하의 금품이나 재산상의 이익을 제공받은 사람에게는 그 제공받은 금액 또는 가액의 10배 이상 50배 이하에 상당하는 금액의 과태료를 부과하되, 그 상한액은 3천만원으로 한다(위탁선거법 §68③).

50배 과태료의 부과요건과 감경 또는 면제에 관해서는 제3장 제5절 '기부받은 사람에 대한 50배 과태료'를 참고하기 바란다.

나. 과태료 부과액의 가중과 감경

선거관리위원회가 과태료 처분을 하는 때에는 위반행위의 동기와 그 결과, 선거에 미치는 영향, 위반기간과 위반의 정도 등을 참작하여 부과기준금액의 2분의 1의 범위에서 과태료를 경감하거나 가중할 수 있다. 다만, 과태료를 가중하는 경우에도 1회 부과액은 법정 상한액을 넘을 수 없다(위탁선거규칙 §34②).

과태료처분 대상자가 납부기한까지 미납한 때에는 관할세무서장에게 징수를 위탁하고 관할세무서장이 국세체납처분의 예에 따라 이를 징수하여 국가에 납입한다(위탁선거법 §68④).

2. 과태료 부과·징수 특례규정의 취지

과태료에 관한 총칙법인 질서위반행위규제법은 과태료의 부과·징수,

재판과 집행 등의 절차에 관한 다른 법률의 규정 중 해당 법률에 저촉
되는 것은 질서위반행위규제법이 정한 바에 따르도록 하여 질서위반행
위규제법이 우선 적용됨을 밝히고 있다(§5).

따라서 다른 개별 법률에서 과태료의 부과·징수에 관한 규범을 형성
하는 때에는 가급적 총칙법이면서도 우선 적용되는 질서위반행위규제
법을 존중하여 통일적인 법질서를 형성하는 것이 바람직할 것이다. 그
러나 짧은 선거기간 중 집중적으로 발생하는 질서위반행위에 대하여
질서위반행위규제법의 규범력만으로는 효과적인 대응이 어렵다. 이에
따라 위탁선거법에서는 과태료 부과·징수에 관한 특례를 두어 질서위
반행위를 효과적으로 억제하고 있다.

질서위반행위규제법에도 불구하고 위탁선거법에 특례를 규정한 부분
은 과태료 부과 전 사전통지에 따른 의견제출 기간, 과태료 처분에 불
복이 있는 당사자의 이의제기 기간, 당사자의 이의제기시 과태료 부과
처분의 효력, 기한 내 미납부시 과태료 중가산금의 적용과 징수위탁 등
이 있다(§68⑤).

3. 과태료 부과·징수에 특례 적용

가. 사전통지·의견제출

관할 선거관리위원회가 과태료를 부과하려는 때에는 미리 당사자에게
통지하여야 하고 당사자는 부과권자로부터 사전통지를 받은 날부터 3일
까지 의견을 제출하여야 한다(위탁선거법 §68⑤ 1.). 의견제출 기간에 관
하여 질서위반행위규제법에서는 10일 이상의 기간을 보장함에 반하여
위탁선거법은 그 기간을 3일로 단축하고 있다(질서위반행위규제법 §16①).

지정된 기일까지 의견제출이 없는 경우 의견이 없는 것으로 간주하
고, 당사자가 제출한 의견에 이유가 있으면 과태료를 부과하지 않거나

통지한 내용을 변경할 수 있다(질서위반행위규제법 §16).

당사자가 의견제출 기한 내에 과태료를 자진하여 납부하는 경우에는 부과될 금액의 100분의 20의 범위에서 과태료를 감경할 수 있다(질서위반행위규제법 §18).

나. 과태료의 부과

관할 선거관리위원회가 과태료 처분을 하는 때에는 해당 위반행위의 동기와 그 결과, 선거에 미치는 영향, 위반기간 및 위반정도 등을 고려하여 과태료 부과 기준금액의 2분의 1의 범위에서 이를 경감하거나 가중할 수 있다. 이 경우 1회 부과액은 법에서 정한 과태료의 상한액을 넘을 수 없다(위탁선거규칙 §34②).

과태료를 부과하는 경우 당사자의 성명과 주소, 과태료 부과의 원인이 되는 사실, 과태료 금액과 적용법령, 과태료를 부과하는 행정기관의 명칭과 주소, 과태료 납부기한과 납부 방법, 미납부시 불이익이 부과될 수 있다는 사실, 이의제기 기간과 방법, 그 밖에 과태료 부과에 관하여 필요한 사항을 모두 기재한 서면으로 해야 한다(질서위반행위규제법 §17②, 질서위반행위규제법 시행령 §4).

만일 관계 법령에 규정된 사항을 기재하지 않고 과태료 납부고지서에 과태료액과 납부기한, 고지기일과 납부 장소 등 일부만을 기재하여 통보하였다면 적법한 과태료 처분이 아니다.[48] 당연히 그 처분의 효력도 인정될 수 없어 납부의무도 발생하지 않는다.

다. 이의제기

과태료 처분에 불복하는 당사자는 과태료 부과 통지를 받은 날부터 20일 이내에 관할 선거관리위원회에 서면으로 이의를 제기할 수 있다

---

48) 대법원 1992. 11. 13. 선고 92누1285 판결

(위탁선거법 §68⑤ 2.). 이는 질서위반행위규제법의 이의제기기한인 60일
보다 대폭 단축한 기간이다. 만일 이의신청기간을 넘긴 경우 과태료 처
분은 확정되어 더 이상 다툴 수 없다.[49]

한편, 일반적인 과태료 부과처분은 당사자의 이의제기가 있는 경우
그 효력을 상실하지만(질서위반행위규제법 §20②), 위탁선거법에 따른 과
태료 부과처분은 당사자의 이의제기가 있더라도 과태료 처분의 효력이
나 그 집행 또는 절차의 속행에 영향을 주지 않는다(위탁선거법 §68⑤ 2.).

예컨대 통상의 과태료 부과처분은 그 효력발생 요건이 당사자의 임
의적 승복에 의존하지만, 위탁선거법에 따른 과태료는 당사자의 이의제
기가 있는 경우에도 법원의 과태료 판결이 선고될 때까지 그 처분의 효
력에 영향을 미치지 않는 것이다.

과태료제도가 비범죄화이론의 영향을 받아 전과자의 양산을 방지하
는 등 긍정적 효과도 무시할 수 없을 것이나, 선거법 위반행위를 억제
하기 위한 효율적인 정책수단으로 인식되면서 공직선거법, 위탁선거법
등 선거 관련 법의 과태료제도는 입법자의 실험장이 된 지 오래다.

라. 법원의 과태료 재판

과태료 처분을 받은 당사자가 이의를 제기한 경우 해당 선거관리위
원회는 지체 없이 그 사실을 관할 법원에 통보하고(위탁선거법 §68⑤ 4.),
과태료 부과처분의 당부當否는 최종적으로 질서위반행위규제법에 따른
법원의 재판결과에 따라 결정된다.[50]

선거관리위원회가 위탁선거법에 따라 부과한 과태료는 비록 행정처
분과 유사하게 당사자의 이의제기가 있더라도 그 처분의 효력이나 절

---

49) 대법원 1982. 7. 22. 선고 82마337 판결
50) 과태료 처분을 받은 당사자가 이의를 제기한 경우 법원의 과태료 재판은 질서위반행위
규제법에 따르지만, 법원이 직접 과태료를 부과하는 경우에는 비송사건절차법에 따르는
것으로 보인다. 공직자윤리법 제30조제5항, 비송사건절차법 제247조부터 제249조까지
의 규정 등 참조.

차의 속행에 영향을 받지는 않지만, 그 처분의 당부當否는 행정소송법
이 아니라 질서위반행위규제법이 정한 절차에 따른다는 점에서 이를
행정처분으로 볼 수 없다.[51]

마. 과태료의 징수 위탁

당사자가 납부기한까지 과태료를 납부하지 않는 경우 질서위반행위
규제법은 체납된 과태료에 100분의 3에 상당하는 가산금을 더하지만
(§24), 위탁선거법은 체납된 과태료의 100분의 5에 상당하는 가산금을
더한다.

질서위반행위규제법에 따른 과태료는 납부기한이 경과한 날부터 60
개월을 한도로 매 1개월마다 체납된 과태료의 1천분의 12에 상당하는
중가산금을 가산하여 행정청이 직접 징수한다.

그러나 위탁선거법에 따른 과태료는 당사자가 납부기한까지 과태료
를 납부하지 않은 경우 중가산금 제도를 적용하지 않고 선거관리위원
회가 관할 세무서장에게 과태료 징수를 위탁하여 그 세무서장이 국세
체납처분의 예에 따라 징수하도록 과태료 징수에 특례를 두고 있다(위
탁선거법 §68⑤ 3.).

한편, 선거관리위원회는 과태료의 부과·징수를 위하여 필요한 때에
는 관계 행정기관, 지방자치단체 등 공공기관의 장에게 자료 또는 정보
의 제공을 요청할 수 있으며, 그 요청을 받은 공공기관의 장은 특별한
사정이 없는 한 이에 응하여야 한다(질서위반행위규제법 §23).

---

51) 대법원 1993. 11. 23. 선고 93누16833 판결 참조. 질서위반행위규제법이 제정되기 전
  까지 과태료 재판은 그 심리에 대심구조가 형성되지 않는 비송사건절차법에 따랐다.

제10장

선거에 관한 분쟁과
그 처리절차

선거결과에 이의가 있는 후보자나 선거인은 선거관리위원회 또는 중앙회에 이의를 제기하거나 법원에 소송을 제기할 수 있다. 이에 관한 절차와 방법은 이의제기의 원인에 따라 각각 다르다.

원칙적으로 선거의 효력이나 당선의 효력에 관한 이의제기는 해당 중앙회에 해야 하지만, 투표의 효력에 대한 이의제기는 관할 선거관리위원회의 상급기관인 시·도선거관리위원회에 해야 한다.

이 장에서는 이사장선거의 효력이나 당선의 효력을 둘러싼 분쟁형식과 이를 해결하기 위한 절차와 방법을 알아보기로 한다.

1. 상급 선거관리위원회에 대한 이의제기

가. 이의제기의 요건

신협의 임원선거를 임의적이든 의무적이든 관할 선거관리위원회에 위탁한 경우 후보자나 선거인이 선거 또는 당선의 효력에 대하여 이의를 제기하려면 해당 위탁단체를 대상으로 해야 한다. 다만, 위탁선거 사무의 관리집행의 하자 또는 투표의 효력에 대한 이의는 관할 선거관리위원회의 직근 상급선거관리위원회에 제기하여야 한다(위탁선거법 §55).

이의제기를 처리하는 관할 선거관리위원회의 직근 상급선거관리위원회는 각 시·도선거관리위원회가 된다.

후보자와 선거인이 시·도선거관리위원회에 이의를 제기할 경우 선거관리 집행의 하자에 관한 이의제기는 그 사유가 발생한 날부터, 투표의 효력에 관한 이의제기는 선거일부터 각각 5일 이내에 서면으로 해야 한다(위탁선거규칙 §32).

나. 이의제기의 대상

후보자 또는 선거인이 시·도선거관리위원회에 이의를 제기할 수 있는 대상은 관할 선거관리위원회가 수탁하여 관리하는 선거사무 집행의

하자 또는 투표의 효력에 한정된다. 따라서 선거인명부의 작성·열람이나 이에 대한 이의신청 또는 그 결정에 대한 사항, 후보자의 피선거권 유무에 관한 사항, 무자격자의 선거인명부 등재 여부는 관할 선거관리위원회의 위탁관리 사무범위에 포함되지 않으므로,[1] 이를 대상으로는 이의제기를 할 수 없다.

한편, 투표의 효력이란 개별 투표지의 효력뿐만 아니라 모든 투표지의 효력까지를 의미한다. 따라서 선거결과에 영향을 미칠 수 있다고 보는 경우 시·도선거관리위원회는 전체 투표지의 재검표를 요구하는 이의제기도 수용하고 있다.[2]

2. 해당 신협에 대한 이의신청

신협 선거사무의 공정한 관리를 위하여 선거공고일 3일 전부터 선거종료 후 60일까지 신협의 내부에 선거관리위원회를 둔다(신협법 §27의3, 시행령 §14의4, 선거규약 §9).

신협이 자체적으로 설치한 선거관리위원회는 선거인명부의 확정, 선거인 및 후보자 자격에 관한 이의신청, 선거와 관련한 분쟁의 조정, 당선인 결정, 합동연설회 또는 공개토론회 개최, 선거운동 제한·금지사항 위반 여부와 심사 및 조치에 관한 업무를 수행한다(선거규약 §13).

이에 따라 선거의 효력이나 당선의 효력에 관하여 이의가 있는 선거인 또는 후보자가 일견 이의신청을 할 수 있는 것으로 보이나, 선거규약에서는 선거인명부에 대한 이의신청을 제외한[3] 그 밖의 사항에 대한

---

1) 중앙선거관리위원회. 2015. 7.『제1회 전국동시조합장선거총람』 113쪽. 2019. 7. 『제2회 전국동시조합장선거총람』 98쪽. 2023. 8.『제3회 전국동시조합장선거총람』 88쪽 참조.
2) 중앙선거관리위원회. 2015. 7.『제1회 전국동시조합장선거총람』 114쪽. 2019. 7.『제2회 전국동시조합장선거총람』 99쪽. 2023. 8.『제3회 전국동시조합장선거총람』 89쪽 참조.
3) 선거인명부에 대한 이의신청은 열람기간 중 위원장에게 구술 또는 서면으로 하도록 규정되어 있다. 선거규약 제17조 참조.

이의신청의 절차와 방법은 정하지 않고 있다.

선거규약 제58조에서 임원선거에 관하여 해당 규약의 시행에 필요한 세부사항은 중앙회장이 정하는 바에 따르도록 규정하고 있으므로, 선거의 효력이나 당선의 효력에 관한 구체적 사항도 중앙회가 시달하는 지침에 따라야 할 것으로 보인다.

1. 상급 도선거관리위원회의 이의제기 처리

가. 이의제기 처리절차

후보자 또는 선거인의 이의제기를 접수한 시·도선거관리위원회는 그 날부터 10일 이내에 이의제기에 대한 결정을 해야 하며, 그 결정 내용을 지체 없이 이의제기자와 관할 선거관리위원회에 통지하여야 한다 (위탁선거규칙 §32).

이의제기를 처리하는 시·도선거관리위원회는 관할 선거관리위원회 당초 처분의 내용과 근거, 그리고 처분 경위와 이의제기 내용의 타당성 여부를 심리한다. 위탁선거에 관한 이의제기의 심리는 지방선거에서 선거 또는 당선의 효력을 다투는 선거소청과 달리 그 심리에 공개된 장소를 요구하거나 당사자의 참여를 보장하도록 의무화하는 등 법적으로 엄격한 요건을 두지는 않고 있다.

그러나 실무적으로 시·도선거관리위원회가 이의제기를 심리하는 때에는 이의제기자, 당선인, 관할 선거관리위원회 등 이해 당사자를 참여시킨 가운데 공개검증을 실시하는 등 이의제기 처리에 투명성과 공정성을 확보하는 방법을 적용하고 있다.[4]

---

4) 중앙선거관리위원회, 2015. 7. 『제1회 전국동시조합장선거총람』 114쪽, 2019. 7. 『제2

이의제기의 심리에 소요되는 비용은 그 결과에 관계 없이 해당 신협
이 부담한다. 당사자의 비용부담 측면에서 대한민국에서 처리되는 모든
형식의 분쟁 해결방법 중 가장 너그럽다.

나. 이의제기 처리사례

그동안 구·시·군선거관리위원회가 농업협동조합 등 조합장선거를
위탁관리하면서 선거사무 관리집행의 하자를 이유로 한 이의제기는
2019년 실시한 제2회 동시조합장선거에서 2건, 2023년 실시한 제3회
동시조합장선거에서 1건 등 총 3건이 있다.

이의제기의 내용으로 경업관계 미해소에 따른 후보자등록 처리의 부
적정, 당선인의 피선거권 보유 흠결, 또는 개표관리의 하자 등을 주장
하였으나, 각 시·도선거관리위원회가 이를 심리한 결과 모두 각하 또
는 기각한 바 있다.

투표의 효력에 관해서는 2015년 실시한 제1회 동시조합장선거에서
1,326개의 조합이 선거에 참여하여 총 5건의 이의가 제기되어 4건이 기
각되고 1건은 인용되었다.[5]

인용된 사안의 실제 투표지와 기표문양은 아래와 같다.

당초 관할 선거관리위원회는 개표과정에서 위의 표를 '어느 란에 표
를 한 것인지 식별할 수 없는 것'(공직선거법 §179① 4.)으로 판단하여 무

회 전국동시조합장선거총람』 100쪽 참조.
[5] 인용된 사례는 제주시 고산농업협동조합에 관한 사안이다. 선거관리위원회가 조합장선거
  를 의무적으로 수탁관리한 이래 현재까지 이의제기가 인용된 최초이자 유일한 사례다.

효로 처리하였다. 개표결과를 집계한 결과 두 후보자의 득표수가 같은 것으로 확인되어 관할 선거관리위원회는 연장자인 2번 후보자를 당선 인으로 결정한 바 있다.[6]

그러나 낙선한 1번 후보자가 상급 선거관리위원회에 이의를 제기하였고, 해당 상급 선거관리위원회가 이를 심리한 결과 그 이의제기를 인용하여 해당 투표지를 1번 후보자에게 유효한 것으로 판정하였다. 그 한표의 차이로 같은 득표수일 경우에 적용되는 장유유서長幼有序의 미덕이 힘을 쓰지 못하고 당락이 바뀌었다.

투표의 효력판단에 관한 이러한 에피소드는 이제 더 이상 발생하지 않는다. 2015년 중앙선거관리위원회가 투표용지의 서식을 개정하여 후보자란 사이에 기표용구의 바깥지름보다 더 넓은 여백을 둠으로써 경계선 기표를 원천적으로 방지하였기 때문이다.

한편, 2019년 제2회 동시조합장선거에서 3건의 이의제기가 있었으나 모두 기각되었고,[7] 2023년 제3회 동시조합장선거에서는 총 4건의 이의가 제기되었으나 이 또한 모두 기각되었다.

특히 2023년 실시한 제3회 동시조합장선거의 이의제기 4건 중 2건은 당선자와 낙선자의 표차가 1표였음에도 불구하고[8] 시·도선거관리위원회의 검증결과 당락에 변동이 없었다.

2. 중앙회의 당선취소청구 처리

신협 임원선거의 효력에 관하여 이의가 있는 조합원은 선거일부터 1

---

6) 농업협동조합법 제41조제2항제2호 참조. 공직선거에서도 대통령선거를 제외하고는 후보 자의 득표수가 같을 경우 연장자를 당선인으로 결정한다.
7) 중앙선거관리위원회 2019. 7. 『제2회 전국동시조합장선거총람』 98~100쪽 참조.
8) 2023. 3. 8. 실시한 제3회 동시조합장선거에서는 최다 득표자가 2명이어서 연장자를 당 선인으로 결정한 조합이 2개, 당선자와 낙선자의 표차이가 1표인 조합이 6개였다. 중앙 선거관리위원회 2023. 8. 『제3회 전국동시조합장선거총람』 397쪽 참조.

개월 이내에 조합원 10분의 1 이상의 동의를 받아 중앙회장에게 당선의 취소를 청구할 수 있다(신협법 §22①, 표준정관 §37의2). 중앙회장이 당선취소 청구를 받으면 3개월 이내에 이에 대한 처리결과를 청구인에게 알려야 한다(신협법 §22②).

그 밖에 당선취소 청구에 대한 중앙회의 심리절차와 방법에 관해서 법령이나 내부규범에 명문화된 규정은 보이지 않는다. 실제 중앙회에 대한 당선취소 청구제도가 적절하게 작동되지 않는 사례도 있다.[9] 언론보도에 따르면 2018년 2월 10일 충북 음성의 모 신협이 초등학교 체육관에서 총회를 마치고 이사장선거를 실시하였다고 한다.

조합원 3,200여 명 가운데 1,200여 명이 투표하여 403표를 얻은 甲 후보자가 401표를 득표한 乙 후보자를 2표차로 제치고 신협 선거관리위원회로부터 당선증을 받았다.

그런데 낙선한 乙 후보자가 중앙회가 아닌 해당 선거관리위원회에 재검표를 요구하였고, 해당 선거관리위원회가 그 요구를 수용하여 재검표를 실시한 결과 당초 개표과정에서 무효로 처리한 8표가 무더기로 유효로 판정되면서[10] 甲과 乙의 후보자 간 득표수가 같아졌다.

후보자 간 득표수가 같을 경우 신협의 선거규약 제50조제2항단서에 따라 연장자를 당선자로 하므로, 이제는 甲 후보자보다 2살 연장자인 乙 후보자가 당선자로 결정될 차례이다.

그러나 신협 선거관리위원회는 곧바로 당선인을 재결정하지 않고 甲·乙 후보자와 합의해 3곳에서 법률자문을 받아 그 의견에 따르기로 하였다. 자문 결과 당초의 개표과정에서 무효표로 처리한 8표를 모두

---

[9] 충북일보 2018. 3. 11. "선거 끝난 지 한달 째, 당선자는 누구" 기사 등 참조. https://www.inews365.com/news/article.html?no=529097

[10] 보도내용으로 추정컨대, 당초 개표과정에서는 후보자의 성명란이나 기호란에 기표된 투표를 무효로 판단한 것으로 보인다. 한편, 해당 신협에 적용되는 선거규약 제48조제2항 제3호는 '기표란 외에 기표된 것으로서 어느 후보자에게 기표한 것인지 명확한 것'은 유효로 하도록 규정하고 있다.

유효표로 판정하는 것이 옳다는 의견에 따라 최종적으로 乙 후보자가
당선자로 확정되었다.

해당 사안은 당사자들의 아름다운 승복에 따라 공동체의 평화를 회
복한 사적자치私的自治의 모범사례로 평가할 수도 있겠지만, 법적으로
는 내부 절차규범의 불비에 따른 천지창조 이전의 혼돈상태Chaos와 다
를 바가 없어 보인다.

신협의 이사장선거에서는 다른 공공단체의 선거와 달리 선거에 관한
분쟁기록을 찾아보기 어려워 외부인의 시각에서는 다소 의아한 측면이
있다. 신협이 착한 사마리아인의 심성을 가진 사람들의 공동체라서 구
성원 상호간에 관용과 양보를 통하여 평화롭게 분쟁이 해결되었을 가
능성이 높다고 추정할 수도 있다.

그러나 보이지 않는 손의 직권남용과 권리행사의 방해로 인해 피해
자의 억울한 호소가 침묵의 카르텔 속에 묻혔을 개연성도 전혀 배제할
수는 없다. 이제 관할 선거관리위원회의 의무적 위탁관리라는 열쇠를
통하여 지역신협 이사장선거의 판도라의 상자가 열리게 되면 쉽게 그
안을 확인할 수 있다.

판도라의 상자가 그랬듯 최악의 경우라도 희망은 남을 것이다.

1. 소송의 제소기한과 절차

신협법령이나 자치법규에서는 임원선거에서 법령이나 표준정관 또는 선거규약을 위반한 사유로 당선의 취소 또는 무효확인을 청구하는 소訴에 관하여 아무런 언급이 없다.

일반적으로 공공단체 임원선거의 소송에 관하여는 상법상 주주총회의 효력을 다투는 규정이 준용된다.[11] 상법상 관련 규정을 준용함에 따른 가장 큰 법률효과는 소를 제기할 수 있는 기간을 결의 날로부터 2월 내로 제한하고 있는 점과(상법 §376①), 무효 내지 취소 판결의 효력이 당사자뿐만 아니라 제3자에게도 미치는 대세적 효력에 있다.[12]

그러나 신협법규는 물론이고 자치규범에서도 임원선거의 소송절차에 관하여 아무런 언급이 없으므로, 당선의 취소 또는 무효확인을 청구하는 소訴에 관하여는 민사소송법의 일반절차에 따라야 할 것으로 보인다.

선거관리위원회가 위탁선거법이 적용되는 농업협동조합 등 위탁선거를 관리한 이후 관할 선거관리위원회의 위법한 관리집행을 이유로 법

---

11) 새마을금고법 제11조의2제2항, 농업협동조합법 제33조제3항, 수산업협동조합법 제35조제3항 등 참조.
12) 상법 제190조 본문 및 제376조제2항 참조.

원에서 선거무효나 당선무효 청구가 인용된 사례는 찾아보기 어렵다.

선거관리위원회가 위탁관리한 선거에서도 간혹 선거무효 또는 당선
무효 판결이 나오는 경우가 있는데, 그 주된 원인은 선거관리 집행의
하자가 아니라 후보자의 피선거권에 흠결이 있거나 매수 등 위법행위
와 관련한 것이다. 다음은 선거쟁송의 주요 쟁점을 살펴보고, 위탁선거
법이 적용되는 공공단체의 선거에서 선거무효 또는 당선무효 판결의
요건과 실제 판결사례를 알아보기로 한다.

2. 선거쟁송의 주요 쟁점

가. 등록무효결정의 성격

위탁단체로부터 선거관리를 수탁받은 관할 선거관리위원회가 처리하
는 후보자 등록무효 결정이나 당선인 결정이 행정처분에 해당하는지
여부가 재판의 전제가 될 수 있다. 만일 관할 선거관리위원회의 결정이
사법상의 행위라면 민사소송법의 경로를 따라 분쟁을 해결해야 하지만,
행정처분이라면 행정소송법의 경로를 좇아 분쟁을 해결해야 하기 때문
이다.

행정행위란 원칙적으로 행정청의 공법상 행위로서 특정 사항에 대하
여 법규에 의한 권리의 설정 또는 의무의 부담을 명하거나 기타 법률상
효과를 발생하게 하는 것으로서 일반 국민의 권리의무에 직접 영향을
미치는 행위를 말한다.

그러나 신협이나 농업협동조합 같은 위탁단체는 개별법에 따라 설립
된 법인으로서 원칙적으로 사법인私法人이고, 위탁단체의 선거는 개별
법과 해당 단체의 정관에 따라 자신들의 대표자를 선출하는 절차이므
로 이를 공법상 행위로 보기 어렵다.

예컨대, 위탁선거에서 관할 선거관리위원회가 후보자의 등록을 무효

로 결정하는 것은 개별 법령과 해당 단체의 정관에 따라 피선거권이 없다고 판단되는 후보자에 대하여 후보자의 지위를 박탈하는 행위로서 이는 해당 후보자의 권리 의무에 직접 영향을 미치는 행위라는 점에는 틀림이 없다.

그러나 이는 어디까지나 사법인私法人인 해당 단체 내부의 피선거권 제한에 관한 사항을 관할 선거관리위원회가 단순히 집행한 행위에 불과하므로, 단체 내부의 사법상 행위를 헌법기관이 위탁받아 행사하였다고 하여 이러한 행위를 공법상의 행위로 보는 것은 무리가 있다.13)

따라서 헌법기관인 관할 선거관리위원회가 위탁선거법에 따라 선거관리를 수탁하였다는 사실만으로 본래 사법상의 행위가 공법상의 행위로 전환되는 것으로 보아서는 안 된다. 이러한 법리는 투표의 효력 판정에 대한 직근 상급 선거관리위원회의 결정에 관해서도 동일하게 적용되는 것으로 보인다.

다만, 농업협동조합 등 조합장선거의 경우 조합원은 당선의 취소 또는 무효 확인을 주무장관에게 청구하거나 이를 청구하는 소訴를 제기할 수 있고, 주무장관은 이를 인용하여 선거나 당선을 취소할 수 있는데,14) 이 경우 주무장관의 취소 또는 무효처분을 행정소송으로 다툰 사례가 있다.15)

행정소송은 개인의 권리구제보다는 법치국가의 원리에서 요청되는 행정의 적법성 확보에 더 큰 목적이 있기 때문에 그 소송절차에 직권심리가 적용되므로,16) 처분권주의가 적용되는 민사소송에 비하여 낙선자나 조합원의 권리구제에 보다 실효성이 있는 방법으로 평가할 수 있을 것이다.

---

13) 부산고등법원(창원) 2020. 5. 14. 선고 2019나13158 판결
14) 농업협동조합법 제33조 참조.
15) 대법원 2007. 7. 13. 선고 2005두13797 판결
16) 행정소송법 제26조(직권심리) 법원은 필요하다고 인정할 때에는 직권으로 증거조사를 할 수 있고, 당사자가 주장하지 아니한 사실에 대하여도 판단할 수 있다.

나. 선거관리위원회의 피고 적격

2019년 3월 13일 실시한 제2회 전국동시조합장선거에서 관할 선거관리위원회가 후보자를 대상으로 피선거권 결격사유를 조회한 결과, 해당 조합으로부터 특정 후보자가 500만원 이상의 채무를 6개월을 초과하여 연체한 사람으로서 피선거권 결격사유에 해당한다는 회신이 접수되자 관할 선거관리위원회는 해당 후보자의 등록을 무효로 하였다.

이에 등록이 무효로 된 후보자는 선거일 후 법원에 관할 선거관리위원회 위원장을 피고로 하여 주위적 청구로 해당 조합장선거의 등록무효결정 처분이 무효임을 확인하고, 예비적 청구로 후보자 등록무효결정 처분의 취소를 구하는 행정소송을 제기하였다.

그러나 법원은 관할 선거관리위원회가 위탁선거의 피고적격이 없다며 원고의 청구를 모두 각하하였다. 각하 판결의 주된 이유로서 법원은 선거관리위원회가 해당 공공단체의 선거관리, 홍보, 위탁선거 위반행위 단속과 조사에 관한 사무를 담당할 뿐이므로, 위탁선거가 종료된 후까지 선거관리위원회로 하여금 소송의 당사자가 되어 등록무효 결정의 당부를 다투도록 하는 것이 적절하지 않다고 보았다.[17]

해당 사안은 위탁선거에서 선거 또는 당선의 효력에 대한 이의제기는 해당 위탁단체에 하도록 규정한 위탁선거법의 명시적 내용을(§55) 법원의 판결로 다시 확인하였다는 점에 의의가 있다.

다. 선거종료전 소송제기 가능 여부

선거는 선거인명부 작성과 확정, 후보자 등록, 선거운동, 투표 및 개표 등의 절차를 거쳐 당선인 결정이라는 선거결과를 형성하는 것이 궁극적인 목적이므로, 선거관리를 위하여 행하여지는 개별적인 행위는 그

---

17) 창원지방법원 2019. 11. 14. 선고 2019구합512213 판결

자체가 각각의 독립적인 법률효과를 발생시키는 것을 목적으로 한다기보다는 선거의 최종 목적 달성을 위하여 연속적 또는 단계적으로 이루어지는 일련의 과정 중 일부라고 보아야 한다.

따라서 선거절차가 진행되는 중간에 후보자등록, 선거인명부작성 등 개별 행위의 효력을 별도로 다툴 수 있게 하거나 가처분을 허용한다면, 선거의 절차 진행이 중단되어 선거의 목적달성에 심각한 지장을 초래하게 될 것이다.

그러므로 선거의 본질적 성격상 개별적 행위에 대한 다툼을 허용하는 것보다는 당선인 결정까지 일련의 모든 과정이 완전 종료된 후 일괄하여 선거의 효력이나 당선의 효력을 다툴 수 있도록 하는 것이 보다 합리적이다.

공직선거에서 선거쟁송에 관한 판례는 선거종료 전 선거관리기관의 개개의 행위를 포착하여 이를 대상으로 하는 쟁송은 허용될 수 없고, 설사 선거전 선거관리기관의 어떤 개별적인 위법행위가 있더라도 이에 대하여는 선거종료 후에 선거무효 소송으로만 그 시정을 구할 수 있을 뿐이므로, 개별적인 위법행위에 대하여 곧바로 소송을 제기할 수 없다고 판시하여 왔다.[18]

이러한 법리는 특별한 사정이 없는 한 위탁선거의 선거쟁송에도 동일하게 적용되는 것으로 보인다. 다만, 과거 일부 판례는 공직선거의 쟁송에 적용되는 법리는 농업협동조합법에 의한 당선무효 확인의 소에 적용될 수 없다고 판시한 사례가 있다.[19]

그러나 이는 선거전 개별 행위를 포착하여 소송으로 다툴 수 있다는 취지가 아니라, 조합장선거에서는 공직선거와 달리 조합 선거관리위원

---

18) 대법원 1989. 2. 28. 선고 88두8 결정
19) 대법원 2003. 12. 26. 선고 2003다11837 판결 참조. 해당 사건은 조합장선거에서 상대 후보자를 비방하는 유인물을 전 조합원에게 발송한 후보자가 2%의 득표차로 조합장에 당선되자 법원이 해당 선거를 무효로 판결한 사례이다.

회가 후보자 등 제3자에 의한 선거과정상의 위법행위에 대하여 적절한 시정조치를 취함이 없이 묵인·방치하는 등 그 책임을 돌릴 만한 사유가 없더라도 선거무효 확인의 소가 인용될 수 있다는 점을 밝힌 것으로 보인다.

라. 선거 후 개별 행위에 대한 소송 가능 여부

처분의 무효확인 또는 취소를 구하는 소송은 위법한 처분에 의하여 발생한 위법상태를 배제하여 원상으로 회복시키고 그 처분으로 침해되거나 방해받은 권리와 이익을 보호·구제하려는 소송이므로, 처분이 무효임을 확인하거나 처분을 취소하더라도 그 목적을 달성할 수 없는 경우에는 그 처분의 무효확인 또는 취소를 구할 소의 이익이 인정될 수 없다.

조합장선거에서 당선인이 결정되고 선거가 완전 종료된 상황에서 후보자 등록무효 결정의 취소를 구하는 소송이 제기된 경우에는 원고의 청구가 인용되더라도 후보자의 지위를 되돌릴 수 없으므로 소송을 통하여 회복할 법률상 이익이 존재하지 않는다.

따라서 일단 당선인이 결정되고 선거가 종료된 이상 선거 절차의 위법을 주장하려면 후보자 등록 등 개별적인 선거관리 행위의 효력을 다투기보다는 집합적 합성행위인 선거 자체의 효력을 다투는 것이 권리구제의 측면에서 보다 효과적이다.

결국 선거 후 후보자 등록무효결정의 무효 또는 취소를 청구하거나 선거인명부에 등재를 청구하는 등 개별적 사안에 대한 다툼은 원고 또는 청구인에게 소송을 통하여 회복할 수 있는 법률상 이익이 없으므로 본안을 들여다볼 필요조차 없이 각하될 뿐이다.

마. 선거쟁송 제기시 유의사항

선거는 적법하게 실시되었으나 관할 선거관리위원회가 투표의 효력 판단에 오류를 범하였거나 후보자별 득표집계에 착오를 일으킨 것으로 의심되어 선거결과를 수긍하기 어려운 때에는 상급선거관리위원회에 이의를 제기하는 것이 소송경제적 측면에서나 권리구제의 실효성 측면에서도 가장 확실한 방법이다.

후보자의 이의제기에 따라 상급 선거관리위원회가 투표지에 대한 검증을 실시한 결과 당초 관할 선거관리위원회의 투표의 효력 판단에 오류가 있어 다수득표자를 당선인으로 결정하지 않은 사실이 확인된 때에는 따로 선거를 실시할 필요가 없이 상급 선거관리위원회의 검증결과를 통보받은 관할 선거관리위원회가 정당한 다수득표자를 당선인으로 재결정하기 때문이다.

투표의 효력판단이나 후보자별 득표 집계에 관한 오류를 이유로 법원에 소송을 제기한 경우에도 법원의 검증을 통하여 다수득표자가 달라진 경우, 즉 원고의 청구가 인용된 경우에는 다시 선거를 치를 필요가 없이 판결문 등본을 송부받은 관할 선거관리위원회가 당선인을 재결정함으로써 피해자의 권리를 구제하고 분쟁을 합리적으로 종결할 수 있다.

만일 이러한 경우에도 다시 선거를 실시한다면, 당초 선거에서 실제 다수득표를 한 후보자와 그 후보자에게 투표한 선거인들의 권리가 부당하게 침해될 것이기 때문이다.

따라서 법원에 소송을 제기하거나 중앙회에 이의를 제기할 경우 그 청구취지를 정확하게 기재해야 한다. 만일 근소표차로 낙선한 후보자가 청구취지로 선거무효를 주장한다면, 그 청구가 인용되더라도 선거 자체의 효력이 무효가 되므로 해당 선거에서 자신이 당선인으로 결정될 수 있는 기회까지 함께 소멸되기 때문이다.

가장 합리적 방안은 주위적으로 투표의 효력판단이나 후보자별 득표 수 집계의 오류를 청구원인으로 하여 당선무효 소송을 제기하면서 투 표지에 대한 검증을 신청하고, 주위적 청구가 인용되지 않을 경우에 대 비하여 예비적 청구로 당선인의 위법행위나 선거인명부 작성과 확정에 관한 위법 등을 청구원인으로 선거무효를 주장하는 것이 적절한 방법 일 것이다.

결론적으로 근소 표차로 낙선한 후보자가 법원에 소송을 제기하는 경우 함부로 선거무효를 주장해서는 안 될 일이다. 이 또한 목욕물을 버린다고 아기까지 함께 쏟아 버리는 어리석음이다.

3. 당선무효 또는 선거무효 판결의 요건

가. 선거규정을 위반한 경우

선거에 관한 법령이나 표준정관 또는 선거규약 등 내부규범을 위반 한 경우 기본적으로 선거무효의 요건이 된다. 여기에서 위반의 주체는 원칙적으로 선거관리기관이다. 적법하고 공정하게 선거관리를 집행할 권한과 책임이 있기 때문이다.

따라서 선거관리위원회가 자격이 없는 사람의 후보자 등록신청을 수 리하거나, 정당한 자격이 있는 사람의 후보자등록신청을 거부하거나, 결격사유가 발견된 후보자의 등록을 무효로 결정하지 않은 경우에는 모두 선거무효의 사유로 삼을 수 있다.

또한 관할 선거관리위원회가 선거운동을 관리하면서 일부 선거인에 게 선거공보를 발송하지 않거나, 투표용지를 제작하면서 후보자의 성명 이나 기호를 틀리게 인쇄하거나, 투표 또는 개표관리 과정에 후보자측 의 참관을 보장하지 않은 경우에도 선거무효의 사유가 될 수 있다.

특히 유의할 점은 관할 선거관리위원회가 후보자 또는 제3자의 불법 선거운동 등 위탁선거 위반행위를 묵인 또는 방치하거나 불공정한 조사를 한 경우에도 선거에 관한 규정 위반으로 선거무효 청구가 인용될 수 있다는 점이다. 위탁선거 위법행위에 대한 적극적이고도 공정한 조사·단속활동을 통하여 선거법 위반행위를 억제하는 것이 선거관리위원회의 법률상 의무이기 때문이다.

검찰이나 경찰이 선거사범에 대한 수사를 미적거리거나 편파적인 수사를 하거나, 부당하게 불기소 처분을 하더라도 선거무효의 사유는 아니다. 그들은 선거관리의 총괄 주재자도 아니고 그들이 집행하는 규범은 선거에 관한 규정도 아니기 때문이다.

모름지기 심판이 되어 경기장에 선 사람은 호루라기에 실린 무게를 느껴야 하고, 선수들은 심판을 존중하면서 정정당당하게 경쟁해야 한다. 심판과 선수 모두 관중에게 심판당하고 있기 때문이다.

나. 규정 위반이 선거결과에 영향을 미친 경우

선거규약에서는 선거의 전부무효 판결이 확정된 경우 재선거의 실시 사유로 규정하고(§52) 있을 뿐, 구체적으로 규정 위반의 정도가 어떠한 수준에 이르러야만 선거의 전부무효 또는 당선무효를 선언할 수 있는지에 관해서는 명시적으로 규정한 바가 없다. 이에 따라 신협 임원선거의 선거무효 또는 당선무효 판결의 요건에 관하여는 공직선거와 위탁선거에 일반적으로 적용되는 법리를 원용할 수밖에 없다.

선거는 후보자등록부터 당선인 결정에 이르기까지 일련의 행위의 집합으로서 선거권자의 집단적 의사표시의 결과이므로, 인·허가 등 개별적인 행정행위와 달리 그 법적 안정성이 특히 강하게 요구된다. 따라서 선거에 관한 규정 위반이 있었더라도 그 규정 위반이 없었던 경우와 그 결과가 같다면 규정위반을 이유로 다시 선거를 실시하는 것은 사회경제적 손실만 초래할 뿐이다.

이를테면 선거결과에 아무런 영향을 미칠 수 없는 경미한 위반을 이유로 선거나 당선의 효력을 무효로 한다면, 당선이 무효로 되는 당선자뿐만 아니라 해당 후보자를 선출한 선거인의 권리까지 함께 침해되기 때문이다. 따라서 선거나 당선의 효력을 무효로 하기 위해서는 먼저 선거에 관한 규정에 위반된 사실이 있어야 하고, 다음으로 그 규정 위반이 실제 선거의 결과에 영향을 미쳤음이 인정되어야 한다.

선거의 결과에 영향을 미쳤음을 판단하는 대표적인 기준이 바로 당선자와 낙선자의 표차다. 큰 표차로 당락이 엇갈린 경우 경미한 위법행위를 이유로 선거무효를 선언해서는 안 되겠지만, 당선자와 낙선자의 표차가 상당하더라도 중대한 위법행위가 전방위적으로 광범위하게 자행되었다면 해당 선거나 당선의 효력을 무효로 하는 것이 타당할 것이다.

반면에 선거인 자격이 없는 조합원 10명을 선거인명부에 등재하여 이들이 모두 투표에 참여하였다고 가정할 때, 당선자와 낙선자의 표차가 20표를 넘는다면, 10명의 투표 전체를 당선자의 득표에서 공제하고 이를 전부 낙선자의 득표에 더하더라도 다수득표자가 바뀔 가능성이 전혀 없기 때문에 해당 선거와 당선인 결정의 효력이 함부로 부인否認되어서는 안 된다.

실제 공직선거에서 후보자 중 1인의 피선거권에 결격사유가 있었음에도 해당 후보자의 등록을 무효로 결정하지 않은 채 투·개표가 이루어졌으나, 그 후보자의 득표수를 다른 낙선후보자의 득표에 모두 가산하더라도 당선인의 득표수에 미달하는 사안에서 비록 선거관리위원회의 관리·집행상의 위법이 존재하긴 하였지만, 그 위법이 선거의 결과에까지 영향을 미쳤다고 볼 수 없다는 이유로 선거무효 청구를 기각한 사례가 있다.[20]

---

20) 대법원 1996. 11. 22. 선고 96수59 판결

다. 중대한 위법행위로 선거의 공정을 침해한 경우

후보자가 선거운동 과정에서 위법행위를 하였더라도 이를 선거무효의 사유로 삼기 위해서는 후보자의 위법행위의 정도가 중대하여 선거결과에 영향을 미쳤다고 인정되어야 한다.

특히 당선무효소송은 선거무효소송과는 달리 선거가 하자 없이 적법하고 유효하게 실시된 것을 전제로 선거관리위원회의 당선인 결정만이 위법하다고 그 효력을 다투는 소송이므로, 당선인이 선거운동과정에서 위법행위를 한 경우 원칙적으로 이는 당사자가 형사상 처벌대상이 될 뿐이고 그 위법행위 자체를 당선무효의 사유로 삼을 수는 없다.[21]

한편, 선거무효 청구가 인용되기 위해서는 원칙적으로 관할 선거관리위원회가 후보자의 위법행위에 대하여 이를 시정하기 위한 적절한 조치를 취함이 없이 묵인, 방치하는 등 그 책임을 돌릴 만한 선거사무 집행에 하자가 있어야 한다.

그러나 선거관리위원회에 책임을 돌릴 만한 사유가 없더라도 후보자의 위법한 선거운동으로 선거인들의 자유로운 판단에 의한 투표를 방해하여 선거의 기본이념인 선거의 자유와 공정을 현저히 침해하고 그로 인하여 선거의 결과에 영향을 미쳤다고 인정될 때에는 그 선거와 이를 기초로 한 당선인 결정을 무효로 한다.[22]

다시 말하면, 중대한 위법행위로 선거의 자유와 공정이 현저하게 침해된 경우에는, 선거관리위원회가 후보자 또는 제3자에 의한 위법행위를 적절한 시정조치 없이 묵인·방치하는 등 그 책임을 돌릴 만한 사유가 따로 있어야만 그 선거의 무효를 결정할 수 있는 것이 아니라는 뜻이다.

이러한 법리는 20여 년 전부터 공직선거법의 선거무효소송에 적용되

---

21) 대법원 1993. 5. 11. 선고 92수150 판결
22) 대법원 2003. 12. 26. 선고 2003다11837 판결

어 왔다. 예컨대, 2000년 4월 13일 실시한 제16대 총선에서 당선자의 선거구에 영업기반을 둔 대기업 계열사와 그 임직원들을 동원한 조직적이고 체계적인 불법선거운동이 자행된 적이 있었다. 물론 관할 선거관리위원회는 수십 건의 고발 또는 수사의뢰 조치를 하면서 단속활동에 전력을 다하였다.

선거종료 후 낙선자가 제기한 선거무효소송을 심리한 대법원은 불법선거운동 방법이 회사조직을 이용한 조직적·체계적인 것으로서 동원된 인원, 그들이 상대한 유권자 수와 향응 제공의 범위가 광범위하고 거액이어서 위반의 정도가 심히 중대하여 선거의 공정을 현저히 저해하고 선거결과에 영향을 미쳤을 가능성이 있다고 보아 해당 선거를 무효로 판결하였다.[23]

본래 선거무효의 원인으로 삼을 수 있는 선거에 관한 규정 위반의 주체는 원칙적으로 선거관리위원회이다. 그러나 해당 판례는 위법행위에 대하여 관할 선거관리위원회가 최선을 다하여 조사·단속활동을 전개한 경우, 즉 선거관리위원회에 고의 또는 과실이 없는 경우에도 위법행위가 선거구 전역에 걸쳐 전방위적이고 조직적으로 자행된 경우에는 선거의 자유와 공정이 현저하게 침해된 것이므로 관할 선거관리위원회에 상징적인 책임을 물어 선거를 무효로 한 것이다.

이러한 법리는 우리나라 공직선거를 둘러싼 선거쟁송에서 최초로 판시한 사례이다. 대법원의 선거무효 판결에 따라 그 선거의 일부인 당선인 결정도 무효가 되었고, 해당 국회의원의 배지는 주인을 잃었다. 이제 이러한 선거무효의 법리는 조합장선거 등 위탁선거에도 광범위하게 적용되는 것으로서 선거의 유효성을 판정하는 일반화된 원칙이자 보편적 기준이 되었다.

---

23) 대법원 2001. 7. 13. 선고 2000수216 판결

4. 당선무효와 선거무효 판결 사례

가. 위법홍보물 배부

2001년 12월 14일 실시한 농협조합장선거에서 선거일 1주일 전 상대 후보자에 대한 비방 내용이 담긴 유인물을 전체 조합원에게 발송한 후보자가 근소한 표차로[24] 당선되자, 낙선자가 이에 불복하여 소송을 제기하였고, 법원은 유인물의 내용, 발송일과 투표일 사이의 시간적 간격과 상대방 후보자의 효과적인 대응방법의 유무, 해당 선거에서 허용된 선거운동의 방법, 후보자 간 득표차 등을 고려하여 해당 조합장선거가 무효라고 판결하였다[25].

조합장선거에 후보자 등이 당선을 목적으로 허위사실을 공표하는 등 선거절차에서 법령에 위반한 사유가 있는 경우 그 사정만으로 해당 선거의 당선이 무효가 되는 것은 아니다.

하지만 이와 같은 위법한 선거운동으로 조합원들의 자유로운 판단에 의한 투표를 방해하여 선거의 기본이념인 선거의 자유와 공정을 현저히 침해하고 그로 인하여 선거의 결과에 영향을 미쳤다고 인정될 때에는 공직선거에서 선거무효의 예와 같이 그 선거의 효력과 당선인 결정을 무효로 하는 것이다.

다만, 해당 판례에서는 상법상 주주총회 결의무효 확인의 소에 관한 규정이 준용되는 조합장선거의 당선무효확인의 소에 공직선거법에 따른 선거쟁송의 법리는 적용될 수 없다고 보았다. 공직선거법은 선거무효소송과 당선무효소송으로 나누어 각각 원고·피고 적격, 당선 또는 선거무효의 사유, 소訴 제기기한 등을 따로 규정하고 있기 때문이다.

---

24) 해당 선거에서 유효투표수 1,024표 중 당선자가 522표, 낙선자가 502표를 얻었다.
25) 대법원 2003. 12. 26. 선고 2003다11837 판결

나. 유사학력 게재

2020년 1월 7일 실시한 지역 체육회장선거에서 비정규학력인 경영대학원 최고경영자과정을 이수한 후보자가 후보자등록신청서의 학력란에 그 사실을 기재하자, 상대방 후보자가 체육회 선거관리위원회에 이의를 신청하였다.

이에 해당 선거관리위원회는 공직선거와 달리 체육회장선거에서는 정규학력만을 표기하도록 의무화되지 않았기 때문에 비정규학력의 게재가 무방하다는 결정을 하였다. 선거결과 총 316명의 선거인 중 297명이 투표에 참여하였고, 유사학력을 게재한 후보자가 139표를 득표하여 당선되었으나, 122표를 득표하여 낙선한 후보자가 체육회 선거관리위원회의 당선인 결정이 무효임을 주장하며 법원에 소송을 제기하였다.

이에 관하여 법원은 당선인이 후보자등록신청서에 비정규학력을 기재한 것은 선거의 공정을 훼손하는 것으로서 선거결과에 영향을 미쳤다고 판단하여 해당 선거와 이를 기초로 한 당선인 결정은 모두 무효라고 판결하였다.[26]

법원은 그 판단이유로 낙선자와 불과 17표의 차이로 당선된 점, 선거인에게 오인을 불러일으키기에 충분한 소지가 있는 학력 기재에 대하여 관대한 용인이 이루어질 수는 없는 점, 상당한 수준의 청렴성과 도덕성이 요구되는 체육회장 선거의 후보자로서 그 등록사항에 대한 허위 기재는 선거인들에 대한 신뢰를 저버리는 비난가능성이 높은 행위로 볼 수 있다는 점 등을 들었다.

다. 이익제공의 의사표시

2015년 12월 11일 실시한 모 새마을금고 이사장선거의 소견발표회에

---

26) 울산지방법원 2020. 9. 9. 선고 2020가합10349 판결

서 한 후보자가 "제가 당선이 된다면 연봉의 50%, 5천만원을 1년에 꼭 대의원 여러분에게 쓰겠습니다. 박수 한 번 쳐주십시오"라고 발언하였고, 곧이어 대의원으로 구성된 선거인 131명이 투표한 결과 해당 발언을 한 후보자가 70표, 상대방 후보자가 60표를 얻어 문제의 발언을 한 후보자가 당선인으로 결정되었다.

이에 낙선자는 당선자의 발언이 새마을금고법과 정관 및 임원선거규약에 위반된다는 이유로 금고 선거관리위원회에 이의를 신청하였고, 해당 선거관리위원회는 2015년 12월 16일 임원선거규약 제38조제4항에[27] 따라 당선무효를 결정하자 당선인이 법원에 당선자 지위확인 소송을 제기하였다.

법원은 이 사건 발언이 금고 전체 회원의 복지를 위하여 보수의 50%를 사용하겠다는 것이 아니라 이사장선거에 투표권을 가진 대의원 130명에게 이를 사용하겠다는 것으로서 금품, 향응, 그 밖의 재산상의 이익제공의 의사표시에 해당한다면서, 4,400여 명 전체 회원들의 복지를 위하여 급여 중 일부를 사용하겠다는 의미로 해석될 여지는 없다고 판단하였다.

특히 법원은 해당 발언에 대하여 상대 후보자가 반박하거나 대응할 시간적 여유가 없었고, 투표에 참여한 대의원 전원이 해당 발언을 청취함에 따라 위법의 정도가 무겁다고 보았다.

해당 사건에서 법원은 당선인과 낙선자의 득표 차가 10표에 불과한 점에 주목하여 이 사건 발언에 따른 대의원 1인당 금품제공 의사표시금액은 약 384,615원에 이르러 선거의 결과에 영향을 미쳤을 것으로 보인다며 청구를 기각하였다.[28]

---

27) 새마을금고의 임원선거규약(예)〈제1안〉을 말한다. 임원선거규약(예)〈제2안〉에서는 제57조제4항으로 규정되어 있다.
28) 부산고등법원 2017. 4. 13. 선고 2016나57079 판결

라. 선량한 풍속에 반하는 행위

1994년 8월 3일 모 엽연초생산협동조합장선거에서 2명이 후보자로 등록하여 선거인 68명 모두가 투표한 결과 유효투표수 68표 중 35표를 얻은 후보자가 당선되었다. 이에 33표를 얻은 낙선자는 선거 과정에서 당선자가 3명의 선거인을 매수하였다는 위법행위를 이유로 법원에 당선자결정 무효확인의 소송을 제기하였다.

법원은 임원선거에서 금품 제공행위를 형사처벌하거나 그로 인한 당선을 무효로 한다는 규정이 없더라도, 당선을 목적으로 선거인들에게 금품을 제공한 행위는 선량한 풍속 기타 사회질서에 반하는 행위이고, 낙선자와 득표 차에 비추어 보면 당선인의 금품제공 행위는 선거 결과에도 영향을 미쳤으므로, 해당 조합장선거와 이를 기초로 한 당선인 결정은 무효라고 판결하였다.29)

신협의 임원선거에서 신협법, 위탁선거법 등 선거관련 법규나 표준정관과 선거규약 등 자치규범의 명시적 규정에 위반되지 않았더라도 선량한 풍속 기타 사회질서에 반하는 방법으로 선거운동을 하였다면 당선이 되더라도 이를 무효로 한다는 의미이다.

Dona Nobis Pacem!

---

29) 대법원 1996. 6. 25. 선고 95다50196 판결

부 록

신용협동조합법

[2023. 10. 19. 시행]

금융위원회(중소금융과), 02-2100-2994

제1조(목적) 이 법은 공동유대(共同紐帶)를 바탕으로 하는 신용협동조직의 건전한 육성을 통하여 그 구성원의 경제적·사회적 지위를 향상시키고, 지역주민에게 금융편의를 제공함으로써 지역경제의 발전에 이바지함을 목적으로 한다.

제2조(정의) 이 법에서 사용하는 용어의 뜻은 다음과 같다.

1. "신용협동조합"(이하 "조합"이라 한다)이란 제1조의 목적을 달성하기 위하여 이 법에 따라 설립된 비영리법인을 말한다.

2. "신용협동조합중앙회"(이하 "중앙회"라 한다)란 조합의 공동이익을 도모하기 위하여 이 법에 따라 설립된 비영리법인을 말한다.

3. "공동유대"란 조합의 설립과 구성원의 자격을 결정하는 단위를 말한다.

4. "조합원"이란 제11조제1항 및 제2항에 따른 자격이 있는 자로서 조합의 정관(定款)에서 정하는 바에 따라 조합에 가입한 자를 말한다.

5. (생 략)

6. "표준정관"이란 조합의 설립 및 운영에 필요한 사항을 규정하여 모든 조합에 공통적으로 적용하기 위하여 중앙회가 정하는 정관을 말한다.

7. "표준규정"이란 조합의 운영에 필요한 세부적인 사항을 규정하여 모든 조합에 공통적으로 적용하기 위하여 중앙회가 정하는 규정을 말한다.

8. "지역조합"이란 동일한 행정구역·경제권 또는 생활권을 공동유대로 하는 조합을 말한다.

9. "자기자본"이란 자본금, 적립금, 그 밖의 잉여금 등의 합계액으로서 대통령령으로 정하는 금액을 말한다.

제9조(공동유대와 사무소) ① 조합의 공동유대는 행정구역·경제권·생활권 또는 직장·단체 등을 중심으로 하여 정관에서 정한다. 이 경우 공동유대의 범위, 종류 및 변경에 관한 사항은 대통령령으로 정하는 바에 따른다.

② 조합의 주된 사무소는 정관에서 정한다.

③ 조합은 중앙회장의 승인을 받아 지사무소(支事務所)를 둘 수 있다.

제11조(조합원의 자격) ① 조합원은 조합의 공동유대에 소속된 자로서 제1회 출자금을 납입한 자로 한다.

② 제1항에도 불구하고 조합은 조합의 설립 목적 및 효율적인 운영을 저해하지 아니하는 범위에서 해당 공동유대에 소속되지 아니한 자 중 대통령령으로 정하는 자를 조합원에 포함시킬 수 있다.

③ 1조합의 조합원의 수는 100인 이상이어야 한다.

제16조(탈퇴) ① 조합원은 정관에서 정하는 바에 따라 조합에 탈퇴의 뜻을 미리 알리고 탈퇴할 수 있다.

② 조합원이 다음 각 호의 어느 하나에 해당하게 된 경우에는 탈퇴한 것으로 본다.

1. 조합원으로서의 자격이 상실된 경우
2. 사망한 경우
3. 파산한 경우
4. 피성년후견인이 된 경우
5. 조합원인 법인이 해산한 경우

③ 제2항제1호의 자격상실에 관한 사항은 정관에서 정한다.

제18조(제명) ① 조합원이 다음 각 호의 어느 하나에 해당하는 경우에는 총회의 결의로 제명할 수 있다.

1. 출자금의 납입이나 그 밖에 조합에 대한 의무를 이행하지 아니한 경우
2. 이 법 및 이 법에 따른 명령이나 정관을 위반한 경우

3. 2년 이상 제39조제1항제1호가목·나목 또는 바목의 사업을 이용하지 아니한 경우

4. 출자가 1좌 미만이 된 후 6개월이 지난 경우

② 조합은 제1항에 따라 조합원을 제명하려면 총회 개회일 10일 전에 그 조합원에게 제명의 사유를 알리고, 총회에서 의견을 진술할 기회를 주어야 한다.

③ 제2항에 따른 의견진술의 기회를 주지 아니하고 한 총회의 제명에 관한 결의는 해당 조합원에게 대항할 수 없다.

제19조(의결권 및 선거권 등) ① 조합원은 출자좌수에 관계없이 평등한 의결권과 선거권을 가진다. 다만, 정관에서 정하는 바에 따라 미성년자 또는 조합원 자격을 유지한 기간이 3개월 미만인 조합원의 의결권과 선거권은 제한할 수 있다.

② 조합원은 대리인으로 하여금 의결권과 선거권을 행사하게 할 수 있다. 다만, 지역 또는 단체를 공동유대로 하는 조합의 조합원은 대리인으로 하여금 선거권을 행사하게 할 수 없다.

③ 제2항에 따라 조합원 1인이 대리할 수 있는 조합원의 수는 정관에서 정한다.

④ 제2항에 따른 대리인은 대리권을 증명하는 서면을 조합에 제출하여야 한다.

제22조(결의취소 등의 청구) ① 총회 의결 또는 임원선거의 효력에 관하여 이의가 있는 조합원은 의결일 또는 선거일부터 1개월 이내에 조합원 10분의 1 이상의 동의를 받아 그 결의 또는 당선의 취소를 중앙회장에게 청구할 수 있다.

② 중앙회장은 제1항의 청구를 받으면 3개월 이내에 이에 대한 처리 결과를 청구인에게 알려야 한다.

제23조(총회) ① 조합에 총회를 둔다.

② 총회는 조합원으로 구성하되, 정기총회는 사업연도마다 1회 이사장이 소집하고, 임시총회는 이사장이 필요하다고 인정하거나 제26조에 따라 조합원 또는 감사의 청구로 정관에서 정하는 바에 따라 소집한다.

③ 이사장은 총회의 의장이 된다.

제24조(총회의 결의사항 등) ① 다음 각 호의 사항은 총회의 결의를 거쳐

야 한다.

1. 정관의 변경
2. 사업계획 및 예산의 결정
3. 임원의 선임과 해임
4. 결산보고서(사업보고서·재무상태표·손익계산서 및 잉여금처분안 또는 손실금처리안을 포함한다. 이하 같다)의 승인
5. 감사보고서의 승인
6. 조합의 해산·합병·분할 또는 휴업
7. 조합원의 제명
8. 규약의 제정·변경 또는 폐지
9. 그 밖에 정관에서 정하는 중요한 사항

② 제1항제1호에 따라 정관을 변경하였을 때에는 중앙회장의 승인을 받은 후 이를 등기하여야 한다. 다만, 제75조제1항제1호에 따른 표준정관에 따라 변경하는 경우에는 중앙회장의 승인이 필요하지 아니하다.

제25조(총회의 개의와 결의) ① 총회는 이 법에 다른 규정이 있는 경우를 제외하고는 재적조합원 과반수의 출석으로 개의(開議)하고 출석조합원 과반수의 찬성으로 결의한다. 다만, 재적조합원이 500인을 초과하는 경우에는 251인 이상의 출석으로 개의하고 출석조합원 과반수의 찬성으로 결의할 수 있다.

② 제24조제1항제1호 및 제6호의 사항은 출석조합원 3분의 2 이상의 찬성으로 결의한다.

③ 조합과 조합원의 이해가 상충되는 의사에 관하여 해당 조합원은 그 결의에 참여할 수 없다.

제26조의2(총회 결의의 특례) ① 다음 각 호의 사항에 대해서는 제24조제1항에도 불구하고 조합원의 투표로 총회의 결의를 갈음할 수 있다. 이 경우 조합원 투표의 통지·방법, 그 밖에 투표에 필요한 사항은 정관에서 정한다.

1. 조합의 해산·합병 또는 분할
2. 임원(제27조제3항에 따른 임원으로 한정한다)의 선임

② 제1항 각 호의 사항에 대한 조합원의 투표는 다음 각 호의 구분에 따른다.

1. 제1항제1호의 사항: 재적조합원 과반수(재적조합원이 500인을 초과하는 경우에는 251인 이상을 말한다)의 투표와 투표한 조합원 3분의 2 이상의 찬성으로 결의

2. 제1항제2호의 사항: 이사장과 부이사장은 선거인(정관으로 정하는 바에 따라 선거권을 가진 자를 말한다. 이하 같다) 과반수의 투표로써 다수 득표자를 당선인으로 결정하고, 이사장 및 부이사장을 제외한 임원 중 제27조제2항에 따라 조합원이어야 하는 임원은 선거인 과반수의 투표로써 다수 득표자순으로 당선인을 결정. 이 경우 제25조제1항 단서를 준용한다.

제27조(임원) ① 조합에 임원으로 이사장 1명, 부이사장 1명을 포함하여 5명 이상 9명 이하의 이사와 감사 2명 또는 3명을 둔다.

② 임원은 정관에서 정하는 바에 따라 총회에서 선출(임원의 결원으로 인한 보궐선거의 경우에는 정관에서 따로 정하는 바에 따른다)하되, 이사장을 포함한 임원의 3분의 2 이상은 조합원이어야 한다.

③ 제24조제1항제3호에 따른 이사장과 부이사장의 선출은 선거인 과반수의 투표로써 다수 득표자를 당선인으로 결정하고, 이사장 및 부이사장을 제외한 임원 중 제2항에 따라 조합원이어야 하는 임원의 선출은 선거인 과반수의 투표로써 다수 득표자순으로 당선인을 결정한다. 이 경우 제25조제1항 단서를 준용한다.

④ 이사장은 조합의 업무를 총괄하고 조합을 대표한다.

⑤ 이사장이 부득이한 사유로 직무를 수행할 수 없을 때에는 부이사장, 정관에서 정하는 이사의 순서로 그 직무를 대행한다.

⑥ 자산 규모, 재무 구조 등을 고려하여 대통령령으로 정하는 조합은 이사장 또는 이사장이 아닌 이사(이하 "상임이사"라 한다) 중에서 1명 이상을 상임으로 한다. 다만, 대통령령으로 정하는 바에 따라 상임인 이사장을 두지 아니한 조합인 경우에는 상임이사를 두어야 한다.

⑦ 상임이사는 제39조제1항제1호·제3호의 사업 및 이에 부대하는 사업을 전담하여 처리한다. 이 경우 이사장은 해당 상임이사가 소관 사업을 독립하여 수행할 수 있도록 권한의 위임 등 적절한 조치를 하여야 한다.

⑧ 자산규모 등을 고려하여 대통령령으로 정하는 조합은 제1항의 감

사 중 1명을 상임으로 두어야 한다. 이 경우 상임감사는 조합원이 아
닌 자로 한다.

⑨ 상임이사 및 상임감사(이하 "상임임원"이라 한다)는 조합 업무에
대한 전문지식과 경험이 풍부한 사람으로서 이사회의 결의를 거쳐 총
회에서 선출한다.

⑩ 상임임원의 임명 기준 및 요건에 관하여 필요한 사항은 대통령령으
로 정한다.

⑪ 상임임원이 부득이한 사유로 직무를 수행할 수 없을 때에는 이사회
가 정하는 순서에 따라 제30조에 따른 간부직원이 그 직무를 대행한
다.

⑫ 상임인 이사장 및 상임임원의 보수는 중앙회장이 정하는 기준에 따
라 총회에서 정한다.

⑬ 제6항 및 제8항에 따른 상임이 아닌 임원은 명예직으로 하되, 정관
으로 정하는 바에 따라 실비의 변상을 받을 수 있다.

제27조의2(임원의 선거운동 제한) ① 누구든지 자기 또는 특정인을 조합
의 임원으로 당선되게 하거나 당선되지 못하게 할 목적으로 다음 각
호의 어느 하나에 해당하는 행위를 할 수 없다.

　1. 조합원(공동유대에 소속된 자로서 선거인이 될 수 있는 자를 포함
　　한다. 이하 이 조에서 같다)이나 그 가족(조합원의 배우자, 조합원
　　또는 그 배우자의 직계존속·비속과 형제자매, 조합원의 직계존속·
　　비속 및 형제자매의 배우자를 말한다. 이하 같다) 또는 조합원이나
　　그 가족이 설립·운영하고 있는 기관·단체·시설에 대하여 금전·
　　물품·향응, 그 밖의 재산상의 이익이나 공사(公私)의 직(職)을 제
　　공 또는 제공의 의사표시를 하거나 그 제공을 약속하는 행위

　2. 후보자가 되지 못하게 하거나 후보자를 사퇴하게 할 목적으로 후
　　보자가 되려는 사람이나 후보자에게 제1호에 규정된 행위를 하는
　　경우

　3. 제1호 또는 제2호에 규정된 이익이나 직을 제공받거나 그 제공의
　　의사표시를 승낙하는 행위

② 누구든지 임원 선거와 관련하여 다음 각 호의 방법 외의 선거운동
을 할 수 없다. 다만, 선거에 관한 단순한 의견개진, 의사표시, 입후보

와 선거운동을 위한 준비행위 또는 통상적인 업무행위는 선거운동으로 보지 아니한다.

1. 선전 벽보의 부착
2. 선거 공보의 배부
3. 합동 연설회 또는 공개 토론회의 개최
4. 전화(문자메시지를 포함한다) 또는 컴퓨터 통신(전자우편을 포함한다)을 이용한 지지 호소
5. 도로·시장 등 금융위원회가 정하여 고시하는 다수인이 왕래하거나 집합하는 공개된 장소에서의 지지 호소 및 명함 배부

③ 제2항에 따른 선거운동은 후보자등록마감일의 다음날부터 선거일 전일까지만 할 수 있다. 다만, 조합의 이사장을 선출하는 경우로서 후보자가 선거일에 자신의 소견을 발표하는 때에는 그러하지 아니하다.

④ 제2항에 따른 선거운동 방법 등에 관한 세부적인 사항은 총리령으로 정한다.

제27조의3(조합선거관리위원회의 구성·운영 등) ① 조합은 임원 선거를 공정하게 관리하기 위하여 대통령령으로 정하는 바에 따라 조합선거관리위원회를 구성·운영한다.

② 조합은 제27조제2항, 제3항 및 제9항에 따라 선출하는 임원 선거의 관리에 대하여 정관으로 정하는 바에 따라 그 주된 사무소의 소재지를 관할하는 「선거관리위원회법」에 따른 구·시·군선거관리위원회(이하 이 항에서 "구·시·군선거관리위원회"라 한다)에 위탁할 수 있다. 다만, 대통령령으로 정하는 규모 이상의 자산을 보유한 지역조합은 제27조제2항 및 제3항에 따라 선출하는 이사장 선거의 관리에 대하여 정관으로 정하는 바에 따라 구·시·군선거관리위원회에 위탁하여야 한다.

제27조의4(이사장당선인 결정의 특례) 이사장 선거에 대하여는 제26조의2 제2항제2호 및 제27조제3항에도 불구하고 후보자등록마감시각에 등록된 후보자가 1명이거나 후보자등록마감 후 선거일의 투표마감시각까지 후보자가 사퇴·사망하거나 등록이 무효로 되어 후보자수가 1명이 된 때에는 투표를 실시하지 아니하고 선거일에 그 후보자를 당선인으로 결정한다.

제28조(임원 등의 자격 제한) ① 다음 각 호의 어느 하나에 해당하는 사
람은 조합의 임원이나 발기인이 될 수 없다.

1. 피성년후견인, 피한정후견인 및 파산선고를 받고 복권되지 아니한
사람
2. 금고 이상의 실형을 선고받고 그 집행이 끝나거나(집행이 끝난 것
으로 보는 경우를 포함한다) 집행이 면제된 날부터 3년이 지나지
아니한 사람
3. 형의 집행유예를 선고받고 그 유예기간 중에 있는 사람
4. 금고 이상의 형의 선고유예를 받고 그 선고유예기간 중에 있는 사람
5. 이 법 또는 대통령령으로 정하는 금융 관련 법령(이하 "금융관계
법령"이라 한다)을 위반하여 벌금 이상의 형을 선고받고 그 집행
이 끝나거나(집행이 끝난 것으로 보는 경우를 포함한다) 집행이
면제된 날부터 5년이 지나지 아니한 사람
6. 법원의 판결 또는 다른 법률에 따라 자격이 상실되거나 정지된 사람
7. 이 법 또는 금융관계법령에 따라 해임[제84조제1항제1호에 따른
임원에 대한 개선(改選)을 포함한다. 이하 이 조에서 같다]되거나
징계면직된 사람으로서 해임되거나 징계면직된 후 5년이 지나지
아니한 사람
8. 이 법 또는 금융관계법령에 따라 영업의 허가·인가 또는 등록이
취소된 법인 또는 회사의 임직원이었던 사람(그 취소 사유의 발생
에 직접적 책임이 있거나 이에 상응하는 책임이 있는 사람으로서
대통령령으로 정하는 사람만 해당한다)으로서 그 법인이나 회사에
대한 취소 처분이 있었던 날부터 5년이 지나지 아니한 사람
9. 이 법 또는 금융관계법령에 따라 대통령령으로 정하는 정직·업무
집행정지 이상의 제재 조치를 받은 사람으로서 대통령령으로 정하
는 기간이 지나지 아니한 사람
10. 이 법 또는 금융관계법령에 따라 재임 중이었거나 재직 중이었더
라면 해임요구 또는 징계면직의 조치를 받았을 것으로 통보된 퇴
임한 임원 또는 퇴직한 직원으로서 그 통보가 있었던 날부터 5년
(통보가 있었던 날부터 5년이 퇴임 또는 퇴직한 날부터 7년을 초
과한 경우에는 퇴임 또는 퇴직한 날부터 7년으로 한다)이 지나지

아니한 사람

11. 이 법 또는 금융관계법령에 따라 재임 중이었거나 재직 중이었더라면 대통령령으로 정하는 정직·업무집행정지 이상의 제재 조치를 요구받았을 것으로 통보된 퇴임한 임원 또는 퇴직한 직원으로서 그 통보가 있었던 날부터 대통령령으로 정하는 기간(통보가 있었던 날부터 대통령령으로 정하는 기간이 퇴임 또는 퇴직한 날부터 6년을 초과한 경우에는 퇴임 또는 퇴직한 날부터 6년으로 한다)이 지나지 아니한 사람

12. 그 밖에 정관에서 정한 자격 제한 사유에 해당하는 사람

② 임원에게서 제1항(제9호는 제외한다)의 사유가 발견되거나 발생되었을 때에는 해당 임원은 즉시 면직된다.

③ 제2항에 따라 면직된 임원이 면직 전에 관여한 행위는 그 효력을 잃지 아니한다.

제30조(간부직원) ① 조합에 간부직원으로 전무 또는 상무를 둘 수 있다.

② 간부직원으로 전무 또는 상무를 둘 수 있는 조합의 기준과 임면(任免)에 관한 기준은 중앙회장이 정한다.

③ 전무 또는 상무는 이사장(제27조제7항에 따라 상임이사가 전담하여 처리하는 사업의 경우에는 상임이사를 말한다)의 명을 받아 조합의 재무 및 회계 업무를 처리하며, 재무 및 회계에 관한 증명서류의 보관, 금전의 출납 및 보관의 책임을 진다.

④ 전무 또는 상무는 중앙회장이 인정하는 자격을 갖춘 사람 중에서 이사회의 결의를 거쳐 이사장이 임면한다.

⑤ 전무 또는 상무에 대해서는 「상법」 제11조제1항·제3항, 제12조, 제13조 및 제17조와 「상업등기법」 제23조제1항, 제50조 및 제51조를 준용한다.

제31조(임기 등) ① 임원의 임기는 4년으로 하며, 연임할 수 있다. 다만, 이사장은 두 차례만 연임할 수 있다.

② 보궐선거로 선출된 임원의 임기는 전임자 임기의 남은 기간으로 한다.

③ 제1항에도 불구하고 설립 당시의 임원의 임기는 4년의 기간 이내에서 정관에서 정한다.

제45조의2(고객응대직원에 대한 보호 조치 의무) ① 조합은 이 법에 따른

업무를 운영할 때 고객을 직접 응대하는 직원을 고객의 폭언이나 성희롱, 폭행 등으로부터 보호하기 위하여 다음 각 호의 조치를 하여야 한다.

1. 직원이 요청하는 경우 해당 고객으로부터의 분리 및 업무담당자 교체
2. 직원에 대한 치료 및 상담 지원
3. 고객을 직접 응대하는 직원을 위한 상시적 고충처리 기구 마련. 다만, 「근로자참여 및 협력증진에 관한 법률」 제26조에 따라 고충처리위원을 두는 경우에는 고객을 직접 응대하는 직원을 위한 고충처리위원의 선임 또는 위촉
4. 그 밖에 직원의 보호를 위하여 필요한 법적 조치 등 대통령령으로 정하는 조치

② 직원은 조합에 대하여 제1항 각 호의 조치를 요구할 수 있다.

③ 조합은 제2항에 따른 직원의 요구를 이유로 직원에게 불이익을 주어서는 아니 된다.

제83조(금융위원회의 감독 등) ① 금융위원회는 조합과 중앙회의 업무를 감독하고 감독상 필요한 명령을 할 수 있다.

② 금융감독원장은 그 소속 직원으로 하여금 조합 또는 중앙회의 업무와 재산에 관하여 검사를 하게 할 수 있다.

③ 금융감독원장은 제2항에 따른 검사를 할 때 필요하다고 인정하는 경우에는 조합과 중앙회에 대하여 업무 또는 재산에 관한 보고, 자료의 제출, 관계자의 출석 및 의견의 진술을 요구할 수 있다.

④ 제2항에 따라 검사를 하는 사람은 그 권한을 표시하는 증표를 관계자에게 보여 주어야 한다.

⑤ 금융감독원의 검사를 받는 조합 또는 중앙회는 검사 비용에 충당하기 위한 분담금을 금융감독원에 내야 한다.

⑥ 제5항에 따른 분담금의 분담요율·한도, 그 밖에 분담금의 납부에 필요한 사항은 대통령령으로 정한다.

제83조의5(운영의 공개) ① 이사장은 정관, 총회의 의사록, 이사회 의사록, 조합원 명부 및 결산보고서를 주된 사무소에 갖추어 두어야 한다. 다만, 결산보고서는 정기총회 1주 전까지 갖추어 두어야 한다.

② 조합원과 조합의 채권자는 영업시간 내에 언제든지 이사회 의사록

(조합원의 경우에만 해당한다)과 그 밖의 제1항에 따른 서류를 열람하거나 그 서류의 사본 발급을 청구할 수 있다. 이 경우 조합이 정한 비용을 지급하여야 한다.

③ 조합원은 조합원 100인 이상이나 총 조합원 수의 100분의 3 이상의 동의를 받아 조합의 회계장부 및 서류의 열람이나 사본의 발급을 청구할 수 있다.

④ 조합은 제3항의 청구에 대하여 특별한 사유가 없으면 발급을 거부할 수 없으며, 거부하려면 그 사유를 서면으로 알려야 한다.

제84조(임직원에 대한 행정처분) ① 금융위원회는 조합 또는 중앙회의 임직원이 이 법 또는 이 법에 따른 명령·정관·규정에서 정한 절차·의무를 이행하지 아니한 경우에는 조합 또는 중앙회로 하여금 관련 임직원에 대하여 다음 각 호의 조치를 하게 할 수 있다.

 1. 임원에 대해서는 개선, 직무의 정지 또는 견책
 2. 직원에 대해서는 징계면직, 정직, 감봉 또는 견책
 3. 임직원에 대한 주의·경고

② 제1항 및 제89조제7항제1호에 따라 조합 또는 중앙회가 임직원의 개선, 징계면직의 조치를 요구받은 경우 해당 임직원은 그 날부터 그 조치가 확정되는 날까지 직무가 정지된다.

③ 금융위원회는 조합 또는 중앙회의 업무를 집행할 임원이 없는 경우에는 임시임원을 선임할 수 있다.

④ 제3항에 따라 임시임원이 선임되었을 때에는 조합 또는 중앙회는 지체 없이 이를 등기하여야 한다. 다만, 조합 또는 중앙회가 그 등기를 해태(懈怠)하는 경우에는 금융위원회는 조합 또는 중앙회의 주된 사무소를 관할하는 등기소에 그 등기를 촉탁할 수 있다.

제84조의2(퇴임한 임원 등에 대한 조치 내용의 통보) ① 금융위원회(제96조에 따라 제84조제1항 각 호의 어느 하나에 해당하는 조치 권한을 위탁받은 금융감독원장 및 중앙회장을 포함한다)는 조합 및 중앙회의 퇴임한 임원 또는 퇴직한 직원이 재임 중이었거나 재직 중이었더라면 제84조제1항 각 호의 어느 하나에 해당하는 조치를 받았을 것으로 인정하는 경우에는 그 내용을 조합 또는 중앙회에 통보하여야 한다.

② 제1항에 따른 통보를 받은 조합 또는 중앙회는 이를 해당 임원 또

는 직원에게 통보하고, 기록·유지하여야 한다.

제93조(정치 관여의 금지) 조합과 중앙회는 정치에 관여하는 어떠한 행위도 해서는 아니 된다.

제99조(벌칙) ① 조합 또는 중앙회의 임직원 또는 청산인이 다음 각 호의 어느 하나에 해당하는 행위를 한 경우에는 3년 이하의 징역 또는 3천만원 이하의 벌금에 처한다. 이 경우 징역형과 벌금형을 병과(倂科)할 수 있다.

  1. 조합 또는 중앙회의 사업 목적 외의 용도로 자금을 사용하거나 재산을 처분 또는 이용하여 조합 또는 중앙회에 손해를 끼친 경우
  2. 제7조를 위반하여 설립인가를 받은 경우

② 조합 또는 중앙회의 임직원 또는 청산인이 다음 각 호의 어느 하나에 해당하는 행위를 한 경우에는 2년 이하의 징역 또는 2천만원 이하의 벌금에 처한다.

  1. 등기를 거짓으로 한 경우
  2. 제42조를 위반하여 동일인에 대한 대출등의 한도를 초과한 경우
  3. 제30조의2, 제49조제1항 또는 제59조제3항을 위반한 경우
  4. 제47조제2항에 따라 금융위원회가 정하는 회계처리기준 또는 결산에 관한 기준을 위반하여 거짓으로 재무제표를 작성하여 총회의 승인을 받은 경우
  5. 제81조제3항 또는 제4항을 위반한 경우
  6. 제86조제1항에 따른 경영관리에 응하지 아니한 경우
  7. 제89조제2항을 위반하여 자료의 제출, 출석 또는 진술을 거부하거나 거짓으로 자료를 제출하거나 진술을 한 경우

③ 제3조제2항, 제27조의2(제72조제8항에 따라 준용되는 경우를 포함한다) 또는 제93조를 위반한 자는 1년 이하의 징역 또는 1천만원 이하의 벌금에 처한다.

부   칙 〈제19565호, 2023. 7. 18〉

제1조(시행일) 이 법은 공포 후 3개월이 경과한 날부터 시행한다.

제2조(이사장당선인 결정에 관한 적용례) 제27조의4의 개정규정은 이 법 시행 이후 이사장을 선출하는 경우부터 적용한다.

제3조(중앙회장의 선거관리 위탁에 관한 적용례) 제72조제9항의 개정규정은 이 법 시행 이후 중앙회장을 선출하는 경우부터 적용한다.

제4조(지역조합 이사장의 동시선거에 따른 임기 및 선출 등에 관한 특례) ① 이 법 시행일부터 2023년 11월 21일까지의 기간 동안 이사장의 임기가 시작되었거나 시작되는 경우에는 제31조제1항에도 불구하고 해당 이사장의 임기는 2025년 11월 20일까지로 한다.

② 2019년 11월 22일부터 이 법 시행일 전에 새로 선출되거나 임기가 시작되는 이사장의 임기가 만료되고 다음에 새로 임기가 시작되는 이사장의 경우에는 제31조제1항에도 불구하고 해당 이사장의 임기는 2029년 11월 20일까지로 한다.

③ 제1항 및 제2항에 따라 임기가 만료되는 이사장 다음에 새로 임기가 시작되는 이사장의 선거는 다음 각 호에 따라 최초로 동시 실시하고, 이후 임기만료에 따른 이사장의 선거는 임기가 만료되는 해당 연도 11월의 두 번째 수요일에 동시 실시한다.

 1. 제1항에 따라 임기가 만료되는 이사장 다음에 새로 임기가 시작되는 이사장의 동시선거일: 2025년 11월 12일
 2. 제2항에 따라 임기가 만료되는 이사장 다음에 새로 임기가 시작되는 이사장의 동시선거일: 2029년 11월 14일

④ 2023년 11월 22일 이후 재선거 또는 보궐선거로 선출되는 이사장의 임기는 전임자 임기의 남은 기간으로 한다. 다만, 그 실시사유가 발생한 날부터 임기만료일까지의 기간이 1년 미만인 경우에는 재선거 또는 보궐선거를 실시하지 아니한다.

⑤ 2023년 11월 22일 이후 다음 각 호의 어느 하나에 해당하는 조합에서 선출된 이사장의 임기는 그 임기개시일부터 제1항에 따른 임기만료일(이후 매 4년마다 도래하는 임기만료일을 포함하며, 이하 "동시선거임기만료일"이라 한다)까지의 기간이 2년 이상인 경우에는 해당 동시선거임기만료일까지로 하고, 그 임기개시일부터 최초로 도래하는 동시선거임기만료일까지의 기간이 2년 미만인 경우에는 차기 동시선거임기만료일까지로 한다.

1. 제7조에 따라 새로 설립하는 조합
2. 제55조에 따라 합병하거나 분할하는 조합
⑥ 다음 각 호의 어느 하나에 해당하는 경우 해당 조합은 이사회 의결에 따라 제3항에 따른 이사장 동시선거를 실시하지 아니할 수 있다.
1. 제55조제1항에 따른 합병의결이 있는 때
2. 다음 각 목의 어느 하나에 해당하여 금융위원회 또는 중앙회장이 선거를 실시하지 아니하도록 권고한 때
  가. 이 법에 따라 합병 권고·요구 또는 명령을 받은 경우
  나. 거액의 금융사고, 천재지변 등으로 선거를 실시하기 곤란한 경우
⑦ 제6항에 따라 이사장 동시선거를 실시하지 아니하였으나 같은 항 각 호에 해당하지 아니하게 된 때에는 지체 없이 이사회 의결로 선거일을 지정하여 30일 이내에 이사장 선거를 실시하여야 한다. 이 경우 이사장의 임기는 제3항에 따른 이사장 동시선거를 실시하지 아니하여 선출하지 못한 이사장 임기의 남은 기간으로 하며, 그 기간이 1년 미만인 경우에는 해당 이사장 선거를 실시하지 아니한다.
⑧ 제1항, 제2항 또는 제5항에 따라 이사장의 임기가 단축되는 경우에는 해당 임기를 제31조제1항 단서에 따른 연임제한 횟수에 포함하지 아니한다.
⑨ 제4항 단서 또는 제7항 후단에 따라 이사장을 선출하지 아니한 경우에 이사장의 직무는 다음 각 호에 따라 제27조제5항에 따른 직무대행자가 대행한다.
1. 제4항 단서에 따라 재선거 또는 보궐선거를 실시하지 아니하는 경우: 전임 이사장 임기 만료일까지
2. 제7항 후단에 따라 이사장을 선출하지 아니하는 경우: 제3항에 따른 이사장 동시선거를 실시하지 아니하여 선출하지 못한 이사장의 임기만료일까지

제5조(이사장 선거의 구·시·군선거관리위원회 위탁에 관한 경과조치) 이 법 시행 이후 부칙 제4조제3항 각 호에 따른 동시선거일 전까지 실시하는 이사장 선거에 관하여는 제27조의3제2항의 개정규정에도 불구하고 종전의 규정에 따른다.

신용협동조합법 시행령

[시행 2023. 10. 19.]

금융위원회(중소금융과) 02-2100-2994

제1조(목적) 이 영은 「신용협동조합법」에서 위임된 사항과 그 시행에 관하여 필요한 사항을 규정함을 목적으로 한다.

제12조(공동유대의 범위 등) ① 법 제9조제1항에 따른 조합의 종류별 공동유대의 범위는 다음 각 호와 같다.

1. 지역조합 : 같은 시·군 또는 구에 속하는 읍·면·동. 다만, 생활권 또는 경제권이 밀접하고 행정구역이 인접하고 있어 공동유대의 범위 안에 있다고 인정되는 경우로서 공동유대의 범위별로 재무건전성 등의 요건을 충족하여 금융위원회가 승인한 경우에는 같은 시·군 또는 구에 속하지 아니하는 읍·면·동을 포함할 수 있다.

2. 직장조합: 같은 직장. 이 경우 당해 직장의 지점·자회사·계열회사 및 산하기관을 포함할 수 있다.

3. 단체조합: 다음 각목의 단체 또는 법인

   가. 교회·사찰 등의 종교단체

   나. 시장상인단체

   다. 구성원간에 상호 밀접한 협력관계가 있는 사단법인

   라. 국가로부터 공인된 자격 또는 면허 등을 취득한 자로 구성된 같은 직종단체로서 법령에 의하여 인가를 받은 단체

② 제1항제3호 가목에 해당하는 종교단체는 제1항의 규정에 불구하고 동일한 시·군 또는 구에 소재하는 다른 종교단체와 공동유대를 구성할 수 있다.

⑤ 지역조합이 행정구역의 변경으로 인하여 공동유대가 변경된 경우에

는 제1항제1호의 규정에 불구하고 종전의 공동유대를 당해 지역조합의 공동유대로 본다.

⑥ 제1항제1호 단서에 따른 공동유대의 범위별로 정하는 재무건전성 등 승인 요건 및 승인 절차 등에 관하여 필요한 사항은 금융위원회가 정하여 고시한다.

제13조(조합원의 자격) ① 법 제11조제1항의 규정에 의한 조합원의 자격은 다음 각호와 같다.

1. 지역조합의 경우: 정관이 정하는 공동유대안에 주소나 거소가 있는 자(단체 및 법인을 포함한다) 및 공동유대안에서 생업에 종사하는 자

2. 직장조합 및 단체조합의 경우: 정관이 정하는 직장·단체 등에 소속된 자(단체 및 법인을 포함한다)

② 법 제11조제2항에서 "대통령령이 정하는 자"라 함은 다음 각 호의 어느 하나에 해당하는 자를 말한다.

1. 조합원의 가족(배우자 및 세대를 같이하는 직계존·비속을 말한다. 이하 같다)

1의2. 법 제55조에 따른 조합의 합병 또는 분할, 법 제86조의4에 따른 계약이전, 조합의 공동유대의 범위조정 또는 종류전환으로 인하여 조합의 공동유대에 해당하지 아니하게 된 자

2. 단체 사무소의 직원 및 그 가족

3. 조합의 직원 및 그 가족

4. 조합이 소속한 당해 직장(당해 직장안의 단체를 포함한다)

5. 같은 직종단체를 공동유대로 하는 조합의 경우에는 조합원이 그 직종과 관련하여 운영하는 사업체의 종업원

제14조의4(조합선거관리위원회의 구성·운영) ① 법 제27조의3제1항(법 제72조제8항에서 준용하는 경우를 포함한다)에 따른 조합선거관리위원회는 조합의 이사회가 선거관리에 관한 경험이 풍부한 조합원(임직원은 제외한다)과 공직선거 등의 선거관리전문가 중에서 위촉하는 5명 이상의 위원으로 구성한다.

② 조합선거관리위원회의 위원장은 위원 중에서 호선한다.

③ 조합선거관리위원회의 회의는 재적위원 과반수의 출석으로 개의하

고, 출석위원 과반수의 찬성으로 의결한다.

④ 제1항부터 제3항까지에서 규정한 사항 외에 조합선거관리위원회의 구성 및 운영에 필요한 사항은 정관으로 정한다.

제14조의5(이사장 선거 관리 위탁 대상 지역조합의 범위) 법 제27조의3제2항 단서에서 "대통령령으로 정하는 규모 이상의 자산을 보유한 지역조합"이란 직전 사업연도 평균잔액으로 계산한 총자산이 1천억원 이상인 지역조합을 말한다.

제15조(금융관계법령의 범위등) ① 법 제28조제1항제5호에서 "대통령령으로 정하는 금융 관련 법령"이란 다음 각 호의 법률을 말한다.

 1.「금융산업의 구조개선에 관한 법률」
 2.「은행법」
 3.「장기신용은행법」
 4.「자본시장과 금융투자업에 관한 법률」
 5.「금융소비자 보호에 관한 법률」
 9.「보험업법」
 10.「상호저축은행법」
 11.「여신전문금융업법」
 12.「신용정보의 이용 및 보호에 관한 법률」
 14.「농업협동조합법」
 15.「수산업협동조합법」
 16.「산림조합법」
 17.「새마을금고법」
 18.「한국주택금융공사법」

② 법 제28조제1항제8호에서 "대통령령으로 정하는 사람"이란 허가·인가 또는 등록의 취소의 원인이 되는 사유가 발생한 당시의 임·직원(「금융산업의 구조개선에 관한 법률」 제14조의 규정에 의하여 허가·인가등이 취소된 법인 또는 회사의 경우에는 농법 제10조의 규정에 의한 적기시정조치의 원인이 되는 사유발생 당시의 임·직원)으로서 다음 각호의 1에 해당하는 자를 말한다.

 1. 감사 또는 감사위원회의 위원
 2. 허가·인가 또는 등록의 취소의 원인이 되는 사유의 발생과 관련

하여 위법·부당한 행위로 법 또는 제1항의 규정에 의한 금융관련 법령에 의하여 주의·경고·문책·직무정지·해임요구 기타의 조치를 받은 임원

3. 허가·인가 또는 등록의 취소의 원인이 되는 사유의 발생과 관련하여 위법·부당한 행위로 법 또는 제1항의 규정에 의한 금융관련 법령에 의하여 직무정지요구이상에 해당하는 조치를 받은 직원

4. 제2호 또는 제3호의 규정에 의한 제재대상자로서 그 제재를 받기 전에 사임 또는 사직한 자

③ 법 제28조제1항제9호에서 "대통령령으로 정하는 정직·업무집행정지 이상의 제재조치"란 직무의 정지, 정직 또는 업무집행정지를 말하며, 같은 호에서 "대통령령으로 정하는 기간"이란 제재조치의 종료일부터 4년을 말한다.

④ 법 제28조제1항제11호에서 "대통령령으로 정하는 정직·업무집행정지 이상의 제재조치"란 직무의 정지, 정직 또는 업무집행정지를 말하며, 같은 호에서 "대통령령으로 정하는 기간"이란 각각 4년을 말한다.

부 칙 〈제33816호, 2023. 10. 17〉

이 영은 공포한 날부터 시행한다. 다만, 제14조의5의 개정규정은 2023년 10월 19일부터 시행한다.

신용협동조합법 시행규칙

[2021. 6. 30. 시행]

금융위원회(중소금융과) 02-2100-2994

제1조(목적) 이 규칙은 신용협동조합법 및 동법시행령에서 위임된 사항과 그 시행에 관하여 필요한 사항을 규정함을 목적으로 한다.

제2조 (가입신청서) 신용협동조합(이하 "조합"이라 한다)에 가입하고자 하는 자는 다음 각호의 사항을 기재한 가입신청서를 그 조합의 정관이 정하는 바에 따라 조합의 이사장에게 제출하여야 한다.

1. 성명 또는 명칭 및 주소

2. 출자하고자 하는 출자좌수

3. 다른 조합에 가입하고 있는 경우에는 그 조합의 명칭

제4조(선거운동 방법에 관한 세부 사항) 법 제27조의2제4항(법 제72조제8항에서 준용하는 경우를 포함한다)에 따른 선거운동 방법에 관한 세부 사항은 별표와 같다.

부   칙 〈제1711호, 2021. 6. 30〉

제1조(시행일) 이 규칙은 2021년 6월 30일부터 시행한다.

제2조(선거운동 방법에 관한 적용례) 별표의 개정규정은 이 규칙 시행 이후 공고되는 조합 또는 중앙회의 임원 선거부터 적용한다.

[별표]

선거운동 방법에 관한 세부 사항(제4조 관련)

1. 선전 벽보의 부착

　가. 선전 벽보의 작성 및 제출

　　법 제27조의2제2항제1호에 따라 선전 벽보의 부착을 통해 선거운동을 하려는 후보자는 다음의 기준에 따른 선전 벽보 1종을 작성하여 법 제27조의3의 조합선거관리위원회(법 제27조의3제2항에 따라 임원 선거의 관리를 「선거관리위원회법」에 따른 구·시·군선거관리위원회에 위탁한 경우에는 구·시·군선거관리위원회를 말하며, 이하 "위원회"라 한다)에 후보자등록마감일 후 3일까지 제출해야 한다. 이 경우 위원회는 투표구별로 제출할 매수와 장소를 정하여 그 지정 장소에 제출하게 할 수 있다.

　　1) 선전 벽보의 규격

　　　가) 크기: 길이 53센티미터, 너비 38센티미터

　　　나) 무게: 제곱미터당 100그램 이내

　　　다) 색도: 제한 없음

　　2) 선전 벽보의 게재 사항

　　　선전 벽보에는 후보자의 기호·사진·성명·학력·주요경력 및 선거공약만 게재한다. 이 경우 학력 게재에 관하여는 「공직선거법」 제64조제1항에 따른다.

　나. 제출된 선전 벽보의 부착

　　위원회는 제출된 선전 벽보를 확인한 후 선전 벽보의 제출마감일 후 2일까지 선거인의 통행이 많은 곳으로서 통행인이 보기 쉬운 건물 또는 게시판 등에 부착하되, 다음의 경우에는 부착하지 않는다.

　　1) 후보자가 선전 벽보의 제출마감일까지 선전 벽보를 제출하지 않은 경우

　　2) 후보자가 가목1)에 따른 규격에 맞지 않는 선전 벽보를 제출한 경우

　다. 그 밖의 사항

　　1) 후보자는 제출한 선전 벽보를 정정하거나 철회할 수 없다. 다만,

선전 벽보의 제출마감일까지는 법령 또는 정관에 위반되는 사항
이 있음을 이유로 해당 사항을 정정하거나 철회할 수 있다.

2) 위원회는 후보자가 되려는 자 또는 후보자에게 선전 벽보에 관한
사항을 사전에 검토받도록 안내할 수 있으며, 그 검토 결과 법령
또는 정관에 위반되는 사항이 있는 경우에는 관련 이유를 제시한
후 수정하여 작성·제출하게 할 수 있다.

3) 위원회는 후보자가 제출할 선전 벽보의 수량 및 제출마감시간을
선거일을 공고할 때 함께 공고해야 한다.

4) 선전 벽보의 작성비용은 후보자가 부담한다.

2. 선거 공보의 배부

가. 선거 공보의 작성 및 제출

법 제27조의2제2항제2호에 따라 선거 공보의 배부를 통해 선거운
동을 하려는 후보자는 다음의 기준에 따른 선거 공보 1종을 작성하
여 후보자등록마감일 후 3일까지 위원회에 제출해야 한다.

1) 선거 공보의 규격 및 매수

가) 크기: 길이 29.7센티미터, 너비 21센티미터 이내

나) 매수: 1매(중앙회장 선거는 3면 이내). 이 경우 양면에 모두
작성할 수 있다.

다) 무게: 제곱미터당 100그램 이내

라) 색도: 제한 없음

2) 선거 공보 게재 사항

선거 공보에는 후보자의 기호·사진·성명·학력·주요경력 및 선
거공약만 게재한다. 이 경우 학력 게재에 관하여는 「공직선거법」
제64조제1항에 따른다.

나. 제출된 선거 공보의 발송

위원회는 제출된 선거 공보를 확인한 후 다음의 구분에 따른 기간
까지 선거인에게 발송하되, 투표안내문과 동봉하여 발송할 수 있
다. 다만, 후보자가 후보자등록마감일 후 3일까지 선거 공보를 제
출하지 않거나 선거 공보의 규격에 맞지 않는 선거 공보를 제출한
경우에는 발송하지 않는다.

1) 조합 임원 선거의 경우: 선거일전 5일까지

2) 중앙회 임원 선거의 경우: 선거일전 7일까지

다. 그 밖의 사항

선거 공보의 정정·철회, 수정 작성·제출, 선거 공보의 작성비용 부담 등에 관하여는 제1호다목을 준용한다. 이 경우 "선전 벽보"는 "선거 공보"로 본다.

라. 임원(조합의 이사장 및 중앙회장은 제외한다) 선거에 관한 특례

가목부터 다목까지의 규정에도 불구하고 위원회는 후보자로 하여금 사진 및 선거 공보 전산원고를 후보자등록마감일 후 3일까지 제출하게 한 후 각 후보자의 기호 순으로 선거 공보를 작성하여 다음의 구분에 따른 기간까지 투표안내문과 동봉하여 선거인에게 발송할 수 있다. 이 경우 선거 공보 전산원고의 제출마감시간은 선거일을 공고할 때 함께 공고하며, 선거 공보의 작성비용은 조합(조합 임원 선거로 한정한다) 또는 중앙회(중앙회 임원 선거로 한정한다)가 부담한다.

1) 조합 임원 선거의 경우: 선거일전 5일까지

2) 중앙회 임원 선거의 경우: 선거일전 7일까지

3. 합동 연설회 또는 공개 토론회의 개최

가. 개최 일시·장소의 지정 및 공고

1) 위원회는 후보자등록마감 후 후보자와 협의하여 적당한 일시와 장소를 정한 후 법 제27조의2제2항제3호에 따른 합동 연설회 또는 공개 토론회를 1회 개최한다.

2) 위원회는 합동 연설회 또는 공개 토론회의 일시 및 장소 등을 개최일전 2일까지 공고하고, 후보자에게 통지한다.

나. 합동 연설회 또는 공개 토론회의 진행 방법

1) 합동 연설회에서의 연설 순서는 연설 당일 추첨에 따라 결정하고, 연설시간은 30분의 범위에서 균등하게 배정해야 한다. 이 경우 위원회의 위원장은 연설 순서 추첨 시각까지 후보자가 참석하지 않을 때에는 그 후보자를 대리하여 연설 순서를 추첨할 수 있다.

2) 공개 토론회는 후보자가 사회자의 주관 하에 조합운영에 관한 소견을 발표하거나 사회자를 통하여 참석자의 질문에 답변하는 방

식으로 진행한다. 이 경우 사회자는 질문 및 답변의 횟수와 시간을 모든 후보자에게 공정하게 해야 한다.

다. 합동 연설회 또는 공개 토론회의 관리

1) 후보자가 합동 연설회의 본인 연설 순서 시각까지 또는 공개 토론회의 개시 시각까지 참석하지 않을 때에는 연설 또는 토론을 포기한 것으로 본다.

2) 위원회의 위원장, 위원회의 위원장이 미리 지명한 위원 또는 위원회가 미리 지명한 관리자는 합동 연설회 또는 공개 토론회에서 후보자가 법령 또는 정관에 위반되는 연설이나 발언을 할 때에는 이를 제지할 수 있으며, 후보자가 이에 불응할 때에는 연설이나 발언의 중지 또는 그 밖의 필요한 조치를 취할 수 있다.

3) 위원회의 위원장, 위원회의 위원장이 미리 지명한 위원 또는 위원회가 미리 지명한 관리자는 합동 연설회장 또는 공개 토론회장에서 연설이나 발언을 방해하거나 질서를 문란하게 하는 자가 있을 때에는 이를 제지할 수 있으며, 이에 불응할 때에는 합동 연설회장 또는 공개 토론회장 밖으로 퇴장시킬 수 있다.

4. 전화 또는 컴퓨터 통신을 이용한 지지 호소

가. 전화 또는 컴퓨터 통신을 이용한 지지 호소 방법

법 제27조의2제2항제4호에 따라 전화 또는 컴퓨터 통신을 이용해 선거운동을 하려는 후보자는 후보자등록마감일의 다음 날부터 선거일 전일까지 다음의 방법으로 선거운동을 할 수 있다.

1) 전화를 이용해 직접 통화하는 방식으로 선거운동을 하는 방법. 이 경우 해당 선거운동은 오후 10시부터 다음 날 오전 7시까지는 할 수 없다.

2) 문자메시지(문자 외의 음성·화상·동영상 등은 제외한다. 이하 같다)를 이용해 선거운동정보를 전송하는 방식으로 선거운동을 히는 방법. 이 경우 해당 신거운동은 오후 10시부터 다음 날 오전 7시까지는 할 수 없다.

3) 조합(조합의 임원선거로 한정한다) 또는 중앙회(중앙회장 선거로 한정한다)가 개설·운영하는 인터넷 홈페이지의 게시판 또는 대화방에 선거운동정보를 게시하는 방식으로 선거운동을 하는 방법

4) 컴퓨터 통신을 이용해 전자우편 또는 사회관계망서비스(SNS)로 선거운동정보를 전송하는 방식으로 선거운동을 하는 방법

나. 전화 또는 컴퓨터 통신을 이용한 선거운동에 대한 관리

1) 위원회는 법령 또는 정관에 위반되는 정보가 가목3)에 따른 조합 또는 중앙회 인터넷 홈페이지의 게시판 또는 대화방에 게시된 경우 그 관리·운영자에게 해당 정보의 삭제를 요청할 수 있으며, 그 요청을 받은 인터넷 홈페이지 관리·운영자는 지체 없이 이에 따른다.

2) 1)에 따라 법령 또는 정관에 위반되는 정보가 삭제된 경우 해당 정보를 게시한 후보자는 그 정보가 삭제된 날부터 3일 이내에 위원회에 서면으로 이의신청을 할 수 있다.

3) 위원회는 2)에 따른 이의신청을 받은 때에는 다음의 기준에 따라 처리한다.

가) 이의신청기간을 경과한 이의신청에 대해서는 각하한다.

나) 이의신청이 이유 있다고 인정할 때에는 해당 인터넷홈페이지 관리·운영자에게 1)의 요청을 철회하고, 이의신청인에게 그 처리결과를 통지한다.

다) 이의신청이 이유 없다고 인정할 때에는 그 신청을 기각하고 이의신청인에게 그 뜻을 통지한다.

4) 가목2)에 따른 문자메시지 및 같은 목 4)에 따른 전자우편 또는 사회관계망서비스(SNS)의 발송에 관하여는 「공직선거법」 제82조의5 및 「공직선거관리규칙」 제45조의4에 따른다.

5. 도로·시장 등 금융위원회가 정하여 고시하는 다수인이 왕래하거나 집합하는 공개된 장소에서의 지지 호소 및 명함 배부

가. 공개된 장소에서의 지지 호소 및 명함 배부의 기간

법 제27조의2제2항제5호에 따라 다수인이 왕래하거나 집합하는 공개된 장소에서의 지지 호소 및 명함 배부를 통해 선거운동을 하려는 후보자는 후보자등록마감일의 다음 날부터 선거일 전일까지 해당 선거운동을 할 수 있다.

나. 명함 게재사항 및 규격 등

1) 명함에는 후보자의 성명·사진·전화번호·학력·경력 그 밖에 홍

보에 필요한 사항을 게재한다. 이 경우 학력 게재에 관하여는 「공직선거법」 제64조제1항에 따른다.
2) 명함의 규격은 길이 9센티미터, 너비 5센티미터 이내로 한다.
3) 명함의 작성비용은 후보자가 부담한다.

상호금융업감독규정

[2023. 8. 30. 시행]

금융위원회(중소금융과) 02-2100-2994

제1조(목적) 이 규정은 「신용협동조합법」(이하 "법"이라 한다) 및 동법 시행령(이하 "시행령"이라 한다)·시행규칙(이하 "시행규칙"이라 한다)과 「금융위원회의설치등에관한법률」 및 동법 시행령, 기타 관계법령에서 정하는 상호금융의 감독에 관련되는 사항중 금융위원회(이하 "금융위"라 한다)소관사항의 시행에 필요한 사항을 정함을 목적으로 한다.

제4조의3(공동유대 변경의 승인범위 등) ① 시행령 제12조제1항제1호 단서에 따른 승인의 범위는 다음 각 호와 같다. 이 경우 조합이 공동유대에 포함하고자 하는 전체 읍·면·동의 외부 경계는 현재의 공동유대에 접하여야 한다.

1. 주사무소가 소재하는 시·군 또는 구에 인접하는 시·군 또는 구에 속하는 3개 이내의 동 또는 2개 이내의 읍·면. 다만, 공동유대로 포함하고자 하는 읍·면·동에 타 조합의 공동유대가 아닌 읍·면·동이 포함되어 있는 경우에는 5개 이내의 동 또는 3개 이내의 읍·면으로 한다.

2. 주사무소가 소재하는 시·군 또는 구에 인접하는 하나의 시·군 또는 구에 속하는 모든 읍·면·동

제4조의7(다수인이 왕래하거나 집합하는 공개된 장소의 범위) 법 제27조의2제2항제5호(법 제72조제8항에서 준용하는 경우를 포함한다)에서 "금융위원회가 정하여 고시하는 다수인이 왕래하거나 집합하는 공개된 장소"란 도로·도로변·광장·공터·주민회관·시장·점포·공원·운동장·주차장·경로당 등 누구나 오고갈 수 있는 공개된 장소를 말한다. 다

만, 다음 각 호의 어느 하나에 해당하는 장소를 제외한다.

1. 선박·여객자동차·열차·전동차·항공기의 안과 그 터미널 구내 및 지하철역 구내
2. 병원·종교시설·극장·조합 사무소 및 사업장의 안(담장이 있는 경우에는 담장의 안을 포함한다)

부   칙 〈제2023-46호, 2023. 8. 30〉

제1조(시행일) 이 규정은 고시한 날부터 시행한다.

공공단체등 위탁선거에 관한 법률

[2024. 2. 9. 시행]

중앙선거관리위원회(법제과) 02-3294-8400

제1조(목적) 이 법은 공공단체등의 선거가 깨끗하고 공정하게 이루어지도록 함으로써 공공단체등의 건전한 발전과 민주사회 발전에 기여함을 목적으로 한다.

제2조(기본원칙) 「선거관리위원회법」에 따른 선거관리위원회(이하 "선거관리위원회"라 한다)는 이 법에 따라 공공단체등의 위탁선거를 관리하는 경우 구성원의 자유로운 의사와 민주적인 절차에 따라 공정하게 행하여지도록 하고, 공공단체등의 자율성이 존중되도록 노력하여야 한다.

제3조(정의) 이 법에서 사용하는 용어의 뜻은 다음과 같다.

1. "공공단체등"이란 다음 각 목의 어느 하나에 해당하는 단체를 말한다.

   가. 「농업협동조합법」, 「수산업협동조합법」 및 「산림조합법」에 따른 조합 및 중앙회와 「새마을금고법」에 따른 금고 및 중앙회

   나. 「중소기업협동조합법」에 따른 중소기업중앙회 및 「도시 및 주거환경정비법」에 따른 조합과 조합설립추진위원회

   다. 그 밖의 법령에 따라 임원 등의 선출을 위한 선거의 관리를 선거관리위원회에 위탁하여야 하거나 위탁할 수 있는 단체[「공직선거법」 제57조의4(당내경선사무의 위탁)에 따른 당내경선 또는 「정당법」 제48조의2(당대표경선사무의 위탁)에 따른 당대표경선을 위탁하는 정당을 제외한다]

   라. 그 밖에 가목부터 다목까지의 규정에 준하는 단체로서 임원 등의 선출을 위한 선거의 관리를 선거관리위원회에 위탁하려는 단체

2. "위탁단체"란 임원 등의 선출을 위한 선거의 관리를 선거관리위원회에 위탁하는 공공단체등을 말한다.

3. "관할위원회"란 위탁단체의 주된 사무소 소재지를 관할하는 「선거관리위원회법」에 따른 구·시·군선거관리위원회(세종특별자치시선거관리위원회를 포함한다)를 말한다. 다만, 법령에서 관할위원회를 지정하는 경우에는 해당 선거관리위원회를 말한다.

4. "위탁선거"란 관할위원회가 공공단체등으로부터 선거의 관리를 위탁받은 선거를 말한다.

5. "선거인"이란 해당 위탁선거의 선거권이 있는 자로서 선거인명부에 올라 있는 자를 말한다.

6. (생 략)

7. "동시조합장선거"란 「농업협동조합법」, 「수산업협동조합법」 및 「산림조합법」에 따라 관할위원회에 위탁하여 동시에 실시하는 임기만료에 따른 조합장선거를 말하고, "동시이사장선거"란 「새마을금고법」에 따라 관할위원회에 위탁하여 동시에 실시하는 임기만료에 따른 이사장선거를 말한다.

8. "정관등"이란 위탁단체의 정관, 규약, 규정, 준칙, 그 밖에 위탁단체의 조직 및 활동 등을 규율하는 자치규범을 말한다.

제4조(적용 범위) 이 법은 다음 각 호의 위탁선거에 적용한다.

1. 의무위탁선거: 제3조제1호가목에 해당하는 공공단체등이 위탁하는 선거와 같은 조 제1호다목에 해당하는 공공단체등이 선거관리위원회에 위탁하여야 하는 선거

2. 임의위탁선거: 제3조제1호나목 및 라목에 해당하는 공공단체등이 위탁하는 선거와 같은 조 제1호다목에 해당하는 공공단체등이 선거관리위원회에 위탁할 수 있는 선거

제5조(다른 법률과의 관계) 이 법은 공공단체등의 위탁선거에 관하여 다른 법률에 우선하여 적용한다.

제6조(선거관리 협조) 국가기관·지방자치단체·위탁단체 등은 위탁선거의 관리에 관하여 선거관리위원회로부터 인력·시설·장비 등의 협조 요구를 받은 때에는 특별한 사유가 없으면 이에 따라야 한다.

제7조(위탁선거의 관리 범위) 관할위원회가 관리하는 위탁선거 사무의 범

위는 다음 각 호와 같다.

1. 선거관리 전반에 관한 사무. 다만, 선거인명부의 작성 및 확정에 관한 사무는 제외한다.

2. 선거참여·투표절차, 그 밖에 위탁선거의 홍보에 관한 사무

3. 위탁선거 위반행위[이 법 또는 위탁선거와 관련하여 다른 법령(해당 정관등을 포함한다)을 위반한 행위를 말한다. 이하 같다]에 대한 단속과 조사에 관한 사무

제8조(선거관리의 위탁신청) 공공단체등이 임원 등의 선출을 위한 선거의 관리를 위탁하려는 때에는 다음 각 호에 따른 기한까지 관할위원회에 서면으로 신청하여야 한다. 다만, 재선거, 보궐선거, 위탁단체의 설립·분할 또는 합병으로 인한 선거의 경우에는 그 선거의 실시사유가 발생한 날부터 5일까지 신청하여야 한다.

1. 의무위탁선거: 임원 등의 임기만료일 전 180일까지. 이 경우 동시조합장선거 및 동시이사장선거에서는 임기만료일 전 180일에 별도의 신청 없이 위탁한 것으로 본다.

2. 임의위탁선거: 임원 등의 임기만료일 전 90일까지

제9조(임의위탁선거의 위탁관리 결정·통지) 제8조제2호에 따른 선거관리의 위탁신청을 받은 관할위원회는 공직선거등과 다른 위탁선거와의 선거사무일정 등을 고려하여 그 신청서를 접수한 날부터 7일 이내에 위탁관리 여부를 결정하고, 지체 없이 그 결과를 해당 공공단체등에 통지하여야 한다.

제10조(공정선거지원단) ① 관할위원회는 위탁선거 위반행위의 예방 및 감시·단속활동을 위하여 선거실시구역·선거인수, 그 밖의 조건을 고려하여 다음 각 호의 기간의 범위에서 중립적이고 공정한 사람으로 구성된 공정선거지원단을 둘 수 있다. 다만, 동시조합장선거 및 동시이사장선거의 경우에는 임기만료일 전 180일부터 선거일까지 공정선거지원단을 둔다.

1. 의무위탁선거: 제8조에 따라 위탁신청을 받은 날부터 선거일까지

2. 임의위탁선거: 제9조에 따라 위탁받아 관리하기로 결정하여 통지한 날부터 선거일까지

② 공정선거지원단은 위탁선거 위반행위에 대하여 관할위원회의 지휘

를 받아 사전안내·예방 및 감시·단속·조사활동을 할 수 있다.

③ 공정선거지원단의 구성·활동방법 및 수당·실비의 지급, 그 밖에 필요한 사항은 중앙선거관리위원회규칙으로 정한다.

제12조(선거권 및 피선거권) 위탁선거에서 선거권 및 피선거권(입후보자격 등 그 명칭에 관계없이 임원 등이 될 수 있는 자격을 말한다. 이하 같다)에 관하여는 해당 법령이나 정관등에 따른다.

제13조(선거기간) ① 선거별 선거기간은 다음과 같다.

　1. 「농업협동조합법」, 「수산업협동조합법」 및 「산림조합법」에 따른 조합장선거(이하 "조합장선거"라 한다)와 「새마을금고법」에 따른 이사장선거(이하 "이사장선거"라 한다): 14일

　2. 제1호에 따른 선거 외의 위탁선거: 관할위원회가 해당 위탁단체와 협의하여 정하는 기간

② "선거기간"이란 후보자등록마감일의 다음 날부터 선거일까지를 말한다.

제15조(선거인명부의 작성 등) ① 위탁단체는 관할위원회와 협의하여 선거인명부작성기간과 선거인명부확정일을 정하고, 선거인명부를 작성 및 확정하여야 한다. 다만, 조합장선거 및 이사장선거의 경우에는 선거일 전 19일부터 5일 이내에 선거인명부를 작성하여야 하며, 그 선거인명부는 선거일 전 10일에 확정된다.

② 위탁단체는 선거인명부를 작성한 때에는 즉시 그 등본(전산자료 복사본을 포함한다. 이하 이 조에서 같다) 1통을, 선거인명부가 확정된 때에는 지체 없이 확정된 선거인명부 등본 1통을 각각 관할위원회에 송부하여야 한다. 이 경우 둘 이상의 투표소를 설치하는 경우에는 투표소별로 분철하여 선거인명부를 작성·확정하여야 한다.

③ 제2항에도 불구하고 동시조합장선거 또는 동시이사장선거를 실시하는 경우 위탁단체는 중앙선거관리위원회규칙으로 정하는 구역단위로 선거인명부를 작성·확정하여야 하며, 중앙선거관리위원회는 확정된 선거인명부의 전산자료 복사본을 해당 조합 또는 금고로부터 제출받아 전산조직을 이용하여 하나의 선거인명부를 작성한 후 투표소에서 사용하게 할 수 있다.

④ 선거인명부의 작성·수정 및 확정 사항과 확정된 선거인명부의 오

기 등의 통보, 그 밖에 필요한 사항은 중앙선거관리위원회규칙으로 정한다.

제16조(명부 열람 및 이의신청과 결정) ① 위탁단체는 선거인명부를 작성한 때에는 선거인명부작성기간만료일의 다음 날부터 선거인명부확정일 전일까지의 기간 중에 열람기간을 정하여 선거권자가 선거인명부를 열람할 수 있는 기회를 보장하여야 한다.

② 선거권자는 누구든지 선거인명부에 누락 또는 오기가 있거나 자격이 없는 선거인이 올라 있다고 인정되면 열람기간 내에 구술 또는 서면으로 해당 위탁단체에 이의를 신청할 수 있다.

③ 위탁단체는 제2항의 이의신청이 있는 경우에는 이의신청을 받은 날의 다음 날까지 이를 심사·결정하되, 그 신청이 이유가 있다고 결정한 때에는 즉시 선거인명부를 정정하고 관할위원회·신청인·관계인에게 통지하여야 하며, 이유 없다고 결정한 때에는 그 사유를 신청인에게 통지하여야 한다.

제17조(선거인명부 사본의 교부 신청) 후보자는 해당 법령이나 정관등에서 정하는 바에 따라 선거인명부 사본의 교부를 신청할 수 있다.

제18조(후보자등록) ① 후보자가 되려는 사람은 선거기간개시일 전 2일부터 2일 동안 관할위원회에 서면으로 후보자등록을 신청하여야 한다. 이 경우 후보자등록신청서의 접수는 공휴일에도 불구하고 매일 오전 9시부터 오후 6시까지로 한다.

② 후보자등록을 신청하는 사람은 다음 각 호의 서류 등을 제출하여야 한다.

 1. 후보자등록신청서
 2. 해당 법령이나 정관등에 따른 피선거권에 관한 증명 서류
 3. 기탁금(해당 법령이나 정관등에서 기탁금을 납부하도록 한 경우에 한정한다)
 4. 그 밖에 해당 법령이나 정관등에 따른 후보자등록신청에 필요한 서류 등

③ 관할위원회가 후보자등록신청을 접수한 때에는 즉시 이를 수리한다. 다만, 제2항제1호부터 제3호까지의 규정에 따른 서류 등을 갖추지 아니한 등록신청은 수리하지 아니한다.

④ 관할위원회는 후보자등록마감 후에 후보자의 피선거권에 관한 조사를 하여야 하며, 그 조사를 의뢰받은 기관 또는 단체는 지체 없이 그 사실을 확인하여 해당 관할위원회에 회보(回報)하여야 한다.

⑤ 관할위원회는 후보자등록마감 후 지체 없이 해당 위탁단체의 주된 사무소 소재지를 관할하는 검찰청의 장에게 후보자의 범죄경력(해당 법령이나 정관등에서 정하는 범죄경력을 말한다)에 관한 기록을 조회할 수 있고, 해당 검찰청의 장은 지체 없이 그 범죄경력을 관할위원회에 회보하여야 한다.

⑥ 후보자등록신청서의 서식, 그 밖에 필요한 사항은 중앙선거관리위원회규칙으로 정한다.

제19조(등록무효) ① 관할위원회는 후보자등록 후에 다음 각 호의 어느 하나에 해당하는 사유가 있는 때에는 그 후보자의 등록은 무효로 한다.

 1. 후보자의 피선거권이 없는 것이 발견된 때
 2. 제18조제2항제1호부터 제3호까지의 규정에 따른 서류 등을 제출하지 아니한 것이 발견된 때

② 관할위원회가 후보자등록을 무효로 한 때에는 지체 없이 그 후보자와 해당 위탁단체에 등록무효의 사유를 명시하여 그 사실을 알려야 한다.

제20조(후보자사퇴의 신고) 후보자가 사퇴하려는 경우에는 자신이 직접 관할위원회에 가서 서면으로 신고하여야 한다.

제22조(적용 제외) 제3조제1호가목에 해당하는 공공단체등이 위탁하는 선거 외의 위탁선거에는 이 장을 적용하지 아니한다. 다만, 제3조제1호다목에 따라 공공단체등이 임원 등의 선출을 위한 선거의 관리를 위탁하여야 하는 선거(「교육공무원법」 제24조의3에 따른 대학의 장 후보자 추천 선거는 제외한다)에는 제31조부터 제34조까지, 제35조제1항부터 제4항까지, 제37조를 적용한다.

제31조(지위를 이용한 선거운동금지 등) 위탁단체의 임직원은 다음 각 호의 어느 하나에 해당하는 행위를 할 수 없다.

 1. 지위를 이용하여 선거운동을 하는 행위
 2. 지위를 이용하여 선거운동의 기획에 참여하거나 그 기획의 실시에 관여하는 행위

3. 후보자(후보자가 되려는 사람을 포함한다)에 대한 선거권자의 지
지도를 조사하거나 이를 발표하는 행위

제32조(기부행위의 정의) 이 법에서 "기부행위"란 다음 각 호의 어느 하
나에 해당하는 사람이나 기관·단체·시설을 대상으로 금전·물품 또는
그 밖의 재산상 이익을 제공하거나 그 이익제공의 의사를 표시하거나
그 제공을 약속하는 행위를 말한다.

1. 선거인(선거인명부를 작성하기 전에는 그 선거인명부에 오를 자격
이 있는 자를 포함한다. 이하 이 조에서 같다)이나 그 가족(선거인
의 배우자, 선거인 또는 그 배우자의 직계존비속과 형제자매, 선거
인의 직계존비속 및 형제자매의 배우자를 말한다. 이하 같다)
2. 선거인이나 그 가족이 설립·운영하고 있는 기관·단체·시설

제33조(기부행위로 보지 아니하는 행위) ① 다음 각 호의 어느 하나에 해
당하는 행위는 기부행위로 보지 아니한다.

1. 직무상의 행위
   가. 기관·단체·시설(나목에 따른 위탁단체를 제외한다)이 자체사업
   계획과 예산에 따라 의례적인 금전·물품을 그 기관·단체·시설
   의 명의로 제공하는 행위(포상을 포함하되, 화환·화분을 제공하
   는 행위는 제외한다. 이하 나목에서 같다)
   나. 위탁단체가 해당 법령이나 정관등에 따른 사업계획 및 수지예산
   에 따라 집행하는 금전·물품을 그 위탁단체의 명의로 제공하는
   행위
   다. 물품구매·공사·역무의 제공 등에 대한 대가의 제공 또는 부담
   금의 납부 등 채무를 이행하는 행위
   라. 가목부터 다목까지의 규정에 따른 행위 외에 법령에 근거하여
   물품 등을 찬조·출연 또는 제공하는 행위
2. 의례적 행위
   가. 「민법」 제777조(친족의 범위)에 따른 친족(이하 이 조에서 "친
   족"이라 한다)의 관혼상제의식이나 그 밖의 경조사에 축의·부의
   금품을 제공하는 행위
   나. 친족 외의 사람의 관혼상제의식에 통상적인 범위에서 축의·부의
   금품(화환·화분을 제외한다)을 제공하거나 주례를 서는 행위

다. 관혼상제의식이나 그 밖의 경조사에 참석한 하객이나 조객 등에게 통상적인 범위에서 음식물 또는 답례품을 제공하는 행위

라. 소속 기관·단체·시설(위탁단체는 제외한다)의 유급 사무직원이나 친족에게 연말·설 또는 추석에 의례적인 선물을 제공하는 행위

마. 친목회·향우회·종친회·동창회 등 각종 사교·친목단체 및 사회단체의 구성원으로서 그 단체의 정관 등 또는 운영관례상의 의무에 기하여 종전의 범위에서 회비를 납부하는 행위

바. 평소 자신이 다니는 교회·성당·사찰 등에 통상의 예에 따라 헌금(물품의 제공을 포함한다)하는 행위

3. 「공직선거법」 제112조제2항제3호에 따른 구호적·자선적 행위에 준하는 행위

4. 그 밖에 제1호부터 제3호까지의 어느 하나에 준하는 행위로서 중앙선거관리위원회규칙으로 정하는 행위

② 제1항에 따라 통상적인 범위에서 1명에게 제공할 수 있는 축의·부의금품, 음식물, 답례품 및 의례적인 선물의 금액범위는 중앙선거관리위원회규칙으로 정한다.

제34조(기부행위제한기간) 기부행위를 할 수 없는 기간(이하 "기부행위제한기간"이라 한다)은 다음 각 호와 같다.

1. 임기만료에 따른 선거: 임기만료일 전 180일부터 선거일까지

2. 해당 법령이나 정관등에 따른 재선거, 보궐선거, 위탁단체의 설립·분할 또는 합병으로 인한 선거: 그 선거의 실시 사유가 발생한 날부터 선거일까지

제35조(기부행위제한) ① 후보자(후보자가 되려는 사람을 포함한다. 이하이 조에서 같다), 후보자의 배우자, 후보자가 속한 기관·단체·시설은 기부행위제한기간 중 기부행위를 할 수 없다.

② 누구든지 기부행위제한기간 중 해당 위탁선거에 관하여 후보자를 위하여 기부행위를 하거나 하게 할 수 없다. 이 경우 후보자의 명의를 밝혀 기부행위를 하거나 후보자가 기부하는 것으로 추정할 수 있는 방법으로 기부행위를 하는 것은 해당 위탁선거에 관하여 후보자를 위한 기부행위로 본다.

③ 누구든지 기부행위제한기간 중 해당 위탁선거에 관하여 제1항 또는 제2항에 규정된 자로부터 기부를 받거나 기부의 의사표시를 승낙할 수 없다.

④ 누구든지 제1항부터 제3항까지 규정된 행위에 관하여 지시·권유·알선 또는 요구할 수 없다.

⑤ 「농업협동조합법」, 「수산업협동조합법」 및 「산림조합법」에 따른 조합장·중앙회장과 「새마을금고법」에 따른 이사장·중앙회장은 재임 중에 기부행위를 할 수 없다.

제37조(선거일 후 답례금지) 후보자, 후보자의 배우자, 후보자가 속한 기관·단체·시설은 선거일 후 당선되거나 되지 아니한 데 대하여 선거인에게 축하·위로나 그 밖의 답례를 하기 위하여 다음 각 호의 어느 하나에 해당하는 행위를 할 수 없다.

1. 금전·물품 또는 향응을 제공하는 행위
2. 선거인을 모이게 하여 당선축하회 또는 낙선에 대한 위로회를 개최하는 행위

제39조(선거방법 등) ① 선거는 투표로 한다.

② 투표는 선거인이 직접 투표용지에 기표(記票)하는 방법으로 한다.

③ 투표는 선거인 1명마다 1표로 한다. 다만, 해당 법령이나 정관등에서 정하는 사람이 법인을 대표하여 행사하는 경우에는 그러하지 아니하다.

제40조(투표소의 설치 등) ① 관할위원회는 해당 위탁단체와 투표소의 설치수, 설치장소 등을 협의하여 선거일 전일까지 투표소를 설치하여야 한다.

② 관할위원회는 공정하고 중립적인 사람 중에서 투표소마다 투표에 관한 사무를 관리할 투표관리관 1명과 투표사무를 보조할 투표사무원을 위촉하여야 한다.

제42조(투표용지) ① 투표용지에는 후보자의 기호와 성명을 표시하되, 기호는 후보자의 게재순위에 따라 "1, 2, 3" 등으로 표시하고, 성명은 한글로 기재하여야 한다. 다만, 한글로 표시된 성명이 같은 후보자가 있는 경우에는 괄호 속에 한자를 함께 기재한다.

② 관할위원회는 후보자등록마감 후에 후보자 또는 그 대리인의 참여

하에 투표용지에 게재할 후보자의 순위를 추첨의 방법으로 정하여야 한다. 다만, 추첨개시시각에 후보자 또는 그 대리인이 참여하지 아니하는 경우에는 관할위원회 위원장이 지정하는 사람이 그 후보자를 대리하여 추첨할 수 있다.

③ 투표용지는 인쇄하거나 투표용지 발급기를 이용하여 출력하는 방법으로 작성할 수 있다.

제43조(투표안내문의 발송) 관할위원회는 선거인의 성명, 선거인명부등재번호, 투표소의 위치, 투표할 수 있는 시간, 투표할 때 가지고 가야 할 지참물, 투표절차, 그 밖에 투표참여를 권유하는 내용 등이 기재된 투표안내문을 선거인명부확정일 후 2일까지 선거인에게 우편으로 발송하여야 한다.

제44조(투표시간) ① 선거별 투표시간은 다음과 같다.

1. 동시조합장선거 및 동시이사장선거: 오전 7시부터 오후 5시까지
2. 제1호에 따른 선거 외의 위탁선거: 관할위원회가 해당 위탁단체와 협의하여 정하는 시간

② 투표를 마감할 때에 투표소에서 투표하기 위하여 대기하고 있는 선거인에게는 번호표를 부여하여 투표하게 한 후에 닫아야 한다.

제45조(투표ㆍ개표의 참관) ① 후보자는 선거인 중에서 투표소마다 2명 이내의 투표참관인을 선정하여 선거일 전 2일까지, 개표소마다 2명 이내의 개표참관인을 선정하여 선거일 전일까지 관할위원회에 서면으로 신고하여야 한다. 이 경우 개표참관인은 투표참관인이 겸임하게 할 수 있다.

② 관할위원회는 제1항에 따라 신고한 투표참관인ㆍ개표참관인이 투표 및 개표 상황을 참관하게 하여야 한다.

③ 후보자가 제1항에 따른 투표참관인ㆍ개표참관인의 신고를 하지 아니한 때에는 투표ㆍ개표 참관을 포기한 것으로 본다.

④ 후보자 또는 후보자의 배우자와 해당 위탁단체의 임직원은 투표참관인ㆍ개표참관인이 될 수 없다.

⑤ 제1항에도 불구하고 동시조합장선거 및 동시이사장선거의 투표참관인은 투표소마다 12명으로 하며, 후보자수가 12명을 넘는 경우에는 후보자별로 1명씩 우선 선정한 후 추첨에 따라 12명을 지정하고, 후보자

수가 12명에 미달하되 후보자가 선정·신고한 인원수가 12명을 넘는 때에는 후보자별로 1명씩 선정한 자를 우선 지정한 후 나머지 인원은 추첨에 의하여 지정한다.

⑥ 투표참관인·개표참관인의 선정·신고 및 투표참관인 지정의 구체적인 절차·방법, 그 밖에 필요한 사항은 중앙선거관리위원회규칙으로 정한다.

제46조(개표소의 설치 등) ① 관할위원회는 해당 관할구역에 있는 위탁단체의 시설 등에 개표소를 설치하여야 한다. 다만, 섬 또는 산간오지 등의 지역에 투표소를 설치한 경우로서 투표함을 개표소로 이송하기 어려운 부득이한 경우에는 관할위원회의 의결로 해당 투표소에 개표소를 설치할 수 있다.

② 관할위원회는 개표사무를 보조하게 하기 위하여 개표사무를 보조할 능력이 있는 공정하고 중립적인 사람을 개표사무원으로 위촉할 수 있다.

③ 개표사무원은 투표사무원이 겸임하게 할 수 있다.

④ 제1항 단서에 따라 투표소에 개표소를 설치하는 경우의 개표 절차, 개표사무원의 위촉, 개표참관, 그 밖에 필요한 사항은 중앙선거관리위원회규칙으로 정한다.

제47조(개표의 진행) ① 개표는 위탁단체별로 구분하여 투표수를 계산한다.

② 관할위원회는 개표사무를 보조하기 위하여 투표지를 유효별·무효별 또는 후보자별로 구분하거나 계산하는 데 필요한 기계장치 또는 전산조직을 이용할 수 있다.

③ 후보자별 득표수의 공표는 최종 집계되어 관할위원회 위원장이 서명 또는 날인한 개표상황표에 의한다. 이 경우 출석한 관할위원회의 위원 전원은 공표 전에 득표수를 검열하여야 하며, 정당한 사유 없이 개표사무를 지연시키는 위원이 있는 때에는 검열을 포기한 것으로 보고, 개표록에 그 사유를 기재한다.

④ 제11조제3항에 따라 개표사무의 관리를 지정받은 사람 또는 하급선거관리위원회나 다른 구·시·군선거관리위원회는 그 개표결과를 관할위원회에 즉시 송부하여야 하며, 해당 관할위원회는 송부 받은 개표결과를 포함하여 후보자별 득표수를 공표하여야 한다.

⑤ 제4항에 따른 개표결과의 작성·송부, 그 밖에 필요한 사항은 중앙

선거관리위원회규칙으로 정한다.

제48조(개표관람) ① 누구든지 관할위원회가 발행하는 관람증을 받아 구획된 장소에서 개표상황을 관람할 수 있다.

② 관할위원회는 투표와 개표를 같은 날 같은 장소에서 실시하는 경우에는 관람증을 발급하지 아니한다. 이 경우 관람인석과 투표 및 개표 장소를 구분하여 관람인이 투표 및 개표 장소에 출입할 수 없도록 하여야 한다.

제49조(투표록 · 개표록 및 선거록의 작성 등) ① 관할위원회는 투표록, 개표록을 각각 작성하여야 한다. 다만, 투표와 개표를 같은 날 같은 장소에서 실시하는 경우에는 투표 및 개표록을 통합하여 작성할 수 있다.

② 제11조제3항에 따라 관할위원회가 지정하는 사람 등에게 투표사무 또는 개표사무를 관리하게 하는 경우에는 그 지정을 받은 사람 또는 하급선거관리위원회나 다른 구 · 시 · 군선거관리위원회는 제1항에 따른 투표록 · 개표록 또는 투표 및 개표록을 작성하여 지체 없이 관할위원회에 송부하여야 한다.

③ 제2항에 따라 투표록 · 개표록 또는 투표 및 개표록을 송부받은 관할위원회는 지체 없이 후보자별 득표수를 계산하고 선거록을 작성하여야 한다.

④ 투표록 · 개표록, 투표 및 개표록과 선거록은 전산조직을 이용하여 작성 · 보고 또는 송부할 수 있다.

제50조(선거 관계 서류의 보관) 관할위원회는 투표지, 투표록, 개표록, 투표 및 개표록, 선거록, 그 밖에 위탁선거에 관한 모든 서류를 그 당선인의 임기 중 보관하여야 한다. 다만, 중앙선거관리위원회규칙으로 정하는 바에 따라 그 보존기간을 단축할 수 있다.

제51조(「공직선거법」의 준용 등) ① 투표 및 개표의 관리에 관하여는 이 법에 규정된 것을 제외하고는 그 성질에 반하지 아니하는 범위에서 「공직선거법」 제10장(투표) 및 제11장(개표)을 준용한다.

② 임의위탁선거의 투표 및 개표의 절차 등에 관하여는 해당 위탁단체와 협의하여 달리 정할 수 있다.

제55조(위탁선거의 효력 등에 대한 이의제기) 위탁선거에서 선거 또는 당선의 효력에 대한 이의제기는 해당 위탁단체에 하여야 한다. 다만, 위

탁선거 사무의 관리집행 상의 하자 또는 투표의 효력에 대한 이의제
기는 관할위원회의 직근 상급선거관리위원회에 하여야 한다.

제56조(당선인 결정) 당선인 결정은 해당 법령이나 정관등에 따른다.

제57조(적용 제외) ① 제3조제1호가목에 해당하는 공공단체등이 위탁하
는 선거 외의 위탁선거에는 이 장을 적용하지 아니한다. 다만, 제65조,
제66조제12호, 제68조제1항·제2항제2호 및 제4항·제5항은 그러하지
아니하다.

② 제1항 본문에도 불구하고 제3조제1호다목에 따라 공공단체등이 임
원 등의 선출을 위한 선거의 관리를 위탁하여야 하는 선거(「교육공무
원법」 제24조의3에 따른 대학의 장 후보자 추천 선거는 제외한다)에
는 제58조부터 제65조까지, 제66조제8호·제10호·제12호·제13호, 제
67조, 제68조제1항, 같은 조 제2항제2호, 같은 조 제3항부터 제5항까
지를 적용한다.

제58조(매수 및 이해유도죄) 선거운동을 목적으로 다음 각 호의 어느 하
나에 해당하는 행위를 한 자는 3년 이하의 징역 또는 3천만원 이하의
벌금에 처한다.

  1. 선거인(선거인명부를 작성하기 전에는 그 선거인명부에 오를 자격
     이 있는 자를 포함한다. 이하 이 조에서 같다)이나 그 가족 또는 선
     거인이나 그 가족이 설립·운영하고 있는 기관·단체·시설에 대하
     여 금전·물품·향응이나 그 밖의 재산상 이익이나 공사(公私)의 직
     을 제공하거나 그 제공의 의사를 표시하거나 그 제공을 약속한 자
  2. 후보자가 되지 아니하도록 하거나 후보자가 된 것을 사퇴하게 할
     목적으로 후보자가 되려는 사람이나 후보자에게 제1호에 규정된
     행위를 한 자
  3. 제1호 또는 제2호에 규정된 이익이나 직을 제공받거나 그 제공의
     의사표시를 승낙한 자
  4. 제1호부터 제3호까지에 규정된 행위에 관하여 지시·권유·알선하
     거나 요구한 자
  5. 후보자등록개시일부터 선거일까지 포장된 선물 또는 돈봉투 등 다
     수의 선거인(선거인의 가족 또는 선거인이나 그 가족이 설립·운영
     하고 있는 기관·단체·시설을 포함한다)에게 배부하도록 구분된

형태로 되어 있는 금품을 운반한 자

제59조(기부행위의 금지·제한 등 위반죄) 제35조를 위반한 자(제68조제3
항에 해당하는 자를 제외한다)는 3년 이하의 징역 또는 3천만원 이하
의 벌금에 처한다.

제61조(허위사실 공표죄) ① 당선되거나 되게 할 목적으로 선거공보나 그
밖의 방법으로 후보자(후보자가 되려는 사람을 포함한다. 이하 이 조
에서 같다)에게 유리하도록 후보자, 그의 배우자 또는 직계존비속이나
형제자매에 관하여 허위의 사실을 공표한 자는 3년 이하의 징역 또는
3천만원 이하의 벌금에 처한다.

② 당선되지 못하게 할 목적으로 선거공보나 그 밖의 방법으로 후보자
에게 불리하도록 후보자, 그의 배우자 또는 직계존비속이나 형제자매
에 관하여 허위의 사실을 공표한 자는 5년 이하의 징역 또는 500만원
이상 5천만원 이하의 벌금에 처한다.

제62조(후보자 등 비방죄) 선거운동을 목적으로 선거공보나 그 밖의 방법
으로 공연히 사실을 적시하여 후보자(후보자가 되려는 사람을 포함한
다), 그의 배우자 또는 직계존비속이나 형제자매를 비방한 자는 2년
이하의 징역 또는 2천만원 이하의 벌금에 처한다. 다만, 진실한 사실
로서 공공의 이익에 관한 때에는 처벌하지 아니한다.

제63조(사위등재죄) ① 거짓의 방법으로 선거인명부에 오르게 한 자는 1
년 이하의 징역 또는 1천만원 이하의 벌금에 처한다.

② 선거인명부작성에 관계 있는 자가 선거인명부에 고의로 선거권자를
기재하지 아니하거나 거짓 사실을 기재하거나 하게 한 때에는 3년 이
하의 징역 또는 3천만원 이하의 벌금에 처한다.

제64조(사위투표죄) ① 성명을 사칭하거나 신분증명서를 위조 또는 변조
하여 사용하거나 그 밖에 거짓의 방법으로 투표하거나 하게 하거나
또는 투표를 하려고 한 자는 1년 이하의 징역 또는 1천만원 이하의
벌금에 처한다.

② 선거관리위원회의 위원·직원·투표관리관 또는 투표사무원이 제1항
에 규정된 행위를 하거나 하게 한 때에는 3년 이하의 징역에 처한다.

제65조(선거사무관계자나 시설 등에 대한 폭행·교란죄) 다음 각 호의 어
느 하나에 해당하는 자는 1년 이상 7년 이하의 징역 또는 1천만원 이

상 7천만원 이하의 벌금에 처한다.

1. 위탁선거와 관련하여 선거관리위원회의 위원·직원, 공정선거지원 단원, 그 밖에 위탁선거 사무에 종사하는 사람을 폭행·협박·유인 또는 불법으로 체포·감금한 자

2. 폭행하거나 협박하여 투표소·개표소 또는 선거관리위원회 사무소를 소요·교란한 자

3. 투표용지·투표지·투표보조용구·전산조직 등 선거관리 및 단속사무와 관련한 시설·설비·장비·서류·인장 또는 선거인명부를 은닉·파손·훼손 또는 탈취한 자

제66조(각종 제한규정 위반죄) 다음 각 호의 어느 하나에 해당하는 자는 2년 이하의 징역 또는 2천만원 이하의 벌금에 처한다.

1. ~ 7의2. (생 략)

8. 제31조를 위반한 자

9. (생 략)

10. 제37조를 위반한 자

11. (생 략)

12. 제73조제3항을 위반하여 출입을 방해하거나 자료제출의 요구에 응하지 아니한 자 또는 허위자료를 제출한 자

13. 제75조제2항을 위반한 자

제68조(과태료의 부과·징수 등) ①「형사소송법」제211조(현행범인과 준현행범인)에 규정된 현행범인 또는 준현행범인으로서 제73조제4항에 따른 동행요구에 응하지 아니한 자에게는 300만원 이하의 과태료를 부과한다.

② 다음 각 호의 어느 하나에 해당하는 자에게는 100만원 이하의 과태료를 부과한다.

1. 제29조제2항에 따른 관할위원회의 요청을 이행하지 아니한 자

2. 제73조제4항에 따른 출석요구에 정당한 사유 없이 응하지 아니한 자

③ 제35조제3항을 위반하여 금전·물품이나 그 밖의 재산상 이익을 제공받은 자(그 제공받은 금액 또는 물품의 가액이 100만원을 초과한 자는 제외한다)에게는 그 제공받은 금액이나 가액의 10배 이상 50배 이하에 상당하는 금액의 과태료를 부과하되, 그 상한액은 3천만원으로

한다. 다만, 제공받은 금액 또는 음식물·물품(제공받은 것을 반환할 수 없는 경우에는 그 가액에 상당하는 금액을 말한다) 등을 선거관리위원회에 반환하고 자수한 경우에는 그 과태료를 감경 또는 면제할 수 있다.

④ 과태료는 중앙선거관리위원회규칙으로 정하는 바에 따라 관할위원회(이하 이 조에서 "부과권자"라 한다)가 부과한다. 이 경우 과태료처분대상자가 납부기한까지 납부하지 아니한 때에는 관할세무서장에게 징수를 위탁하고 관할세무서장이 국세체납처분의 예에 따라 이를 징수하여 국가에 납입하여야 한다.

⑤ 이 법에 따른 과태료의 부과·징수 등의 절차에 관하여는 「질서위반행위규제법」 제5조(다른 법률과의 관계)에도 불구하고 다음 각 호에서 정하는 바에 따른다.

1. 당사자[「질서위반행위규제법」 제2조(정의)제3호에 따른 당사자를 말한다. 이하 이 항에서 같다]는 「질서위반행위규제법」 제16조(사전통지 및 의견 제출 등)제1항 전단에도 불구하고 부과권자로부터 사전통지를 받은 날부터 3일까지 의견을 제출하여야 한다.

2. 제4항 전단에 따른 과태료 처분에 불복이 있는 당사자는 「질서위반행위규제법」 제20조(이의제기)제1항 및 제2항에도 불구하고 그 처분의 고지를 받은 날부터 20일 이내에 부과권자에게 이의를 제기하여야 하며, 이 경우 그 이의제기는 과태료 처분의 효력이나 그 집행 또는 절차의 속행에 영향을 주지 아니한다.

3. 「질서위반행위규제법」 제24조(가산금 징수 및 체납처분 등)에도 불구하고 당사자가 납부기한까지 납부하지 아니한 경우 부과권자는 체납된 과태료에 대하여 100분의 5에 상당하는 가산금을 더하여 관할세무서장에게 징수를 위탁하고, 관할세무서장은 국세 체납처분의 예에 따라 이를 징수하여 국가에 납입하여야 한다.

4. 「질서위반행위규제법」 제21조(법원에의 통보)제1항 본문에도 불구하고 제4항에 따라 과태료 처분을 받은 당사자가 제2호에 따라 이의를 제기한 경우 부과권자는 지체 없이 관할법원에 그 사실을 통보하여야 한다.

제70조(위탁선거범죄로 인한 당선무효) 다음 각 호의 어느 하나에 해당하

는 경우에는 그 당선은 무효로 한다.

1. 당선인이 해당 위탁선거에서 이 법에 규정된 죄를 범하여 징역형 또는 100만원 이상의 벌금형을 선고받은 때

2. 당선인의 배우자나 직계존비속이 해당 위탁선거에서 제58조나 제59 조를 위반하여 징역형 또는 300만원 이상의 벌금형을 선고받은 때. 다만, 다른 사람의 유도 또는 도발에 의하여 해당 당선인의 당선을 무효로 되게 하기 위하여 죄를 범한 때에는 그러하지 아니하다.

제71조(공소시효) 이 법에 규정한 죄의 공소시효는 해당 선거일 후 6개월 (선거일 후 행하여진 범죄는 그 행위가 있는 날부터 6개월)이 지남으 로써 완성한다. 다만, 범인이 도피한 때나 범인이 공범 또는 범죄의 증명에 필요한 참고인을 도피시킨 때에는 그 기간은 3년으로 한다.

제72조(위반행위에 대한 중지 · 경고 등) ① 관할위원회의 위원 · 직원은 직무수행 중에 위탁선거 위반행위를 발견한 때에는 중지 · 경고 또는 시정명령을 하여야 한다.

② 관할위원회는 위탁선거 위반행위가 선거의 공정을 현저하게 해치는 것으로 인정되거나 중지 · 경고 또는 시정명령을 이행하지 아니하는 때 에는 관할수사기관에 수사의뢰 또는 고발할 수 있다.

제73조(위반행위에 대한 조사 등) ① 선거관리위원회의 위원 · 직원은 위 탁선거 위반행위에 관하여 다음 각 호의 어느 하나에 해당하는 경우 에는 그 장소에 출입하여 관계인에 대하여 질문 · 조사를 하거나 관련 서류 그 밖의 조사에 필요한 자료의 제출을 요구할 수 있다.

1. 위탁선거 위반행위의 가능성이 있다고 인정되는 경우

2. 후보자가 제기한 위탁선거 위반행위의 가능성이 있다는 소명이 이 유 있다고 인정되는 경우

3. 현행범의 신고를 받은 경우

② 선거관리위원회의 위원 · 직원은 위탁선거 위반행위 현장에서 위탁 선거 위반행위에 사용된 증거물품으로서 증거인멸의 우려가 있다고 인정되는 때에는 조사에 필요한 범위에서 현장에서 이를 수거할 수 있다. 이 경우 해당 선거관리위원회의 위원 · 직원은 수거한 증거물품 을 그 관련된 위탁선거 위반행위에 대하여 고발 또는 수사의뢰한 때 에는 관계 수사기관에 송부하고, 그러하지 아니한 때에는 그 소유 · 점

유·관리하는 사람에게 지체 없이 반환하여야 한다.

③ 누구든지 제1항에 따른 장소의 출입을 방해하여서는 아니 되며 질문·조사를 받거나 자료의 제출을 요구받은 사람은 이에 따라야 한다.

④ 선거관리위원회의 위원·직원은 위탁선거 위반행위 조사와 관련하여 관계자에게 질문·조사하기 위하여 필요하다고 인정되는 때에는 선거관리위원회에 동행 또는 출석할 것을 요구할 수 있다. 다만, 선거기간 중 후보자에 대하여는 동행 또는 출석을 요구할 수 없다.

⑤ 선거관리위원회의 위원·직원이 제1항에 따른 장소에 출입하거나 질문·조사·자료의 제출을 요구하는 경우에는 관계인에게 그 신분을 표시하는 증표를 제시하고 소속과 성명을 밝히고 그 목적과 이유를 설명하여야 한다.

⑥ 소명절차·방법, 증거자료의 수거, 증표의 규격, 그 밖에 필요한 사항은 중앙선거관리위원회규칙으로 정한다.

제74조(자수자에 대한 특례) ① 제58조 또는 제59조의 죄를 범한 사람 중 금전·물품이나 그 밖의 이익 등을 받거나 받기로 승낙한 사람이 자수한 때에는 그 형을 감경 또는 면제한다. 다만, 다음 각 호의 어느 하나에 해당하는 사람은 그러하지 아니하다.

 1. 후보자 및 그 배우자

 2. 후보자 또는 그 배우자의 직계존비속 및 형제자매

 3. 후보자의 직계비속 및 형제자매의 배우자

 4. 거짓의 방법으로 이익 등을 받거나 받기로 승낙한 사람

② 제1항의 본문에 규정된 사람이 선거관리위원회에 자신의 해당 범죄사실을 신고하여 선거관리위원회가 관계 수사기관에 이를 통보한 때에는 선거관리위원회에 신고한 때를 자수한 때로 본다.

제75조(위탁선거범죄신고자 등의 보호) ① 이 법에 규정된 범죄에 관한 신고·진정·고소·고발 등 조사 또는 수사단서의 제공, 진술 또는 증언, 그 밖의 자료제출행위 및 범인검거를 위한 제보 또는 검거활동을 한 사람이 그와 관련하여 피해를 입거나 입을 우려가 있다고 인정할 만한 상당한 이유가 있는 경우 해당 범죄에 관한 형사절차 및 관할위원회의 조사과정에서는 「특정범죄신고자 등 보호법」 제5조(불이익처우의 금지)·제7조(인적 사항의 기재 생략)·제9조(신원관리카드의 열람)

부터 제12조(소송진행의 협의 등)까지 및 제16조(범죄신고자등에 대한 형의 감면)를 준용한다.

② 누구든지 제1항에 따라 보호되고 있는 범죄신고자 등이라는 정을 알면서 그 인적사항 또는 범죄신고자 등임을 알 수 있는 사실을 다른 사람에게 알려주거나 공개 또는 보도하여서는 아니 된다.

제76조(위탁선거 위반행위 신고자에 대한 포상금 지급) 관할위원회는 위탁 선거 위반행위에 대하여 선거관리위원회가 인지하기 전에 그 위반행 위의 신고를 한 사람에 대하여 중앙선거관리위원회규칙으로 정하는 바에 따라 포상금을 지급할 수 있다.

부 칙 〈제19623호, 2023. 8. 8〉

제1조(시행일) 이 법은 공포 후 6개월이 경과한 날부터 시행한다.

제2조(「새마을금고법」에 따른 이사장선거 및 중앙회장선거의 의무위탁에 관한 적용례) 이 법의 개정규정은 이 법 시행 이후 제8조에 따라 관할 선거관리위원회에 위탁신청된 「새마을금고법」에 따른 이사장선거 또 는 중앙회장선거부터 적용한다.

공공단체등 위탁선거에 관한 규칙

[2023. 1. 20. 시행]

중앙선거관리위원회(법제과) 02-3294-8400

제1조(목적) 이 규칙은 「공공단체등 위탁선거에 관한 법률」에서 위임된 사항과 그 시행에 필요한 사항을 규정함을 목적으로 한다.

제2조(선거관리 협조) 위탁단체는 선거공보의 발송, 선거벽보의 첩부 및 후보자 소견발표의 개최 등에 관하여 관할위원회로부터 인력·시설· 장비 등의 협조 요구를 받은 때에는 우선적으로 이에 따라야 한다.

제3조(선거관리의 위탁신청) ①「공공단체등 위탁선거에 관한 법률」(이하 "법"이라 한다) 제8조에 따른 위탁신청은 별지 제1호서식에 따른다.

② 동시조합장선거를 실시하는 경우 관할위원회는 임기만료일 전 200 일까지 선거권자의 수, 선거벽보 첩부 예정 수량 및 장소, 정관 및 선 거규정 등 선거관리에 필요한 사항을 통보해 줄 것을 위탁단체에 요 청할 수 있다. 이 경우 그 요청을 받은 위탁단체는 임기만료일 전 180 일에 해당하는 날의 다음 날까지 서면으로 해당 사항을 관할위원회에 통보하여야 한다.

③ 합병·해산 등 법령이나 정관 또는 규약 등이 정하는 바에 따라 위 탁선거를 실시하지 아니할 사유가 발생한 경우에는 해당 위탁단체는 지체 없이 합병 관련 등기서 사본, 합병·해산 관련 총회 의결록 또는 인가서의 사본, 그 밖에 그 사유를 증명할 수 있는 서류를 첨부하여 서면으로 그 사유를 관할위원회에 통보하여야 한다.

제4조(정관등에 관한 의견표시) 관할위원회는 위탁단체의 정관등에 규정 된 선거에 관한 규정이 위탁선거를 관리하는 데 현저하게 불합리하다 고 판단될 때에는 해당 규정을 개정할 것을 권고할 수 있다.

제6조(위탁선거 사무의 대행) ① 관할위원회는 법 제11조제3항에 따라 관할위원회가 지정한 사람 또는 하급선거관리위원회나 다른 구·시·군선거관리위원회(이하 "대행위원회등"이라 한다)로 하여금 다음 각 호의 위탁선거 사무의 전부 또는 일부를 행하게 할 수 있다. 다만, 관할위원회가 지정한 사람으로 하여금 위탁선거 사무를 행하게 할 때에는 제2호부터 제5호(투표의 관리에 관한 사무를 제외한다)까지에 규정된 사무에 한정한다.

1. 공정선거지원단의 운영에 관한 사무
2. 선거공보의 접수·확인 및 발송에 관한 사무
3. 선거벽보의 접수·확인·첩부 및 철거에 관한 사무
4. 투표안내문의 작성 및 발송에 관한 사무
5. 투표 및 개표의 관리에 관한 사무
6. 그 밖에 위 각 호의 어느 하나에 준하는 사무로서 관할위원회가 정하는 사무

② 제1항에 따라 관할위원회가 지정한 사람으로 하여금 위탁선거 사무를 행하게 하려는 경우 선거관리 경험이 풍부하고 중립적이며 공정한 사람 중에서 지정하여야 하며, 그 사람에게는 중앙선거관리위원회위원장이 정하는 바에 따라 수당 및 실비를 지급할 수 있다.

③ ~ ⑤ (생 략)

제7조(선거인명부의 작성·확정 등) ① 위탁단체가 법 제15조에 따라 선거인명부를 작성하는 경우에는 그 회원명부(그 명칭에 관계없이 위탁단체가 해당 법령이나 정관등에 따라 작성한 구성원의 명부를 말한다)에 따라 엄정히 조사·작성하여야 한다.

② 선거인명부는 별지 제2호서식에 따라 작성하여야 한다.

③ 위탁단체가 법 제15조제2항에 따라 선거인명부 등본을 관할위원회에 송부할 때에는 그 작성상황 또는 확정상황을 별지 제3호서식 또는 별지 제4호서식에 따라 각각 작성하여 함께 보내야 한다.

④ 하나의 투표소에서 사용하는 선거인명부는 선거권자의 원활한 투표를 위해 필요한 경우 해당 투표소의 선거권자의 수, 투표시간 및 장소 등을 고려하여 선거인수가 서로 엇비슷하게 분철할 수 있다.

⑤ (생 략)

⑥ 관할위원회는 제22조제2항에 따라 투표용지와 투표함을 투표관리관에게 인계할 때에 확정된 선거인명부를 함께 인계하여야 한다.

제8조(선거인명부의 확정 후 오기사항 등 통보) ① 위탁단체는 선거인명부 확정 후 오기 또는 선거권이 없는 자나 사망한 사람이 있는 것을 발견한 경우에는 선거일 전일까지 관할위원회에 별지 제5호서식에 따라 그 사실을 통보하고, 이를 통보받은 관할위원회는 선거인명부의 비고칸에 그 사실을 적어야 한다.

② 관할위원회는 선거인명부를 투표관리관에게 인계한 후에 제1항에 따른 오기 등을 통보받은 경우에는 지체 없이 이를 투표관리관에게 통지하여야 하며, 투표관리관은 그 사실을 선거인명부의 비고칸에 적어야 한다.

제9조(후보자등록) ① 법 제18조제1항에 따른 후보자등록신청서는 별지 제6호서식에 따른다.

② 위탁단체는 법 제18조제2항제2호 및 제4호에 해당하는 서류 등의 목록을 후보자등록신청개시일 전 30일까지 관할위원회에 제출하여야 한다. 다만, 보궐선거등의 경우에는 법 제8조에 따라 위탁신청을 할 때에 그 신청서와 함께 제출하여야 한다.

③ 법 제18조제2항제3호에 따른 기탁금의 납부는 관할위원회가 기탁금의 예치를 위하여 개설한 금융기관(우체국을 포함한다)의 예금계좌에 후보자등록을 신청하는 사람의 명의로 입금하고 해당 금융기관이 발행한 입금표를 제출하는 것으로 한다. 다만, 부득이한 사유가 있는 경우에는 현금(금융기관이 발행한 자기앞수표를 포함한다)으로 납부할 수 있다.

④ 기탁금의 반환 및 귀속에 관하여는 해당 법령이나 정관등에 따른다.

⑤ 법 제18조제4항 및 제5항에 따른 피선거권에 관한 조사 및 범죄경력에 관한 기록 조회는 별지 제7호서식에 따른다.

제10조(후보자 등의 인영) 후보자·예비후보자가 되려는 사람은 해당 후보자등록신청서 또는 예비후보자등록신청서에 별지 제8호서식에 따른 각각의 인영을 첨부하여 관할위원회에 제출하여야 한다. 이 경우 후보자등록신청 시 후보자의 인영을 제출하지 아니한 때에는 제출된 해당 예비후보자의 인영을 후보자의 인영으로 한다.

제16조(축의·부의금품 등의 금액의 범위) 법 제33조제2항에 따른 금액범위는 다음 각 호와 같다.

1. 법 제33조제1항제2호 나목에 따른 축의·부의금품: 5만원 이내

2. 법 제33조제1항제2호 다목에 따른 음식물: 3만원 이내

3. 법 제33조제1항제2호 다목에 따른 답례품: 1만원 이내

4. 법 제33조제1항제2호 라목에 따른 선물: 3만원 이내

제17조(투표관리관 및 투표사무원) ① 관할위원회는 선거가 있을 때마다 선거일 전 30일(보궐선거등의 경우에는 위탁신청을 받은 날부터 10일)부터 선거일 후 10일까지 투표관리관을 위촉·운영한다.

② 투표관리관은 법규를 준수하고 성실하게 직무를 수행하여야 하며 관할위원회의 지시에 따라야 한다.

③ 투표관리관은 해당 투표소의 투표사무원에 대하여 투표관리사무의 처리에 필요한 지시·감독을 할 수 있다.

④ 관할위원회는 투표소마다 투표사무원 중에서 1명을 미리 지정하여 투표관리관이 유고 또는 그 밖의 사유로 직무를 수행할 수 없게 된 때에 그 직무를 행하게 할 수 있으며, 미리 지정한 투표사무원이 유고 또는 그 밖의 사유로 직무를 수행할 수 없게 된 때에는 투표사무원 중 연장자순에 따라 투표관리관의 직무를 행하게 할 수 있다.

⑤ 관할위원회로부터 투표관리관 또는 투표사무원의 추천을 요청받은 국가기관·지방자치단체, 각급 학교 및 위탁단체의 장은 우선적으로 이에 따라야 한다.

⑥ 투표관리관이 되려는 사람은 별지 제15호서식에 따른 본인승낙서를 제출하여야 한다.

⑦ 관할위원회는 투표관리관이 다음 각 호의 어느 하나에 해당하는 경우에는 해촉할 수 있다.

1. 법규를 위반하거나 불공정한 행위를 한 경우

2. 정당한 사유 없이 관할위원회의 지시·명령에 따르지 아니하거나 그 임무를 게을리 한 경우

3. 건강 또는 그 밖의 사유로 임무를 성실히 수행할 수 없다고 판단되는 경우

⑧ ~ ⑨ (생 략)

제18조(투표소의 설치 등) ① 관할위원회는 법 제40조제1항 또는 제41조 제1항에 따라 투표소를 설치하는 경우에는 선거일 전 10일까지 그 명칭과 소재지를 공고하여야 한다. 다만, 천재지변 또는 그 밖의 부득이한 사유가 있는 경우 이를 변경할 수 있으며, 이 경우에는 즉시 공고하여 선거인에게 알려야 한다.

② 관할위원회와 투표관리관은 선거일 전일까지 투표소에 다음의 설비를 하여야 한다.

1. 투표참관인의 좌석
2. 본인여부 확인에 필요한 시설
3. 투표용지 발급 또는 교부에 필요한 시설
4. 투표함
5. 기표소
6. 그 밖의 투표사무에 필요한 시설

③ 관할위원회로부터 투표소 설치를 위한 장소 사용 협조요청을 받은 국가기관·지방자치단체, 각급 학교 및 위탁단체의 장은 우선적으로 이에 따라야 한다.

제22조(투표용지 등) ① 투표용지는 「공직선거관리규칙」별지 제42호서식의(가)를 준용하여 작성한다. 이 경우 정당칸은 작성하지 아니한다.

② 관할위원회는 투표용지 또는 투표용지 발급기를 투표함과 함께 선거일 전일까지 투표관리관에게 인계하여야 한다.

③ 투표관리관이 투표용지에 자신의 도장을 찍는 경우 도장의 날인은 인쇄날인으로 갈음할 수 있다.

제24조(투표참관인·개표참관인) ① 법 제45조제1항에 따른 투표참관인 또는 개표참관인(이하 이 조에서 "참관인"이라 한다)의 신고는 별지 제19호서식에 따른다. 이 경우 동시조합장선거에서는 법 같은 조 제5항에 따라 투표참관인을 지정하는 경우의 순위를 적어야 한다.

② 참관인의 선정이 없거나 한 후보자가 신청한 참관인 밖에 없는 때에는 관할위원회가 공정하고 중립적인 사람 중에서 본인의 승낙을 얻어 4명이 될 때까지 선정한 사람을 참관인으로 한다. 이 경우 참관인으로 선정된 사람은 별지 제15호서식에 준하는 본인승낙서를 제출하여야 한다.

③ 참관인의 수당과 식비 등에 관하여는 「공직선거법」 제122조의2제4항 및 「공직선거관리규칙」 제90조·제103조를 준용한다.

제25조(개표소의 설치 등) ① 관할위원회는 선거일 전 5일까지 개표소의 명칭과 소재지를 공고하여야 한다. 다만, 천재지변 또는 그 밖의 부득이한 사유가 있는 경우 이를 변경할 수 있으며, 이 경우에는 즉시 공고하여야 한다.

② 법 제46조제1항 단서에 따라 투표소에 개표소를 설치할 경우에는 제1항에 따른 공고를 할 때에 이를 함께 공고한다.

③ 관할위원회는 선거일 전일까지 개표소에 다음의 설비를 하여야 한다.
  1. 투표함의 접수에 필요한 시설
  2. 투표함의 개함과 투표지의 점검, 심사·집계 및 정리 등에 필요한 시설
  3. 관할위원회 위원과 개표참관인의 좌석 및 일반인의 개표관람시설
  4. 그 밖의 개표사무에 필요한 시설

④ 개표소 설치를 위한 장소 사용 협조요청에 관하여는 제18조제3항을 준용한다.

⑤ 개표사무원의 수당은 「선거관리위원회법 시행규칙」 별표 4에 따른다.

⑥ 개표상황표의 표준서식은 「공직선거관리규칙」별지 제54호서식을 준용한다.

제26조(투표소 개표) ① 법 제46조제1항 단서에 따라 투표소에 개표소를 설치할 경우 투표관리관은 해당 개표소의 개표를 총괄 관리하는 책임사무원(이하 "책임사무원"이라 한다)이, 투표사무원 및 투표참관인은 각각 해당 개표소의 개표사무원 및 개표참관인이 된다.

② 책임사무원은 해당 투표소의 투표를 마감한 후 개표소의 개표 절차에 준하여 개표를 실시하여야 한다. 이 경우 법 제47조제3항에도 불구하고 해당 개표소의 후보자별 득표수의 공표는 책임사무원이 서명 또는 날인한 개표상황표에 의한다.

제30조(투표지 등의 보존기간의 단축) 법 제49조에 따른 투표록·개표록 및 선거록을 제외한 선거 관계 서류 등은 법 제50조 단서에 따라 해당 위탁선거에 관한 소송 등이 제기되지 아니할 것으로 예상되거나 위탁선거에 관한 소송 등이 종료된 때에는 관할위원회의 결정으로 폐

기할 수 있다.

제31조(「공직선거관리규칙」의 준용 등) 투표 및 개표의 관리에 관하여는 이 규칙에 규정된 것을 제외하고는 그 성질에 반하지 아니하는 범위에서 「공직선거관리규칙」 제9장(투표) 및 제10장(개표)을 준용한다.

제32조(투표의 효력 등에 관한 이의제기 등) ① 법 제55조 단서에 따른 이의제기를 하려는 해당 위탁선거의 후보자 및 선거인(이하 이 조에서 "이의제기자"라 한다)은 그 사유가 발생한 날(투표의 효력에 관하여는 선거일을 말한다)부터 5일 이내에 별지 제26호서식에 따라 서면으로 하여야 한다.

② 제1항에 따른 이의제기를 접수한 직근 상급선거관리위원회는 이의제기를 접수한 날부터 10일 이내에 그 이의제기에 대한 결정을 하여야 하며, 그 결정 내용을 지체 없이 이의제기자 및 해당 관할위원회에 통지하여야 한다.

제34조(과태료의 부과·징수 등) ① 법 제68조제1항 및 제2항의 위반행위에 대한 과태료 부과기준은 별표 1과 같다.

② 관할위원회는 과태료의 처분을 하는 경우에는 해당 위반행위의 동기와 그 결과 및 위탁선거에 미치는 영향, 위반기간 및 위반정도 등을 고려하여 제1항의 기준금액의 2분의 1의 범위에서 이를 경감하거나 가중할 수 있다. 이 경우 1회 부과액은 법 제68조제1항 및 제2항에 따른 과태료의 상한액을 넘을 수 없다.

③ 법 제68조제3항 본문에 해당하는 사람에 대한 과태료의 부과기준은 별표 2와 같다.

④ 관할위원회는 법 제68조제3항에 따라 과태료를 부과할 때 과태료 처분 대상자가 제공받은 금액 또는 음식물·물품의 가액이 명확하지 아니한 경우에는 통상적인 거래가격 또는 시장가격을 기준으로 과태료를 부과한다.

⑤ 법 제68조제3항 단서에 해당하는 사람에 대한 과태료의 감경 또는 면제의 기준은 다음 각 호에 따른다.

1. 금품·음식물 등을 제공받은 경위, 자수의 동기와 시기, 금품·음식물 등을 제공한 사람에 대한 조사의 협조 여부와 그 밖의 사항을 고려하여 과태료 부과기준액과 감경기준 등은 별표 3과 같이 한다.

2. 과태료의 면제

　가. 선거관리위원회와 수사기관이 금품·음식물 등의 제공사실을 알기 전에 선거관리위원회 또는 수사기관에 그 사실을 알려 위탁선거범죄에 관한 조사 또는 수사단서를 제공한 사람

　나. 선거관리위원회와 수사기관이 금품·음식물 등의 제공사실을 알게 된 후에 자수한 사람으로서 금품·음식물 등을 제공한 사람과 제공받은 일시·장소·방법·상황 등을 선거관리위원회 또는 수사기관에 자세하게 알린 사람

⑥ 관할위원회는 제5항에 해당하는 사람을 법 제75조제1항에 따라 보호하여야 하며, 이 조 제5항제2호가목에 해당하는 사람에게는 법 제76조에 따른 포상금을 지급할 수 있다.

⑦ 법 제68조제3항에 따라 자수한 사람이 반환한 금품 등은 다음 각호에 따라 처리한다.

　1. 위반행위자를 고발 또는 수사의뢰하는 경우에는 증거자료로 제출하고, 증거자료로 제출할 수 없거나 경고 등 자체 종결하는 경우에는 「국고금 관리법 시행규칙」에 관한 관계규정을 준용하여 국가에 납부한다.

　2. 제1호에 따라 국가에 납부하는 경우에는 물품·음식물은 입찰 또는 경매의 방법에 따라 공매하되, 공매가 적절하지 않다고 판단되는 경우에는 수의계약에 따라 매각할 수 있다.

　3. 물품·음식물이 멸실·부패·변질되어 경제적 가치가 없는 경우에는 폐기처분하며, 멸실·부패·변질될 우려가 있거나 공매 또는 수의계약에 따른 매각이 적절하지 않다고 판단되는 경우에는 공익법인·사회복지시설·불우이웃돕기시설 등에 인계할 수 있다.

⑧ 법 제68조제4항에 따라 관할위원회가 과태료를 부과하는 경우에는 해당 위반행위를 조사·확인한 후 위반사실·이의제기 방법·이의제기 기한·과태료 부과액 및 납부기한 등을 명시하여 이를 납부할 것을 과태료 처분 대상자에게 통지하여야 한다.

⑨ 제8항에 따라 과태료 처분의 고지를 받은 과태료 처분 대상자는 그 고지를 받은 날부터 20일까지 납부하여야 한다.

⑩ 법 제68조제5항제2호에 따른 이의제기는 별지 제28호서식에 따른다.

⑪ 관할위원회 또는 관할세무서장이 징수한 과태료의 국가에의 납부절차에 관하여는 「국고금 관리법 시행규칙」의 관계규정을 준용한다.

제35조(위반행위에 대한 조사 등) ① 선거관리위원회의 위원·직원(이하 "위원·직원"이라 한다)이 법 제73조제1항에 따른 장소에 출입하여 관계인에 대하여 자료제출을 요구하는 경우 정당한 사유 없이 출입을 방해하거나 자료제출의 요구에 불응하거나 허위자료를 제출할 때에는 법 제66조제12호에 따라 처벌받을 수 있음을 알려야 한다.

② 위원·직원은 조사업무에 필요하다고 인정될 때에는 법 제6조에 따라 경찰공무원·경찰관서의 장이나 행정기관의 장에게 원조를 요구할 수 있다.

③ 위원·직원은 조사업무 수행 중 필요하다고 인정될 때에는 질문답변내용의 기록, 녹음·녹화, 사진촬영, 위탁선거 위반행위와 관련 있는 서류의 복사 또는 수집, 그 밖에 필요한 조치를 취할 수 있다.

④ 위원·직원은 직접 방문하여 조사하는 경우 외에 필요하다고 인정될 때에는 서면답변 또는 자료의 제출을 요구할 수 있다.

⑤ 위원·직원은 법 제73조제2항에 따라 위탁선거 위반행위에 사용된 증거물품을 수거한 경우에는 그 목록 2부를 작성하여 그 중 1부를 해당 물품을 소유·점유 또는 관리하는 자에게 교부하고, 나머지 1부는 관할위원회에 제출하여야 한다.

⑥ 위원·직원이 법 제73조제4항에 따라 관계자에게 동행을 요구할 때에는 구두로 할 수 있으며, 출석을 요구할 때에는 별지 제29호서식에 따른다. 이 경우 「형사소송법」 제211조(현행범인과 준현행범인)에 규정된 현행범인 또는 준현행범인에 해당하는 관계자에게 동행요구를 할 때에는 정당한 사유 없이 동행요구에 응하지 아니하는 경우 법 제68조제1항에 따라 과태료를 부과할 수 있음을 알려야 한다.

⑦ 선거관리위원회는 중앙선거관리위원회 위원장이 정하는 바에 따라 법 제73조제4항에 따른 위탁선거 위반행위 조사와 관련하여 동행 또는 출석한 관계자에게 여비·일당을 지급할 수 있다.

⑧ 법 제73조제5항에 따른 위원·직원의 신분을 표시하는 증표는 별지 제30호양식에 따르되, 선거관리위원회가 발행하는 위원신분증 또는 공무원증으로 갈음할 수 있다.

제36조(위탁선거범죄신고자등의 보호) ① 위원·직원은 위탁선거범죄신고와 관련하여 문답서·확인서, 그 밖의 서류(이하 이 조에서 "문답서등"이라 한다)를 작성하는 경우 위탁선거범죄에 관한 신고·진술·증언, 그 밖의 자료제출행위 등을 한 사람(이하 이 조에서 "위탁선거범죄신고자등"이라 한다)의 성명·연령·주소 및 직업 등 신원을 알 수 있는 사항(이하 이 조에서 "인적사항"이라 한다)의 전부 또는 일부를 기재하지 아니할 수 있다.

② 위탁선거범죄신고자등은 문답서등을 작성하는 경우 위원·직원의 승인을 얻어 인적사항의 전부 또는 일부를 기재하지 아니할 수 있다.

③ 제1항 또는 제2항의 경우 위원·직원은 문답서등에 기재하지 아니한 인적사항을 별지 제31호서식에 따른 위탁선거범죄신고자등 신원관리카드에 등재하여야 한다.

④ 관할위원회가 수사의뢰 또는 고발을 하는 경우에는 조사서류와 별도로 제3항에 따른 신원관리카드를 봉인하여 조사기록과 함께 관할 경찰관서 또는 관할 검찰청에 제출하여야 한다.

제37조(포상금 지급기준 및 포상방법 등) ① 법 제76조에 따른 위탁선거위반행위 신고자에 대한 포상은 1억원(동시조합장선거에서는 3억원)의 범위에서 포상금심사위원회의 의결을 거쳐 관할위원회 위원장이 포상하되, 포상대상자를 익명으로 할 수 있다.

② 포상금의 지급기준·지급절차, 포상금심사위원회의 설치 등에 관하여는 「공직선거관리규칙」 제143조의4(포상금 지급기준 및 포상방법)제2항 및 제4항부터 제7항까지의 규정과 제143조의5(포상금심사위원회의 설치 및 구성)부터 제143조의8(포상금심사위원회의 의견청취 등)까지의 규정을 준용한다.

부 칙 〈제567호, 2023. 1. 20〉

이 규칙은 공포한 날부터 시행한다.

신용협동조합 표준정관

[2021. 10. 20. 개정]

소관부서 : 경영지원부 경영전략팀

제1조(설립과 명칭) 이 법인은 신용협동조합법에 의하여 설립하며 (
　　)신용협동조합(이하"조합"이라 한다) 이라 한다.

제2조(목적) 조합은 조합원에 대하여 금융 및 생활의 편의를 제공함으로
써 조합원의 복지향상과 지역경제의 균형있는 발전에 기여함을 목적
으로 한다.

제8조(조합원) ① 조합의 조합원은 다음 각호의 공동유대에 소속된 자로
서 제9조의 규정에 따라 조합에 가입한 자로 한다.
　1. (　　　　　　　　　　　　　　　　　　　　　　　　)
　2. (　　　　　　　　　　　　　　　　　　　　　　　　)
　3. (　　　　　　　　　　　　　　　　　　　　　　　　)
② 제1항의 공동유대에 소속되지 아니한 자중 대통령령 제13조제2항
에 해당하는 자가 제9조의 규정에 따라 조합에 가입하는 경우 조합원
으로 본다.
③ 조합은 조합원이 되고자 하는 자에게 조합원 교육을 실시할 수 있다.

제9조(가입) ① 조합원으로 가입하고자 하는 자는 다음 각호의 사항을
기재한 가입신청서를 서면 또는 「전자문서 및 전자거래 기본법」에 따
른 전자문서(이하 '전자문서'라 한다)로 이사장에게 제출하고 가입승인
을 얻어야 한다.
　1. 성명, 주소 또는 거소(법인 또는 단체인 경우에는 사무소 소재지
　　및 법인·단체명)
　2. 출자하고자 하는 출자좌수

1

3. 다른 조합에 가입하고 있는 경우에는 그 조합의 명칭

② 조합은 제1항의 가입신청자에 대하여 조합원으로서의 자격유무를 확인하고, 지체없이 가입 여부를 가입신청자에게 고지하여야 한다.

③ 제2항의 규정에 의한 가입신청자는 이 정관이 정하는 바에 따라 1좌 금액이상의 출자금을 납입함으로써 조합원의 자격을 갖는다.

제12조(조합원의 신고의무) 조합원은 제9조의 규정에 의하여 제출한 가입신청서의 기재사항에 변경이 있는 때 또는 조합원 자격의 탈퇴사유가 발생하였을 때에는 지체없이 이를 조합에 신고하여야 한다.

제14조(의결권 · 선거권) ① 조합원은 출자좌수에 관계없이 평등한 의결권과 선거권을 가진다. 다만 다음 각호의 1에 해당하는 자는 총회의 성원에 계산하지 않고 의결권과 선거권을 가지지 아니한다.

 1. 민법상 미성년자

 2. 출자 1좌 미만이 된 조합원

 3. 제15조제4항의 규정에 의한 조합원

 4. 조합원 자격을 유지한 기간이 3월 미만인 조합원

② 총회에 참석하여 의결권 및 선거권을 행사할 수 있는 조합원은 제9조에 의하여 가입된 조합원으로서 총회개최 공고일 전일을 기준으로 제1항 각호의 1에 해당하지 아니한 자로 한다.

제15조(탈퇴) ① 조합원은 서면 또는 전자문서로 조합에 탈퇴의 뜻을 예고하고 탈퇴할 수 있다. 이 경우 탈퇴의 방법 및 절차에 관한 세부사항은 중앙회장이 정하는 출자금업무방법서에 따른다.

② 조합원이 다음 각호의 1에 해당하게 된 때에는 탈퇴한 것으로 본다.

 1. 조합원의 자격상실

 2. 사　망

 3. 파　산

 4. 피성년후견인

 5. 조합원인 법인의 해산

 6 제　명

③ 제2항제1호의 규정에 의한 자격상실은 다음 각호로 하며, 이사회결의에 의하여 자격상실의 효력이 발생한다. 이 경우 제7조 제1항에 정한 방법에 따라 자격상실 사실을 통지하여야 한다.

1. 제8조에 정한 공동유대에 속하지 아니한 때

2. 3년 이상 제4조제1항제1호 가목·나목 또는 바목에 규정한 신용사업을 이용하지 아니한 때

④ 제2항 각호의 1의 사유가 발생한 자가 조합과 다음 각호의 1의 계약관계에 있는 경우에는 제2항 및 제3항의 규정에 불구하고 당해 계약관계를 종료할 때까지 조합원으로 본다.

1. 조합으로부터 대출금이 있는 때

2. 조합에 기한이 도래하지 않은 예탁금 또는 적금이 있는 때

제18조(제명) ① 조합원이 다음 각호의 1에 해당하는 때에는 총회의 결의에 의하여 제명할 수 있다.

1. 출자금의 납입, 기타 조합에 대한 의무를 이행하지 아니한 때

2. 조합의 사업을 방해하거나 신용을 상실하게 한 행위를 한 때

3. 법령이나 정관을 위반한 때

4. 2년 이상의 기간에 걸쳐 제4조제1항제1호 가목·나목 또는 바목에서 정한 조합의 사업을 이용하지 아니한 때

5. 출자 1좌 미만이 된 후 6월이 경과한 때

② 조합은 제1항의 규정에 의하여 조합원을 제명하고자 할 때에는 총회 개최일 10일전에 그 조합원에 대하여 제명의 사유를 통지하고, 총회에서 의견을 진술할 기회를 주어야 한다.

③ 제2항의 규정에 의한 의견진술의 기회를 주지 아니하고 행한 총회의 제명에 관한 결의는 당해 조합원에게 대항할 수 없다.

제19조(조합원의 자격에 관한 특례) 제8조 각호에 정한 공동유대가 변경된 경우 변경전의 규정에 의한 조합원은 공동유대의 변경에 불구하고 조합원의 자격을 유지한다.

제29조(총회) 조합은 조합원으로 구성하는 정기총회와 임시총회를 두며 이사장이 의장이 된다.

제30조(정기총회 소집) 정기총회는 메시업언도 종료후 2월 이내에 1회 개최하며 이사장이 이를 소집한다.

제33조(총회의 결의사항 등) 다음 각호의 사항은 총회의 결의를 얻어야 한다.

1. 정관의 변경

2. 사업계획 및 예산의 결정

3. 임원의 선출 및 해임

4. 결산보고서(사업보고서·재무상태표·손익계산서 및 잉여금처분안
   또는 손실금처리안을 포함한다)의 승인

5. 감사보고서의 승인

6. 조합의 해산·합병·분할 또는 휴업

7. 조합원의 제명

8. 규약의 제정·변경 또는 폐지

9.~11. (생 략)

제34조(총회의 결의) ① 총회는 법령 또는 정관에 다른 규정이 있는 경우
를 제외하고는 재적조합원 과반수의 출석으로 개의하고 출석조합원
과반수의 찬성으로 결의한다. 다만, 재적조합원이 500인을 초과하는
경우에는 251인 이상의 출석으로 개의하고 출석조합원 과반수의 찬성
으로 결의할 수 있다.

② 조합원은 의결권을 대리행사 할 수 있으며 이 경우 당해 조합원은
출석한 것으로 본다. 다만, 제1항 단서의 규정에 의하여 개의 및 결의
하는 경우에는 그러하지 아니한다.

③ 제1항의 규정에 의한 개의정족수에 미달하여 총회를 개의할 수 없
는 때에는 이사장은 2주일이내에 다시 총회소집을 통지하여야 한다.

제37조의2(의결취소 등의 청구) 총회의결 또는 임원선거의 효력에 관하여
이의가 있는 조합원은 의결일 또는 선거일부터 1월 이내에 조합원 10
분의1 이상의 동의를 얻어 그 의결 또는 당선의 취소를 중앙회장에게
청구할 수 있다.

제45조(임원) ① 조합의 임원은 이사장 1명, 부이사장 1명을 포함한 이사
( )명과 감사( )명으로 한다. 다만, 대통령령 제14조제1항 에 해당할
경우 이사장 또는 이사 중 1명을 상임으로 하며, 같은 항 단서에 해당
할 경우 이사장과 이사 각1명 또는 이사장과 이사 중 1명을 상임으로
하며, 제3항에 해당할 경우 이사 중 1명을 상임으로 하며, 제5항에 해
당할 경우 감사 중 1명을 상임으로 하여 다음 각호와 같이 한다.

1. ( ) 이사장 1명

2. 부이사장 1명

3. 비상임이사 (   )명과 상임이사 (   )명

4. 비상임감사 (   )명과 상임감사 (   )명

② 제1항에도 불구하고 임기중에 대통령령 제14조제3항에 해당하는 경우 이사장은 비상임으로 하고 1명의 상임이사를 둔다.

⑤ 지역·단체조합(대통령령 제12조제1항제3호가목에 따른 단체조합은 제외한다)의 비상임이사장은 다음 각 호의 어느 하나에 해당하는 사람으로 한다.

1. 조합의 임원으로 2년 이상 재임한 경력이 있는 사람

2. 「금융위원회의 설치 등에 관한 법률」제38조에 따른 검사대상기관에서 금융관련 업무에 상근직으로 10년 이상 근무한 경력이 있는 사람

3. 금융관련 연구기관에서 연구위원으로 5년 이상 근무한 경력이 있는 사람

4. 금융감독기관 또는 금융관련 국가직 공무원으로서 금융관련 업무에 10년 이상 근무한 경력이 있는 사람

⑥ 상임이사장은 다음 각 호의 어느 하나에 해당하는 사람으로 한다.

1. 조합의 임원으로 4년 이상 재임한 경력이 있는 사람

2. 「금융위원회의 설치 등에 관한 법률」제38조에 따른 검사대상기관에서 금융관련 업무에 상근직으로 10년 이상 근무한 경력이 있는 사람

3. 금융관련 연구기관에서 연구위원으로 5년 이상 근무한 경력이 있는 사람

4. 금융감독기관 또는 금융관련 국가직 공무원으로서 금융관련 업무에 10년 이상 근무한 경력이 있는 사람

⑦ 상임임원은 다음 각호의 어느 하나에 해당하는 사람으로 한다. 다만, 법 제27조제8항에 따라 선임되는 상임감사는 임원선거일 현재 3년 이내에 조합의 임직원(상임감사를 제외한다)이었던 사람이 아니어야 한다.

1. 조합(다른 조합을 포함한다) 또는 중앙회에시 상근직으로 10년 이상 근무한 경력이 있는 사람

2. 금융관련 국가기관, 연구기관 또는 교육기관에 상근직으로 10년 이상 근무한 경력이 있는 사람

3. 「금융위원회의 설치 등에 관한 법률」제24조제1항에 따라 설립된

금융감독원 또는 같은 법 제38조에 따른 검사대상기관에서 금융관
련 업무에 상근직으로 10년 이상 근무한 경력이 있는 사람

⑧ · ⑨ (생 략)

제50조(임원의 선출) ① 이사장과 부이사장은 조합원 중에서 선거인 과
반수의 투표로써 다수득표자를 당선인으로 결정하고, 이사장 및 부이
사장을 제외한 임원은 선거인 과반수의 투표로써 다수득표자순으로
당선인을 결정한다.

② 제1항에도 불구하고 상임임원과 전문임원은 총회에서 제34조의 결
의방법에 의하여 선출한다.

③ 임원의 선출에 관하여 필요한 사항은 이 정관의 부속서 임원선거규
약이 정하는 바에 의한다.

제51조(임원의 임기) ① 임원의 임기는 4년으로 한다.

② 제1항 임원의 임기는 전임자의 임기 만료일의 다음날로부터 기산
한다.

③ 보궐선거에 의하여 당선된 자의 임기는 전임자의 잔임기간으로 한
다. 이 경우 임원정수의 증원 또는 임원 전원이 보궐선거에 의하여 선
출된 경우에도 이를 준용한다.

④ 임원의 임기가 최종의 결산에 관한 정기 총회전에 만료된 때에는
정기총회 종결일까지 그 임기는 연장된다.

⑤ 설립당시의 임원의 임기는 당선일로부터 4회차 도래하는 정기총회
종료일까지로 한다.

제52조(보궐선거의 방법) ① (생 략)

② 다음 각호의 경우에는 제1항의 규정에 불구하고 이사장 또는 직무
대행자는 60일이내에 임시총회를 개최하여 보궐선거를 실시하거나 지
체없이 중앙회장에게 임시임원 선임을 요청하여야 한다. 다만, 회계연
도 종료일전 6월 이내에 다음 3호에 해당할 경우에는 차기총회에서
실시할 수 있다.

 1. 결원된 이사의 수가 제45조에 규정한 이사정수의 2분의 1을 초과
    한 때

 2. 감사 전원이 결원된 때

 3. 이사장이 결원된 때

③ 제2항제1호의 사유로 인하여 임시총회를 소집하는 경우 총회를 개최하기 위하여 필요한 사항은 나머지 이사로 구성되는 이사회의 결의에 의하며 제31조제3항의 규정에 따라 총회를 소집하는 경우에는 그 직무대행자가 결정한다.

④ 상임임원이 결원된 경우 60일 이내에 총회를 개최하여 보궐선거를 실시하여야 한다. 다만, 회계연도 종료일전 6월 이내에 결원이 발생한 경우 차기총회에서 실시 할 수 있다.

제53조(임원의 연임제한) ① 임원은 연임할 수 있다. 다만 이사장은 2차에 한하여 연임할 수 있다.

② 이사장이 그 임기만료일 전에 퇴임한 경우에도 그의 임기만료일까지 1회 재임한 것으로 본다.

③ 보궐선거에 의하여 선출된 이사장은 1회 재임한 것으로 본다.

제54조(임원자격의 제한) ① 다음 각 호의 어느 하나에 해당하는 자는 조합의 임원이 될 수 없다.

1. 법 제28조제1항제1호부터 제11호까지의 규정에 의하여 그 자격이 제한된 자
5. 제15조제4항의 규정에 의한 조합원
6. 조합의 직원 및 다른 조합의 임·직원
7. 재임중인 임원의 직계존비속 및 그 배우자
8. 정관부속서임원선거규약으로 정하는 자격제한자
9. 상임감사의 경우 조합원

② 제1항 각 호(법 제28조제1항제9호의 경우는 제외한다)의 사유가 발생한 사실을 알게 된 때에는 당해 임원은 즉시 면직된다. 이 경우 정관부속서임원선거규약 제8조제1항제3호·제4호·제4의3호·제8호·제9호의 규정을 적용함에 있어서는 "선거공고일 전일 현재"를 "현재"로 한다.

④ 제2항에 의하여 면직된 임원이 면직전에 관여한 행위는 그 효력을 상실하지 아니한다.

제58조(겸직금지) ① 조합의 이사, 감사 및 직원은 상호 겸직할 수 없다.

② 다음 각호의 1에 정한 기관에 종사하는 임·직원은 조합의 임·직원이 될 수 없다. 다만, 당해 법인이 설립한 직장조합의 경우에는 그러하지 아니하다.

1. 농업협동조합법에 의하여 설립된 지역농업협동조합과 지역축산업
협동조합, 품목별·업종별협동조합 및 농업협동조합중앙회
2. 수산업협동조합법에 의하여 설립된 지구별수산업협동조합, 업종별수
산업협동조합, 수산물가 공수산업협동조합 및 수산업협동조합중앙회
4. 산림조합법에 의하여 설립된 지역 산림조합, 품목별·업종별산림조
합 및 산림조합중앙회
6. 새마을금고법에 의하여 설립된 새마을금고와 그 중앙회
7. 금융위원회의 설치등에 관한 법률제38조에 따른 검사대상기관(같
은법 제38조제5호는 제외 한다)
8. 보험업법에 의한 보험사업자·보험모집인·보험대리인 및 보험중개인
9. 파이낸스, 투자금융, 투자개발 등의 사설금융·회사
10. 대부업 종사자
11. 우체국예금·보험에관한법률에 따른 체신관서
③ 상임이사장과 상임임원은 다른 직무에 종사하지 못한다. 다만, 중
앙회장이 그 업무수행에 영향을 미치지 않는다고 인정하는 직무에 대
해서는 예외로 한다.
④ 중앙회장이 다른 조합의 임직원을 법 제89조의 규정에 따라 임시
임원으로 선임한 경우 겸직으로 보지 아니한다.

제59조(직원) ① 이사장은 이사회의 승인을 얻어 직원을 임면한다.
② 조합은 법 제30조의 규정에 따라 조합의 간부직원으로서 전무 또
는 상무를 둘 수 있다.
③ 이사장은 상임이사의 소관업무에 종사하는 직원의 임면에 대하여
상임이사와 사전에 협의를 하여야 한다.

제60조(운영의 공개) ① 이사장은 정관, 총회의사록, 이사회 의사록, 조합
원명부를 주사무소에 비치하여야 한다.
② 결산보고서는 정기총회일전 1주 전까지 사무소에 비치하여야 한다.
③ 조합원과 조합의 채권자는 영업시간 내에 언제든지 이사회 의사록
(조합원의 경우에만 해당한다)과 그 밖의 제1항 및 제2항에 따른 서류
를 열람하거나 그 서류의 사본발급을 청구할 수 있다. 이 경우 조합이
정한 비용을 지급하여야 한다.
④ 조합원은 조합원 100명 이상이나 총 조합원수의 100분의 3이상의

동의를 받아 조합의 회계장부 및 서류의 열람이나 사본의 발급을 청구할 수 있다.

⑤ 조합은 제4항의 청구에 대하여 특별한 사유가 없으면 발급을 거부할 수 없으며, 거부하려면 그 사유를 서면으로 알려야 한다.

⑥ 조합원은 제3항 및 제4항에 따라 취득한 사항을 조합의 경영건전화, 부조리 방지 등 정당한 목적을 위하여 사용하여야 하며, 임원선거 관련 허위사실에 근거한 상대방 비방, 경영기밀 누설, 조합과 경합관계에 있는 사업을 수행하기 위한 목적 등 부당한 목적을 위하여 사용하여서는 아니된다.

⑦ 조합은 제3항 및 제4항에 따른 조합원의 청구에 대하여 제6항의 부당한 목적으로 사용할 우려가 있다고 판단하는 경우 사본의 발급을 거부할 수 있다.

제67조(규정등) ① 조합은 표준규정을 적용한다. 다만, 중앙회장이 그 범위를 정하여 조합에 위임한 사항에 대하여는 그 범위 내에서 표준규정의 내용을 보충하거나 변경할 수 있다.

② 조합의 운영 및 사업에 필요한 사항으로서 법령, 정관 및 표준규정에 규정한 것을 제외하고는 제44조제1항제1호에 의한 규정으로 이를 정한다.

③ 중앙회의 정관, 규약, 규정 중 조합에 관한 사항은 조합에 이를 적용한다.

제73조(합병과 분할) ① 조합은 총회에서 출석조합원 3분의 2이상의 찬성으로 합병 또는 분할할 수 있다.

② 합병 또는 분할로 인하여 존속 또는 설립되는 조합은 합병 또는 분할로 인하여 소멸되는 조합의 공동유대 및 권리·의무를 승계한다.

부   칙 (2021. 10. 20)

(시행일) 이 정관은   년 월   일부터 시행한다.

정관부속서임원선거규약

[2021. 12. 25. 개정]

소관부서 : 경영지원부 경영전략팀

제1조(목적) 이 규약은 정관 제50조 제3항의 규정에 의하여 임원의 선거에 필요한 사항을 규정함을 목적으로 한다.

제2조(선거인) 이 규약에서 선거인이라 함은 정관 제14조의 규정에 의한 선거권이 있는 조합원으로서 선거인명부에 등재된 자를 말한다.

제3조(선거일) ① 임원선거의 선거일은 다음 각호의 기간 내에서 이사회가 이를 정한다.

1. 임기만료로 인한 선거는 임원의 임기만료일전 60일로부터 임기만료일 전일

2. 재선거는 그 사유가 발생한 날로부터 30일 이내

② 정관 제51조제4항의 규정에 의하여 임기가 연장되는 경우에는 제1항제1호의 규정에 불구하고 당해 정기총회에서 선거를 실시할 수 있다.

③ 조합은 제1항 및 제2항에도 불구하고 제9조제4항에 따라 위탁하여 관리하는 임원선거(이하 "위탁선거"라고 한다)의 경우 「공공단체등 위탁선거에 관한 법률」(이하 "위탁선거법"이라고 한다)에 따라 구·시·군 선거관리위원회(이하 "관할선거관리위원회"라고 한다)와 협의하여 선거일을 정한다.

제4조(선거공고 및 통지) 이사장은 선거일 20일전까지 다음 각호의 사항을 정관 제6조 및 제7조에서 정하는 방법에 의하여 공고하고 통지하여야 하며, 직장신협의 경우에는 직장 내 전자통신망에 게시하고 전자우편으로 통지할 수 있다.

1. 선거하여야 할 임원 및 그 정수 (이사장의 상임 또는 비상임 구분,

상임임원, 전문임원의 선출 구분)

2. 투표일시(종료시간 포함) 및 투표장소

3. 선거인의 자격

4. 피선거권자의 자격

6. 후보등록기간

7. 등록접수장소

9. 피선거권의 제한사항

10. 기타 필요한 사항(등록신청서류 및 접수처, 선거인추천 수, 기탁금에 관한 사항 등)

제5조(선거의 공정경쟁 및 공정중립의무) ① 선거에 참여하는 후보자는 선거운동을 함에 있어 이 규약을 준수하고 공정하게 경쟁하여야 하며 선량한 풍속 기타 사회질서를 해하는 행위를 하여서는 아니된다.

② 조합의 임직원과 선거관리위원, 전형위원은 선거에 대한 부당한 영향력의 행사 기타 선거결과에 영향을 미치는 행위를 하여서는 아니된다.

제6조(선거권) 조합원은 정관 제14조에서 정한 바에 따라 평등한 선거권을 갖는다.

제7조(피선거권) 조합의 임원(상임임원과 전문임원을 제외한다)으로 선임될 수 있는 자는 조합의 조합원으로 한다.

제8조(피선거권의 제한) ① 조합원 중 다음 각 호의 어느 하나에 해당하는 자는 피선거권을 가지지 아니한다.

1. 선거공고일 전일 현재 미성년자

1의2. 대한민국 국민이 아닌 자

2. 선거공고일 전일 현재 조합의 조합원으로 가입한 지 3년이 경과하지 아니한 자

3. 선거공고일 전일 현재 조합에 대한 채무(보증채무를 제외한다)를 3월을 초과하여 이행하지 아니한 자

4. 지역·단체조합의 경우 선거공고일 전일 현재 조합원으로서 조합에 300좌 이상(이사장 입후보자는 500좌 이상)의 납입출자금을 2년 이상 계속 보유하고 있지 아니한 자, 다만 대통령령 제12조제1항제3호가목에 따른 단체조합의 경우 100좌 이상(상임이사장 입후보자는 300좌 이상)의 납입출자금을 2년 이상 계속 보유하고 있지

아니한 자(1좌의 금액은 1만원으로 하며, 1좌 금액이 다른 경우에
는 1만원으로 환산하여 계산)

4의2. 지역·단체조합(대통령령 제12조제1항제3호가목에 따른 단체조합
은 제외한다)의 경우 조합의 신용사업 이용실적(선거공고일 전일
의 2년 전부터 선거공고일 전일 현재까지의 기간 동안 이용한 금
액)이 다음 각 목의 모두에 해당하는 자

가. 정관 제4조제1항제1호가목의 예탁금 및 적금의 합산 평균잔액
300만원 미만

나. 정관 제4조제1항제1호나목의 대출 합산 평균잔액 300만원 미만

4의3. 대통령령 제12조제1항제3호가목에 따른 단체조합에서 지역조합
으로 공동유대 종류 전환 후 3년이 경과하지 아니한 조합의 경우
선거공고일 전일 현재 조합원으로서 조합에 100좌 이상(상임이사
장 입후보자는 300좌 이상)의 납입출자금을 2년 이상 계속 보유하
고 있지 아니한 자(1좌의 금액은 1만원으로 하며, 1좌의 금액이
다른 경우에는 1만원으로 환산하여 계산)

5. 재임 중인 임원 및 임원후보자로 입후보한 자의 직계존비속 및 배
우자, 4촌 이내 혈족 또는 3촌 이내 인척관계에 있는 자

6. 선거공고일 전일 현재 이 조합의 직원 또는 다른 조합의 임·직원
직을 사임하지 아니한 자. 다만, 본 조합 직원이었던 자가 이사장
으로 출마하고자 하는 경우에는 선거일 직전사업연도 종료일 1월
전까지 본 조합 직원의 직을 사직하지 아니한 자

6의2. 이사장과 임기가 상이한 상임임원이 이사장으로 출마하고자 하는
경우에는 선거공고일 전일 현재 상임임원직을 사임하지 아니한 자

7. 이사장에 대한 보궐선거의 경우 선거공고일 전일 현재 이 조합의
임·직원직을 사임하지 아니한 자

7의2. 이사장에 대한 보궐선거의 경우 임기개시일 현재 이사장 2차 연
임 임기 만료 후 4년이 경과하지 아니한 자

8. 선거공고일 전일 현재 신용정보관리규약에 의한 연체정보. 금융질
서문란정보 또는 공공정보(보증채무는 제외한다)에 등재된 자

9. 선거공고일 전일 현재 직원으로 재직중인 자의 직계존비속 및 배
우자, 4촌 이내 혈족 또는 3촌 이내 인척관계에 있는 자

10. 제3호에 의거 즉시면직된 날로부터 1년이 경과하지 않은 자

11. 임원선거에서 당선되었으나 귀책사유로 당선이 무효가 되거나 취소된 자로서 그 무효나 취소가 확정된 날로부터 5년이 경과하지 않은 자

12. 후보자등록일 전일까지 정관 제58조제2항에 따른 겸직금지를 해소하지 아니한 자

② 제1항에도 불구하고 피선거권 제한의 일부 적용 배제는 다음 각 호의 구분에 따른다.

1. 직장조합의 조합원에 대하여는 제1항제2호의 규정을 적용하지 아니한다.

2. 대통령령 제12조제1항제3호가목에 따른 단체조합에서 지역조합으로 공동유대 종류 전환 후 3년이 경과하지 아니한 조합의 조합원에 대하여는 제1항제4호·제4의2호의 규정을 적용하지 아니한다.

3. 다음 각 목의 자에 대하여는 제1항제2호·제4호·제4의2호의 규정을 적용하지 아니한다.

   가. 상임임원 및 전문임원 후보자

   나. 설립 후 3년이 경과하지 아니한 조합의 조합원

   다. 직장조합에서 지역조합으로 공동유대 종류 전환 후 3년이 경과하지 아니한 조합의 조합원

제9조(선거관리위원회의 설치) ① 본 조합의 선거사무의 공정한 관리를 위하여 선거관리위원회(이하 "선관위"라 한다)를 둔다.

② 선관위는 선거공고일전 3일까지 설치하여야 한다.

③ 선관위의 존속기간은 설치일로부터 선거종료일 후 60일까지로 한다.

④ 제1항에도 불구하고 선거관리 사무는 임원의 임기만료일전 90일(재선거 및 보궐선거의 경우에는 사유가 발생한 날부터 5일)까지 이사회의 의결을 얻어 조합의 주된 사무소의 소재지를 관할하는 관할선거관리위원회에 위탁할 수 있다.

⑤ 조합은 위탁선거의 관리에 관하여 관할선거관리위원회로부터 인력·시설·장비 등의 협조 요구를 받은 때에는 특별한 사유가 없으면 이에 따라야 한다.

⑥ 조합은 위탁선거에 따른 선거관리 경비를 위탁선거법에서 정하는

절차에 따라 관할선거관리위원회에 납부하여야 한다.

제10조(선거관리위원의 선임) ① 선관위는 이사회가 선거관리에 관한 경험이 풍부한 조합원(임직원은 제외한다)과 공직선거 등의 선거관리전문가 중에서 위촉하는 5인 또는 7인의 위원(이하 선관위원이라 한다)으로 구성한다.

② 위원장 및 부위원장은 선관위원 중에서 호선한다.

③ 임직원은 선관위원이 될 수 없다.

제11조(선관위원장) ① 위원장은 선관위를 대표하고 선관위의 사무를 총괄하며 위원장의 사고 시에는 부위원장, 선관위원 중 연장자순으로 그 직무를 대행한다.

② 위원장은 임원선거를 위한 총회에서는 임시의장이 된다.

제12조(선관위) ① 선관위는 위원장이 이를 소집하고 의장이 된다.

② 선관위는 재적위원 과반수의 출석으로 개의하고 출석위원 과반수의 찬성으로 의결한다. 이 경우 위원장은 의결에 참가한다.

③ 선관위원은 위원장이 지정하는 바에 따라 선거관리, 투표관리, 개표관리 사무를 분장한다.

④ 위원장은 직원 중에서 간사 1인 및 종사원을 위촉하여 선거사무를 처리하게 할 수 있다.

⑤ 선관위원 중 결원이 생겼을 경우에는 이사회에서 위촉한다.

제13조(선관위의 직무) ① 선관위는 다음 각호의 업무를 행한다.

1. 선거인 명부의 확정
2. 임원후보자 등록접수 및 자격심사
3. 선거인 및 임원후보자 자격 이의신청에 관한 사항
4. 선거사무, 투표 및 개표에 관한 사항
5. 선거관련 분쟁의 조정
6. 당선인의 결정
7. 합동연설회·공개토론회·소견발표회의 개최에 관한 사항
8. 선거운동제한 위반여부의 심사 및 조치에 관한 사항
9. 선전 벽보 및 선거공보에 관한 사항
10. 임원후보자의 기탁금 납부 등에 관한 사항
11. 기타 위원장이 필요하다고 인정하는 사항

② 선관위원은 임원후보자로 추천되거나 전형위원을 겸직할 수 없다. 다만, 제23조에 의하여 임원후보자로 추천되어 이에 동의한 경우에는 후보등록일 전일까지 선관위원직을 사임하고, 민법에서 정하는 친족이 입후보한 사실을 발견한 때에는 선관위원직을 사임하여야 한다.

③ 선관위원, 간사 및 종사원은 선거관리 사무를 행함에 있어 공정, 중립을 지켜야 한다.

제14조(선거관리 기록의 보존) ① 선관위는 선거관리의 경과요령 및 결과를 기재한 선거관리록을 작성하고 출석한 선관위원 전원이 이에 기명날인 또는 서명한다.

② 선거관리록, 투표용지 등 선거에 관한 증빙문서는 당해 선거에 의한 임원의 재임기간 중 조합에서 보관한다.

③ 투표용지는 사용분과 미사용분을 구분하여 위원장이 봉인하여 조합에서 보관한다.

제15조(명부확정 및 열람) ① 위원장은 선거공고일 전일을 기준으로 선거인명부를 확정하여 선거공고일부터 선거일 전일까지 선거인명부를 열람할 수 있도록 하여야 한다.

② 조합원명부와 선거인명부가 동일할 경우 조합원명부를 선거인명부로 볼 수 있다.

③ 조합은 위탁선거의 경우 선거인명부를 작성·확정한 때에는 즉시 그 등본(전산자료 복사본을 포함한다) 1통을 위탁선거법에 따라 관할 선거관리위원회에 송부하여야 한다. 이 경우 둘 이상의 투표소를 설치하는 경우에는 투표소별로 분철하여 선거인명부를 작성·확정하여야 한다.

제16조(명부교부 금지) ① 선거인명부는 교부할 수 없다.

제17조(이의신청) ① 선거권자는 선거인명부가 사실과 다르다고 인정되는 때에는 열람기간 내에 위원장에게 구술 또는 서면으로 그 수정을 요구할 수 있다.

② 선관위는 제1항의 요구가 정당하다고 인정될 때에는 즉시 선거인명부를 수정하고 신청인과 당해 선거인에게 통지한다. 이때 수정된 선거인명부를 열람하도록 한 경우 통지한 것으로 본다.

③ 이의신청이 이유없다고 결정한 때에는 즉시 그 뜻을 신청인에게 서

면통지하여야 한다.

제18조(전형위원회의 설치) ① 전형위원회(이하"전형위"라 한다)는 이사회에서 선거공고일전 3일까지 선거인 중에서 위촉하는 5인 내지 7인으로 구성하되, 임·직원은 전형위원이 될 수 없으며, 그 위촉을 이사장 또는 간부직원에게 위임할 수 없다.

② 전형위원 대표는 전형위에서 호선한다.

③ 전형위는 재적위원 과반수의 출석으로 개회하며 출석위원 과반수의 찬성으로 의결한다.

④ 전형위원은 임원후보자로 추천될 수 없다. 이 경우 제13조제2항 단서 전단의 규정을 준용한다.

⑤ 전형위에서는 선거하여야 할 임원정수(전문임원후보자를 포함하되 상임임원후보자를 제외한다)에 해당하는 후보자를 추천(전형위원 본인과 제8조제1항제5호에서 정하는 관계에 있는 자는 추천하지 못한다)하여 제20조에서 정한 등록기간 중에 전형위원 대표가 중앙회장이 정하는 바에 따라 선관위에 일괄등록하여야 한다.

⑥ 전형위원 중 결원이 생겼을 경우에는 전형위에서 위촉한다. 다만, 전형위원 중 과반수의 결원이 발생한 때에는 이사회에서 위촉한다.

제19조(선거인의 임원후보자 추천) ① 임원(상임임원과 전문임원은 제외한다)으로 입후보하고자 하는 자는 선거공고일로부터 다음 각호에 정한 선거인의 추천을 받아야 한다.

　1. 이사장후보자 : 30인 이상 50인 이하의 선거인 추천

　2. 부이사장, 이사, 감사 : 15인 이상 25인 이하의 선거인 추천

② 제1항의 규정에 따라 임원후보자로 추천된 자는 제20조에 정한 기간 내에 중앙회장이 정하는 바에 따라 선관위에 등록하여야 한다.

③ 제1항의 임원후보자는 추천 선거인수의 상한선을 초과하여 추천을 받을 수 없다.

④ 제3항의 규정을 위반하여 추천 선거인수의 상한선을 초과하여 추천을 받은 때에는 초과된 부분은 무효로 한다.

⑤ 선거인은 후보자에 대한 추천을 취소 또는 변경할 수 없다.

제20조(등록기간) ① 후보자 등록기간은 선거공고일 다음날부터 5일(토요일 및 공휴일을 제외한다)로 하며, 등록시간은 상오 9시부터 하오 5시

까지로 한다.

② 후보자가 되고자하는 자는 후보자등록마감시각까지 "별표"의 구비서류를 갖추어 전형위원 대표, 본인 또는 그 대리인이 등록하여야 한다.

제20조의2(기탁금) ① 후보자 등록을 신청하는 자는 등록신청 시 다음 각 호의 기탁금을 납부하여야 한다. 다만 직장조합의 경우에는 그러하지 아니하다.

1. 이사장 : 1,000만원 이내에서 선관위가 정하는 금액

2. 부이사장, 이사 및 감사 : 500만원 이내에서 선관위가 정하는 금액

② 선관위는 다음 각 호의 구분에 따른 금액을 선거일 후 30일 이내에 기탁자가 신고하는 금융기관의 계좌로 반환하고, 반환하지 아니하는 기탁금은 조합에 귀속한다. 이 경우 기탁금 반환은 1차 투표 결과에 따른다.

1. 기탁금 100% 반환

가. 임원후보자의 당선 또는 사망

나. 선거공보 발송전 입후보 사퇴

다. 유효투표총수의 100분의 30 이상을 득표한 경우

라. 임원별 후보자와 선출하고자 하는 임원별 정수가 같은 경우

2. 기탁금 50% 반환 : 유효투표총수의 100분의 15 이상 100분의 30 미만 득표

제21조(등록심사 및 접수) ① 선관위는 후보자 등록신청이 있는 때에는 즉시 그 자격과 구비서류를 심사하여 자격이 있는 자에 대해서는 이를 후보자 등록부에 기재한 후 접수증을 교부하고, 자격이 없는 자에 대해서는 그 사유를 명시하여 제출된 서류를 즉시 되돌려 주어야 한다.

② 자격요건이 구비되었으나 이중추천 등으로 제19조에 정한 추천 정족수에 미달하는 등 서류에 경미한 미비사항이 있을 때에는 등록 마감일로부터 3일 이내에 이를 보완하는 조건으로 신청을 접수할 수 있다.

제22조(이중추천의 금지 및 기호) ① 조합원은 이사장, 부이사장, 이사 및 감사후보자에 대하여 각 1인을 초과하여 추천할 수 없으며, 이중추천된 경우에는 후에 등록된 후보자에 대한 추천은 무효로 한다.

② 임·직원과 입후보자는 임원후보자를 추천할 수 없으며, 전형위원은 전형위의 후보자 추천과 별도로 임원후보자를 추천할 수 없다.

③ 후보자의 기호는 후보자자격이 심사, 확정된 후에 선관위에서 정한 방법에 따라 본인 또는 그 대리인으로 하여금 추첨에 의해 정하도록 한다.

④ 제3항의 규정에 의하여 결정한 후보자의 기호는 후보자의 사퇴 등에 불구하고 변경하지 못한다.

제23조(전형위의 후보자 추가추천 및 등록) ① 전형위는 제22조, 제24조의 사유로 인하여 임원후보자의 수가 선거일에 선거하여야 할 임원의 정수에 미달하게 된 때에는 그 정수에 해당하는 후보자를 추가추천하여야 한다.

② 전형위는 제24조제3항의 사유로 인하여 전문임원 후보자의수가 선거일에 선거하여야 할 전문임원의 정수에 미달하게 된 때에는 그 정수에 해당하는 후보자를 추가추천하여야 한다.

③ 제1항 내지 제2항의 규정에 의하여 전형위가 추가추천한 후보자에 대한 등록은 전형위원대표가 선관위에 일괄등록하여야 한다. 다만, 선거일에 후보자를 추가추천하는 때에는 전형위원대표가 당해 총회에서 중앙회장이 정하는 바에 따라 의장에게 일괄등록하여야 한다.

제24조(등록의 무효 및 후보자 사퇴) ① 후보자 등록 후에 후보자의 피선거권이 없는 것이 발견되거나 제20조 및 제20조의2의 규정에 위반하여 등록된 때에는 그 등록은 무효로 한다.

② 제1항의 경우 위원장은 지체없이 그 후보자에게 등록무효의 사유를 명시하여 이를 통지하고 공고하여야 한다.

③ 후보자가 입후보를 사퇴하고자 할 때에는 선관위에 본인이 서면으로 신고하여야 한다.

제25조(선거운동의 제한등) ① 누구든지 자기 또는 특정인을 조합의 임원으로 당선되게 하거나 당선되지 못하게 할 목적으로 다음 각 호의 어느 하나에 해당하는 행위를 할 수 없다.

 1. 조합원(공동유대에 소속된 자로서 선거인이 될 수 있는 자를 포함한다.)이나 그 가족(조합원의 배우자, 조합원 또는 그 배우자의 직계존속·비속과 형제자매, 조합원의 직계존속·비속 및 형제자매의 배우자를 말한다) 또는 조합원이나 그 가족이 설립·운영하고 있는 기관·단체·시설에 대하여 금전·물품·향응, 그 밖의 재산상의 이

익이나 공사(公私)의 직(職)을 제공 또는 제공의 의사표시를 하거나
그 제공을 약속하는 행위

2. 후보자가 되지 아니하게 하거나 후보자가 된 것을 사퇴하게 할 목
적으로 후보자가 되고자 하는 자나 후보자에게 제1호에 규정된 행
위를 하는 경우

3. 제1호 또는 제2호에 규정된 이익이나 직을 제공받거나 그 제공의
의사표시를 승낙하는 행위

② 누구든지 임원 선거와 관련하여 다음 각 호의 방법 외의 선거운동
을 할 수 없다. 다만, 선거에 관한 단순한 의견개진, 의사표시, 입후보
와 선거운동을 위한 준비행위 또는 통상적인 업무행위는 선거운동으
로 보지 아니한다.

1. 선전 벽보의 부착
2. 선거 공보의 배부
3. 합동 연설회 또는 공개 토론회의 개최
4. 전화(문자메시지를 포함한다) 또는 컴퓨터 통신(전자우편을 포함한
다)을 이용한 지지호소
5. 도로·시장 등 금융위원회가 정하여 고시하는 다수인이 왕래하거
나 집합하는 공개된 장소에서의 지지 호소 및 명함 배부

제26조(기부행위의 제한) ① 임원선거후보자, 그 배우자 및 후보자가 속
한 기관, 단체, 시설은 임원의 임기만료일 전 180일(보궐선거 등의 경
우에는 그 선거의 실시 사유가 확정된 날)부터 그 선거일까지 조합원
이나 그 가족 또는 조합원이나 그 가족이 설립·운영하고 있는 기관,
단체, 시설에 대하여 금전, 물품이나 그 밖의 재산상 이익의 제공, 이
익 제공의 의사 표시 또는 그 제공을 약속하는 행위 (이하"기부행위"
라 한다)를 할 수 없다. 다만, 다음 각 호의 1에 해당하는 경우에는
기부행위로 보지 아니한다.

1. 통상적인 활동과 관련한 행위
가. 통상적인 범위 안에서 다과, 떡, 김밥, 음료(주류는 제외한다) 등
다과류의 음식물을 제공하는 행위
나. 통상적인 범위 안에서 친인척, 지인 등의 관혼상제의식 기타 경
조사에 축의·부의금품을 제공하는 행위

2. 의례적인 행위

  가. 친목회, 향우회, 종친회, 동창회 등 각종 사교·친목단체 및 사회
    단체의 구성원으로서 종전의 범위 안에서 회비를 납부하는 행위

  나. 종교인이 평소 자신이 다니는 교회, 성당, 사찰 등에 통상의 예
    에 따라 헌금(물품제공을 포함한다)하는 행위

  다. 기관, 단체, 시설의 대표자가 임직원에게 연말, 설 또는 추석에
    의례적인 선물을 제공하는 행위

  라. 정기적인 문화, 예술, 체육행사, 졸업식 또는 공공의 이익을 위
    한 행사에 의례적인 범위 안에서 상장(부상을 제외한다)을 수여
    하는 행위

3. 구호적, 자선적인 행위

  가. 사회보호시설 중 수용보호시설에 의연금품을 제공하는 행위

  나. 구호기관 및 대한적십자사에 천재지변으로 인한 재해의 구호를
    위하여 금품을 제공하는 행위

  다. 장애인복지시설(유료복지시설을 제외한다)에 의연금품, 구호금품
    을 제공하는 행위

  라. 중증장애인에게 자선, 구호금품을 제공하는 행위

  마. 자선사업을 주관·시행하는 언론기관, 사회단체, 종교단체 등에
    의연금품, 구호금품을 제공하는 행위

4. 직무상의 행위

  가. 기관·단체·시설(나목에 따른 조합은 제외한다)의 자체 사업계
    획과 예산으로 하는 의례적인 금전·물품을 기관·단체·시설의
    명의로 제공하는 행위(포상을 포함하되, 화환·화분을 제공하는
    행위는 제외한다. 이하 나목에서 같다)

  나. 법령과 정관 등에 따른 조합의 사업 계획 및 수지예산에 따라
    집행하는 금전·물품을 조합의 명의로 제공하는 행위

  다. 물품 구매, 공사, 역무의 제공 등에 대한 대가의 제공 또는 부담
    금의 납부 등 채무를 이행하는 행위

② 제1항에서 "통상적인 범위 안에서 제공하는 음식물"이라 함은 일상
적인 예를 갖추는데 필요한 정도로 현장에서 소비될 것으로 제공하는
것을 말하며 기념품 또는 선물로 제공하는 것은 제외한다.

③ 누구든지 제1항의 기부행위를 약속·지시·권유·알선 또는 요구할 수 없다.

④ 누구든지 해당 선거에 관하여 후보자를 위하여 제1항의 기부행위를 하거나 하게 할 수 없다. 이 경우 후보자의 명의를 밝혀 기부행위를 하거나 후보자가 기부하는 것으로 추정할 수 있는 방법으로 기부행위를 하는 것은 해당 선거에 관하여 후보자를 위한 기부행위로 본다.

⑤ 제1항의 기부행위 금지기간 중에 조합의 경비로 관혼상제 의식이나 그 밖의 경조사에 축의, 부의금품을 제공하거나 명절선물, 표창(부상포함)을 제공할 때에는 조합의 명의 로 하여야 한다.

제27조(선거일 후 답례금지) 후보자와 후보자의 가족은 선거일 후에 당선되거나 되지 아니한데 대하여 선거인에게 축하 또는 위로 기타 답례를 하기 위하여 다음 각호의 1에 해당하는 행위를 할 수 없다.

1. 금품 또는 향응을 제공하는 행위

2. 방송, 신문 또는 잡지 기타 간행물에 광고하는 행위

3. 자동차에 의한 행렬을 하거나 다수인이 무리를 지어 거리를 행진하거나 거리에서 연달아 소리지르는 행위

4. 선거인을 모이게 하여 당선축하회 또는 낙선에 대한 위로회를 개최하는 행위

제28조(선거운동기간) 선거운동은 후보자 등록마감일의 다음날부터 선거일전일까지(이하 "선거운동기간"이라 한다) 이를 할 수 있다. 다만, 이사장을 선출하는 경우로서 후보자가 선거일에 자신의 소견을 발표하는 때에는 그러하지 아니하다.

제29조(선거운동의 주체) 신용협동조합법(이하 "법"이라 한다) 제27조의2, 신용협동조합법 시행규칙(이하 "시행규칙"이라 한다) 제4조 및 별표에서 정한 방법에 따라 선거운동을 할 수 있는 자는 후보자에 한한다.

제35조(각종집회등의 제한) ① 누구든지 선거운동을 위하여 향우회·종친회 또는 동창회 모임을 개최할 수 없다.

② 누구든지 선거에 영향을 미치게 하기 위하여 단합대회, 야유회 기타의 집회를 개최할 수 없다.

③ 누구든지 선거일전 60일부터 선거일까지 후보자와 관련있는 저서의 출판기념회를 개최할 수 없다.

제37조(호별방문 등의 제한) ① 누구든지 선거운동을 위하여 선거인을 호별로 방문하거나 특정장소에 모이게 할 수 없다.

② 누구든지 선거운동 기간 중 공개장소에서의 연설·대담의 통지를 위하여 선거인을 호별로 방문할 수 없다.

제38조(후보자등의 비방금지) 누구든지 임원선거와 관련하여 연설·벽보·정보통신망 기타의 방법으로 허위의 사실을 공표하거나 후보자(배우자, 직계존비속, 형제자매를 포함한다)의 출생지, 신분, 직업, 경력, 재산, 인격, 행위, 소속단체 등에 관하여 공연히 사실을 적시하여 사생활을 비방할 수 없다. 다만, 진실한 사실로서 공공의 이익에 관한 때에는 그러하지 아니하다.

제40조(위반시의 효과) ① 누구든지 제25조부터 제29조까지, 제35조, 제37조 또는 제38조의 규정을 위반한 경우 선관위는 이를 중지, 철거, 회수 기타 필요한 조치를 취할 수 있다.

② 선관위는 위반행위를 한 후보자의 기호, 성명, 위반내용 및 조치내역 등을 조치일부터 선거일까지 조합 게시판에 게시하여야 한다.

제41조(선거공보의 배부 등) ① 선관위는 선거일전 8일까지 후보자의 자격을 심사, 확정하고 선거공보를 시행규칙에서 정하는 바에 따라 선거일전 5일까지 선거인에게 발송하여야 한다. 다만, 후보자가 후보자등록마감일 후 3일까지 선거공보를 제출하지 않거나 선거공보의 규격에 맞지 않는 선거공보를 제출한 경우에는 발송하지 아니한다.

② 제1항에 의한 선거공보를 발송하는 경우에는 투표안내문과 동봉하여 발송할 수 있다.

③ 제23조의 규정에 따라 추가 추천된 후보자의 선거공보는 등록 또는 추천 후 지체없이 중앙회장이 정하는 바에 따라 이를 공고한다.

제42조(선거방법) 선거는 무기명 비밀투표로 한다.

제43조(임원의 선거) ① 상임임원과 전문임원을 제외한 이사장, 부이사장, 이사 및 감사의 선거는 동시에 실시한다.

② 제1항의 선거를 위한 투표용지의 양식과 규격은 중앙회장이 정하는 바에 의한다.

제44조(투표용지의 교부) 선거인은 선거일에 주민등록증 또는 기타 신분증명서를 제시하고 본인임을 확인 받은 후 선거인명부에 날인, 무인

또는 서명하고 투표용지를 교부받는다.

제45조(투표방법) ① 선거인은 투표용지의 선거하고자 하는 기호란에 소
정의 기표용구로 "○"표 하여 투표함에 넣어야 한다.

② 투표용지에 기표하여 선거할 임원 수는 다음 각호와 같다.

1. 이사장 및 부이사장 : 각 1인

2. 이사 및 감사 : 선출하여야 할 인원수 이내

제46조(투표 및 개표관리) ① 위원장은 선거사무를 공정하게 관리하기 위
하여 투표관리자와 개표관리자 각 2인을 두고 선관위원 중에서 이를
지명한다.

② 투표관리자 및 개표관리자는 투표 및 개표에 관한 사무를 담당자별
로 구분하여 관리한다.

제47조(개표) ① 개표는 투표당일 투표소에서 실시하며 개표관리자가 투
표관리자로부터 투표함을 모두 인수한 후 개표하여 득표자별로 공개
한다.

② 의장은 개표한 후 투표자를 계산하여 선거인명부의 투표용지 수령
인 수와 대조하여야 한다.

③ 개표가 끝난 때에는 투표용지를 유효, 무효로 구별하여 각각 봉투
에 넣고 위원장이 봉인하여야 한다.

제48조(무효투표) ① 다음 각호의 1에 해당하는 투표는 무효로 한다.

1. 소정의 투표용지나 기표용구를 사용하지 아니한 것

2. 어느 난에도 표를 하지 아니한 것

3. 어느 난에 표를 한 것인지 식별할 수 없는 것

4. "○"를 하지 아니하고 문자 또는 문형을 기입한 자

5. "○"표 외에 다른 사항을 기입한 것

6. 선출하여야 할 임원의 정수를 초과하는 인원을 기표한 것

② 다음 각호의 1에 해당하는 투표는 무효로 하지 아니한다.

1. "○"가 일부분 표시되거나 "○"안이 메워진 것으로 소정의 투표용
지와 기표용구를 사용하여 기표한 것이 명확한 것

2. 동일후보자란에만 2개 이상 기표되거나 중복 기표된 것

3. 기표란 외에 기표된 것으로서 어느 후보자에게 기표된 것인지 명
확한 것

4. 두 후보자란의 구분 선상에 기표된 것으로서 어느 후보에게 기표
한 것인지 명확한 것

5. 기표한 것이 복사된 것으로서 어느 후보자에게 기표한 것인지 명
확한 것

6. 인주로 오손된 것으로서 어느 후보자에게 기표한 것인지 명확한 것

제49조(선거무효) ① 선거에 있어서 총투표수가 투표인 명부의 날인수를
초과할 때에는 그 선거는 무효로 한다. 다만, 의장은 오차의 범위가
경미하여 당선 및 낙선에 영향이 없다고 인정된 때에는 선관위의 의
결로 당선을 선포할 수 있다.

② 제1항의 규정에 의하여 선거무효가 발생하였을 때에는 의장은 즉
시 재투표를 실시하여야 한다.

제50조(당선인의 결정) ① 당선인은 선거인의 과반수 투표로 결정한다.
다만, 선거인이 500인을 초과하는 경우에는 251인 이상의 투표로 당선
인을 결정할 수 있다.

② 이사장 및 부이사장은 이사장 및 부이사장후보자중 유효투표의 다
수득표자를 각 당선인으로 결정하며, 이사 및 감사는 이사 및 감사후
보자중 유효투표의 다수득표자순으로 각 당선인을 결정한다. 다만, 득
표수가 동일한 후보자가 2인 이상일 때에는 연장자순에 의하여 결정
한다.

③ 임원후보자가 선출하고자 하는 임원정수와 같은 경우에는 총회에서
정하는 방법에 따라 당해 후보자를 당선인으로 결정할 수 있다.

④ 상임임원과 전문임원의 당선인 결정은 정관 제34조의 결의방법에
의한다. 다만, 당선된 상임임원이 없을 경우 이사장은 2주일이내에 상
임임원 선출을 위한 총회소집을 통지하여야 하고, 전문임원의 경우 당
선인이 정수에 미달하는 경우에는 총회 중에 전형위의 추가 추천을
받아 다시 부의하여야 한다.

제51조(당선인의 선포) ① 당선인이 결정된 때에는 의장은 즉시 당해 총
회에서 당선을 선포하여야 한다.

② 법 제26조의2에 따라 조합원의 투표로 임원선거를 실시한 경우 당
선인이 결정된 때에는 위원장은 정관 제6조에서 정하는 방법에 따라
지체없이 당선인을 공고하여야 한다.

제52조(재선거) ① 당인에 대하여 다음 각호의 1에 해당하는 사유가 발생하였을 때에는 제3조제1항제2호에 정한 기간 내에 재선거를 실시하여야 한다.

1. 당선인이 임기개시 전에 사퇴, 사망하거나 피선거권을 상실한 때
2. 법 제22조의 규정에 의하여 선거 또는 당선이 취소된 때
3. 선거의 전부 무효 판결을 받은 때

② 다음 각호에 해당하게 된 때에는 제1항의 규정에 불구하고 보궐선거에 의하여 결원된 임원을 선출할 수 있다.

1. 임기가 개시된 이사의 수가 이사정수의 2분의 1을 초과한 때
2. 임기가 개시된 감사가 존재한 때

제57조(임기개시일) ① 임기만료로 인한 선거에 의하여 선출된 임원의 임기개시일은 전임자의 임기만료일 다음날로 한다.

② 제1항 이외의 경우의 임기개시일은 당선선포일로 한다.

제58조(선거관리지침 등) 임원선거에 관하여 이 규약의 시행에 필요한 세부사항은 중앙회장이 따로 정하는 바에 의한다.

제59조(준용규정) 임원선거에 관하여 이 규약에서 정하지 아니한 사항 중 해석상 적용이 가능한 규정은 「공공단체등 위탁선거에 관한 법률」을 준용한다.

부　　칙 (2021. 12. 15)

이 규약은 2022년　3월　1일부터 시행한다.

찾아보기

저자 약력

신우용(申禹容)

충청남도 서천군 비인중학교 졸업
국립구미전자공고 통신과 졸업
건국대학교 정치외교학과 학사
연세대학교 법무대학원 석사

중앙선거관리위원회 정당과장
　　　　　　　　홍보과장
　　　　　　　　법제과장
　　　　　　　　법제국장
　　　　　　　　선거정책실장
　　　　　　　　기획조정실장
서울시선거관리위원회 상임위원
경기도선거관리위원회 상임위원
제주도선거관리위원회 상임위원
인터넷선거보도심의위원회 상임위원
한국선거협회 법률고문

선거관리유공 근정포장
중앙선거관리위원회위원장 표창

주요 저서

MG새마을금고 선거론

신용협동조합 선거론

초판발행	2024년 1월 3일
지은이	신우용
펴낸이	안종만 · 안상준
편 집	윤혜경
기획/마케팅	박부하
표지디자인	BEN STORY
제 작	고철민 · 조영환
펴낸곳	(주)**박영사**
	서울특별시 금천구 가산디지털2로 53, 210호(가산동, 한라시그마밸리)
	등록 1959. 3. 11. 제300-1959-1호(倫)
전 화	02)733-6771
f a x	02)736-4818
e-mail	pys@pybook.co.kr
homepage	www.pybook.co.kr
ISBN	979-11-303-4603-8 93360

copyright©신우용, 2024, Printed in Korea

정 가   38,000원